suhrkamp taschenbuch
wissenschaft 1086

Kurz vor seinem Tode im Jahr 1984 hat Karl-Heinz Ilting seine an verschiedenen Orten erschienenen Aufsätze zu Grundfragen der praktischen Philosophie für eine neuerliche Veröffentlichung zusammengestellt, zu der es zu seinen Lebzeiten nicht mehr gekommen ist. Da die Aufsätze einen immer noch aktuellen Beitrag zu der von Ilting selbst nicht unwesentlich mitgeprägten Diskussion um die Frage der Begründung moralischer und rechtlicher Normen bilden, erscheinen sie hier noch einmal im Zusammenhang.

Ganz auf der Linie der seit dem Beginn der Neuzeit geführten Naturrechtserörterung geht es Ilting in seinen Arbeiten um den Nachweis, daß sich die Verbindlichkeit von Normen allein auf dem Weg ihrer Anerkennung durch Normadressaten begründen läßt.

Entwickelt ist dieser Gedanke in der systematischen Erörterung von Grundbegriffen wie denen der Verpflichtung, der Zumutbarkeit, der Verantwortung, der Person und von normativ geordneten sozialen Verhältnissen. Ilting kommt es vor allem darauf an, herauszustellen, daß verbindliche moralische Normen grundlegenden Bedingungen (Metanormen) genügen müssen, die ebenfalls von den Betroffenen müssen anerkannt werden können. Zur Absicherung und Verdeutlichung der eigenen Position setzt sich der Autor immer wieder ausführlich kritisch mit kognitivistischen Ansätzen (vor allem mit denen von Apel und Habermas) sowie mit ontologisierenden Konzeptionen innerhalb der praktischen Philosophie auseinander. Die Aufsätze über Hobbes, Platon, Kant, Marx und Heidegger dienen dazu, die systematisch erarbeiteten Ergebnisse auch auf historischem Wege zu stützen.

Die Herausgeber sind Freunde und Schüler Iltings: Hansgeorg Hoppe ist Professor für Philosophie in Saarbrücken; Veröffentlichungen u. a.: *Synthesis bei Kant*, Berlin 1983. Paolo Becchi, ehemaliger Stipendiat der Humboldt-Stiftung an der Universität des Saarlandes, lehrt am Institut für Rechts- und Sozialphilosophie der Universität Genua; Veröffentlichungen u. a.: *Vico e Filangieri in Germania*, Napoli 1986; *Le filosofie del diritto di Hegel*, Milano 1990.

Karl-Heinz Ilting

Grundfragen der praktischen Philosophie

Herausgegeben
und mit einem Nachwort versehen von
Paolo Becchi und Hansgeorg Hoppe

Suhrkamp

Die Deutsche Bibliothek – CIP-Einheitsaufnahme
Ilting, Karl-Heinz:
Grundfragen der praktischen Philosophie /
Karl-Heinz Ilting.
Hrsg. und mit einem Nachw. vers. von Paolo Becchi
und Hansgeorg Hoppe. –
1. Aufl. – Frankfurt am Main :
Suhrkamp, 1994
(Suhrkamp-Taschenbuch Wissenschaft ; 1086)
ISBN 3-518-28686-2
NE: GT

suhrkamp taschenbuch wissenschaft 1086
Erste Auflage 1994

Satz und Druck: Wagner GmbH, Nördlingen
Printed in Germany
Umschlag nach Entwürfen von
Willy Fleckhaus und Rolf Staudt

1 2 3 4 5 6 – 99 98 97 96 95 94

Inhalt

Vorwort

Es ist wohl kein Zufall gewesen, daß deutsche Philosophen, die die Bedeutung der praktischen Philosophie wiederentdeckten, sich zunächst den fundamentalen Problemen der Ethik zuwandten, während im englischen Sprachraum die Philosophen sich zunächst auf die Sprache der Moral und die Erörterung der utilitaristischen Ethik konzentrierten. Statt von der Überzeugung, daß allgemeinste moralische Normen verbindlich sind, auszugehen, hatten die Philosophen im Heimatlande eines Marx und Nietzsche und im Umkreis des historischen Relativismus zuerst darüber Auskunft zu geben, worauf die Verbindlichkeit moralischer und rechtlicher Normen beruht. Daß dabei die Analogie zwischen der Wahrheit theoretischer Sätze und der Verbindlichkeit von Normen den Schlüssel zur Begründung liefern könne, war ein naheliegender und darum weit verbreiteter Irrtum. Er drängte sich denen um so mehr auf, die in ihren philosophischen Bemühungen mit den Fragestellungen der Ethik und der Rechtsphilosophie kaum zu tun gehabt hatten.
So erklärt sich, warum der erste Aufsatz in diesem Buch in der Absicht geschrieben worden ist, die Meinung zurückzuweisen, die Verbindlichkeit einer Norm beruhe auf einer Einsicht. Ihr wird die These entgegengestellt, daß jede Norm, um verbindlich zu sein, einer willentlichen Zustimmung bedarf. Für diesen zumindest stillschweigend vorausgesetzten Akt der Zustimmung wird der Ausdruck ›Anerkennung‹ verwandt. Nach der voluntaristischen These dieses Aufsatzes ist daher Anerkennung eine notwendige Bedingung der Verbindlichkeit moralischer und rechtlicher Normen.
Wie eng diese These in den Zusammenhang einer Auseinandersetzung mit Thomas Hobbes gehört, kann man an dem wenig früher entstandenen Aufsatz über diesen verrufenen Autor erkennen. Dieser Aufsatz zeigt jedoch auch, daß sein Verfasser eine durchaus kritische Haltung gegenüber Hobbes einnimmt. Seine Position als »Dezisionismus« zu bezeichnen, wie es geschehen ist, wäre nur dann gerechtfertigt, wenn Anerkennung als eine hinreichende Bedingung der Geltung von Normen hingestellt worden wäre. Mit dieser These ist jedoch die Rede von verbindlichen Normen un-

vereinbar. In den beiden Aufsätzen über die Konsenstheorie und über die Differenz von Wahrheit und Verbindlichkeit wird daher der Versuch unternommen, die Frage nach den hinreichenden Bedingungen der Verbindlichkeit von Normen zu beantworten und die an theoretischen Modellen wie dem rationalen Diskurs orientierten Versuche als unzureichend zu erweisen. Als hinreichende Bedingung der Verbindlichkeit einer Norm wird jetzt, neben ihrer Anerkennung durch die Normadressaten, ihre allgemeine Zumutbarkeit herausgestellt. Aus diesem Grundsatz folgt, daß nur eine Norm, welche allen Normadressaten gleiche Rechte und gleiche Pflichten zuweist, Anspruch auf universale Anerkennung und mithin auch auf universale Verbindlichkeit erheben kann. Eine Abgrenzung konkreter Rechte und Pflichten ist von diesen Voraussetzungen her jedoch noch keineswegs gewährleistet. Daher wird als weitere Grundnorm das Rechtsabgrenzungsgebot eingeführt: Konkrete materiale Normen sind nur verbindlich, wenn sie auf einer ausdrücklichen oder stillschweigenden Vereinbarung der jeweils Betroffenen beruhen. Es wäre indes niemandem zuzumuten, Normen, die »an sich« als verbindlich anerkannt sind, in einer Situation zu befolgen, in der seine eigenen Rechte nicht ebenfalls anerkannt sind. Daraus ergibt sich, daß normativ geordnete Verhältnisse des Zusammenlebens nur dann entstehen, wenn alle oder wenigstens die meisten die Gebotsnorm anerkennen, an der Herstellung von Verhältnissen mitzuwirken, in denen die Befolgung anerkannter und verbindlicher Normen allgemein zumutbar ist.

In den beiden folgenden Aufsätzen dieses Buchs wird dieser Ansatz in zwei Richtungen weiter ausgearbeitet. Einerseits werden den moralischen und rechtlichen Normen Höflichkeitsnormen gegenübergestellt, damit deutlich wird, daß es prinzipiell universal verbindliche Normensysteme gibt, die auf anderen Voraussetzungen als moralische und rechtliche Normensysteme beruhen. Als die Grundlage von Höflichkeitsnormen wird unter dem Titel *›amour-propre‹* der Anspruch, durch andere nicht in seinem Gefühl für Selbstachtung verletzt zu werden, herausgestellt. Andererseits wird der Versuch unternommen, den Weg aufzuzeigen, auf welchem die Verbindlichkeit universaler materialer Normen begründet werden kann. Diese Grundlage wird in dem Gedanken gefunden, daß die Person als Normadressat ein menschliches Lebewesen ist und daß Normen spezifisch menschliches Zusammen-

leben und Formen spezifisch menschlicher Kooperation ermöglichen sollen.
Der Aufsatz über Verantwortung schließlich kehrt insofern an den Anfang dieser Darlegungen zurück, als hier erneut versucht wird, die Grundnorm der gesamten praktischen Philosophie als verbindlich zu erweisen, daß Menschen einander als Personen anerkennen sollten, die gleich frei und also gleichberechtigt miteinander verkehren. Während in dem Aufsatz »Anerkennung« diese Norm lediglich als Postulat oder als Voraussetzung von Verbindlichkeit betrachtet worden war, wird hier die Geltung dieser Grundnorm erwiesen.
Die systematischen Überlegungen, die in diesen Aufsätzen ihren Niederschlag gefunden haben, waren stets begleitet von Analysen, die die Klärung der wichtigsten in der Geschichte der praktischen Philosophie bereits erreichten Einsichten zum Ziel hatten. Das Ergebnis dieser Bemühungen ist in dem Buch »Naturrecht und Sittlichkeit«[1] enthalten. Die in diesem Buch enthaltenen Aufsätze über Platon, Kant, Marx und Heidegger werden aus dem Zusammenhang jener philosophiegeschichtlichen Studien besser verständlich; sie sind wegen ihres systematischen Ansatzes jedoch gut geeignet, die Grenzen sichtbar zu machen, an denen frühere Versuche, die Grundlagen moralischer und rechtlicher Normensysteme freizulegen, gescheitert waren, und so auch indirekt den Anspruch zu verdeutlichen, der mit den in diesem Buch zusammengefaßten systematischen Arbeiten erhoben wird.

1 [Vgl. K.-H. Ilting, Naturrecht und Sittlichkeit. Begriffsgeschichtliche Studien. Stuttgart, Klett-Cotta, 1983.]

Systematische Aufsätze

Anerkennung
Zur Rechtfertigung praktischer Sätze

> Niemand ist obligirt außer durch seine Einstimmung.
>
> Kant[1]

Im Zusammenhang der Rehabilitierung der praktischen Philosophie, insbesondere moralphilosophischer Erörterungen, die sich im letzten Jahrzehnt in Deutschland angebahnt hat, verdient die Annäherung zwischen der Erlanger und der Frankfurter Schule besonderes Interesse. Als P. Lorenzen und J. Habermas auf dem Düsseldorfer Philosophie-Kongreß (1969) ihre vorher ausgetauschten Referate vortrugen, war die vielleicht auffälligste Tatsache dies, daß P. Lorenzen seine konstruktivistische Theorie der Wissenschaft und der Praxis in die Frontstellung der Frankfurter Schule gegen den sogenannten Szientismus Popperscher Prägung einbrachte und sich selbst in das Lager der Dialektiker begab. Ich bezweifle indes, daß bei diesem wissenschaftssoziologisch und wissenschaftspolitisch bemerkenswerten Vorgang die theoretischen Positionen der beteiligten Parteien klarer und deutlicher erkennbar geworden sind. Denn bei näherer Betrachtung erweist sich, daß P. Lorenzen sich – nach seiner eigenen Definition – selbst im Lager des Szientismus befindet. Es gibt bei ihm freilich auch einige Äußerungen, die mit Poppers kritischem Rationalismus nicht vereinbar sind. Auf sie vor allem beziehen sich meine Darlegungen über den Begriff der Anerkennung im Zusammenhang mit der Rechtfertigung praktischer Sätze und der Begründung von Normen.

1 Reflexionen zur Moralphilosophie 6645.

Schwierigkeiten bereitet freilich zunächst Lorenzens Definition des sogenannten Szientismus und damit seine Abgrenzung der beiden Positionen. Szientistisch ist – so hört man – die Behauptung, »daß es keine normative Vernunft gebe« (SvD[2] 72). Szientistisch ist auch die Negation der These, »daß der Mensch sich mit Hilfe eines Vermögens, das praktische Vernunft genannt wird, um eine möglichst willkürfreie Setzung von Normen (oder Werten) bemühen könne und solle« (SvD 59). Der Dialektiker hingegen sieht seine Aufgabe darin, zu zeigen, »wie man durch willkürfreies Reden und Denken zu Normen gelangen kann«. Und dies wird durch folgende Sätze verdeutlicht:

»Daß jeder an Normen *glauben* kann – das ist bekannt genug. Aber, daß gewisse Normen mehr als bloße Bekenntnisse sind, mehr als bloß subjektive Entscheidungen – das ist das Problem, um das es bei der sogenannten Werturteilsfreiheit der Wissenschaften geht.«

Wie nahe indes Lorenzen selbst der so charakterisierten Position des Szientismus ist, zeigt ein Satz aus seinen kurz zuvor veröffentlichten John-Locke-Lectures:

»If one defines ›faith‹ in a negative sense, as ›the acceptance of something which is not justified‹, the acceptance of these principles may be called an act of faith. But this act of faith will be different from acts of faith in traditional religions, if we take ›religious faith‹ as yielding of one's critical judgement before a (religious) tradition« (NLaE[3] 75).

Bei der Leistung der praktischen Vernunft, von der Lorenzen spricht, handelt es sich folglich um die Anerkennung von Grundnormen, die nicht gerechtfertigt sind, und insoweit um einen Akt des Glaubens, aber gleichwohl um mehr als ein bloßes Bekenntnis

2 SvD = Szientismus versus Dialektik (= Vortrag auf dem Düsseldorfer Philosophie-Kongreß), in: Hermeneutik und Dialektik, hrsg. v. R. Bubner, K. Cramer, R. Wiehl, Tübingen 1970, I 57-72.

3 NLaE = Normative Logic and Ethics, Mannheim–Zürich 1969. – Ähnlich äußert sich auch Oswald Schwemmer: »Jedenfalls sollte klar sein, daß die Prinzipien der moralischen Argumentation, daß ›Vernunft‹ sich nicht ›andemonstrieren‹ lassen« (Philosophie der Praxis. Versuch zur Grundlegung einer Lehre vom moralischen Argumentieren, Frankfurt a. M. 1971, 194).

oder eine subjektive, willkürliche Entscheidung, und insoweit *nicht* um einen Akt des Glaubens. Damit ist das Problem der Anerkennung und der Begründbarkeit von Normen gestellt.

Von der »szientistischen« These aber unterscheidet sich diese Auffassung Lorenzens, trotz aller Unterschiede des Vokabulars, nicht. Denn daß diejenige Grundnorm, die rationales Handeln allererst ermöglicht, nicht selber rational begründet oder gerechtfertigt werden kann, dies ist gerade die These von Poppers kritischem Rationalismus. Damit ist keineswegs gemeint, daß der Mensch sich nicht um eine möglichst willkürfreie Setzung von Normen oder Werten bemühen könne oder solle. Denn der kritische Rationalismus versteht sich ausdrücklich als ein »irrationaler Glaube an die Vernunft«, für den die Anerkennung der Grundnorm »nicht einfach eine intellektuelle Angelegenheit oder eine Geschmacksfrage«, sondern »eine moralische Entscheidung« ist.[4]

Diese Übereinstimmung bestätigt sich, wenn man näher betrachtet, was Lorenzen zur »kritischen Rechtfertigung« von Normen vorträgt. Es zeigt sich nämlich, daß das Moralprinzip, das in seiner Darstellung die Rolle einer Grundnorm übernimmt, nicht einmal ein Kriterium zur Unterscheidung erlaubter und unerlaubter Handlungen enthält:

»The principle of transsubjectivity demands that all merely subjective wantings are to be ruled out of consideration. But we still have the problem of distinguishing between those wantings which are and those which are not ›merely subjective‹.« (NLaE 83)

Das fehlende Kriterium glaubt Lorenzen in dem Prinzip zu finden, daß natürliche Bedürfnisse gerechtfertigt sind.[5] Nach einer Rechtfertigung dieses Prinzips – so fragwürdig es auch ist[6] – sucht man indes vergebens. So bleibt auch Lorenzens zweite Grundnorm (das »Kulturprinzip«), die alle kulturellen Bedürfnisse

4 K. R. Popper, Die offene Gesellschaft, Bern 1958, II 285.

5 Vgl. NLaE 86: »There will be some wantings which will have to be accepted as needs without our going into the question of a normative genesis, and these will be what I have termed ›natural‹ needs.«

6 Daß die Befriedigung natürlicher Bedürfnisse überhaupt erlaubt sein sollte, wird man gewiß anerkennen, auch wenn es schwerfällt, sie von spezifisch menschlichen Bedürfnissen abzugrenzen. Die Frage ist aber offenbar, unter welchen Bedingungen welche natürlichen Bedürfnisse befriedigt werden dürfen.

durch den Rückgang auf natürliche Bedürfnisse zu rechtfertigen gebietet (NLaE 87), ohne Fundament. Nicht zu reden davon, daß sie nach Lorenzens eigener Auffassung nicht gerechtfertigt werden kann.

Gleichwohl entspricht dieses Ergebnis kaum dem Eindruck, den ein unvoreingenommener Leser oder Hörer von Lorenzens Darlegungen über die Begründung von Werturteilen (SvD 63) gewinnen muß. Am Ende des Düsseldorfer Vortrags findet sich z. B. die Erklärung:

»Die Forderung der Szientisten, daß die Praktizierung von Vernunft insbesondere eine kritische Rechtfertigung aller sprachlichen Mittel einschließen sollte, habe ich, soweit es mir in der Kürze möglich war, erfüllt.« (SvD 72)

Damit gilt die »Lehrbarkeit der praktischen Vernunft« als bewiesen (SvD 62, 72). Der unvoreingenommene Leser oder Hörer wird Lorenzens Darlegungen mit ihrer Frontstellung gegen den »Szientismus« als einen Versuch zur »Rechtfertigung eines Basissystems von Normen« oder zur Frage, »wie sich *erste* Gebote oder Normen ...[7] rechtfertigen lassen« (SvD 65), auffassen.

Bestärkt wird man in einer solchen Deutung, wenn man bei Lorenzen die Überzeugung antrifft, daß der Disziplinierung unserer Meinungsbildung in der Bemühung um wahre Erkenntnis eine Disziplinierung der Willensbildung im praktischen Verhalten entspricht (NLaE 81, SvD 69). Sie bringt ihn auf die Vermutung, daß es im praktischen Bereich ein Analogon zum Wissen im Bereich theoretischen Verhaltens geben müsse: die »Einsicht« (SvD 68 f.). In beiden Fällen scheint es sich ihm nämlich darum zu handeln, daß wir durch Disziplinierung lernen müssen, »der Vernunft, d. h. vernünftigen Argumenten, nachzugeben«: im theoretischen Verhalten, indem wir nicht auf unseren ursprünglichen Meinungen bestehen, und im praktischen Verhalten, indem »wir uns bei unserer Willensbildung in entsprechender Weise bemühen, nicht auf unseren ursprünglichen Begehrungen zu bestehen« (SvD 69). Der Definition des Wissens als »wahrer Meinung« entspricht hier offenbar eine »wahre Begehrung«, auch wenn Lorenzen nicht ausdrücklich sagt, daß er moralisches Verantwortungsbewußtsein

7 Der hier fortgelassene Zusatz »darunter verstehe ich Gebote, die sich gleichmäßig an alle Beteiligten richten«, ist mir in diesem Zusammenhang unverständlich.

oder Gerechtigkeitssinn als »wahres Wollen« deutet. Daß ein solcher Ausdruck umgangssprachlich nicht möglich ist, scheint er indes eher für einen Mangel der Umgangssprache oder für ein Zeichen des Kleinmuts der europäischen Völker zu halten. (vgl. SvD 68 f.) Dazu paßt, daß er der praktischen Philosophie die Aufgabe zuweist, das Argumentieren über die Wahrheit (!) praktischer Normen zu lehren und Prinzipien zu finden, die es erlauben, für oder gegen Handlungen und Entscheidungen zu argumentieren.[8]

Der Unterschied zwischen dem Aufzeigen der Wahrheit und der Rechtfertigung von Normen scheint damit verwischt zu sein.[9] Das bedeutet nichts anderes, als daß Lorenzen in den Verdacht gerät, trotz gegenteiliger Äußerungen im Sinne des kritischen Rationalismus, den alten, längst überwunden geglaubten Intellektualismus in der Ethik erneuern zu wollen. Daß er sich dabei sogar der sokratisch-platonisch klingenden Formel von der Lehrbarkeit der praktischen Vernunft bedient, kann diesen Verdacht nur verstärken. Und ebenso wie bei Sokrates und Platon scheint dabei wieder die Überzeugung im Spiele zu sein, daß dem ethischen Relativismus nicht anders zu begegnen ist als dadurch, daß die Anerkennung von Normen der Willkür entzogen und mit der Verläßlichkeit wahrer Erkenntnis ausgestattet wird.

Aber es ist sehr zu bezweifeln, daß der Abwehr des ethischen Relativismus mit seinen bekannten Mißlichkeiten auf diese Weise gedient sein kann. Ich möchte daher im folgenden versuchen, eine nicht-intellektualistische Theorie der Anerkennung vorzulegen, die frei von relativistischen Konsequenzen ist.

8 Vgl. NLaE 81: »... we can learn to argue the truth of practical norms ...« – »Practical philosophy has the task of finding principles which allow us to argue for or against an action or, as we now can say, for or against a decision.«

9 Vgl. NLaE 74: »But is ›Attempt truth – and nothing else!‹ a justifiable norm for a moral philosopher? To ask this question is already to deny the imperative, for the question asks for the justification of the norm – not its truth. In this lecture I hope to show that there are non-empirical truths in practical philosophy. But my main purpose will be to show that practical philosophy deals not only with *truth*, but also with the *justification of norms*.«

II

Beginnen möchte ich mit der Unterscheidung theoretischer und praktischer Elementarsätze, um einen wohldefinierten Begriff des Sollens zu erhalten, der bei allen weiteren Erörterungen normativer Fragen zugrunde gelegt werden kann. Diese Unterscheidung wird es auch erlauben, gleichsam im Vorbeigehen, deutlich zu machen, daß von der Wahrheit praktischer Sätze, also auch von Normen, sinnvoll nicht gesprochen werden kann. An die Unterscheidung von Seins- und Sollenssätzen möchte ich die Analyse elementarer Imperative anschließen und dabei die Ausdrücke ›Zumutung‹ und ›Annehmen einer Zumutung‹ einführen. Daran soll sich eine Diskussion des Begriffs ›Norm‹ und eine Analyse der Anerkennung von Normen im Zusammenhang der Rechtfertigungsproblematik anschließen.

1. Zur Unterscheidung theoretischer und praktischer Sätze scheint es mir erforderlich zu sein, ein Paar strukturgleicher Sätze zu bilden, von denen der eine ein theoretischer und der andere ein praktischer Satz ist. Ist diese Bedingung erfüllt, so kann man offenbar den Unterschied theoretischer und praktischer Sätze definieren.[10] Als ein solches Satzpaar möchte ich die Sätze ›Diese Wand ist grün‹ und ›Diese Wand soll grün sein‹ untersuchen.

Man stelle sich also vor, zwei Personen befinden sich vor einer Wand. Zwischen ihnen sei strittig, unter welchen Farbbegriff die Farbe der Wand zu subsumieren ist. Wenn einer von beiden behauptet: »Diese Wand ist grün«, so macht er damit offenbar eine Behauptung über die Farbe der Wand im Hinblick auf einen bestehenden Sprachgebrauch.

Diese Behauptung enthält zunächst den Allgemeinbegriff ›grün‹. Das soll heißen: Mit dem sprachlichen Handlungsschema[11] ›grün‹

10 Mit dieser Fragestellung greife ich eine Unterscheidung auf, die R. M. Hare (The language of morals, Oxford 1961, 18, dt.: Die Sprache der Moral, Frankfurt a. M. 1972, 38) als den phrastischen und den neustischen Bestandteil von Sätzen bezeichnet hat. Aber anders als Hare oder auch Lorenzen (NLaE 69; SvD 64) halte ich die Gegenüberstellung indikativischer und imperativischer Sätze für wenig geeignet. Denn Imperative haben, wie ich zeigen werde, bereits eine kompliziertere logische Struktur als scheinbar entsprechende theoretische Sätze.

11 Vgl. W. Kamlah, Sprachliche Handlungsschemata, in: Das Problem der Sprache, hrsg. v. H.-G. Gadamer, München 1967, 427-434.

beziehen wir uns auf etwas, das als »Merkmal« *an* Gegenständen vorkommen und uns nie anders als *an* Gegenständen gegeben sein kann. Gleichwohl ist dieses Merkmal nicht mit irgendeiner Farbnuance oder irgendeiner Farbhelligkeit identisch, also auch nicht mit der bestimmten Helligkeit des Farbtons der Wand, von der die Rede ist. Es kann folglich nicht an einem Gegenstand wahrgenommen oder sonst irgendwie vorgefunden werden, sondern wir müssen es vielmehr an Gegenständen ausgemacht und abgegrenzt haben, bevor wir uns mit einem sprachlichen Handlungsschema wie ›grün‹ überhaupt auf die Farbeigenschaft eines Gegenstandes beziehen können. *Wie* wir solche Merkmale voneinander abgrenzen, das ist ohne Zweifel prinzipiell unserer Willkür überlassen.

Mit Ausdrücken wie ›diese Wand‹ oder auch ›die Farbe dieser Wand‹ beziehen wir uns dagegen auf den Gegenstand selbst. Solche sprachlichen Schemata dienen uns also dazu, auf etwas, das uns und anderen unmittelbar selbst gegeben ist, hinzuweisen. Bei der Verständigung sind solche sprachlichen Handlungen und geeignete nichtsprachliche Zeigehandlungen offenbar gleichwertig. Unerheblich ist es auch, ob der in Rede stehende Gegenstand ein Ding, eine Eigenschaft oder ein Ereignis ist. Da aber eine Zeigehandlung allein oder ein gleichwertiger sprachlicher Ausdruck als solcher nie vollständig erkennen lassen, auf welchen Gegenstand sie sich beziehen, so muß in einer gegebenen Situation in jedem Falle *verstanden* sein, *was* bei einer (sprachlichen oder nichtsprachlichen) Handlung jeweils Gegenstand ist. Obgleich der Gegenstand unmittelbar selbst gegeben ist, reicht also auch hier die Wahrnehmung nicht aus, ihn zu erfassen. Dazu ist vielmehr eine Tätigkeit erforderlich, durch die wir ihn in unserem Wahrnehmungsfeld auszeichnen, absondern und fixieren.

Den so fixierten Gegenstand beziehen wir mit Hilfe der Kopula ›ist‹ auf das Merkmal. Dies bedeutet hier lediglich: Wir stellen – uns oder auch anderen – einen bestimmten Gegenstand (die Farbe dieser Wand) im Hinblick auf einen Allgemeinbegriff (grün) vor. Derselbe Akt des Vorstellens liegt auch in den Sätzen ›Diese Wand soll grün sein‹ oder ›Peter meint, diese Wand sei grün‹, zugrunde. Den so beschriebenen Akt möchte ich »Subsumtion« nennen und durch ›ε‹ symbolisieren. Sein Resultat – Freges »Gedanke« – möge ›Sachverhalt‹ heißen. Der formale Ausdruck eines Sachverhaltes lautet dann: $x \varepsilon P$.

2. Der Sachverhalt in den beiden Sätzen ›Diese Wand ist grün‹ und

›Diese Wand soll grün sein‹ ist derselbe. Soweit sind beide Sätze also strukturgleich. Damit wird klar, daß die Kopula ›ist‹ in dem Satz ›Diese Wand ist grün‹ außer der Subsumtion noch eine weitere Funktion – ich möchte sie ›Prädikation‹ nennen – anzeigt. Durch die Prädikation wird diese Wand nicht mehr lediglich als etwas Grünes vorgestellt, sondern es wird nunmehr etwas über das Verhältnis des vorgestellten Sachverhalts zu dem Gegenstand, auf den sie sich bezieht, behauptet: Der Sachverhalt stelle den Gegenstand als einen so und so bestimmten dar. Dieser ist uns auf doppelte Weise – durch sprachliche Handlungen und in der Wahrnehmung – gegeben. Indem ich in der Prädikation beide Gegebenheitsweisen zusammenbringe und ihre Übereinstimmung behaupte, erhebe ich also einen Anspruch: auf Nachfrage zeigen zu können, daß das in Rede stehende Merkmal dem betreffenden Gegenstand zukommt. Ich löse ihn dadurch ein, daß ich die einzelnen sprachlichen Handlungen, die in meiner Prädikation enthalten sind, wiederhole und sie bei jedem Schritt – entweder für mich selbst oder auch mit anderen – ihrem Zeigesinn folgend überprüfe. Eine prinzipielle Schwierigkeit besteht bei diesem Vorgang meines Erachtens nicht – auch nicht bei der von Wittgenstein zu Unrecht verdächtigten Privatsprache.[12] – Als Symbol für die Prädikation schlage ich ein kleines Kreuz vor. Der formale Ausdruck einer Behauptung (Aussage, theoretischer Satz) lautet dann: $x \varepsilon P \mid +$.

Eine Behauptung, die durch Überprüfung bestätigt werden kann, heißt »wahr«; läßt sie sich bei der Überprüfung widerlegen, so heißt sie »falsch«. Eine wahre Behauptung stellt eine »Tatsache« dar. Aus diesem Zusammenhang geht meines Erachtens mit hinreichender Eindeutigkeit hervor, daß es nur im Hinblick auf eine Prädikation sinnvoll ist, in diesem Sinne von Wahrheit zu sprechen. Diese Bemerkung richtet sich also nicht gegen Redeweisen wie »wahres Gold« oder gegen den Gebrauch des Wortes ›Wahrheit‹ in religiösem oder moralischem Kontext (»Christus ist die Wahrheit«) – solcher Sprachgebrauch läßt sich als abkürzende Rede für andere Sachverhalte deuten. Gemeint ist lediglich, daß

12 Vgl. L. Wittgenstein, Philosophische Untersuchungen §§ 199 ff. in: Schriften 1, Frankfurt 1969, 381 ff. – Wenn ich nicht allein imstande bin, eine sprachliche Äußerung zu prüfen, so erst recht nicht zusammen mit anderen. Denn die Zustimmung eines anderen, der für sich allein zu einer Überprüfung außerstande wäre, ist für mich wertlos.

›Wahrheit‹ in der hier definierten und hier allein interessierenden Bedeutung eine Prädikation voraussetzt und daher insbesondere bei Sollenssätzen unanwendbar bleibt.

Der Satz ›Diese Wand soll grün sein‹ kann als Referat in elliptischer Rede aufgefaßt werden; er kann aber auch – etwa zur Information eines Malers – als Erklärung eines Sprechenden in eigenem Namen gemeint sein und dessen Willen mitteilen. In diesem Falle verhalten sich die beiden Sätze ›Diese Wand soll grün sein‹ und ›Ich will, daß diese Wand grün sei‹ ähnlich zueinander wie die beiden Sätze ›Diese Wand ist grün‹ und ›Ich behaupte, daß diese Wand grün ist‹. Der Sprecher kann einen Gedanken entweder unmittelbar mitteilen oder auch zugleich seine Stellung zu dem mitgeteilten Gedanken ausdrücken und dabei die Modalität seiner Mitteilung deutlicher anzeigen. Davon abgesehen sind die beiden zusammengehörigen Sätze meines Erachtens als äquivalent aufzufassen.

Der Satz ›Diese Wand soll grün sein‹, so verstanden, enthält keine Prädikation. Von dem in Rede stehenden Sachverhalt wird ja nicht behauptet, er sei eine Tatsache, sondern er wird als etwas vorgestellt, von dem der Sprechende will, er solle eine Tatsache sein. Das schließt selbstverständlich nicht aus, daß das, was der Fall sein soll, bereits eine Tatsache ist. (In diesem Fall nennen wir die Tatsache *gut*.) Aber darüber ist in dem Sollenssatz nichts gesagt, ebensowenig wie darüber, durch wen oder wie das Gewollte realisiert werden soll oder kann, wenn es nicht bereits eine Tatsache ist. Wenig ist diesem Satz auch darüber zu entnehmen, in welcher Modalität – etwa als schwaches Wünschen oder als dezidiertes Wollen – er mitgeteilt wird.[13] Entscheidend ist vielmehr lediglich, daß der in Rede stehende Sachverhalt als etwas Gewolltes vorgestellt wird. Ich möchte daher die Funktion, die das Wort ›sollen‹ in diesem Satz übernimmt – im Gegensatz zur Prädikation –, als »Volition« bezeichnen und symbolisch durch einen kleinen Kreis darstellen, so daß sich als formaler Ausdruck eines Sollenssatzes ergibt: $x \varepsilon P \mid o$.

Damit dürfte vollends klar sein, daß es schlechterdings sinnlos ist, bei einer Volition zu fragen, ob sie etwa wahr oder falsch sei, da

13 Auch auf Modifikationen, die sich durch Unterschiede zwischen Absicht und Beschluß einstellen, ist hier und im folgenden nicht abgestellt. Erst recht natürlich nicht auf ein irgendwie pflichtmäßiges Sollen, um dessen logische Genese es ja gerade zu tun ist.

sich diese Frage überhaupt nur auf den Anspruch bezieht, der durch eine Prädikation angemeldet wird. Zwar kann man umgangssprachlich bei einer Aufforderung durchaus sinnvoll fragen, ob es wahr sei, daß man dies oder das tun *solle*. Aber eine Analyse ergibt in solchen Fällen, soweit ich sehe, immer, daß diese Frage sich nicht auf eine Volition, sondern auf eine in der Aufforderung irgendwie enthaltene Prädikation bezieht. Wenn etwa eine Aufforderung in indirekter Rede wiedergegeben wird, so kann man an der Wahrheit der Rede zweifeln, nicht aber nach der Wahrheit der Aufforderung fragen. Ebenso können auch Sätze über Normen, etwa über die Ableitbarkeit einer Norm aus einer anderen, wahr oder falsch sein, niemals aber diese selbst.

3. Von dem elementaren Sollenssatz möchte ich nun zu den elementaren Imperativen übergehen und zeigen, daß sie aus einer doppelten Volition zusammengesetzt sind. Man stelle sich daher vor, von unseren beiden Personen sage die eine zur anderen: »Streiche du mir diese Wand grün!« Dieser Imperativ enthält zunächst die schon besprochene Volition ›Diese Wand soll grün sein‹ und außerdem den Sollenssatz ›Sorge du dafür, daß diese Wand grün sei‹. Der Maler soll durch irgendwie geeignete Handlungen bewirken, daß jener Sachverhalt, der in der ersten Volition vorgestellt ist, verwirklicht wird. Dieser Sollenssatz hat also die Form:

$a \varepsilon B (x \varepsilon P) \mid o.$[14]

Es wird hier ein Begehren an einen anderen herangetragen und ihm zugemutet, daß er den gewollten Sachverhalt sich zu eigen mache und verwirkliche. Einen Satz dieser Form möchte ich im folgenden daher eine »Zumutung« nennen. Dabei muß ich leider in Kauf nehmen, daß wir umgangssprachlich gerade dann von einer Zumutung sprechen, wenn wir das hier ›Zumutung‹ Genannte für »unzumutbar« halten. Mit dem Ausdruck ›zumutbar‹ beziehen wir uns in der Umgangssprache auf eine Norm, durch die festgelegt wird, was unter gegebenen Verhältnissen einem anderen zugemutet werden darf oder nicht. *Dieser* Begriff ›Zumutung‹ aber wird, ebenso wie bei meinem terminologischen

14 a = alter; B = bewirken. – ›Bewirken‹ fasse ich als eine Relation zwischen einem Gegenstand (alter) und einem Sachverhalt auf. Diese Art von Relationen – andere Beispiele sind ›sagen‹, ›glauben‹, ›meinen‹ – sind von ›normalen‹ Relationen (Relationen zwischen zwei oder mehreren Gegenständen) spezifisch verschieden.

Vorschlag, wertfrei gebraucht. Darüber, was zumutbar ist und welche Kriterien der Zumutbarkeit in Betracht zu ziehen sind, kann freilich in der Situation, von der hier die Rede ist, noch nichts ausgemacht werden.

Eine Zumutung wendet sich, wie unser deutscher Ausdruck lehrt, jeweils an den Willen eines anderen: Er solle den Gedanken, den die Zumutung enthält, übernehmen und entsprechend handeln. Den Akt, durch den dies geschieht, möchte ich das »Annehmen einer Zumutung« nennen. Damit soll deutlich gemacht werden, daß das Annehmen eine Handlung ist, die weder logisch noch kausal durch die Zumutung bedingt oder bewirkt ist. Eine Verbindung zwischen der Zumutung und dem Annehmen des Zugemuteten wird erst dadurch hergestellt, daß dem Wollen des Auffordernden der Wille des Aufgeforderten entspricht. Soweit das Annehmen der Zumutung letztlich allein vom *Willen* des Aufgeforderten abhängig, erfolgt es willkürlich. Die Entsprechung des beiderseitigen Wollens wird daher regelmäßig zustande kommen, wenn die Zumutung eine Einladung enthält, die der Aufgeforderte von sich aus anzunehmen bereit ist. Aber die Zumutung wird in dem hier gemeinten Sinne auch dann willkürlich angenommen, wenn der Aufgeforderte – etwa angesichts einer massiven Drohung – sich dazu gezwungen sieht, ein kleineres Übel anstelle eines größeren zu wählen. Von Rechten und Pflichten kann bis zu diesem Punkt der logischen Genese ohnehin die Rede nicht sein. Wertfrei zumutbar ist folglich in dieser noch ziemlich abstrakt konstruierten Situation lediglich das, wozu der Aufgeforderte entweder von sich aus eine Neigung hat oder wozu er sich durch die Androhung eines größeren Übels bewegen läßt. Womit klar sein dürfte, was geschehen müßte, damit unter den vorgestellten Bedingungen die Wand grün gestrichen wird.

4. So erhebt sich die für eine Theorie des Handelns entscheidende Frage, welche Bedingungen gegeben sein müßten, damit eine Aufforderung auch in anderen Fällen als den bisher betrachteten – der spontan angenommenen Einladung und der gezwungen befolgten Nötigung – wirksam werden kann. Die Lösung besteht natürlich darin, daß der Auffordernde seine Zumutung mit einem Angebot an den Aufgeforderten für den Fall verbindet, daß dieser die Zumutung annimmt und die zugemutete Leistung erbringt. Der Maler streicht die Wand gegen ein Entgelt grün. Es muß eine wechselseitige Zumutung und ein wechselseitiges Annehmen der

Zumutung zustande kommen und sich beides gegenseitig bedingen. Zwischen den Beteiligten muß Übereinstimmung darüber hergestellt sein, daß diese Bedingung ihr beiderseitiges Handeln regeln soll. Wir sprechen in diesem Fall von einem Vertrag; er hat die Form:

$$a, e.\ \{a\,\varepsilon\,Z[e\,\varepsilon\,B(x\,\varepsilon\,P)] \rightarrow e\,\varepsilon\,A[e\,\varepsilon\,B(x\,\varepsilon\,P)]\}\ \mid\ o.$$ [15]

Wenn beide Seiten die Bedingung, die ihre Handlung in einer bestimmten Situation regeln soll, annehmen, so ist zwischen ihnen eine Gemeinsamkeit gestiftet, die es rechtfertigt, hier mit besonderer Betonung von zwei »Parteien« zu sprechen. Schon dies dürfte deutlich machen, daß es mit dem Annehmen dieses Sollenssatzes eine besondere Bewandtnis hat. Dies möchte ich auch terminologisch dadurch kenntlich machen, daß ich in diesem Falle nicht von Annehmen, sondern von »Anerkennung« spreche: Die beiden Parteien müssen den Sollenssatz, der die gemeinsame Bedingung ihres Handelns ist, anerkannt haben. In diesem Falle – und nur in diesem Falle – ist er die »Norm« ihres Handelns. Die beiden Parteien sind dann gleichzeitig die Adressaten dieser Norm. Mindestens in diesem Falle gilt also: Nur wer die Norm anerkannt hat, kann Normadressat sein. Aber ich vermute, daß dieser Satz allgemein aus den Bedingungen des Handelns bewiesen werden kann und also ein analytisch wahrer Satz über Normen ist.

Es dürfte klar sein, was im Falle des Vertrages die Anerkennung einer gemeinsamen Norm für das Handeln der Beteiligten leistet. Nur unter der Voraussetzung einer die Handlung der Beteiligten regelnden Norm können bestimmte Handlungen, an denen jeder einzelne interessiert ist – aus Gründen, die der andere normalerweise nicht teilen wird –, zustande kommen. Die Anerkennung der gemeinsamen Norm schafft gewisse Verhaltenserwartungen, die es einem der Beteiligten geraten erscheinen lassen können, als erster eine Leistung zu erbringen, die im Interesse des anderen liegt. Damit hört aber die Aufforderung, der andere möge nun auch seinerseits die vereinbarte Leistung erbringen, auf, eine bloße Zumutung zu sein, die der Aufgeforderte nach seiner Willkür annehmen oder ablehnen mag. Sie wird zu einem Anspruch,

15 e = ego; Z = zumuten; A = annehmen. – Die Forderung $A \rightarrow B \mid o$ gelte als erfüllt genau dann, wenn die Aussage $A \rightarrow B \mid +$ wahr ist.

den er bereits im vorhinein als Bedingung seines Handelns anerkannt hat. Zur Erfüllung dieses Anspruchs hat er sich mit anderen Worten verpflichtet.
Es ist daher in diesem Fall nicht weiter sinnvoll, nach einer Rechtfertigung der gemeinsam anerkannten Vertragsnorm zu suchen. Beide Partner hatten ein hinreichendes Motiv, die Vertragsnorm anzuerkennen, und in dieser Anerkennung war enthalten, daß sie ihrem eigenen Wollen für die Zukunft gewisse Bedingungen auferlegten, die zu gegebener Zeit gegen sie geltend gemacht werden sollten. Dem Aufgeforderten steht es also gar nicht mehr frei,[16] eine aus den Bedingungen des Vertrags ableitbare Zumutung abzulehnen. Ebensowenig kann man, dies vorausgesetzt, sinnvoll eine Rechtfertigung der Norm, daß Verträge zu halten sind, fordern. Denn die Bedingung des Handelns ist hier ja gerade, daß eine Übereinkunft bindend sein soll. Es mag daher in einzelnen Fällen strittig sein, ob überhaupt eine Übereinkunft zustande gekommen ist. So mag man etwa – gegen Hobbes – bestreiten, daß ein Zustimmung, die durch Nötigung herbeigeführt worden ist, ein Vertragsverhältnis begründet. Aber daß eine vertragliche Übereinkunft einzuhalten ist, das kann überhaupt nicht strittig sein, weil dies ein analytischer Satz ist. Nur wenn einem anderen die Anerkennung einer Norm zugemutet würde, die er nicht selbst schon anerkannt hätte, das heißt wenn beansprucht würde, daß die Norm sich auf solche Adressaten erstrecke, die diese Norm nicht selbst bereits anerkannt hätten, müßte man in der Tat nach einer Rechtfertigung der Norm suchen – und würde sie vermutlich nicht finden. Die Situation ist hier nicht anders als beim Schachspiel: Man kann dies Spiel nicht spielen, ohne zuvor die Spielregeln anerkannt zu haben; aber niemand kann verpflichtet werden, Schach zu spielen, der nicht Schach spielen will.
Was für das Vertragsmodell gilt, läßt sich leicht auf ein Normensystem ausdehnen, das die wechselseitig erlaubten Handlungen mehrerer Partner in einer Gruppe regelt. Hier handelt es sich darum, für eine Vielzahl von Handlungen Regeln darüber aufzustellen, welche Handlungen erlaubt sind, das heißt aber, bei welchen Handlungen es anderen verboten sein soll, ihre Ausfüh-

16 ›Freistehen‹ soll hier heißen: weder geboten noch verboten. Diese deontischen Modalitäten entstehen durch Anwendung der Negation auf den Sollenssatz (vgl. z. B. NLaE 69).

rung zu behindern. Eben darum geschieht dies zweckmäßig durch Verbotsnormen. Ein solches Normensystem bilden zum Beispiel die Spielregeln des Schachspiels oder ein Gesetzbuch in einem Staate. Ein Normensystem dieses Typs kann man dann abermals erweitern, indem man in das System Normen einfügt, die es gestatten, neue Normen zu schaffen und bestehende Normen abzuändern oder aufzuheben. Dabei muß von allen Normadressaten im vorhinein anerkannt sein, daß sie auch die aufgrund einer solchen Normenkompetenz geschaffenen Normen anerkennen werden. Das Vertragsmodell läßt sich hier, wie man sieht, ohne prinzipielle Schwierigkeit in das Modell des Staatsvertrages überführen. Die Bedenken, die etwa Hegel gegen dieses Modell vorgebracht hat, sind meines Erachtens vergleichsweise unerheblich.

5. Das wichtigste Problem im Zusammenhang mit der Anerkennung von Normen bleibt freilich noch zu erörtern. Es bezieht sich auf den Charakter des Sollens bei Normen. Wenn man sich bei vertraglichen Forderungen auf eine gemeinsam anerkannte Norm beruft, so setzt man voraus, daß die Anerkennung der Norm weiterhin »in Kraft« ist. Man würde es also nicht gelten lassen, wenn die andere Partei erklären wollte, sie habe die Anerkennung der gemeinsamen Norm inzwischen zurückgenommen. Dies könnte mit Recht als unzulässig zurückgewiesen werden. Damit wird klar, daß bei allem, was bisher über die Anerkennung von Normen gesagt wurde, vorausgesetzt war, daß die Anerkennung selbst *bindend* ist. Es besteht folglich ein Unterschied zwischen der Anerkennung von Normen und anderen, unverbindlichen Willenserklärungen, dergestalt, daß bei der Anerkennung einer jeden Norm stets die Anerkennung einer »Grundnorm« im voraus gesetzt ist: Die Anerkennung der Norm solle als ein Akt des Willens angesehen werden, der auch weiterhin gegen ihn selbst geltend gemacht werden dürfe.

Die Anerkennung dieser Grundnorm sichert erst die Möglichkeit, einem anderen Handlungen zuzurechnen und mit ihm in eine Argumentation einzutreten darüber, ob er zu gewissen Handlungen berechtigt war oder nicht. Nur wer diese Grundnorm anerkennt, ist überhaupt erst eine »Person«, mit der man sinnvoll eine Übereinkunft über die Anerkennung weiterer gemeinsamer Normen treffen kann. Darin ist aber des weiteren vorausgesetzt, daß die Person auch andere als solche Wesen »anerkannt« hat, denen ihrerseits ihre Handlungen zugerechnet werden dürfen. Mit der

Anerkennung der Grundnorm ist also unmittelbar auch die Anerkennung anderer als Personen verbunden.

Die Frage, ob die Anerkennung dieser Grundnorm gerechtfertigt werden kann, ist [nicht] sinnlos.[17] Es wäre auch eine Übertreibung zu behaupten, zur Anerkennung dieser Grundnorm gebe es keine Alternative. Die Alternative besteht in der Abwesenheit einer normativen Ordnung der zwischenmenschlichen Beziehungen, folglich im Naturzustand eines Krieges aller gegen alle, den für eine realitätsleere Fiktion zu halten leider eine wirklichkeitsfremde Arglosigkeit ist. Daher ist potentiell jeder, der dazu fähig ist, Adressat dieser Grundnorm – auch wenn er sie nicht bereits durch die Tat anerkannt haben sollte, dies aber nur in dem Sinne: daß ihm zugemutet wird, sich an der Erhaltung und Weiterbildung bestehender normativer Ordnungen zu beteiligen. Die Rechtfertigung der Grundnorm muß in jedem Falle darin liegen, daß man aufzeigt, wie die Alternative dazu aussieht. Soweit ist es also auch hier wie beim Schachspiel: Niemand kann zum Mitspielen verpflichtet werden; aber mit dem ersten Zug hat man bereits die Spielregeln anerkannt.

Aus dieser Grundnorm – in Hegels Formulierung lautet sie: »Sei eine Person und respektiere die anderen als Personen!«[18] – kann man keine weiteren Normen, nicht einmal eine ethische Grundnorm wie den kategorischen Imperativ, deduzieren. Soweit ist sie also vollkommen leer. Aber alle anderen Normen, die die zwischenmenschlichen Beziehungen ordnen sollen, setzen die Anerkennung dieser Grundnorm voraus. Diese Normen müssen also eigens gefunden und eigens anerkannt werden. Auf diese Weise ist es möglich, gültige Normensysteme, die selbst Normenkompetenzen festlegen, zu schaffen. Davon war bereits die Rede. Aber es stellt sich hier auch die Frage nach der Zumutbarkeit anerkannter Normen und bestehender Normensysteme, also das Problem eines rationalen Naturrechts. Zu fragen ist auch, ob nicht jedes Rechtssystem zu seiner Ergänzung mindestens ein System anerkannter ethischer Normen braucht, um bestehen zu können. Das sind Fragen, auf die ich hier nicht mehr eingehen kann. Aber ich

17 Die »Sinnlosigkeit« der Frage ›Wie wird das Moralprinzip gerechtfertigt?‹ behauptet Oswald Schwemmer a.a.O. 193 [Im Text steht »ist nicht nur nicht sinnlos«].

18 Vgl. meine Ausgabe: G. W. F. Hegel, Vorlesungen über Rechtsphilosophie Bd. 2, Stuttgart – Bad Cannstatt 1975, (§ 36) 192.

möchte doch sagen, daß sich bei diesen Problemen die Frage nach der Anerkennung im Zusammenhang mit der Rechtfertigung praktischer Sätze meines Erachtens in ähnlicher Weise stellt.

III

Diese Skizze einer logischen Genese von Normen und Normensystemen habe ich als eine nicht-relativistische, nicht-intellektualistische Theorie der Anerkennung bezeichnet. Ich behaupte nicht, damit gezeigt zu haben, »wie man durch willkürfreies Reden und Denken zu Normen gelangen kann« (SvD 59). Aus meinen Darlegungen scheint mir vielmehr ganz im Gegenteil hervorzugehen, daß zur Anerkennung von Normen ein willkürlicher (oder willentlicher) Akt der Zustimmung jedenfalls in dem Sinne erforderlich ist, daß sein Ausbleiben nicht als ein Mangel unseres Erkenntnisvermögens angesehen werden kann. Diesem Moment der Willkür trägt übrigens auch Lorenzen Rechnung, wenn er davon spricht, »daß der Mensch sich ... um eine möglichst willkürfreie Setzung von Normen (oder Werten) bemühen könne und solle« (a.a.O.). Daß Normen (oder Werte) nicht Gegenstand einer Erkenntnis oder »Einsicht« (wie Lorenzens mißverständlicher Ausdruck lautet) sein können, sondern »gesetzt« werden müssen, scheint mir damit klar genug gesagt zu sein.

In dieser Richtung scheint mir Lorenzen sogar weiterzugehen, als nötig ist, wenn er erklärt:

»Obviously, I will not be able to ›justify‹ these principles, since the term ›justification‹ makes sense only after one has accepted such principles« (NLaE 74).

Denn der Rechtfertigung bedürftig kann doch, strenggenommen, nur das sein, dessen Rechtmäßigkeit mit guten Gründen angezweifelt werden kann. Dies ist aber bei den hier in Rede stehenden Normen nie zu befürchten, solange die Identität zwischen den Normadressaten und denjenigen, die diese Norm anerkannt haben, gewahrt bleibt. Es ergibt sich vielmehr, daß die Normen gegenüber denjenigen, die sie nicht anerkennen, weder gerechtfertigt werden können noch gerechtfertigt zu werden brauchen, und daß sie für diejenigen, die sie anerkannt haben, jederzeit gerechtfertigt sind. Insofern aber mit ›Rechtfertigung‹ auf einen Ausweis der Gründe, die uns zur Anerkennung einer Norm bestimmen

können, abgestellt wird, so kann sie nur darin liegen, daß die Alternative und die Folgen der Entscheidung verständlich gemacht werden.
Aufgegeben werden muß freilich, wenn die voranstehenden Analysen richtig sind, die Idee einer Verpflichtung aller vernünftigen Lebewesen durch einen kategorischen Imperativ vor und unabhängig von jedem Akt der Anerkennung. Man mag daher bezweifeln, daß diese Theorie der Anerkennung die Mißlichkeiten einer relativistischen Ethik vermeidet. Aber die von mir in ihrer logischen Genese vorgeführte Grundform bietet meines Erachtens die Voraussetzung dazu, die Möglichkeiten der Verständigung auszuschöpfen, durch die allein die unübersehbaren vorhandenen Normenkonflikte zu überwinden sind, ohne von vornherein Unzumutbares zuzumuten.[19]

19 Daß Kant der hier vorgetragenen Auffassung wenigstens zuzeiten nicht fern gestanden hat, ergibt sich aus dem Zitat am Anfang dieses Aufsatzes: »Niemand ist obligirt, außer durch seine Einstimmung.« Aber Kant fährt fort: »Diese ist nun entweder nothwendig oder zufellig.« Von dem Gedanken, daß diese Anerkennung der Grundnormen irgendwie »notwendig« sein müsse, hat sich Kant nie frei zu machen gewußt. (Dazu vgl. meinen Aufsatz: Der naturalistische Fehlschluß bei Kant, in diesem Bd. 277-295).

Geltung als Konsens

Die erste philosophische Monographie über die Wahrheit stammt von Protagoras, dem auch von Platon stets mit Respekt behandelten Begründer der sogenannten Sophistik. Seine These ist: Wahr und verbindlich sei das, was wir unter bestimmten Bedingungen für wahr und verbindlich halten.[1] Dagegen stellt Platon seine Auffassung, die Grundlage von Wahrheit und Verbindlichkeit sei in einem wahrhaft Seienden, den Ideen, zu suchen.[2] Beide Positionen lassen sich als eine dialektische Entwicklung des parmenideischen Grundsatzes von der »Identität« von Denken und Sein interpretieren, d. h. des Grundsatzes: »Ohne das Seiende, in dem es ausgesprochen ist, wirst du das Denken (νοεῖν)[3] nicht finden« (28

1 Zum Titel der Schrift des Protagoras vgl. Plat. Krat. 391 c6; Theait. 166 d1; Diels/Kranz zu Prot. B 1. Auf diese Schrift antworteten mit eigenen Monographien der Sophist Antiphon (vgl. 87 B 1 DK) und der Sokratiker Antisthenes (Diog. Laert. VI 16). Daß Protagoras einen theoretischen *und* praktischen Phänomenalismus vertritt, hängt mit der Doppelbedeutung des griechischen Wortes δόξα zusammen: δοκεῖ μοι kann sowohl bedeuten, ›mir scheint etwas so oder so zu *sein*‹ wie auch ›mir scheint etwas *gut* zu sein‹ (i. S. v. ›ich beschließe‹). Für seinen theoretischen Phänomenalismus vgl. Plat. Theait. 152 a-b (= 80 B 1 DK); für seinen praktischen Phänomenalismus vgl. Plat. Theait. 167c 4-5 (80 A 21a DK).

2 Platon versteht Wahrheit, getreu seiner eleatischen Herkunft, primär als Eigenschaft des (»wahrhaft«) Seienden selbst, die sich mittels der Ideenschau der Seele mitteilt (vgl. Resp. VI 508 d 4-6); über eine davon deutlich unterschiedene Theorie der Verbindlichkeit verfügt er noch weniger als Protagoras. Er deutet indes Wahrheit und Sein als eine Wirkung der Idee des Guten vgl. a.a.O. 503 e 1-3. 509 b 6-10). – Zur Urteilstheorie des späten Platon vgl. K. Lorenz/J. Mittelstraß, Theaitetos fliegt. Zur Theorie wahrer und falscher Sätze bei Platon (Soph. 251 d-263 d), in: Archiv für Geschichte der Philosophie, 48 (1966), 114-152; M. Frede, Prädikation und Existenzaussage, Göttingen 1967, Hypomnemata 36; W. Detel, Platons Beschreibung des falschen Satzes in Theätet und Sophistes, Göttingen 1972, Hypomnemata 18.

3 Νοεῖν bedeutet nicht diskursives Denken, sondern geistiges Erfassen. Zur Wortgeschichte vgl. die meisterhafte Abhandlung von Kurt v. Fritz, Die Rolle des νοῦς, in: Um die Begriffswelt der Vorsokratiker, hrsg. v. H.-G. Gadamer, Darmstadt 1968, 246-363.

B 8, 35 f. DK). Der *Homo mensura*-Satz des Protagoras insistiert, so aufgefaßt, darauf, daß seiend bzw. wahr genannt werden darf, was immer wir unter bestimmten Bedingungen »denken«.[4] Platons Ideenlehre ist dann umgekehrt als jene Auffassung zu deuten, nach der nur das Erfassen des wahrhaft Seienden als »Denken« begriffen werden darf. Der Grund von Wahrheit und Verbindlichkeit – beides wird nur undeutlich unterschieden – wird im einen Falle im denkenden Subjekt, im anderen Falle im Objekt des Denkens gesucht.

Für die protagoreische wie für die platonische These kann man starke Gründe anführen: Während der Ansatz des Protagoras den Ursprung des Geltungsanspruchs von Aussagen und Normen im denkenden Subjekt verständlich macht, zielt die platonische Konzeption darauf ab, die »objektive« Geltung theoretischer und praktischer Sätze zu erklären. Aber gegen beide Thesen lassen sich auch ebenso starke Gegengründe aufbieten. Denn Protagoras gelangt bei seinem subjektivistischen Ansatz über einen theoretischen und praktischen Relativismus nicht hinaus, und Platon verfällt mit seiner objektivistischen These in eine Ontologisierung bzw. Hypostasierung der Begriffe und Werte, von der er sich auch in seinem Spätwerk nicht mehr freimachen kann.

Dieser Befund läßt vermuten, daß die Aufhebung dieses Gegensatzes nur in einer dialektischen Synthese zu finden sein wird, die Wahrheit und Verbindlichkeit ohne relativistische oder ontologisierende Konsequenzen zu begreifen erlaubt. Wie dies geschehen könnte, ist indes auch nach einer mehr als zweitausendjährigen philosophischen Diskussion nach wie vor unentschieden. Vielmehr läßt sich zeigen, daß die Einseitigkeiten der beiden ursprünglichen Positionen in verwandelter Gestalt bis in die jüngsten Versuche auf diesem Felde sich durchhalten. Als ein Beispiel dafür sollen im folgenden die letzten Arbeiten von Jürgen Habermas[5] analysiert und kritisch erörtert werden.

4 Für die eleatischen Voraussetzungen der Sophistik vgl. O. Gigon, Der Ursprung der griechischen Philosophie, Basel/Stuttgart 1968².

5 Mit Abkürzungen werden die folgenden Arbeiten zitiert:

BWu = Einige Bemerkungen zum Problem der Begründung von Werturteilen, in: Philosophie und Wissenschaft, hrsg. v. L. Landgrebe, Meisenheim am Glan 1972, 89-99.

VB = Vorbereitende Bemerkungen zu einer Theorie der kommunikativen Kompetenz, in: J. Habermas/N. Luhmann, Theorie der

Habermas bezeichnet seine Theorie über die Wahrheit von Aussagen und die Verbindlichkeit von Normen, die er zunächst im Anschluß an Ch. S. Peirce vortrug, als »Konsenstheorie«. Sie möchte als die Grundlage eines theoretischen oder praktischen Geltungsanspruchs den zwischen qualifizierten Teilnehmern an einem Diskurs schließlich zu erwartenden Konsens ausweisen. Bereits dieser Umstand, aber auch seine Zurückweisung der ontologischen Wahrheitstheorien (VB 123), macht deutlich, daß er sich im allgemeinen auf den Boden des Protagoras stellt, und so bleibt zu fragen, ob es ihm gelingt, die eigentümliche Geltung, die wir einer wahren Aussage oder einer verbindlichen Norm zuschreiben, auf diese Weise zu begründen. In dieser Absicht soll zunächst seine Konzeption einer idealen Sprechsituation untersucht werden. Daran anschließen wird sich eine Erörterung seiner Thesen über die Geltung von Aussagen und von Normen.

1. Die »ideale Sprechsituation«

Offenbar angeregt durch Chomskys Lehre von der linguistischen Kompetenz des Menschen hat Habermas vor einigen Jahren eine allgemeine kommunikative Kompetenz als die Bedingung der Möglichkeit allen Sprechens und Handelns aufzuweisen versucht. In diesem Zusammenhang taucht auch zuerst die Konzeption einer idealen Sprechsituation auf. Sie wird im Düsseldorfer Vortrag (1969) in Anlehnung an damals noch unveröffentlichte Untersuchungen Dieter Wunderlichs über »Pragmatik, Sprechsituation, Deixis«[6] charakterisiert durch

– reziproke Anerkennung der Sprechenden auf der Ebene der Intersubjektivität,
– Verknüpfung dieser Ebene mit der der besprochenen Sachverhalte durch ein System deiktischer Ausdrücke,

Gesellschaft oder Sozialtechnologie, Frankfurt 1971, 101-141.
Wth = Wahrheitstheorien, in: Wirklichkeit und Reflexion (Festschrift W. Schulz), hrsg. v. H. Fahrenbach, Pfullingen 1973, 211-265.
Lpr = Legitimationsprobleme im Spätkapitalismus, Frankfurt 1973.
EuI = Erkenntnis und Interesse. Mit einem neuen Nachwort, Frankfurt 1973 (Taschenbuchausgabe).

6 Erschienen in: Zeitschrift für Literaturwissenschaft und Linguistik I/II (1971), 153-190.

- Explikation des pragmatischen Sinns von Verständigung überhaupt durch entsprechende Redeformen,
- Explikation der Struktur möglicher Verständigung mit Hilfe verschiedener Klassen »intentionaler Ausdrücke« in einem System fundamentaler Unterscheidungen von
  Sein und Schein,
  Sein und Wesen,
  Sein und Sollen.

Das Modell einer idealen Sprechsituation entsteht nun dadurch, daß diese Konstituentien einer jeden Sprechsituation dem Symmetriepostulat genügen, d. h. daß die Dialogrollen grundsätzlich austauschbar werden und keine Seite in der Wahrnehmung dieser Rollen privilegiert ist. In diesem Falle führen die drei zuletzt genannten Unterscheidungen zu Postulaten, die mit den Ideen von Wahrheit, Freiheit und Gerechtigkeit bezeichnet werden können.

Im Aufsatz über eine Theorie der kommunikativen Kompetenz (1971) wird diese Darstellung unter dem Einfluß J. R. Searles[7] vereinfacht und strenger strukturiert, indem ihr eine systematische Einteilung von Sprechakten zugrunde gelegt wird (VB 111 f.). Die ideale Sprechsituation entsteht durch eine symmetrische Verteilung der Chance, kommunikative, konstative, repräsentative und regulative Sprechakte zu wählen und auszuführen (VB 137), mithin:

- Kommunikation herbeizuführen sowie durch Reden und Gegenrede, Frage und Antwort zu perpetuieren,
- Deutungen, Behauptungen, Erklärungen und Rechtfertigungen aufzustellen und deren Geltungsansprüche zu begründen oder zu widerlegen,
- weder sich noch andere über seine Intentionen zu täuschen,
- zu befehlen und sich zu widersetzen, zu erlauben und zu verbieten, Versprechen zu geben und abzunehmen, Rechenschaft abzulegen und zu verlangen.

Im Aufsatz über »Wahrheitstheorien« (1973) wird diese Darstellung im wesentlichen übernommen (a.a.O. 255 f.). Der Bezug zum System der Sprechakte ist jetzt freilich kaum noch erkennbar; das Aufstellen und Kritisieren von Geltungsansprüchen wird,

7 J. R. Searle, Speech Acts, Cambridge (Mass.), 1969 (dt.: Sprechakte, Frankfurt 1971).

bezeichnend genug, mit den konstatierenden Sprechakten nicht mehr in Verbindung gebracht. Auch der Bezug dieser vier Grundnormen zu den Ideen Wahrheit, Freiheit und Gerechtigkeit ist wieder aufgegeben.[8]
Habermas verwendet nun diese im ganzen sich durchhaltende Konzeption einer idealen Sprechsituation in verschiedenen, nicht immer deutlich unterschiedenen Begründungszusammenhängen, letztlich in der Absicht, eine Theorie der kommunikativen Kompetenz zu entwickeln. Für eine Erörterung seiner Konsenstheorie ist es daher unerläßlich, diese Argumentationsstränge, so gut es eben geht, freizulegen.

1.1 Die ideale Sprechsituation als Modell einer idealen Kommunikation

Die vier Grundnormen, die in einer Sprechsituation die gleichberechtigte Wahrnehmung von Chancen sichern sollen, sind bereits im Vorblick auf eine Lebensform konzipiert, in der Herrschaftsfreiheit und Chancengleichheit realisiert sind. Von dieser unterscheidet sich die ideale Sprechsituation vor allem dadurch, daß sie von der Notwendigkeit, Erfahrungen einzubringen und unter Zeitdruck zu handeln, befreit und eben dadurch die Möglichkeit einer »unbeschränkten und herrschaftsfreien Kommunikation« antizipiert (BWu 98; vgl. VB 137).
Die so charakterisierte »Lebensform« trägt deutlich anarchische Züge, insofern nirgends erkennbar wird, wie eine uneingeschränkte Verwirklichung von Herrschaftsfreiheit und Chancengleichheit mit dem Differenzierungszwang einer modernen Industriegesellschaft vereinbart werden könnte.[9] Gleichwohl ist nicht

8 Wth 228 ordnet Habermas die Ideen Wahrheit, Wahrhaftigkeit und Richtigkeit den konstativen, repräsentativen und regulativen Sprechakten zu, jedoch ohne eine Beziehung zur Theorie der idealen Sprechsituation herzustellen.

9 Vgl. dazu die Kritik von R. Spaemann, Die Utopie der Herrschaftsfreiheit, in: Merkur 1972 (auch in: Rehabilitierung der praktischen Philosophie, hrsg. v. M. Riedel, Freiburg 1974, II, 211-233) und die Entgegnung von Habermas, Die Utopie des guten Herrschers, in: Merkur 1972 (auch in: J. Habermas, Kultur und Kritik. Verstreute Aufsätze, Frankfurt 1973, 378-388).

zu übersehen, daß das emanzipatorische Interesse, zu dessen Anwalt sich Habermas weithin überzeugend gemacht hat, durch die Junghegelianer vermittelt Rousseaus und Kants Idee der Autonomie aufnimmt und so die Tradition des rationalen Naturrechts fortsetzt.[10] Das Begründungsproblem, vor dem er steht, ist damit bereits einigermaßen deutlich umrissen: Es bezieht sich auf die Frage, worin die Verbindlichkeit eines die Realisierung von Chancengleichheit gebietenden und die Ausübung von Herrschaft verbietenden Normensystems gründe. Wäre dies erst einmal geleistet, so dürfte man auch hoffen, die Forderung nach Anerkennung der vier Grundnormen, die eine ideale Sprechsituation regeln, zu rechtfertigen. Letztere wäre in genau dem Sinne als ideal zu bezeichnen, in dem auch herrschaftsfreie Kommunikation unter den Bedingungen der Chancengleichheit als ideal gelten könnte.

Höchstens einen Ansatz in dieser Richtung enthält die Konzeption einer kommunikativen Kompetenz des Menschen. Sie scheint den Gedanken zu enthalten, der Mensch sei als dieses Wesen, das er nun einmal ist, dazu befähigt, an herrschaftsfreier Kommunikation kompetent zu partizieren, und diese Lebensform sei in jeder menschlichen Kommunikation irgendwie immer schon vorausgesetzt. Dies erinnert gewiß nicht zufällig an Chomskys Auffassung, die linguistische Kompetenz des Menschen sei als eine Art cartesischer *idea innata* anzusehen[11], und führt letztlich zurück auf Platons Lehre von der Wiedererinnerung. Die Verbindlichkeit einer kommunikativen Ethik wäre dann in der Tatsache zu suchen, daß ihre Grundnormen in allem menschlichen Handeln immer schon anerkannt sind. Aus der Verbindlichkeit einer kommunikativen Ethik wäre dann die Verbindlichkeit der Grundnormen einer idealen Sprechsituation abzuleiten.

Habermas versucht indes zur Lösung des Begründungsproblems vielmehr den umgekehrten Weg einzuschlagen: Nicht die Grundnormen einer kommunikativen Ethik sollen die Grundnormen

10 Habermas selbst ist sich dieser Kontinuität offenbar nicht recht bewußt: »Bisher sind die philosophischen Anstrengungen, das traditionale oder ... moderne Naturrecht, in welcher Version auch immer, zu rehabilitieren, ebenso gescheitert, wie die Versuche, materiale Wertethik (im Sinne Schelers oder Nicolai Hartmanns) zu begründen« (Lpr 137f., vgl. 123).

11 N. Chomsky, Cartesian Linguistics, New York and London 1966, 59ff. (dt.: Cartesianische Linguistik, Tübingen 1971).

einer idealen Sprechsituation begründen, sondern von den Grundnormen der (vernünftigen) Rede her soll eine Universalmoral begründet werden.[12] Die Theorie der kommunikativen Kompetenz, die Habermas unter dem Titel »Universalpragmatik« entwickeln möchte, stützt sich letztlich auf den »transzendentalen Charakter der Umgangssprache«.[13] Der Rekurs auf das Ideal einer herrschaftsfreien Kommunikation, so stark er auch in der Habermas-Rezeption bei den Jüngeren gewirkt haben mag, dient in diesem Begründungszusammenhang höchstens dazu, die Anerkennung der Grundnormen einer idealen Sprechsituation zusätzlich zu empfehlen. Als das Fundament seiner *praktischen* Idee einer kommunikativen Ethik betrachtet er jedoch eine *»kognitivistische* Sprachethik«.[14]

12 Vgl. Lpr 131: »Der höchsten Stufe des moralischen Bewußtseins entspricht eine auf Grundnormen der vernünftigen Rede zurückführbare Universalmoral.« Ähnlich argumentiert K.-O. Apel, indem er zu zeigen versucht, »daß die in der Logik vorausgesetzte Ethik der Argumentation für die logische und empirisch-wissenschaftliche Rechtfertigung von Meinungen nicht nur eine Bedingung der Möglichkeit ist, sondern sie als *Anspruch* aller Mitglieder der Argumentationsgemeinschaft an alle anderen und somit als moralische Pflicht erweisen kann« (Transformation der Philosophie, Frankfurt 1973, II 403). Apel stützt sich vor allem auf die Überlegungen, die Kuno Lorenz (Die Ethik der Logik, in: Das Problem der Sprache. Achter Deutscher Kongreß für Philosophie – Heidelberg 1966, hg. von H.-G. Gadamer. München 1967, 81-86) vorgetragen hat.

13 Vgl. Lpr 152.

14 »Eine kognitivistische Sprachethik bedarf keines Prinzips; sie stützt sich allein auf Grundnormen der vernünftigen Rede, die wir, sofern wir überhaupt Diskurse führen, immer schon supponieren müssen« (Lpr 152). Habermas grenzt sich damit gegen P. Lorenzen und K.-O. Apel ab, denen er vorwirft, eine »dezisionistische Restproblematik« nicht kognitivistisch eliminiert zu haben (a.a.O. 150, 152 Anm.). Nach seiner Auffassung *beruht* jede (moralische) Verbindlichkeit letztlich allein darauf, daß sie durch Argumente begründbar ist: »Der normative Geltungsanspruch selber ist kognitiv im Sinne der (wie immer kontrafaktischen) Unterstellung, daß er diskursiv eingelöst, also in ei-

1.2 Die Antizipation einer idealen Sprechsituation als Bedingung der Möglichkeit sprachlicher Verständigung

Daß wir Menschen uns durch die Umgangssprache miteinander verständigen können, ist jene vorauszusetzende Tatsache, die Habermas durch eine kognitivistische Sprachethik transzendentalphilosophisch rekonstruieren möchte. Sein Hauptargument dabei lautet: »In der Struktur möglicher Rede ist der Entwurf einer idealen Sprechsituation notwendig impliziert« (BWu 97 f.).[15]
Um dies zu begründen, verweist Habermas darauf, daß alle sprachliche Kommunikation davon abhängt, daß wir spachliche Zeichen jeweils in identischer Funktion verwenden, d. h. sie nach einer bestimmten Regel benutzen. Diese Regeln müssen intersubjektiv gelten. Dies sei jedoch nur dann der Fall, wenn mindestens zwei Subjekte die Bedeutung eines Symbols »auf der Grundlage reziproker Anerkennung« verstehen; denn nur so könnten sie seine Bedeutung von ihrer eigenen Position und von der des anderen aus auffassen und identifizieren. Eine Verschränkung der Perspektiven zweier Sprecher und damit auch Austauschbarkeit ihrer Rollen im Dialog sei damit von vornherein vorausgesetzt und gegeben.[16]
Nun wird man gewiß nicht bestreiten wollen, daß zur sprachlichen Kommunikation immer schon die wechselweise Anerkennung der Sprechenden als sprachfähige Wesen vorausgesetzt ist. Selbst wenn wir uns mit Tieren irgendwie sprachlich verständigen, unterstellen wir ihre Fähigkeit zu wenigstens elementarer sprachlicher Kommunikation. Aber dies bedeutet doch gewiß nicht, daß wir ihnen zugleich auch die Fähigkeit, an einer idealen Sprechsituation zu partizipieren, zuschreiben und sogar unterstellen, sie hätten die Grundnormen einer idealen Sprechsituation bereits irgendwie anerkannt. Nicht viel anders wird man aber auch das

nem argumentativ erzielten Konsensus der Beteiligten begründet werden könnte« (Lpr 144).

15 Vgl. BWu 95: »Die dialogkonstituierenden Universalien beschreiben die Form von Intersubjektivität überhaupt, die die Struktur möglicher Rede und möglicher Interaktion bestimmt.« Ähnlich VB 136: »Dann muß es sich bei dieser Idealisierung der Sprechsituation um einen Vorgriff handeln, den wir in jeder empirischen Rede ... vornehmen müssen.« Vgl. VB 140 (= Wth 258). 141 (= Wth 259).

16 Vgl. BWu 95 f.

Sprachverhalten im Umgang mit Menschen aus gänzlich verschiedenen sozialen Systemen beurteilen müssen. Die reziproke Anerkennung als sprachfähige Wesen besagt also noch nichts darüber, wie weit die Reziprozität der Anerkennung über die bloße Fähigkeit sprachlicher Verständigung überhaupt hinaus jeweils reicht. Auf keinen Fall wird man behaupten können, sie impliziere als solche bereits die beiderseitige Anerkennung der Norm, man solle einander durchweg Chancengleichheit in der Ausführung von Sprechakten zubilligen. Ein Terrorist wird wohl nicht bezweifeln, daß er es mit sprachfähigen Wesen zu tun hat, wenn er anderen seinen Willen aufzwingt; aber diese Reziprozität der Verhaltenserwartung antizipiert gewiß keine Austauschbarkeit der Dialogrollen in einer idealen Sprechsituation. Und ganz ähnlich wird man auch das Argument bewerten müssen, selbst die »intentionale Täuschung stehe noch unter der Idee von Wahrheit« (BWu 98): Wer um der Täuschung willen so tut, als anerkenne er die ethische Norm, die uns Wahrhaftigkeit im Umgang miteinander gebietet, der hat die »Forderung universeller Verständigung« (BWu 97) gerade nicht anerkannt. Eine transzendentalphilosophische Rekonstruktion der Umgangssprache führt weder zu einer Sprach*ethik*, aus der die Grundnormen einer idealen Sprechsituation zu rechtfertigen wären, noch gar zu Begründung einer universalen kommunikativen Ethik.

1.3 Die Antizipation der idealen Sprechsituation als Bedingung der Möglichkeit eines Diskurses

Wenn zweifelhaft ist, ob sich die Grundnormen einer idealen Sprechsituation aus den Bedingungen umgangssprachlicher Kommunikation rechtfertigen lassen, so ist zu erwägen, ob das Begründungsproblem durch eine Modifikation der Voraussetzungen lösbar wird. Auch diesen Weg hat Habermas zu beschreiten versucht, indem er anstelle der umgangssprachlichen Verständigung das sachgerecht geführte Gespräch zur Klärung problematisch gewordener Geltungsansprüche als jenes Faktum ansetzt, zu dessen Erklärung wir die Antizipation einer idealen Sprechsituation unterstellen müssen.[17] Diesem Versuch wird man von vornherein

17 »Diese Konstruktion soll dem Nachweis dienen, daß wir den Vorgriff

nicht jene Zweifel entgegenbringen, die sich sofort aufdrängen müssen, wenn eine transzendentalphilosophische Rekonstruktion der Umgangssprache ausreichen soll, um die Normen einer idealen Sprechsituation zu rechtfertigen. Fraglich wird jetzt vielmehr, wie sich Diskurs und ideale Sprechsituation überhaupt noch voneinander unterscheiden lassen.

Habermas definiert den Diskurs im Unterschied zum kommunikativen Handeln (Interaktion) gelegentlich als eine Argumentation, die problematisierte Geltungsansprüche thematisiert und auf ihre Berechtigung hin untersucht (vgl. Wth 314). In diesem Sinne bleibt aber die Grenze zum kommunikativen Handeln fließend; denn auch bei Interaktionen im engeren Sinne geht es oft genug um die Erörterung und Klärung von Geltungsansprüchen. Als Beispiele seien nur eine Auseinandersetzung nach einem Verkehrsunfall, eine parlamentarische Debatte, ein Rechtsstreit vor dem Gericht und eine Grundsatzdiskussion auf einem wissenschaftlichen Kongreß erwähnt. Je strenger nun Diskurs und Interaktion voneinander getrennt werden, desto weniger sind die Bedingungen eines Diskurses noch empirisch realisierbar. Sobald der Diskurs aber lediglich als idealtypisches Modell aufgefaßt wird, ist er von dem, was man eine ideale Sprechsituation nennen kann, nicht mehr zu unterscheiden. Die These, bei jedem Diskurs sei notwendig eine ideale Sprechsituation antizipiert, wird so zur Trivialität. Sie besagt nur noch, daß jeder, der einen Diskurs aufnehmen möchte, auch die Bedingungen der Möglichkeit eines Diskurses akzeptieren muß. Die Grundnormen einer idealen Sprechsituation werden so, kantisch gesprochen, zum problematisch-hypothetischen Imperativ einer jeden Klärung von Geltungsansprüchen. Zu prüfen ist jetzt also, ob Habermas mit seiner Behauptung Recht hat, die Anerkennung der vier Grundnormen einer idealen Sprechsituation sei die notwendige Bedingung eines Diskurses über Geltungsansprüche.

Zweifelhaft wird dies sofort, wenn man sich klarmacht, daß nur eine jener vier Grundnormen prohibitiv ist, die übrigen drei dagegen permissiv sind. Untersagt ist lediglich Unwahrhaftigkeit, und

auf eine ideale Sprechsituation, den jeder kommunikativ kompetente Sprecher, wenn er an einem Diskurs teilnehmen *will*, vornehmen *muß*, mit Hilfe der vier, und nur jener vier genannten Klassen von Sprechakten auch vornehmen [können]« (VB 139f. vgl. 122. 136). [Im Text steht wie bei Habermas »kann«.]

das bedeutet bei der Erörterung von Geltungsansprüchen, »daß alle Motive außer dem einzigen kooperativer Verständigungsbereitschaft außer Kraft gesetzt« sind (Wth 214 = VB 117). Ausdrücklich zugesichert wird jedem Diskursteilnehmer indes das gleiche Recht und die gleiche Chance, jederzeit Diskurse aufzunehmen und zu perpetuieren, Thesen vorzubringen und zu bestreiten und Rechenschaft zu verlangen (vgl. Wth 255). Damit wird zwar die absichtliche Obstruktion des Diskurses durch einen Böswilligen, nicht jedoch die Frustrierung aller übrigen durch ein paar Gutwillige unterbunden. Nur wenn man, wenigstens für die idealtypisch verstandene Geltungsdiskussion, auch ideal befähigte Diskursteilnehmer unterstellen dürfte, wären jene permissiven Grundnormen überhaupt akzeptabel. Sie sogar als notwendige Bedingungen eines Diskurses zu betrachten, ist nicht möglich.

Selbst in einer idealisierten Gesprächssituation müßte man den Sachverstand der Teilnehmer als einschränkende Bedingung der drei permissiven Grundnormen einführen. In jeder empirischen Sprechsituation ist überdies die Aufhebung des Handlungszwanges wegen des Realitätsdrucks der praktischen Verhältnisse zeitlich befristet. Ferner gerät hier die Forderung, daß wenigstens jeder Betroffene die Chance erhalten sollte, gleichberechtigt am Diskurs zu partizipieren, mit der unvermeidbaren Privilegierung der Sachverständigen und Redegewandten in Konflikt. Daß dies alles weitere Beschränkungen nötig macht, leugnet auch Habermas nicht; er glaubt indes, daß sie »durch institutionelle Vorkehrungen entweder kompensiert oder doch in ihren Auswirkungen auf das deklarierte Ziel einer Gleichverteilung der Chance, Sprechakte zu verwenden, neutralisiert werden können« (Wth 257). Die Konzeption einer idealen Sprechsituation geht damit freilich immer mehr in eine Methodologie der Erörterung problematisch gewordener Geltungsansprüche unter empirischen Bedingungen über, und sie entfernt sich immer mehr vom Vorbild einer idealen Kommunikation, das ursprünglich die Formulierung der vier Grundnormen im Hinblick auf die Ideen Wahrheit, Freiheit und Gerechtigkeit bestimmt hat.

Die Anerkennung der Grundsätze einer methodisch geführten Diskussion muß gewiß bei jeder Erörterung problematisierter Geltungsansprüche vorausgesetzt werden. Aber diese Grundsätze sind nicht aus einem wie immer konzipierten Ideal herrschaftsfreier Kommunikation zu gewinnen, sondern aus dem gemeinsam angestrebten Handlungszweck herzuleiten. Seinen Grund hat dies darin, daß die Bedingungen einer methodisch geführten Diskussion und die Bedingungen eines nach universalen ethischen und rechtlichen Normen geordneten Zusammenlebens endlicher Vernunftswesen keineswegs zusammenfallen.[18] Während im Diskurs alle Handlungszwecke außer dem der Klärung und Entscheidung von Geltungsansprüchen suspendiert sind (vgl. Wth 218), sollen ethische und rechtliche Normensysteme die Bedingungen menschlichen Handelns gerade für den Normalfall festlegen, wo diese Ausnahmesituation nicht gegeben ist. Man kann daher auch nicht sinnvoll unterstellen, in einem Zustand des ewigen Friedens würden die Bedingungen einer idealen Sprechsituation verwirklicht sein.

Erst wenn man die Konzeption einer idealen Sprechsituation auf diese Weise von allen Implikationen einer kommunikativen Ethik sowie einer transzendentalphilosophischen Rekonstruktion der Umgangssprache befreit und auf einen problematisch-hypothetischen Imperativ zur methodischen Problemdiskussion reduziert hat, wird sie für Habermas im Zusammenhang einer Konsenstheorie der Wahrheit und Verbindlichkeit verwendbar.

1.4 Die ideale Sprechsituation als hinreichende Bedingung zur Herbeiführung eines rational motivierten Konsenses über kontroverse Geltungsansprüche

Die Herkunft der Konsenstheorie aus der pragmatistischen Wahrheitstheorie macht das gewaltige Zutrauen in die Kraft der Vernunft verständlich, mit der sie Habermas auch jüngst noch ausstattet. Ohne irgendeine Einschränkung oder Differenzierung zeigt er sich ganz allgemein davon überzeugt, »daß sich, wann immer wir in der Absicht, einen Diskurs zu führen, eine Kommunikation aufnehmen und nur lange genug fortsetzen würden, ein Konsensus ergeben müßte« (VB 139).[19] Denn daß dies in einigen

18 Dieser Einsicht trägt K.-O. Apel Rechnung, indem er betont, »daß die Ethik der Wissenschaft (Science) nicht genügt, um eine Ethik der Menschheit im Zeitalter der Wissenschaft zu begründen« (a.a.O. II 423).

19 Der zitierte Satz endet: »... ergeben müßte, der per se wahrer Konsensus wäre« (a.a.O.). Dies ist eine weitere These (vgl. 1.5).

Fällen durchaus anzunehmen ist, wird niemand bestreiten; aber daß schlechthin alle Geltungsansprüche diskursiv entscheidbar seien, läßt sich ernsthaft wohl ebensowenig behaupten. Es ist daher begreiflich, daß Habermas inzwischen versucht hat, seinen Vernunftoptimismus durch eine Theorie der Argumentation abzusichern (Wth 240-254). Das Ergebnis ist freilich eher entmutigend.

Obwohl Habermas zwischen der Form eines um Wahrheitsansprüche geführten Diskurses und der Form eines Diskurses über die Verbindlichkeit praktischer Sätze unterscheidet, konstruiert er doch beide Diskurse weitgehend analog. Die Begründung einer praktischen Forderung, die etwa in einem singulären Imperativ ausgedrückt wird, soll ähnlich wie die Erklärung eines empirischen Faktums aus einer naturwissenschaftlichen Gesetzeshypothese begriffen werden: Wenn ein empirisches Faktum unter eine Gesetzeshypothese subsumiert werden kann, so gilt es insoweit als *erklärt*; wenn ein Imperativ unter eine Norm subsumiert werden kann, so gilt er insoweit als *gerechtfertigt*. Dabei wird die Geltung der Gesetzeshypothese bzw. der Norm zunächst unterstellt. Das eigentliche Problem liegt daher erst in der Begründung der letzteren. Bei der Erklärung empirischer Fakten[20] führt dies bekanntlich auf das Induktionsproblem, d.h. auf die Frage nach der Berechtigung, eine endliche Anzahl empirischer Daten als Fälle eines allgemeinen theoretischen Gesetzes zu interpretieren. Entsprechend würde dann die Rechtfertigung einer praktischen Forderung auf die Frage hinauslaufen, ob wir eine endliche Anzahl praktischer Erfahrungen ebenso als Fälle eines allgemeinen praktischen Gesetzes (Norm) interpretieren dürfen. Habermas glaubt dies in der Tat plausibel machen zu können, indem er annimmt, bei der Interpretation praktischer Fragen spiele das Prinzip der Generalisierung (Universalisierung)[21] eine ähnliche Rolle wie das Induktionsprinzip bei der naturwissenschaftlichen Erklärung. Dies einmal unterstellt[22], würde sich auch hier die Frage

20 Habermas orientierte sich hier weitgehend an St. Toulmin, The uses of argument, Cambridge Univ. Press 1969.

21 Hier stützt sich Habermas (etwas vage freilich) auf M. G. Singer, Generalization in ethics, London 1963. Singer unterscheidet sorgfältig zwischen Generalisierung und Universalisierung.

nach der Berechtigung des Übergangs von einzelnen praktischen Erfahrungen zu allgemeinen Gesetzen stellen.
An dieser Stelle soll ein sprachpsychologischer Ansatz weiterhelfen: Die gemeinsame Legitimationsbasis für Induktion und Generalisierung wird in der kognitiven Entwicklung einer Sprachgemeinschaft gesucht. Bei der Induktion »wiederholen« wir lediglich, so glaubt Habermas im Anschluß an Piaget formulieren zu dürfen, denjenigen Typ von Erfahrung, an dem die kognitiven Schemata unserer Begründungssprache zuvor ausgebildet worden sind: Induktion ist daher »etwas ziemlich Triviales« (Wth 246) und nur begrenzt leistungsfähig (Wth 247).[23] Damit wäre indes, wie auch Habermas wohl bemerkt, Induktion keineswegs als ein legitimes Erkenntnisverfahren ausgewiesen; denn sie wäre ja nur für die Mitglieder einer bestimmten Sprachgemeinschaft auf dem Boden ihrer jeweiligen kognitiven Entwicklung plausibel. Er glaubt indes diese Schwierigkeit durch die Forderung überwinden zu können, »die jeweils zugrundeliegenden kognitiven Entwicklungen (müßten sich) in Form von diskursiven Lernprozessen« bewußt nachkonstruieren lassen (Wth 249). Jedenfalls müßten wir, solange wir uns der Überzeugungskraft eines Arguments beugen (d. h. solange wir uns rational motivieren lassen), unterstellen, daß diese Forderung immer schon erfüllt ist. Im Wissenschaftssystem sei sie wohl auch immer schon, wenigstens annähernd, erfüllt (a.a.O.).

22 Habermas führt die Analogie von Induktion und Universalisierung zunächst unter Berufung auf eine nicht genannte Quelle ein: »Diese Berechtigung hat man mit Hilfe des Induktionsprinzips (für die Begründung von nomologischen Hypothesen) und mit Hilfe des Universalisierungsprinzips (für die Begründung von Handlungsnormen) zu erklären versucht« (Wth 245). Wenig später (a.a.O. 249) wird dies bereits diskussionslos als ein gesichertes Ergebnis betrachtet: »Die konsenserzielende Kraft des Arguments beruht auf dem durch Induktion oder Universalisierung gerechtfertigten Übergang von B zu W.« Über die Fragwürdigkeit dieser Analogisierung vgl. unten Abschn. 3.

23 Mit dieser sprachpsychologischen Überlegung kann Habermas das induktive Schließen im Grunde nicht einmal psychologisch erklären: Entscheidend ist nicht, daß wir erworbene kognitive Schemata gewohnheitsmäßig anwenden, sondern daß wir uns unter bestimmten Bedingungen berechtigt glauben, eine endliche Anzahl von Meßergebnissen, die wir bei Anwendung jener kognitiven Schemata erhalten, als Indiz für das Vorliegen einer Gesetzmäßigkeit zu werten.

Dadurch, daß Habermas Sprachkritik zur permanenten Aufgabe theoretischer und praktischer Diskurse macht, scheint er mehr darauf hinzuarbeiten, Zweifel an der Möglichkeit eines allgemeinen und dauerhaften Konsenses über den Geltungsanspruch von Aussagen und Normen zu erwecken als sie zu beheben. Aber als ob es darauf ankäme, eben dies zu leisten, schließt er seine Überlegungen zur Logik der Argumentation mit dem Gedanken ab, daß über die sprachkritische Verständigung hinaus eine weitere Radikalisierung der Diskussion von Geltungsfragen vonnöten ist: eine Reflexion auf die systematischen Veränderungen von Begründungssprachen, die darüber entscheiden muß, »was als Erkenntnis gelten *soll*« (Wth 253), und eine erkenntnispolitische Willensbildung, die darüber zu entscheiden hat, was wir überhaupt erkennen wollen (a.a.O. 154). Da es sich hier erklärtermaßen um letztlich politische Entscheidungen unter kontinuierlich sich verändernden geschichtlichen Bedingungen handelt, wäre wenigstens andeutungsweise zu zeigen gewesen, daß über diese Fragen ein allgemeiner, rational motivierter Konsens in einer idealen Sprechsituation zusammen mit den Grundsätzen für eine umfassende Erör[terung strittiger Fragen in endlicher Zeit erreicht] wird. Statt dessen verlagert er den in Aussicht gestellten Konsens, ähnlich wie schon Peirce, in eine ferne, immer weiter entschwindende Zukunft.

Der in einer idealen Sprechsituation angestrebte Konsens über Geltungsansprüche wird auf diese Weise zu einer regulativen Idee im Sinne Kants.[24] Gerade wenn man davon ausgeht, daß die Diskursteilnehmer Geltungsfragen auf allen Diskursebenen erörtern müßten, kann mit einem argumentativ erzielten Konsens in allen wichtigen kontroversen Fragen unter empirischen Bedingungen nicht gerechnet werden. Insbesondere die Geltung von Normen müßte zwischen ihnen mindestens ebenso in der Schwebe bleiben wie die Gültigkeit naturwissenschaftlicher Erklärungen empiri-

24 Habermas möchte dies freilich nicht gelten lassen: »Insofern ist der Begriff der idealen Sprechsituation nicht bloß ein regulatives Prinzip im Sinne Kants; denn wir müssen mit dem ersten Akt sprachlicher Verständigung diese Unterstellung faktisch immer schon vornehmen« (VB 140 = Wth 258). Diese Begründung ist indes im Hinblick auf Kants Begriff des regulativen Prinzips unerheblich. Dieses ist »ein Principium der Vernunft, welches, *als Regel*, postuliert, was von uns im Regressus geschehen soll, und *nicht antizipiert*, was *im Objekte* vor allem Regressus an sich gegeben ist« (KrV A 509).

scher Tatsachen. Die gemeinsame Orientierung an der regulativen Idee, daß ein Konsens schließlich und letzten Endes doch möglich sein müßte, kann diesen Schwebezustand jedenfalls nicht aufheben. Selbst ein faktisch erzielter Konsens wäre unter den gegebenen empirischen Bedingungen, wie Habermas eigens betont (Wth 257), von einem rational motivierten und daher endgültigen Konsens nicht zu unterscheiden. Welche Konsequenzen dieses Resultat für eine Konsenstheorie der Wahrheit und Verbindlichkeit hat, wird sich sogleich zeigen.

1.5 Konsens als Kriterium von Wahrheit und Verbindlichkeit

Die Konsenstheorie, die Habermas vertritt, erklärt die und nur die Geltungsansprüche für berechtigt, über die sich unter den Bedingungen einer idealen Sprechsituation ein Konsens herbeiführen läßt.[25] Da sich aber mit Sicherheit nie feststellen läßt, ob ein faktisch erzielter Konsens unter den Bedingungen einer idealen Sprechsituation zustande gekommen ist, erhebt diese Konsenstheorie im Grunde nicht einen Konsens, sondern vielmehr diejenigen Normen zum Kriterium von Wahrheit und Verbindlichkeit, nach denen sich entscheidet, ob ein Konsens als ein »begründeter« Konsens anzusehen ist.[26]

Kuno Lorenz ist in seiner Erörterung des Konsenses als eines Wahrheitskriteriums zu dem Schluß gekommen, daß nicht ein geglückter Konsens als solcher darüber entscheiden kann, ob eine

25 »Dieser (Konsenstheorie der Wahrheit) zufolge darf ich dann und nur dann einem Gegenstand ein Prädikat zusprechen, wenn auch jeder andere, der in ein Gespräch mit mir eintreten *könnte*, demselben Gegenstand das gleiche Prädikat zusprechen *würde*« (Wth 219 = VB 124). »Eine Konsenstheorie der Wahrheit wird sich deshalb nicht nur auf die Wahrheit von Aussagen, sondern auch auf die Richtigkeit von Handlungen erstrecken müssen« (Wth 220). – Habermas verwendet »Richtigkeit« in derselben Bedeutung, wie hier von »Verbindlichkeit« einer Norm gesprochen wird, d. h. als Terminus für die Geltung eines universalen Imperativs. Näheres dazu unten Abschn. 3.

26 »Die Übereinstimmung, zu der wir in Diskursen gelangen können, ist allein ein *begründeter Konsensus.* Dieser gilt als Wahrheitskriterium« (Wth 239). In VB hatte Habermas statt dessen von einem »wahren Konsensus« gesprochen (vgl. das Zitat in Anm. 19).

Aussage wahr ist; die Übereinstimmung müsse vielmehr daran gemessen werden, ob die Übereinstimmung auch sachgemäß sei. Der Konsens stehe mithin »unter Bedingungen, deren Erfüllung nicht ihrerseits wieder an einem Konsensus orientiert sein kann«.[27] Insofern Habermas nicht eigentlich einen Konsens, sondern die Grundnormen einer idealen Sprechsituation zum Kriterium von Wahrheit und Verbindlichkeit macht, trägt er diesem Argument Rechnung. Freilich vertritt er damit nach normalem Verständnis nicht mehr eine Konsenstheorie.

Aber auch in dieser gereinigten Gestalt ist seine Theorie über die Geltung theoretischer und praktischer Sätze außerstande, die Grundlagen von Wahrheit und Verbindlichkeit aufzudecken. Denn dazu wäre ja der Nachweis erforderlich, daß die Grundnormen einer idealen Sprechsituation zusammen mit den Grundsätzen für eine umfassende Erörterung von Geltungsansprüchen auf den verschiedenen Diskursebenen die hinreichende Bedingung zur sachgerechten Entscheidung über die Wahrheit von Aussagen und die Verbindlichkeit von Normen enthalten. Dies ist aber durchaus nicht der Fall: Die vier Grundnormen einer idealen Sprechsituation grenzen lediglich den Bereich ab, innerhalb dessen Sprechakte der Diskursteilnehmer erlaubt sein sollen, und die Grundsätze eines methodisch geführten Diskurses regeln lediglich, auf welchen Ebenen der Diskurs geführt werden darf. Damit sind höchstens notwendige Bedingungen für die Einlösung von Geltungsansprüchen, aber kein hinreichendes Kriterium der Wahrheit und Verbindlichkeit angegeben. Ob es den Teilnehmern an einem fiktiven Diskurs auch wirklich gelingt, im Rahmen dieser Bedingungen sachgerecht über Wahrheit und Verbindlichkeit zu entscheiden, das läßt sich aus diesen Grundnormen und Grundsätzen allein nicht begründen.

Durch eine andere Überlegung läßt sich dies noch weiter verdeutlichen. Habermas unterscheidet im Anschluß an Strawson[28] zwischen dem *Geltungsanspruch*, den wir mit Äußerungen einer bestimmten Klasse von Sprechakten (Behauptungen bzw. Befehlen) erheben, und der *Geltung*, die den in ihnen enthaltenen Aussagen (Urteilen) bzw. Geboten zukommt, wenn jener Gel-

27 Kuno Lorenz, Der dialogische Wahrheitsbegriff, in: Neue Hefte für Philosophie, Heft 2/3, 1972, 115, von Habermas zitiert Wth 240.

28 In: Truth, hrsg. v. G. Pitcher, Englewood Cliffs (New Jersey) 1964, 33.

tungsanspruch berechtigt ist[29]: Der Geltungsanspruch einer Behauptung ist berechtigt, wenn die in ihr enthaltene Aussage wahr ist; der Geltungsanspruch eines Befehls ist berechtigt, wenn das in ihm enthaltene Gebot verbindlich ist.[30] Man sollte nun meinen, Habermas stimme mit Strawson auch darin überein, daß sich über die Berechtigung eines Geltungsanspruchs nur dann eine Entscheidung herbeiführen läßt, wenn die Geltung der in Rede stehenden Aussage (bzw. des Gebots) zweifelsfrei feststellbar ist. Dies ist jedoch nur scheinbar der Fall; in Wirklichkeit geht es ihm darum, die These zu verteidigen, daß die Geltung einer Aussage (eines Gebots) von der diskursiven Einlösbarkeit des entsprechenden Geltungsanspruchs abhängt und daß Geltung einen anderen Sinn als den der Einlösbarkeit überhaupt nicht besitze: »Die Herbeiführung eines Konsensus unter Bedingungen des Diskurses ist die ›Handlungsweise‹, durch die ein diskursiver Geltungsanspruch eingelöst wird und worin der Sinn von Wahrheit und Richtigkeit besteht« (Wth 239).[31]
Die Konsenstheorie der Geltung von Aussagen und Normen enthält mithin eine Äquivalenzthese:

(1) Die Bedingungen der Einlösung von Geltungsansprüchen sind zugleich die Bedingungen der ihnen entsprechenden Geltung.
Und eine These über den Sinn von »Geltung«:

(2) »Geltung« meint »Einlösbarkeit eines Geltungsanspruchs«.

Nun gilt natürlich: Wenn (1) falsch ist, ist auch (2) falsch; und wenn (2) wahr ist, ist auch (1) wahr. Zur Widerlegung der Kon-

29 »Wahrheit ist ein Geltungsanspruch, den wir mit Aussagen verbinden, indem wir sie behaupten« (Wth 212).
30 Zur Terminologie vgl. Anm. 25.
31 Vgl. Wth 219: »Der Sinn von Wahrheit, der in der Pragmatik von Behauptungen impliziert ist, läßt sich erst hinreichend erklären, wenn wir angeben können, was ›diskursive Einlösung‹ von erfahrungsfundierten Geltungsansprüchen bedeutet.« Ähnlich Wth 239: »Freilich liegt es sozusagen in der Natur von Geltungsansprüchen, daß sie eingelöst werden können; und wodurch sie eingelöst werden können, das macht gerade ihren Sinn aus.« – Habermas orientiert sich hier an Ch. S. Peirce und seinem »sinnkritischen« Ansatz. Dazu vgl. K.-O. Apel, Der sinnkritische Ansatz und die neue »Theorie der Realität«, in: Ch. S. Peirce, Schriften, hrsg. v. K.-O. Apel, Frankfurt 1967, I 53 ff.

senstheorie genügt daher der Nachweis, daß die Äquivalenzthese falsch ist, und dazu wiederum genügt sowohl der Nachweis, daß die Nichteinlösbarkeit eines Geltungsanspruchs unter den Bedingungen der idealen Sprechsituation nicht die Wahrheit der entsprechenden Aussage bzw. die Verbindlichkeit des entsprechenden Gebots aufhebt, wie auch der Nachweis, daß ein unter den Bedingungen der idealen Sprechsituation erzielter Konsens noch nicht die Geltung der betreffenden Aussage bzw. des betreffenden Gebots garantiert. Beides läßt sich leicht zeigen.

Habermas unterstellt stillschweigend, daß sich der Geltungsanspruch einer Behauptung und die Geltung der jeweils zugeordneten Aussage genau entsprechen. Bei der Vermutung und dem ihr zugeordneten problematischen Urteil ist dies jedoch durchaus nicht der Fall. Eine Vermutung kann berechtigt sein, während die ihr zugeordnete Aussage falsch ist; und eine Aussage wie etwa der Fermatsche Satz ($x^n + y^n \neq z^n$, für alle $n > 2$) kann wahr sein, ohne daß die Wahrheit dieses Satzes zahlentheoretisch nachweisbar wäre. Denn zu diesem Nachweis wäre die Bereitstellung eines Beweisverfahrens erforderlich; aber die Geltung dieses Satzes (falls er wahr sein sollte) wird davon nicht berührt. Entsprechend wird man es doch wenigstens für möglich halten müssen, daß ein Gebot im Sinne einer rationalen Ethik verbindlich ist, ohne daß es selbst unter den Bedingungen einer wie immer definierten idealen Sprechsituation gelingen müßte, seine Verbindlichkeit diskursiv nachzuweisen. Auch hier wäre ein (bisher offenbar noch nicht zur Verfügung stehendes) Beweisverfahren erforderlich. Die Bedingungen der Geltung sind mithin nicht zugleich Bedingungen der Einlösbarkeit des entsprechenden Geltungsanspruchs.

Aber auch ein unter den Bedingungen einer idealen Sprechsituation erzielter allgemeiner Konsens über Geltungsansprüche gewährleistet noch nicht die Geltung einer Aussage oder eines Gebots. Denn ein Konsens ist allemal ein Akt, durch den Individuen ihre Zustimmung zu einem Vorschlag geben, um zu bekunden, daß sie ihn für wahr bzw. verbindlich halten. Da die Grundnormen und Grundsätze, die die ideale Sprechsituation definieren, keine hinreichende Bedingung der Geltung enthalten, kann auch eine in Übereinstimmung mit ihnen gegebene Zustimmung nicht als Kriterium der Geltung dienen. Daher kann kein Fürwahrhalten über die Wahrheit entscheiden und keine Zustimmung zu einer Forderung als solche bereits eine Verbindlichkeit begründen. Die Bedingungen der Einlösbarkeit eines Geltungsanspruchs sind daher nicht zugleich Bedingungen der Geltung der entsprechenden Aussage bzw. des entsprechenden Gebots. Aus der Widerlegung der Äquivalenzthese (1) folgt die Unhaltbarkeit der These über den Sinn von »Geltung« (2).

Der Versuch, im Rahmen einer Konsenstheorie Geltung auf die Entscheidbarkeit von Geltungsansprüchen zurückzuführen, muß letztlich wegen des Fehlens einer hinreichend scharfen Unterscheidung zwischen Führwahrhalten und Wahrsein (und einer entsprechenden Unterscheidung für die Verbindlichkeit von Normen) scheitern. Aber Habermas unterscheidet auch nicht deutlich zwischen Fürwahrhalten und Wissen[32] sowie zwischen einem Wissen, daß etwas so und so ist, und dem Erklärenkönnen, warum es so und nicht anders ist.[33] Nur so wird es verständlich, daß er seine Wahrheitstheorie im Grunde ausschließlich auf das apodiktische Urteil bezieht und als wahr nur solche Urteile zuläßt, deren Wahrheit beweisbar ist. Als evident gilt ihm daher: »Wahr nennen wir Aussagen, die wir begründen können« (Wth 219).

Dem Fürwahrhalten theoretischer Sätze entspricht bei den praktischen Sätzen die Überzeugung, daß ein Gebot verbindlich ist. Ein analoger Unterschied zu der Differenz zwischen einem Wissen, daß etwas so oder so ist, und einem Erklärenkönnen, warum es so und nicht anders ist, fehlt indes bei praktischen Sätzen: Wenn wir *wissen*, daß eine Norm verbindlich ist, müssen wir auch *erklären* oder begründen können, warum sie verbindlich ist, d. h. wir müssen ihren Geltungsanspruch rechtfertigen können. Aber zwischen

32 »Jemand ›weiß‹ etwas über einen Erfahrungsgegenstand (bzw. er weiß eine Tatsache), wenn er den Wahrheitsanspruch einer Behauptung akzeptiert« (Wth 223). Nach normalem Sprachgebrauch *weiß* ich etwas genau dann, wenn ich mich glaube anheischig machen zu können, daß ich anderen die Wahrheit einer bestimmten Aussage gegebenenfalls dartun könnte. Wenn ich den Wahrheitsanspruch einer Behauptung akzeptiere, halte ich sie für wahr.

33 »Wenn die *Wahrheit* des propositionalen Gehaltes einer Äußerung problematisch ist, stellen wir Fragen des Typs: Verhält es sich so, wie du sagst? Warum verhält es sich so und nicht anders? Diesen Fragen begegnen wir mit *Behauptungen* und *Erklärungen*« (Wth 221; fast übereinstimmend mit VB 116). Bei einer Erklärung setzen wir nach normalem Sprachgebrauch voraus, daß wir bereits wissen, ob eine Aussage wahr oder falsch ist, um nun auch noch Gründe dafür anzugeben, warum sie wahr bzw. falsch ist.

einer Überzeugung und einem Wissen, daß ein Gebot verbindlich ist, besteht natürlich ein gewaltiger Unterschied. Eben dies aber möchte Habermas nicht gelten lassen, wenn er versichert: »Auch ein sicheres Wissen und eine feste Überzeugung beruhen einzig und allein auf den Gründen, die ich gegebenenfalls ins Feld führen kann, um Einwände zu entkräften« (Wth 225 f.)[34] – so als ob es nicht das Normale wäre, daß wir Normen, von deren Verbindlichkeit wir überzeugt sind, weder zureichend formulieren noch gar befriedigend begründen können.[35] Auch in diesem Falle orientiert sich seine Geltungstheorie ausschließlich an der Apodiktizität.
Diese Konsenstheorie kann daher aus einem doppelten Grunde ihr Ziel nicht erreichen. Da sie nicht deutlich zwischen Geltungsanspruch und Geltung (Fürwahrhalten und Wahrsein bzw. Überzeugung und Verbindlichkeit) unterscheidet und Geltung auf Geltungsansprüche zurückführen möchte, wiederholt sie den fehlerhaften Ansatz des Protagoras. Sie identifiziert zwar (im Unterschied zu Protagoras und zum antiken Skeptizismus) durchaus nicht Wahrheit mit der Zufälligkeit des Fürwahrhaltens oder Ver-

34 Habermas stellt Wissen und Überzeugung bewußt auf dieselbe Stufe (vgl. Wth 222) und verwendet beide Begriffswörter äquivok: »Wissen« bedeutet einerseits soviel wie »Fürwahrhalten« und andererseits soviel wie »Wissen« im oben (Anm. 32) definierten Sinn; »Überzeugung« meint einmal (in Übereinstimmung mit normalem Sprachgebrauch) die Anerkennung eines normativen Geltungsanspruchs (vgl. Wth 223) und dann wieder die *begründete* Überzeugung, die Verbindlichkeit einer bestimmten Norm nachweisen zu können.

35 Unklarheit herrscht bei Habermas schließlich auch noch darüber, was eigentlich mit dem Geltungsanspruch einer Norm gemeint ist. So erklärt er in VB: Wenn der Konsens über die Verbindlichkeit einer Norm zweifelhaft geworden sei, so stelle man Fragen wie »Warum hast du das getan?« »Warum hast du dich nicht anders verhalten?« (VB 116). Diese Fragen beziehen sich indes gar nicht auf die Verbindlichkeit einer Norm, sondern vielmehr auf die Motive eines (möglicherweise normwidrigen) Verhaltens. In Wth sucht er diesem offensichtlichen Mangel durch Hinzufügung von zwei weiteren Fragen zu begegnen: »Wenn die Richtigkeit der Norm, die dem Sprechakt zugrunde liegt, problematisch ist, stellen wir Fragen des Typs: Warum hast du das getan? Warum hast du dich nicht anders verhalten? Darfst du das tun? Solltest du dich nicht anders verhalten?« (Wth 222). Aber diese beiden Fragen setzen die Verbindlichkeit (»Richtigkeit«) einer Norm als gegeben voraus, um von daher das Erlaubtsein der in Rede stehenden Handlungsweise in Zweifel zu ziehen.

bindlichkeit mit der bloßen Überzeugung, eine Norm sei verbindlich; vielmehr sucht sie diesen Fehler durch eine vernünftige (freilich nicht ausreichende) Normierung des Argumentierens, die dem Zufall und der Willkür Grenzen setzt, ausdrücklich zu vermeiden. Aber es gelingt ihr nicht, der kategorialen Differenz zwischen einem wie vernünftig auch immer herbeigeführten Konsens über Geltungsansprüche und dem bei jedem derartigen Konsens schon vorauszusetzenden Geltungssinn befriedigend Rechnung zu tragen.

Ihr Ziel erreicht sie aber auch deshalb nicht, weil sie Wahrheit und Verbindlichkeit unausgewiesen von vornherein als apodiktische Geltung versteht. Dies erlaubt es zwar, den Unterschied zwischen der Geltung theoretischer bzw. praktischer Sätze zu reduzieren. (Habermas spricht gewiß nicht ohne Absicht von Verbindlichkeit als »Richtigkeit« oder sogar »Wahrheitsfähigkeit« praktischer Sätze.[36]) Aber gerade deshalb dringt sie bis zur spezifischen Differenz zwischen der Wahrheit von Aussagen und der Verbindlichkeit von Normen nicht durch. Dies soll im folgenden durch eine Erörterung ihrer Anwendung auf die Geltung von Aussagen bzw. Normen gezeigt werden.

2. Wahrheit und Objektivität

Die von Habermas vertretene Konsenstheorie beruht auf der Vorentscheidung, daß als wahr nur begründete Aussagen angesehen werden sollen. Es ist darum nur konsequent, wenn er jüngst auch dezidiert daran gegangen ist, das Wahrheitsproblem von den Elementaraussagen abzulösen und ganz in die Diskussion wissenschaftlichen Argumentierens über Hypothesen und Theorien hinüberzuziehen. Dies nötigt ihn einerseits dazu, Elementaraussagen Wahrheit überhaupt abzusprechen, und andererseits zu bestreiten, daß vorwissenschaftliche Behauptungen überhaupt mit dem Anspruch, wahr zu sein, aufgestellt werden. Nun sind diese beiden Thesen bereits untereinander inkonsistent. Denn schließlich verwenden wir auch in der Umgangssprache Allaussagen; wenn der Wahrheitsanspruch mit diesen verknüpft ist, so beanspruchen folglich auch umgangssprachliche Aussagen, wahr zu

36 Zum Sprachgebrauch vgl. Anm. 42 und 43.

sein. Und ferner erheben sich gegen beide Thesen *prima facie* bereits ernste Bedenken. Gleichwohl möchte Habermas sie zur Stützung seiner Konsenstheorie der Wahrheit verteidigen und durch Argumente plausibel machen.

2.1 »Wahrnehmungsurteile«

Wenn wir nicht angeben können, was gemeint ist, wenn wir sagen, eine Elementaraussage sei wahr, so können wir auch nicht angeben, was mit der Behauptung, eine zusammengesetzte Aussage sei wahr, eigentlich gemeint sei. Erst recht aber läßt sich dann nicht erklären, was wir im Sinn haben, wenn wir von der Bewährung oder Widerlegung einer Gesetzeshypothese oder einer Theorie sprechen. Diesem *prima facie*-Einwand zum Trotz versichert Habermas mit Nachdruck:

> Paradigmata der Erkenntnis, anhand deren der Sinn von Wahrheit expliziert werden kann, sind nicht die Wahrnehmungen oder singulären Aussagen, in denen Wahrnehmungen mitgeteilt werden, sondern generelle, negative und modale Aussagen; diese bringen das Spezifische der Erkenntnis zum Ausdruck: nämlich die begriffliche Organisation des Erfahrungsmaterials. Erkenntnis, die Erfahrungen auf den Begriff bringt, wird in Sätzen geäußert, die keineswegs unmittelbare Wahrnehmungen wiedergeben. Deren Geltungsanspruch ist daher auf Argumentation bezogen. Sinnliche Gewißheit oder Objektivität der Erfahrung sind daher keine geeigneten Modelle der Wahrheit (Wth 233).

Die nicht kontroverse Prämisse dieses Arguments lautet: Von Erkenntnis sprechen wir nur dort, wo wir das Erfahrungsmaterial begrifflich organisieren. Die andere Prämisse hingegen ist höchst sonderbar: Während wir in Elementaraussagen (singulären Aussagen) nur unmittelbare Wahrnehmungen wiedergeben, die nicht begrifflich organisiert sind, teilen wir Erkenntisse nur in generellen, negativen und modalen Aussagen mit. Daraus folgt dann freilich, daß Elementaraussagen keine Erkenntnisse ausdrücken und weder wahr noch falsch sein können. Wie aber steht es um die These, daß Elementaraussagen nur unmittelbare Wahrnehmungen ausdrücken? Auch ein »Wahrnehmungsurteil«, wenn anders es eben ein Urteil ist, drückt doch nicht einfach eine Wahrnehmung aus, sondern bringt sie unter einen Begriff. (Wenn ein Patient beim Zahnarzt äußert: »Dies tut weh!«, so hat er eine Empfindung un-

ter den Begriff ›Schmerz‹ subsumiert.) Wie anders, wenn nicht durch Begriffswörter, könnten wir denn auch Wahrnehmungen mitteilen? Konstituiert sich nicht eine intersubjektiv zugängliche Erfahrungswelt für uns erst dadurch, daß wir Empfindungen und Wahrnehmungen begrifflich artikulieren und organisieren?
Diesen oder ähnlichen Bedenken sucht Habermas durch die Erörterung eines Beispiels für »Wahrnehmungsurteile« zu begegnen. Sie sei hier um der Deutlichkeit der Argumentation willen *in extenso* wiedergegeben:

Weil Wahrnehmungen in gewisser Weise nicht falsch sein können, kann sich auf dieser Ebene die Frage nach der Wahrheit gar nicht stellen. Ich kann mich wohl in einer (vermeintlichen) Wahrnehmung täuschen (dann ist es entweder nicht diese oder es ist gar keine Wahrnehmung); aber solche Täuschungen lassen sich umstandslos aufklären – nämlich durch wiederholte Wahrnehmung: »Du glaubst nicht, daß das Haus an der Ecke brennt? Geh doch hin und überzeuge Dich!« In diesem Fall hat der Opponent eine Wahrnehmung bezweifelt; er vermutet, daß sich der andere getäuscht hat. Sein Zweifel bezieht sich nicht *unmittelbar* auf die Unwahrheit der korrespondierenden Aussage, daß jenes Haus an der Ecke brenne, obgleich diese Aussage unwahr sein muß, sofern eine Sinnestäuschung vorliegt.[37]

Die »Sinnestäuschung« möge hier darin liegen, daß einige Fenster am gegenüberliegenden Eckhaus rotleuchtend erhellt sind, weil sie von der untergehenden Sonne angestrahlt werden. Zugrunde liegt hier eine bereits begrifflich interpretierte Wahrnehmung: Die Fenster drüben leuchten feuerrot. Diese Wahrnehmung wird nun kausal interpretiert: Sie werden durch Feuer in der Wohnung erleuchtet. Die angebliche »Sinnestäuschung« besteht hier also darin, daß die beobachtete *Tatsache* (Aufleuchten der Fenster) eine andere als die unwillkürlich angenommene *Ursache* hat. Im Hinblick auf diese Deutung des besprochenen Handlungszusammenhangs läßt sich nun die zitierte Diskussion des »Wahrnehmungsurteils« erörtern.
Nachdem der Proponent geäußert hat: »Das Haus an der Ecke brennt!«, bezweifelt der Opponent, wie Habermas sagt, nicht unmittelbar die Wahrheit der korrespondierenden Aussage, sondern die Wahrnehmung selbst: Er vermutet, daß der andere sich getäuscht hat. Sich in einer (vermeintlichen) Wahrnehmung täuschen, bedeutet aber: daß man entweder nicht diese oder gar keine

37 Wth 232; vgl. EuI 387 (z. T. wörtlich übereinstimmend).

Wahrnehmung gemacht hat.[38] Der Zweifel des Opponenten bezieht sich also nach seinen eigenen Worten auf eine Interpretation einer Wahrnehmung mit Hilfe des Begriffs ›brennen‹ und damit auf ein singuläres Urteil, mithin *unmittelbar* auf die Wahrheit der in Rede stehenden Aussage *oder* auf die Interpretation einer Empfindung (Halluzination o. ä.) als Wahrnehmung eines raum-zeitlichen Ereignisses. Aber auch in diesem Falle bezieht sich der Zweifel auf ein wie auch immer begrifflich gedeutetes subjektives Erlebnis (Bewußtseinsdatum), dergestalt, daß die Wahrheit der mitgeteilten Elementaraussage *unmittelbar* problematisiert wird. Die Wahrnehmung eines anderen in Zweifel ziehen, bedeutet also gar nichts anderes als: Die Wahrheit derjenigen Aussage, in der eine wie immer begrifflich gedeutete Wahrnehmung mitgeteilt wird, bezweifeln.
Damit ist die Gleichsetzung von ›Wahrnehmung‹ und ›singuläres Urteil‹, die Habermas voraussetzt, unhaltbar geworden und folglich auch die These, man könne sinnvoll von einer Wahrheit singulärer Urteile gar nicht sprechen. Daß sich in der Regel »umstandslos aufklären« läßt, ob eine Elementaraussage wahr oder falsch ist, ändert an diesem Ergebnis nichts. Denn ob die Überprüfung einer Behauptung nun leicht oder schwierig ist, das hat auf den Zweck der Überprüfung und ihren Gegenstand, die Wahrheitsfrage, keinen Einfluß. Entscheidend ist allein, daß es bei der von Habermas selbst zugestandenen Aufklärung um nichts anderes als eben um die Wahrheit des jeweiligen singulären Urteils geht.

2.2 Objektivität der Erfahrung

Wenn vorwissenschaftliche Behauptungen überhaupt nicht wahr zu sein beanspruchen, wie Habermas unterstellt, so muß man ihnen einen anderen Geltungsanspruch als den der Wahrheit zuweisen. Eben dies tut er mit dem Argument: Man müsse zwischen dem Geltungsanspruch einer in Handlungskontexten geäußerten Erfahrung, der sich auf die »Objektivität« dieser Erfahrung beziehe, und dem Geltungsanspruch einer in erfahrungs- und hand-

38 »Wenn wir uns getäuscht haben, dann war es eben nicht *diese* Wahrnehmung, sondern eine andere, als wir gemeint haben; oder es war *gar keine* Wahrnehmung, obwohl wir etwas wahrzunehmen gemeint haben« (EuI 387).

lungsfreien Diskursen vorgebrachten Behauptung unterscheiden; nur der letztere beziehe sich auf Wahrheit.[39] Zwar werde auch bei der Mitteilung einer Erfahrung in Handlungszusammenhängen unterstellt, daß die darin enthaltene Aussage wahr sei; thematisiert werde dabei jedoch lediglich eine Erfahrung mit einem Gegenstand in der Welt. Aber gegen die These, der Sinn von Wahrheit sei nicht an Behauptungen, in denen wir bei Interaktionen Erfahrungen mitteilen, sondern an Aussagen, die wir innerhalb eines Diskurses zur Diskussion stellen, zu erörtern[40], erhebt sich sofort der *prima facie*-Einwand, daß der soziale Zusammenhang, in dem Behauptungen geäußert werden, nicht über den logischen Ort des Wahrheitsproblems entscheiden kann. Denn der Geltungsanspruch einer Behauptung, mag sie nun in einem Handlungszusammenhang oder in einem Diskurs geäußert werden, ist doch offenbar *qua* Geltungsanspruch in beiden Fällen derselbe, nämlich: daß die jeweilige Aussage wahr ist bzw. (mit anderen Worten) daß der behauptete Sachverhalt intersubjektiv (»objektiv«) gilt. Der jeweilige Grad der Ausdrücklichkeit, mit der ein Geltungsanspruch erhoben wird, ändert nichts an der Art oder am Sinn der Geltung, um die es hier geht. Habermas müßte folglich zeigen können, daß wir mit einer in Handlungskontexten geäußerten »Erfahrung« einen anderen Geltungsanspruch erheben als mit einer in Diskursen vorgebrachten Behauptung.

Hier ist nun seine These, daß sich die Objektivität einer Erfahrung im erfolgskontrollierten Handeln, die Wahrheit einer Aussage hingegen in der erfolgreichen Argumentation zeige (Wth 233). Dies ist indes nur unter der Voraussetzung aufrecht zu halten, daß die Verwendung des Wortes ›Wahrheit‹ fortan auf die Geltung analytischer Aussagen eingeschränkt wird. Insofern erfüllt diese terminologische Festsetzung jedenfalls die Adäquatheitsbedingungen, die an eine Wahrheitstheorie zu stellen sind, nicht. Überdies führt auch dieser Versuch sofort auf die Frage zurück, wie die Geltung, in der analytische und synthetische Urteile übereinstim-

39 »Erfahrungen treten mit dem Anspruch der *Objektivität* auf; aber diese ist nicht identisch mit der *Wahrheit* einer entsprechenden Aussage« (Wth 233; ähnlich EuI 387).

40 »Im Handlungszusammenhang hat die Behauptung die Rolle einer Information über eine Erfahrung mit Gegenständen, im Diskurs hat sie die Rolle einer Aussage mit problematisiertem Geltungsanspruch« (Wth 217).

men – man mag sie nun ›Wahrheit‹ oder auch anders nennen –, zu begreifen sei. Ob nun das Handeln oder auch die Argumentation erfolgreich ist, das ist im Hinblick auf die Frage, wann der Versuch, einen Geltungsanspruch zu erhärten, Erfolg hatte, nicht entscheidend. Denn damit wir sagen können, eine bestimmte Handlung sei erfolgreich gewesen, dazu ist erforderlich, daß wir wissen, welchen Zweck diese Handlung hatte, und diesen mit dem tatsächlichen Ergebnis der Handlung vergleichen können. Wenn nun durch die Handlung gezeigt werden soll, daß für eine bestimmte Wahrnehmung, Beobachtung oder Erfahrung (diese Ausdrücke sind in diesem Zusammenhang offenbar gleichwertig) mit Recht Objektivität in Anspruch genommen wurde, so bezieht sich der Vergleich auf nichts anderes als die Frage, ob die in jener Behauptung mitgeteilte Aussage wahr ist oder nicht. Es ist also nicht der Erfolg einer Handlung als solcher, sondern der Ausgang eines Verifikationsversuchs, der hier über den Geltungsanspruch entscheidet. In genau demselben Sinne ist aber auch eine erfolgreiche Argumentation als die (in diesem Falle: argumentative) Einlösung eines Geltungsanspruchs durch einen Verifikationsversuch zu bezeichnen. Verschiedene Methoden dienen so demselben Zweck.

Dieser Einsicht kann sich auch Habermas nicht ganz verschließen, wenn er einräumt, bei elementaren Beobachtungsaussagen bestehe »eine enge Verwandtschaft zwischen der Objektivität der Erfahrung und der Wahrheit der Proposition, die in einer entsprechenden Behauptung zum Ausdruck gebracht wird« (EuI 389):

> Man kann vielleicht sagen, die (diskursiv nachprüfbare) Tatsache, daß der Ball rot ist, könne in entsprechenden (Objektivität beanspruchenden) Erfahrungen mit dem roten Ball »fundiert« werden; oder auch umgekehrt: in der objektiven Erfahrung, die ich mit dem roten Ball gemacht habe, »zeige sich« die Tatsache, daß der Ball rot sei.

Aber er kann sich, wie es scheint, nicht zu dem Eingeständnis entschließen, daß die Struktur der jeweiligen Erfahrung (Beobachtung) und die Struktur der sie mitteilenden Behauptung identisch sind. Eine Erfahrung gilt eben intersubjektiv (d. h. sie ist »objektiv«) genau dann, wenn sie Erkenntnis einer Tatsache ist. Was da erfahren oder erkannt wird bzw. was da in Handlungszusammenhängen oder in Diskursen behauptet wird, ist logisch und phänomenologisch dasselbe.

2.3 Das Apriori der Erfahrung

An anderer Stelle findet man indes einen extremen Versuch, dennoch Objektivität und Wahrheit radikal zu trennen. Hier bestreitet er geradezu, daß die Objektivität der Erfahrung hinreichende Wahrheitsbedingung ist: Selbst wenn eine elementare Beobachtungsaussage eine objektive Erfahrung wiedergebe, dürfe man sie nicht »wahr« nennen; wahr seien allein die Sätze einer theoretischen Sprache, die den vorwissenschaftlich konstituierten Gegenstandsbereich immer »angemessener« interpretiere. Theoretischer Fortschritt sei nur als jeweils neue Interpretation *derselben* Erfahrungen denkbar; Objektivität der Erfahrung hingegen garantiere lediglich »die Einheit dieser Erfahrung in der Mannigfaltigkeit der Behauptungen, durch die sie interpretiert wird« (EuI 408 = Wth 234).

Erfahrung ist damit, so scheint es, entweder reduziert auf das, was Kant die Affektion unserer Sinne nennt: auf das *Daß* des Affiziertseins vor jeglicher begrifflichen Interpretation; aber dann müßte man ihr Objektivität absprechen. Oder sie ist wirklich »objektiv«; aber dann ist sie bereits begrifflich interpretiert – mit der Folge, daß auch die entsprechenden Aussagen wahr oder falsch sind. Diesem Dilemma möchte Habermas aber entgehen, indem er unterstellt, die Bedingungen der Objektivität der Erfahrung könnten transzendentalphilosophisch in einer Theorie der Gegenstandskonstitution geklärt werden.[41] Das Apriori der Erfahrung (d. h. die Struktur der Gegenstände möglicher Erfahrung) sei vom Apriori der Argumentation (d. h. von den Bedingungen möglicher Diskurse) unabhängig (EuI 392). Die Objektivität der Erfahrung, die zur Begründung der Aussagenwahrheit nicht ausreichen soll, wird daher auf »Strukturen der vorwissenschaftlichen Objektbereiche« beschränkt (ebda.).

Aber auch dieser extreme Versuch ist nicht geeignet, Objektivität

41 »Die Bedingungen der Objektivität der Erfahrung, die in einer *Theorie der Gegenstandskonstitution* geklärt werden können, sind mit den Bedingungen der Argumentation, die in einer die Logik des Diskurses entfaltenden *Wahrheitstheorie* geklärt werden können, nicht identisch« (EuI 389). Jene Theorie der Gegenstandskonstitution denkt sich Habermas »im Sinne eines transzendental gewendeten Pragmatismus« (Wth 233), für den ihm Apels Peirce-Interpretation zum Vorbild dient (vgl. EuI 382).

der Erfahrung (im hier geforderten Sinn) von Aussagenwahrheit zu trennen. Denn auch in vorwissenschaftlichen Beobachtungen und Erfahrungen beziehen wir uns nicht einfach auf Gegenstände möglicher Erfahrung überhaupt, sondern auf konkrete, d. h. mit Hilfe empirischer Begriffe interpretierte Gegenstände. Die Objektivität, die wir dabei für unsere Wahrnehmungen in Anspruch nehmen, ist nicht damit hinreichend erklärt, daß die transzendentalen Bedingungen gegenständlicher Wahrnehmung aufgeklärt werden; sie ist es erst dann, wenn eine Wahrnehmung als konkrete Wahrnehmung eines konkreten, begrifflich bestimmten Gegenstandes begriffen ist. Sobald aber zugestanden ist, daß Erfahrung nur unter der Bedingung objektiv genannt werden kann, daß sie kategorial *und* begrifflich strukturiert ist, muß man auch zugeben, daß Objektivität der Erfahrung als hinreichende Bedingung der Wahrheit der entsprechenden Aussage anzusehen ist.

Jeder Versuch, diese Konsequenz zu vermeiden, würde im übrigen dazu nötigen, der vorwissenschaftlichen Erfahrung jeden Wahrheitsbezug zu bestreiten – also weit hinter das von Husserl, Heidegger und Gadamer erreichte Reflexionsniveau zurückzufallen – und Wahrheit allein der wissenschaftlichen Erkenntnis am Ende allen Erkenntnisfortschritts vorzubehalten – also die Position des sog. Szientismus noch weit zu überbieten. Die Folge wäre aber, daß damit zugleich der Wissenschaft die empirische Basis entzogen würde. In der einen wie in der anderen Richtung geht Habermas bedenklich weit. Zwar verkennt natürlich auch er nicht, daß ein »erfahrungsfreier« Diskurs sich wenigstens mittelbar auf »empirische Wahrnehmungsurteile bzw. Beobachtungssätze« stützen muß (Wth 226). Wenn nun aber diese Beobachtungssätze gar nicht mit dem Anspruch der Wahrheit auftreten dürften, so würde die apriorische Struktur möglicher Erfahrungsgegenstände allein den Beobachtungen nicht jene fundamentale intersubjektive Geltung sichern, die bei allen wissenschaftlichen und wissenschaftstheoretischen Interpretationen der vorwissenschaftlichen Erfahrung bereits vorausgesetzt werden muß. Beobachtungssätze teilen nicht (um es zu wiederholen) die Struktur eines vorwissenschaftlich erfahrenen Gegenstandsbereichs mit, sondern sie bringen konkrete Gegenstände der Erfahrung unter Begriffe. Erst wenn dies bereits geschehen ist, kann die Frage sinnvoll gestellt werden, ob sie im Zusammenhang von Theorien anders, nämlich so interpretiert werden müssen, wie es im Hinblick auf das jeweilige theoretische Anspruchsniveau erforderlich ist. Dies bedeutet jedoch weder, daß das vorwissenschaftliche Wahrnehmungsurteil falsch gewesen sein *muß*, noch gar, daß es weder wahr noch falsch, nämlich lediglich »objektiv« war. Aber selbst wenn die vorwissenschaftliche Beobachtung sich als falsch erweist, so geschieht dies nicht deshalb, weil die wissenschaftliche Analyse die vorwissenschaftliche Behauptung falsifiziert, sondern weil diese bereits nach vorwissenschaftlichem Sprachgebrauch falsch war.

Damit dürften die Konsequenzen deutlich geworden sein, die sich aus der Vorentscheidung, nur begründete Aussagen als wahr anzusehen, für Habermas ergeben. Man kann dieses Ergebnis auch in dem Satz zusammenfassen, daß Habermas seine Wissenschaftstheorie an die Stelle einer Wahrheitstheorie setzen möchte. Indem er aber Überlegungen, die zunächst als Theorie wissenschaftlicher Erkenntnis unter den Bedingungen der Geschichtlichkeit des Menschen konzipiert waren, unkritisch als Antwort auf die Frage nach den Bedingungen der Wahrheit einer Aussage verwendet, erliegt er am Ende der Gefahr, Elementaraussagen und vorwissenschaftliche Erfahrung als Paradigmata für Aussagenwahrheit preiszugeben und ihnen sogar jeglichen Wahrheitsbezug abzusprechen. Der spezifische Geltungsanspruch, um dessen Klärung es in einer Wahrheitstheorie eigentlich geht, bleibt dabei notwendig unerörtert.

3. Rechtfertigung von Normen

Verbindlichkeit, den spezifischen Geltungsmodus praktischer Sätze, bezeichnet Habermas häufig als »Wahrheitsfähigkeit«[42],

42 Der Ausdruck »Warheitsfähigkeit« scheint in diesem Zusammenhang von N. Luhmann eingeführt worden zu sein (vgl. J. Habermas/N. Luhmann, Theorie der Gesellschaft oder Sozialtechnologie, 240), nachdem Habermas in VB noch keinen Terminus für die Geltung von Normen verwendet hatte. In Lpr macht sich Habermas dann Luhmanns Sprachgebrauch zu eigen (vgl. 113 u.ö.), um damit einen »Wahrheitsbezug« von Normen, Werten oder auch Steuerungsproblemen anzudeuten (vgl. 46. 131. 133): »Wenn die Wahrheitsfähigkeit praktischer Fragen zwingend bestritten werden könnte, wäre die von mir vertretene Position unhaltbar« (a.a.O. 139f.).

sonst aber als »Richtigkeit«.[43] Dies suggeriert die Vorstellung, die Geltung praktischer Sätze hänge von ähnlichen Bedingungen ab wie die Geltung theoretischer Sätze. Dazu paßt es, wenn sich Habermas gelegentlich für eine kognitivistische Ethik ausspricht.[44] Undeutliche Abgrenzungen praktischer Sätze von theoretischen können diesen Eindruck verstärken.[45] Es wäre indes ganz falsch, ihm zu unterstellen, er beabsichtige, den praktischen Sätzen denselben Geltungsmodus wie theoretischen Sätzen zuzuschreiben. Er unterscheidet beide Geltungsmodi vielmehr ausdrücklich[46], hält aber daran fest, daß sich auch praktische Geltungsansprüche, unbeschadet der Unterschiede zwischen theoretischem und praktischem Diskurs, diskursiv begründen lassen (s. o. 1.4). Zu prüfen bleibt daher, ob er sich dabei auf eine ausreichende Theorie der Verbindlichkeit stützen kann.

Zeigen muß sich dies an seiner Erörterung eines Beispiels für die Rechtfertigung einer Norm. Habermas unterstellt, man könne die Norm, ein empfangenes Darlehn sei unter den vereinbarten Bedingungen zurückzuerstatten, ähnlich wie eine empirische Geset-

43 In VB spricht Habermas von der »Richtigkeit« einer *Handlung*, wenn diese einer Regel folgt (133). Damit ist natürlich noch nichts über die »Richtigkeit« dieser Regel selbst ausgesagt. In Wth spricht Habermas fast durchgehend von der »Richtigkeit« einer *Norm*, wenn deren Verbindlichkeit gemeint ist. Für normalen Sprachgebrauch ist dies auch deshalb irreführend, weil eine Norm durchaus verbindlich sein kann, auch wenn sie nach einem weitverbreiteten Verständnis nicht »richtig« ist, oder umgekehrt unverbindlich und sogar unzulässig sein kann, obwohl sie weithin für »richtig« gehalten wird. Ein Beispiel für den ersten Fall wäre etwa das Verbot der Schwangerschaftsunterbrechung nach § 218 StGB, ein Beispiel für den zweiten Fall die Ablehnung der Fristenlösung durch das Bundesverfassungsgericht.

44 Vgl. oben Anm. 14.

45 Vgl. oben Anm. 35.

46 Vgl. Wth 230: »Die Konsensustheorie der Wahrheit hat den Vorzug, Wahrheit und Richtigkeit als diskursiv einlösbare Geltungsansprüche zu identifizieren, ohne zugleich die logischen Unterschiede, die zwischen theoretischen und praktischen Diskursen bestehen, zu verwischen. Demgegenüber verfahren metaphysische Wahrheitstheorien, indem sie praktische Fragen in demselben Sinne wie theoretische als wahrheitsfähig erklären, zu extensiv; und positivistische Wahrheitstheorien verhalten sich, indem sie die Wahrheitsfähigkeit praktischer Fragen überhaupt leugnen, zu restriktiv« (ähnlich Wth 227).

zeshypothese (z. B.: Körper dehnen sich unter der Einwirkung von Wärme aus) begründen. In beiden Fällen benötige man zunächst eine Reihe von deskriptiven Hinweisen: auf die wiederholt beobachtete Kovarianz von Größen wie Volumen, Gewicht und Temperatur von Körpern (beim Beispiel der Gesetzeshypothese) oder »auf Folgen und Nebenfolgen der Normanwendung für die Erfüllung akzeptierter Bedürfnisse« (beim Beispiel der Norm). Da diese deskriptiven Hinweise aber zur Begründung nicht ausreichen, müsse man überdies noch einen Grundsatz zu Hilfe nehmen: das Induktionsprinzip im Falle der naturwissenschaftlichen Gesetzeshypothese und das Universalisierungsprinzip im Falle der Norm:

Wie Induktion spielt Universalisierung die Rolle eines Brückenprinzips, das erklären soll, warum wir eine vorgeschlagene Handlungsnorm durch Hinweise auf Folgen und Nebenfolgen der Normanwendung für akzeptierte Bedürfnisse plausibel machen können. Dieser Übergang ist einleuchtend, wenn sich die kasuistische Evidenz auf *allgemein* akzeptierte Bedürfnisse stützen kann (Wth 251).

Wie dies zur Rechtfertigung der Norm, ein Darlehn sei wie vereinbart zurückzugeben, ausreichen soll, bleibt indes unklar. Man muß daher als erstes versuchen, das zugrunde liegende Argument zu rekonstruieren.
Durch das Annehmen eines Darlehns wird eine Person p in die Lage versetzt, ein Bedürfnis b zu befriedigen; ebenso wird auch einer Person q (dem Darlehnsgeber) durch die Rückgabe des Darlehns unter den vereinbarten Bedingungen die Befriedigung eines Bedürfnisses c ermöglicht, also:

$A \wedge C \rightarrow B \wedge D.$

A = Annehmen des Darlehns durch p
B = Befriedigung des Bedürfnisses b durch p
C = Rückgabe des Darlehns an q unter vereinbarten Bedingungen
D = Befriedigung des Bedürfnisses c durch q

Das Annehmen und Zurückgeben des Darlehns unter den vereinbarten Bedingungen erlaubt also p und q, die Bedürfnisse c bzw. d zu befriedigen, also:

$(A \rightarrow B) \wedge (C \rightarrow D).$

Daß dies allgemein gilt, läßt sich ohne Induktion oder Universalisierung durch Abstraktion allein zeigen. Ähnlich scheint auch Habermas sagen zu wollen, daß eine Reihe von Hinweisen auf Folgen und Nebenfolgen der Normanwendung für die Erfüllung akzeptierter Bedürfnisse auf den Satz führt: »Darlehen ermöglichen einen flexiblen Einsatz knapper Ressourcen« (Wth 244). Anders ausgedrückt heißt dies:

(1) Darlehn sind geeignete Mittel zur Befriedigung der Bedürfnisse b und c durch p bzw. q.

Nun reicht diese Erkenntnis natürlich zur Rechtfertigung der Norm, ein Darlehn sei wie vereinbart zurückzugeben, nicht aus. Daran ändert sich auch nichts, wenn wir hinzufügen, die Bedürfnisse b und c seien »akzeptiert«, d. h. doch wohl: erlaubt. Zumindest müßte man erst einmal wissen, *wer* die Befriedigung der Bedürfnisse b und c »akzeptiert« hat. Hier soll anscheinend das Universalisierungsprinzip weiterhelfen und die Verbindlichkeit der in Rede stehenden Norm begründen. »Dieser Übergang ist einleuchtend, wenn sich die kasuistische Evidenz auf *allgemein* akzeptierte Bedürfnisse stützen kann« (Wth 259). Dieses Prinzip lautete nach Habermas:

(2) Nur Normen, die in ihrem Geltungsbereich allgemeine Anerkennung finden können, sind (in einem rationalen normativen System) zugelassen.[47]

Diese Metanorm soll hier offenbar dazu dienen, die Zulässigkeit der Norm:

(3) Die Befriedigung der Bedürfnisse b und c ist erlaubt.

in einem rationalen Normensystem zu entscheiden. Es möge hier unterstellt werden, dies sei unbedenklich. Aber Habermas glaubt nun anscheinend, damit bereits den Übergang von (1) zur Norm

(4) Darlehn sind unter den vereinbarten Bedingungen zurückzuerstatten.

»einleuchtend« gemacht zu haben[48] – was natürlich durchaus

47 Der in Klammern stehende Zusatz »in einem rationalen normativen System« stammt vom Verf., muß aber sinngemäß eingesetzt werden.

48 »Induktion dient als Brückenprinzip, um den logisch diskontinuierlichen Übergang von einer endlichen Anzahl singulärer Aussagen (Daten) zu einer universellen Aussage (Hypothese) zu rechtfertigen;

nicht der Fall ist. Denn es folgt ja lediglich, daß es *erlaubt* ist, ein Darlehn zu geben und ein empfangenes Darlehn unter den vereinbarten Bedingungen zurückzugeben, aber keineswegs, daß es *verboten* ist, die Rückgabe eines empfangenen Darlehns unter den vereinbarten Bedingungen zu verweigern.

Zu einem anderen Ergebnis gelangt man erst, wenn man das Universalisierungsprinzip (2) nicht mehr, wie Habermas vorschlägt, auf (3) anwendet, sondern auf die – gut kantisch gesprochen – *Maxime*:

(5) Ich will ein empfangenes Darlehn nicht unbedingt unter den vereinbarten Bedingungen zurückerstatten.

Denn jetzt läßt sich zeigen, daß (5) dem Kriterium (2) nicht genügt und unter der Voraussetzung, daß (2) gültig ist, folglich auch nicht zur Norm in einem rationalen normativen System taugt. Wenn es aber in einem rationalen Normensystem nicht erlaubt ist, nach der Maxime (5) zu handeln, so bedeutet dies, daß hier das Gebot (4) verbindlich ist.

Aber auch dieser Nachweis kann nicht mit Hilfe von (1) und (3) gelingen. Natürlich wird q das Darlehn nur geben, wenn er damit rechnen darf, daß p es wie vereinbart zurückerstatten wird. Aber daraus folgt normativ nichts: Die Verhaltenserwartung eines anderen verpflichtet mich als solche durchaus nicht; erst wenn sie sich auf eine für mich verbindliche Norm stützt, erwächst mir daraus eine Verpflichtung, sie nicht zu enttäuschen. Aber auch Hinweise auf Folgen und Nebenfolgen der Anwendung von (5) für die Chancen anderer, die Bedürfnisse b und c zu befriedigen, reichen nicht aus, (5) unter Berufung auf (2) für unzulässig zu erklären. Daraus, daß anderen die Befriedigung der Bedürfnisse b und c erlaubt ist, folgt nicht, daß ich gehalten bin, ihnen die Bedürfnisbefriedigung zu ermöglichen oder zu erleichtern. Selbst das von M. G. Singer[49] ausgezeichnet diskutierte Generalisierungsargument

Universalisierung dient als Brückenprinzip, um den Übergang von deskriptiven Hinweisen (auf Folgen und Nebenfolgen der Normanwendung für die Erfüllung allgemein akzeptierter Bedürfnisse) zur Norm zu rechtfertigen« (Wth 245).

49 S. o. Anm. 21.

(6) Wenn alle dies täten, wären die Folgen unerwünscht; also darf niemand dies tun.

hilft hier noch nicht weiter. Denn wenn alle nach der Maxime (5) handelten, so würde die Befriedigung der Bedürfnisse b zwar erschwert werden (weil es schwieriger werden dürfte, ein Darlehn zu erhalten), aber dies reicht immer noch nicht aus, den Übergang von (3) zu (4) »einleuchtend« zu machen.
Die Unzulässigkeit der Maxime (5) unter Voraussetzung des Universalisierungsprinzips (2) zeigt sich erst, wenn nicht mehr der Hinweis auf Folgen oder Nebenfolgen ihrer allgemeinen Anwendung, sondern die Struktur der Maxime selbst in Betracht gezogen wird. Wer nach der Maxime handelt, ein empfangenes Darlehn nicht unbedingt *unter den vereinbarten Bedingungen* zurückzuerstatten, der handelt so, als hätte er über die Rückgabe des Darlehns gar keine Vereinbarung getroffen.[50] Nun muß man aber annehmen, daß der Darlehnsgeber nach Lage der Dinge aus gutem Grund überzeugt war, der Darlehnsnehmer habe dies getan. Nach jener Maxime wäre folglich eine Vereinbarung keine Vereinbarung mehr, d. h. sie wäre nicht mehr bindend. Wer nach ihr handelt, weigert sich mithin, die Grundnorm anzuerkennen, daß einem jeden verantwortlich Handelnden sein gegebenes Wort verbindlich zugerechnet werden solle. Dies bedeutet aber, daß er überhaupt nicht als Person anerkannt sein wolle und nicht bereit sei, andere als verantwortlich handelnde Personen anzuerkennen. Dies ist aber eine Maxime, die unmöglich allgemein anerkannt werden kann, solange es noch darum geht, unsere Beziehungen zueinander durch ein rationales Normensystem zu ordnen. Jene Maxime (5) taugt also nicht »zu einer allgemeinen Gesetzgebung«.
Die Rechtfertigung des Gebots (4), ein Darlehn sei wie vereinbart zurückzugeben, beginnt demnach mit seiner Negation: der Maxime (5), dieses Gebot *nicht* als verbindlich zu betrachten. Hier läßt sich nun zeigen, daß diese Maxime die Grundnorm:

50 Gemeint ist hier nicht, daß ein Darlehn (im Sinne eines ethischen Rigorismus) unter *allen* Umständen zurückzugeben sei. Der Fall mag durchaus eintreten, daß die Rückgabe des Darlehns nach einer unvorhersehbaren Änderung der Lage billigerweise nicht mehr gefordert werden kann. Denn man darf unterstellen, daß stillschweigend vereinbart war, das Darlehn solle unter vorhersehbaren Bedingungen in einer vorhersehbaren Lage zurückerstattet werden.

(7) Sei eine Person und behandle andere als Personen![51]

verletzt und *aus diesem Grunde* mit der Metanorm (2) nicht vereinbar ist. Daraus folgt, daß in einem rationalen Normensystem das Gebot (4) verbindlich ist. Das Gebot (4) ist damit gerechtfertigt.
Aufgabe einer Theorie der Verbindlichkeit wäre es nun aufzuhellen, worauf letztlich Verbindlichkeit (im Zusammenhang eines rationalen Normensystems) eigentlich beruht. Natürlich ist auch in der voranstehenden Analyse dieses Beispiels eine explizite Antwort darauf keineswegs enthalten, sondern höchstens vorausgesetzt. Diese impliziten Voraussetzungen hoffe ich demnächst darlegen zu können.[52]

51 Vgl. Hegel, Rechtsphilosophie § 36 und meine Diskussion in: Anerkennung (in diesem Bd. 13-29).
52 Vgl. meinen Aufsatz: Wahrheit und Verbindlichkeit (in diesem Bd. 66-102).

Wahrheit und Verbindlichkeit

Noch Kant verwendet das Wort ›Wahrheit‹, wenn von der Verbindlichkeit des Kategorischen Imperativs die Rede ist: Die Sittlichkeit ›ist‹ etwas; sie ist keine »chimärische Idee ohne Wahrheit«; der Kategorische Imperativ und mit ihm die Autonomie des Willens sind ›wahr‹ usw.[1] Da ihm eine deontische Logik nicht zur Verfügung steht, orientiert er sich – als der große Philosoph, der er ist, selbstverständlich mit aller gebotenen Umsicht – an der traditionellen Logik der Aussage, um den Begriff einer universalen moralischen Verbindlichkeit zu explizieren.
Historisch ist dies, vor dem Hintergrund einer jahrtausendealten Überlieferung, die ohnehin nicht deutlich zwischen Sein und Sollen zu unterscheiden wußte, ganz verständlich, wenn man sich vergegenwärtigt, daß Verbindlichkeit ebenso wie Wahrheit so etwas wie ›objektive‹ Geltung bedeutet. Gleichwohl besteht die eigentliche Aufgabe heute darin, den Unterschied zwischen theoretischer und normativer Geltung deutlich zu machen. Denn erst, wenn dies geschehen ist, läßt sich mit Aussicht auf Erfolg die Frage stellen und beantworten, wie die ›objektive‹ Geltung wahrer Aussagen und verbindlicher Normen *möglich* ist. Dies ist das Thema der folgenden Erörterungen.

1. Die Fragestellung

Wenn wir *wissen* (oder doch zu wissen glauben), daß eine Aussage wahr ist, so müssen wir uns auch zutrauen, gegebenenfalls jeden anderen, der bereit und willens ist, davon zu überzeugen, daß die Sache sich so, wie wir behaupten, verhält. Gegebenenfalls, d.h. hier: falls die dazu erforderlichen und von uns angebbaren Mittel des Nachweises zur Verfügung stehen. Wir unterstellen also, daß wir die Zustimmung aller anderen zu der von uns behaupteten Aussage prinzipiell müßten erzielen können. Die unseren Sprachgebrauch leitende Unterstellung enthält mithin eine Vorannahme

1 Vgl. meine Untersuchung: Der naturalistische Fehlschluß bei Kant (in diesem Bd. 277-295).

über den Zusammenhang zwischen der Wahrheit einer Aussage und der potentiellen Zustimmung aller sprachlich Kompetenten, zwischen Wahrheit und Konsens: Die Wahrheit der Aussage ist eine notwendige Bedingung für das Gelingen einer Verifikation und eine hinreichende Bedingung für das Mißlingen einer Falsifikation. Dies ist der berechtigte Kern der Konsenstheorie der Wahrheit.

Wahrheit nehmen wir für jede Aussage, die wir behaupten, in Anspruch; aber wir beanspruchen nicht in derselben Weise Verbindlichkeit für jede Forderung, die wir aufstellen. Die einer Elementaraussage (›Diese Wand ist grün‹) entsprechende elementare Volition (›Diese Wand soll grün sein!‹) ist als solche völlig unverbindlich; und nicht anders steht es um den zugehörigen elementaren Imperativ (›Streiche diese Wand grün!‹). Erst universale Imperative, also Normen, kommen als Kandidaten in Betracht, für die wir Verbindlichkeit in Anspruch nehmen, und damit zeigt sich bereits ein wichtiger Unterschied zum Geltungsanspruch von Behauptungen, der sich ja nicht auf Allsätze beschränkt. Aber selbst für Normen als solche beanspruchen wir noch keinerlei Verbindlichkeit. Die Regeln des Schachspiels, nach Kants Sprachgebrauch universale problematisch-hypothetische Imperative, sind nicht in dem Sinne verbindlich, daß es zwei Spielern untersagt wäre, sie etwa dahingehend abzuändern, daß als Sieger gelten soll, wer zuerst außerstande ist, mit seinem König einen erlaubten Zug auszuführen. Verbindlich sind sie nur für diejenigen, die vereinbart haben, miteinander nach den üblichen Regeln Schach zu spielen. Ebenso sind auch Industrienormen, Richtgeschwindigkeiten auf Autostraßen oder Normen des Diskutierens, »die man schon akzeptiert haben muß, um überhaupt ›vernünftig‹ diskutieren zu können«[2], für die potentiellen Normadressaten unverbindlich, da es sich bei ihnen ersichtlich ebenfalls um problematisch-hypothetische Imperative handelt.

Von Verbindlichkeit sprechen wir erst dann, wenn aus einer Norm Pflichten und Rechte abgeleitet werden können, denen sich die Normadressaten nicht mehr nach Gutdünken entziehen dürfen. Eine universale Verbindlichkeit, methodisch und diszipliniert miteinander zu diskutieren, besteht natürlich nicht. Nun aber gilt:

2 P. Lorenzen, Regeln vernünftigen Argumentierens, in: Konstruktive Wissenschaftstheorie, Frankfurt 1974, 49.

Auch wenn wir wissen oder zu wissen glauben, daß eine Norm verbindlich ist, müssen wir uns zutrauen, prinzipiell jeden anderen von der Verbindlichkeit dieser Norm zu überzeugen. *Prima facie* scheint dies sogar trivial zu sein, da ja insoweit gar kein Unterschied zwischen der Wahrheit einer Aussage und der Verbindlichkeit einer Norm in Betracht kommt, als wir zu *wissen* präsumieren, *daß etwas der Fall ist*: daß eine Aussage wahr bzw. eine Norm verbindlich ist. So läßt sich in der Tat die Verbindlichkeit z. B. einer verkehrsrechtlichen Norm zunächst auf den Akt der Inkraftsetzung dieser Norm, dann auf die Legitimität der inkraftsetzenden Instanz und des dabei angewandten Verfahrens und schließlich auf die Verbindlichkeit einer ersten, grundlegenden Rechtsurkunde, die diese Legitimität verbürgt, zurückführen.

Indes wenn wir *wissen* möchten, ob eine Norm verbindlich ist, so wird unsere Frage an dieser Stelle ihre spezifische Bedeutung allererst gewinnen: Worauf beruht letztlich die Verbindlichkeit jener für positiv-rechtliche Normierungen grundlegenden Rechtsurkunde? Nur wenn wir ernsthaft beanspruchen, auch auf diese Frage eine Antwort geben zu können, der jeder sprachlich Kompetente, der bereit und willens ist, unserer Darlegung zu folgen, zustimmen müßte, dürfen wir für uns in Anspruch nehmen: zu *wissen*, daß jene Norm verbindlich ist.

Fraglich ist jedoch, ob ein solches Wissen hinsichtlich der Verbindlichkeit einer Norm überhaupt möglich ist. Eine Konsenstheorie der Verbindlichkeit hat daher nicht von vornherein dieselbe Vermutung der Berechtigung auf ihrer Seite wie die entsprechende Konsenstheorie der Wahrheit. Erst wenn wir uns des Sinnes der Rede von Verbindlichkeit versichern, wird auch die *prima-facie*-Berechtigung einer Konsenstheorie der Verbindlichkeit bemerkbar: Von einer verbindlichen Norm sprechen wir erst dann, wenn wir unterstellen, daß alle Normadressaten gehalten sind, die betreffende Norm *von sich aus* zu befolgen. Das schließt zwar nicht aus, daß gewisse Normen mit Zwang durchgesetzt werden müssen; aber gerade auch diese Normen sind als solche erst unter der Bedingung verbindlich, daß die Normadressaten sie aus eigenem Antrieb zu befolgen gehalten sind. Ein lediglich mit Terror oder mit Drohungen einer überwältigenden Macht durchgesetzter universaler Imperativ ist vielleicht wirksam, aber notwendig unverbindlich. Da indes nicht alle Normadressaten schon von sich aus bereit sind, die Verbindlichkeit einer bestimmten Norm anzuerkennen, müßte sich zeigen lassen, daß auch sie gleichwohl gehalten wären, sie *von sich aus* zu befolgen. Darin liegt: Auch die Verbindlichkeit einer Norm enthält eine notwendige Bedingung für das Gelingen des Nachweises, daß die betreffende Norm verbindlich ist, und eine hinreichende Bedingung für das Mißlingen des Versuchs, ihre Unverbindlichkeit (›Normwidrigkeit‹) darzutun. Insofern ist auch der Konsenstheorie der Verbindlichkeit eine *prima facie*-Berechtigung nicht abzusprechen.

Die Konsenstheorie (insbesondere in der von Habermas[3] vertretenen Gestalt) geht jedoch dazu über, sowohl für die Wahrheit von Aussagen wie für die Verbindlichkeit von Normen eine *Äquivalenz* zwischen Geltung und Konsensfähigkeit zu behaupten, indem sie mit Hilfe des idealisierenden Modells eines unendlichen Diskurses postuliert, über alle Geltungsfragen müsse sich grundsätzlich und letztendlich eine Übereinstimmung aller sprachlich Kompetenten erzielen lassen, und unterstellt, wahr bzw. verbindlich seien nur diejenigen Aussagen bzw. Normen, die Bestandteil eines solchen Konsenses zu werden fähig sind. Demnach wäre eine Aussage, deren Verifikation selbst unter jenen idealisierenden Bedingungen mißlingen müßte, entweder von vornherein falsch oder – da dies gewiß nicht ernstlich die Meinung sein kann[4] – prinzipiell hinsichtlich Wahrheit/Falschheit indifferent.[5] Eine

3 Vgl. meinen Aufsatz: Geltung als Konsens (in diesem Bd. 30-65).

4 Vgl. jedoch J. Mittelstraß, Erfahrung und Begründung, in: Die Möglichkeit von Wissenschaft, Frankfurt 1974, 71 f.: »Gelingt diese Verständigung, d. h. kann zweifelsfrei aufgrund der sonst geltenden Vereinbarungen über *P* nachgewiesen werden, daß die durch die Nominatoren $X_1, \ldots, X$n« vertretenen Gegenstände ... entweder zu den *P* ursprünglich definierenden Beispielen gehören oder als ›neue‹ Fälle ... eines auf diese Weise sinnvoll erweiterten Beispielbereiches angesehen werden können, darf die mit der entsprechenden Aussage gemachte Behauptung als ›begründet‹ oder ›wahr‹ gelten; gelingt diese Verständigung nicht, muß sie (zumindest bis auf weiteres) als ›unbegründet‹ oder ›falsch‹ bezeichnet werden.«

5 In diesem Sinne versucht M. Dummet, im Anschluß an den späten Wittgenstein, den Intuitionismus aus der mathematischen Logik auf empirische Sätze zu übertragen. Als Beispiel erörtert er den Satz ›Der (inzwischen verstorbene) Hans (der nie in eine gefährliche Lage gekommen ist) war entweder tapfer oder nicht tapfer‹. Sein Ergebnis lautet: »Wir sind berechtigt zu sagen, eine Behauptung *P* sei entweder wahr

mißlingende Falsifikation würde entsprechend nach dieser Auffassung eine Aussage von vornherein wahr oder aber indifferent gegen Wahrheit/Falschheit machen. Solche Aussagen sind indes offensichtlich weder ›sinnlos‹ (denn sie haben ja eine überprüfbare Bedeutung selbst dann, wenn die Prüfung prinzipiell nicht zu einem endgültigen Ergebnis führen kann) noch ›metaphysisch‹ (denn sie können, wie wir durch Poppers Untersuchungen gelernt haben, ja durchaus einem wissenschaftlichen Verifikations- oder Falsifikationsverfahren ausgesetzt werden), so daß ›indifferent gegen Wahrheit/Falschheit‹ hier nichts anderes als ›weder verifizierbar noch falsifizierbar‹ bedeutet. Die Konsenstheorie der Wahrheit reduziert sich so auf einen sprachpolitischen Vorschlag zum Gebrauch des Wortes ›Wahrheit‹, nämlich ›wahr‹ fortan nur noch im Sinne von ›nachweislich wahr‹ zu verwenden. Ob damit etwas gewonnen wäre, stehe dahin. Die Frage, was wir eigentlich meinen, wenn wir sagen, eine Aussage sei wahr, und wie Wahrheit von Aussagen überhaupt möglich ist, bleibt in dieser Konsenstheorie der Wahrheit unerörtert.

Ebenso ist nach der Konsenstheorie eine Norm, deren Verbindlichkeit prinzipiell nicht nachweisbar ist, als unverbindlich anzusehen. Anders als bei der Konsenstheorie der Wahrheit ist dies *prima facie,* wenigstens in einer näher zu bestimmenden Bedeutung, durchaus einleuchtend. Da eine Norm verbindlich nur dann ist, wenn die Normadressaten zur Befolgung der Norm von sich aus gehalten sind, ist nicht einzusehen, wie dieser Geltungsan-

oder falsch ..., nur wenn *P* eine solche Behauptung ist, daß wir in einem endlichen Zeitintervall imstande sind, *P* entweder mit Recht zu behaupten oder zu bestreiten, d. h. wenn *P* eine effektiv entscheidbare Behauptung ist« (in: Philosophical Logic, hrsg. v. P. F. Strawson, Oxford University Press 1967, 66 = Truth, a.a.O. 108 f.). Dies ist jedoch wenig überzeugend, da Hans nach Voraussetzung *nicht* tapfer gewesen ist. Dummet übersieht bei seiner Erörterung kontrafaktischer Disjunktionen ständig den Unterschied zwischen Wahrheit und Verifizierbarkeit einer Aussage bzw. zwischen der Wahrheit einer Aussage und der Berechtigung einer Behauptung. – Nicht ganz frei von dieser Verwechslung ist auch P. Lorenzens Diskussion der Goldbachschen Vermutung (in: Metamathematik, Mannheim 1962, 18), wenn er die Frage aufwirft: »Welchen Sinn hat es aber dann zu sagen, trotzdem sei diese Aussage entweder wahr oder falsch, sie sei ›an sich‹ entweder wahr oder falsch?« Dieser Sinnlosigkeitsverdacht hebt sich indes sofort durch seine Unterscheidung zwischen wahrheitsdefiniten und beweisdefiniten Aussagen.

spruch[6] aufrecht zu halten ist, wenn prinzipiell nicht nachweisbar wäre, daß sie dazu verpflichtet sind. Vom Standpunkt einer theonomen Ethik ließe sich zwar einwenden, letzter Grund der Verbindlichkeit sei der Wille Gottes, auch wenn es uns versagt ist, die Verbindlichkeit seiner Gebote einsichtig zu machen. Aber damit wäre der Boden einer Ethik mit universalem Anspruch verlassen: Verbindlichkeit schlüge um in eine Gehorsamsforderung, der man sich in einem Glaubensakt der Unterwerfung zu beugen hätte. Im hier erörterten Sinne hingegen ist Verbindlichkeit, wie es die Konsenstheorie unterstellt, mit der prinzipiellen Unmöglichkeit, die Verbindlichkeit der in Rede stehenden Norm nachzuweisen, unvereinbar.

So erhalten wir das vielleicht ein wenig überraschende Resultat, daß die Verbindlichkeit einer Norm im Gegensatz zur Wahrheit einer Aussage, wenigstens *prima facie*, eine notwendige und hinreichende Bedingung der Möglichkeit ist, einen einstweilen problematischen Geltungsanspruch zu rechtfertigen.[7] Dies ist freilich noch einzuschränken. Verbindlich ist eine Norm jeweils für Normadressaten, während eine Aussage einfach nur wahr oder falsch ist. Normative Geltung hängt folglich nicht, wie die Geltung einer Aussage, lediglich von Bedingungen dessen, was in der Rede ausgedrückt ist, und den Bedingungen dessen ab, worauf sich die Rede bezieht. Wenn eine Norm verbindlich ist, so sind die Normadressaten gehalten, sich den Geltungsanspruch der Norm zu eigen zu machen. Wer diesen Geltungsanspruch rechtfertigen wollte, müßte daher als potentiell Betroffener in einen Dialog mit dem betroffenen Normadressaten eintreten und sich mit ihm über gemeinsame Intentionen, Verpflichtungen und Berechtigungen verständigen können. Habermas hat daher in seiner Theorie der idealen Sprechsituation mit Recht das Postulat der vorbehaltlosen Aufrichtigkeit als Bedingung eines herzustellenden Konsenses aufgeführt. Für die Möglichkeit, einen problematischen normativen Geltungsanspruch zu rechtfertigen, ergibt sich daraus aber, daß ein Nachweis der Verbindlichkeit einer Norm nicht ohne die

6 Das bedeutet freilich keineswegs, wie Habermas unterstellt, daß der ›Sinn‹ von Verbindlichkeit in der Einlösbarkeit eines normativen Geltungsanspruchs besteht.

7 Die Realisierung dieser Möglichkeit ist leider das große Problem. Die Verbindlichkeit einer Norm hängt natürlich nicht davon ab, ob wir wissen und beweisen können, daß sie verbindlich ist.

bereitwillige Mitwirkung eines jeweils Betroffenen gelingen kann. Dieser Nachweis verliert damit seine zunächst unterstellte Ähnlichkeit mit einem wissenschaftlichen, theoretischen Diskurs.

Dies macht deutlich, daß eine forcierte Parallelisierung theoretischer und normativer Geltung nur einen sehr beschränkten heuristischen Wert hat. Sie nötigt dazu, spezifische Unterschiede zwischen Aussagenwahrheit und normativer Verbindlichkeit bis zu einem Punkte zu vernachlässigen, wo es zweifelhaft wird, ob man nicht entgegenlautenden Versicherungen zum Trotz in erster Linie daran interessiert ist, entweder Wahrheit als einen Fall von Verbindlichkeit oder Verbindlichkeit als einen Fall von Wahrheit zu begreifen. Daß die ursprünglich pragmatistische Konsenstheorie immer wieder dieser Gefahr zu erliegen droht, ist nur allzu verständlich und sollte gerade davor warnen, sie durch Hinzufügung neuer Beweisziele erst recht zu überfordern. Dies geschieht jedenfalls bereits dann, wenn die Operationalisierung des Wahrheitsbegriffs zum Zwecke der Analyse von Erkenntnisprozessen zu einer moralischen Aufwertung des Konsenses in einer idealisierten ›Kommunikationsgemeinschaft‹ von Forschern benutzt wird[8], erst recht natürlich, wenn einer solchen fiktiven Größe auch noch die Zuständigkeit für die Beratung und Entscheidung normativer Fragen eingeräumt wird.

Ungeachtet dieser und ähnlicher Vorbehalte gegen eine Konsenstheorie praktischer Sätze bleibt jedoch bestehen, daß die Äquivalenz von Verbindlichkeit und prinzipieller Möglichkeit, sich über die Verbindlichkeit einer Norm zu verständigen, die Grundlage eines rationalen normativen Systems ausmacht. Zu beachten ist indes, daß nie von der Etablierung bisher noch gar nicht als verbindlich anerkannter Normen, sondern stets nur von der Verständigung über die Verbindlichkeit einer bereits von den Normadressaten anerkannten Norm die Rede war. Habermas geht in seiner Konsenstheorie der Verbindlichkeit freilich davon aus, daß Verbindlichkeit durch einen argumentativ herzustellenden Konsens allererst begründet wird. Aber das ist eine durchaus zweifelhafte Annahme, die unabhängig von der Äquivalenzthese eigens zu be-

8 Zur Position eines ›logischen Sozialismus‹ bei Peirce vgl. K.-O. Apel, Transformation der Philosophie II, 404. Apel hebt jedoch hervor, »daß die Ethik der Wissenschaft (Science) nicht genügt, um eine Ethik der Menschheit im Zeitalter der Wissenschaft zu begründen« (a.a.O. 423).

gründen wäre. Dazu wäre nämlich der Nachweis erforderlich, daß rationale Argumentation allein ausreicht, zur Anerkennung einer Norm zu motivieren, oder (anders ausgedrückt) daß der Akt der Anerkennung einer Norm nicht die *Entscheidung* eines wie ›vernünftig‹ auch immer handelnden Wesens ist. Gerade in einem rationalen normativen System aber ist für diese Annahme, wie später gezeigt werden soll, kein Raum.

Damit hat sich ein weiterer wichtiger Unterschied zwischen theoretischer und praktischer Geltung, zwischen Wahrheit und Verbindlichkeit, ergeben: Während die Geltung einer Aussage sich auf das, was in dieser Aussage behauptet wird, bezieht, also auf den behaupteten Sachverhalt, bezieht sich die Geltung einer Norm darauf, daß zwischen den Normadressaten eine Verbindlichkeit bereits gesetzt ist. Geltung ist hier also nicht mehr eine Beziehung zwischen sprachlicher Darstellung und besprochener ›Welt‹, sondern primär in praktischen Verhältnissen selbst aktuell in Gestalt einer von verantwortlich handelnden Personen gewollten Ordnung ihrer wechselseitigen Beziehungen. Erst wenn hochdifferenzierte soziale Systeme entstanden sind, tritt überhaupt das Bedürfnis nach sprachlicher Fixierung der dieses System regelnden und bis dahin nur stillschweigend anerkannten und tradierten Normen hervor; noch viel später kommt es zu Versuchen, wenigstens die rechtlich verbindlichen Normen vollständig und einigermaßen systematisch zu kodifizieren; und für die weitaus fundamentaleren moralischen Normen gilt noch heute fast uneingeschränkt das sarkastische Juristenwort, daß sie etwas sind, das sich von selbst versteht. Während von Wahrheit als theoretischer Geltung sinnvoll überhaupt nicht ohne die Voraussetzung einer sprachlich formulierten Behauptung gesprochen werden kann, prätendiert die Rede von Verbindlichkeit in der Regel nur, die in praktischen Verhältnissen durch verantwortliches Handeln entstandenen Geltungsansprüche zu explizieren. Dies ändert sich selbst dann nicht, wenn eine besondere Verbindlichkeit durch einen Sprechakt, durch eine mündliche Vereinbarung oder auch durch eine Unterschrift, begründet worden ist; denn auch in diesen Fällen bleiben die dabei stillschweigend voraus- und mitgesetzten Bedingungen des gemeinsamen Handelns noch weitgehend unartikuliert, wenn auch prinzipiell sprachlich explizierbar.

Es ist daher sehr zweifelhaft, ob es der hier erörterten Sache dienlich ist, wenn man im Interesse einer Vereinfachung der Fragestellung die Theorie der Aussagenwahrheit und die Frage nach der Rechtfertigung von Normen in einer einheitlichen Geltungstheorie zusammenfaßt und dieser gar noch den irreführenden Titel ›Wahrheitstheorie‹ gibt. Alle unter Systematisierungszwang konstruierten Analogien, etwa zwischen dem Induktionsprinzip in einer Theorie der Erfahrungswissenschaft und dem Universalisierungsprinzip in einer metaethischen Theorie, stören ohnehin nur die Klarheit der Problemanalyse. Die Aufgabe besteht offenbar gerade darin, unter Absehen von bloßen Entsprechungen die spezifischen Fragen einer Theorie der Wahrheit bzw. Verbindlichkeit zu stellen und nach Möglichkeit zu beantworten.

2. Die Möglichkeit wahrer Aussagen

Eine Aussage *›A‹* ist wahr genau dann, wenn *A* der Fall ist.[9] In dieser Definition wird als Wahrheitsbedingung angegeben, daß das sprachliche Intendierte *(›A‹)* einen wirklichen Sachverhalt *(A)* darstellt oder mit dem wirklichen Sachverhalt übereinstimmt. Exemplarisches Beispiel, im Hinblick auf welches hier von Wahrheit gesprochen wird, ist etwa die affirmative Elementaraussage ›Theaitetos sitzt‹. Gegen diese, ähnlich schon von Platon formulierte Auffassung der Wahrheit sind indes zahlreiche Bedenken vorgebracht worden. Sie betreffen zum einen die Anwendbarkeit dieser Definition auf weniger einfache Fälle, etwa auf das negative Urteil, auf Hypothesen, auf Sätze a priori oder auf Paradoxa. Geeignete Präzisierungen der vorgeschlagenen Definition sind hier ausreichend, um ihnen zu begegnen. Da sie aber die zugrunde liegende Auffassung von Wahrheit überhaupt nicht in Frage stellen, braucht hier nicht näher auf sie eingegangen zu werden.[10] Die

9 Vgl. A. Tarski, The semantic conception of truth and the foundations of semantics, dt. in: Zur Philosophie der idealen Sprache, hrsg. v. T. Sinnreich, München 1972, 53-100.

10 Vgl. W. Stegmüller, Das Wahrheitsproblem und die Idee der Semantik, Wien 1957; P. Weingartner, Vier Fragen zum Wahrheitsbegriff, in: Salzburger Jahrbuch für Philosophie 8, 1964, 31-74; ders., Ontologische Fragen zur klassischen Wahrheitsdefinition, in: Grundfragen der Wissenschaften und ihre Wurzeln in der Metaphysik, hrsg. v. P. Wein-

Bedenken richten sich zum anderen aber auch gegen theoretische Prämissen, die zur Erläuterung und Verteidigung dieser Definition benutzt worden sind, letztlich also jeweils gegen bestimmte Theorien, in denen Wahrheit als Korrespondenz des sprachlich Intendierten mit dem wirklichen Sachverhalt erklärt werden soll. In dieser Situation ist es notwendig geworden, für die vorgeschlagene Definition der Wahrheit nicht nur Widerspruchsfreiheit und Adäquatheitsbedingungen zu sichern, sondern sie vor allem in einer Korrespondenztheorie auszuweisen, die nicht nur erläutert, wie die Übereinstimmung zwischen dem sprachlich Intendierten und dem wirklichen Sachverhalt zu verstehen ist, sondern auch erklärt, wie eine solche Übereinstimmung überhaupt möglich ist. Die implizite Auseinandersetzung mit derartigen Bedenken bildet den Hintergrund der folgenden Erörterungen.[11]

2.1 Sprache als System von Zeigehandlungsschemata

Es ist das bisher kaum angemessen gewürdigte Verdienst Wilhelm Kamlahs, nach jahrhundertelangen Diskussionen über realistische und nominalistische Interpretationen der Universalien endlich aufgeklärt zu haben, daß wir Sprache nur angemessen deuten können, wenn wir sie als ein System von Zeigehandlungsschemata verstehen.[12] Sprachliche Zeichen sind nach seinem Vorschlag als Schemata aufzufassen, die aktuelle Handlungen des Zeigens ersetzen und es damit ermöglichen, in Redeeinführungssituationen getroffene Unterscheidungen festzuhalten und unabhängig von der Gegenwart der besprochenen Gegenstände zu verwenden. Kamlah hat damit die Grundlagen für eine Wahrheitstheorie geschaffen, in der sich der größte Teil der Einwände, die vor allem seitens der sprachanalytischen Philosophie gegen die Korrespondenztheorie der Wahrheit vorgebracht worden sind, erledigen. Denn diese beziehen sich vor allem auf die Frage, welchen ›ontologischen‹ Status man den sprachlichen Zeichen zuerkennen soll,

gartner, Salzburg 1967, 37-64; F. v. Kutschera, Sprachphilosophie, München 1972, 156ff.

11 Nicht eingegangen werden kann hier auf die Kohärenztheorie (Reichenbach), die Redundanztheorie (Ramsey), die Performanztheorie (Strawson) und die Evidenztheorie (Husserl).

12 Vgl. W. Kamlah, Sprachliche Handlungsschemata, a.a.O.

an denen der Wahrheitsanspruch von Aussagen irgendwie hängt: Ob man sie z. B. als Vorstellungen oder als Wesenheiten oder als ›ideale‹ Bedeutungen deuten solle. Erst mit ihrer Interpretation als gegenständlicher Relikte schematisierter Zeigehandlungen läßt sich diese Frage befriedigend beantworten.

Wenn in einer konkreten Situation jemand äußert: »Es brennt!«, so könnte er die Adressaten seiner Rede auch an die Brandstelle heranführen und ihnen unmittelbar zeigen, worüber er sie mit jenem Satz sprachlich informiert. Da dies jedoch einen u. U. fatalen Zeitverlust bedeuten würde, verwendet er statt dessen ein geeignetes Schema einer Zeigehandlung. Unter Taubstummen könnte dies natürlich kein lautliches Schema sein, und doch würde eine entsprechende unter Taubstummen verständliche Geste in genau derselben Weise eine aktuelle Handlung des Zeigens vertreten wie das lautliche Zeigehandlungsschema ›Es brennt!‹. Um dies zu verstehen, müssen wir, wie Kamlah und Lorenzen gezeigt haben[13], jene Situation zu rekonstruieren versuchen, in der das jeweilige Zeigehandlungsschema eingeführt worden ist. Diese Lernsituation ist eine Sprachebene, die ersichtlich allem objektsprachlichen und metasprachlichen Sprachgebrauch, also der Unterscheidung zwischen Wortverwendung und -erwähnung, zeitlich und logisch vorausliegt. Die Bedeutung eines sprachlichen Zeichens konstituiert sich in einer Redeeinführungssituation.

Primär geschieht dies, wie inzwischen allgemein bekannt, durch exemplarische Einführung (›ostensive Definition‹), indem anhand besonders geeigneter Beispiele die Verwendung eines Wortes wie ›heiß‹ oder ›brennen‹ verdeutlicht wird. Für die Deutung sprachlicher Zeichen als Zeigehandlungsschemata sind dabei freilich die Bedingungen entscheidend, unter denen eine Verständigung in einer Redeeinführungssituation gelingen kann. Daß hier ein theoretisches Problem erster Ordnung vorliegt, hat schon Wittgenstein beunruhigt: »Wenn ich einen Personennamen hinweisend erkläre, (so könnte der andere) diesen als Farbnamen, als Bezeichnung der Rasse, ja als Namen einer Himmelsrichtung auffassen.«[14] Wenn wir in einer Redeeinführungssituation etwas zeigen, so wird immer vorausgesetzt, daß wir imstande sind, uns durch

13 Vgl. W. Kamlah/P. Lorenzen, Logische Propädeutik, Mannheim 1967, 23 ff.

14 L. Wittgenstein, Philosophische Untersuchungen § 28, in: Schriften 1, 303.

prinzipiell vieldeutige Gesten darüber zu verständigen, was wir eigentlich *meinen*. Durch den Handlungszusammenhang, d.h.: weil wir die Situation in einer bestimmten Weise gedeutet haben, wird der Bereich des möglicherweise Gemeinten zwar immer schon erheblich eingeschränkt; aber dies hebt die prinzipielle Vieldeutigkeit einer Zeigehandlung nicht auf. Wenn wir in einer Redeeinführungssituation einem Gegenstand das Wort ›Fagott‹ beilegen, so könnte man immerhin, selbst wenn der Zeigebereich vollkommen eindeutig eingeschränkt wäre, dieses Wort noch als einen Eigennamen auffassen. Daraus wird klar: So erhellend es zunächst auch ist, in der Grundlegung einer Theorie der sprachlichen Zeichen von der Bedeutung eines Wortes auf seine Verwendung zurückzugehen[15], so unmöglich ist es dann wieder, seine Verwendung verständlich zu machen, ohne sich auf die seine Verwendung stets leitende Bedeutung einzulassen.[16]

Wir müssen daher unterstellen, daß es in einer bestimmten Redeeinführungssituation gelingt, durch ein geeignetes *aufweisendes* Zeigen ein lautliches Zeigehandlungsschema (›heiß‹, ›brennt‹), das auch seinerseits als Schema und nicht etwa bloß als einmalige Interjektion verstanden wird, mit einem phänomenalen Merkmal (Charakteristikum, Eigenschaft) zu verknüpfen. Ob dieses phänomenale Merkmal in der Sprachlernsituation erstmalig als dieses besondere Merkmal erfaßt wird oder ob es in der vorsprachlichen Weltorientierung schon vorher unterschieden werden konnte, ist dabei nicht entscheidend. Jedenfalls muß diese Unterscheidung in der Redeeinführungssituation erst einmal gelernt sein, bevor das so eingeführte lautliche Zeigehandlungsschema dann auch dazu benutzt werden kann, als sprachliches Zeichen (und zwar als Begriffswort) stellvertretend für eine Geste des direkten Aufweisens indirekt auf etwas zu zeigen. Das Begriffswort verweist jetzt auf das aufgewiesene Merkmal.

Durch ein aufweisendes Zeigen beziehen wir uns jeweils auf ein an einem Gegenstand vorfindliches Merkmal. Gegenstand und

15 Vgl. Wittgenstein, Philosophische Untersuchungen § 5, a.a.O. 291.

16 Vgl. Wittgenstein, Philosophische Untersuchungen § 30, a.a.O. 304: »Die hinweisende Definition erklärt den Gebrauch – die Bedeutung – des Wortes, wenn es schon klar ist, welche Rolle das Wort in der Sprache überhaupt spielen soll.« Wittgenstein ist es nicht mehr gelungen, die Aporien, die sich aus seinem behavioristischen Ansatz ergaben, befriedigend aufzulösen.

Merkmal müssen dabei bereits als prinzipiell unterscheidbar aufgefaßt sein – auch wenn die sprachlichen Mittel für diesen kategorialen Unterschied selbstverständlich noch keineswegs zur Verfügung stehen. Gleichwohl ist nach dem bisher Dargelegten noch nicht verständlich zu machen, wie es gelingen kann, sich durch ein sprachliches Zeichen auf einen Gegenstand selbst zu beziehen. Wir müssen vielmehr zuvor unterstellen, daß es möglich ist, *hinweisend* in eine Gegend, auf einen Punkt oder in eine Richtung zu zeigen. Dieses hinweisende Zeigen ist natürlich vom aufweisenden Zeigen verschieden, und dieser Unterschied muß ebenfalls bereits verstanden sein, bevor eine entsprechende Zeigehandlung durch ein lautliches Zeigehandlungsschema wie ›da‹ ersetzt werden kann. Das hinweisende Demonstrativum vertritt jetzt als sprachliches Zeichen jeweils eine aktuelle Zeigehandlung des Hinweisens.

Um uns aber auch durch ein sprachliches Zeichen indirekt auf einen Gegenstand selbst beziehen zu können, dazu ist erforderlich, daß wir nicht nur zwischen einem Gegenstand und dem Inbegriff seiner Merkmale eine kategoriale Unterscheidung stillschweigend voraussetzen dürfen, sondern uns überdies zutrauen, den Gegenstand durch Abhebung seiner eigentümlichen Merkmale gegebenenfalls wieder zu identifizieren. Hinweisende Demonstrativa wie ›der‹, ›die‹, ›das‹ bereiten dies vor, indem sie uns zunächst wenigstens dazu befähigen, Gegenstände als solche voneinander zu unterscheiden. Aber erst wenn wir ein sprachliches Zeichen eigens zu dem Zwecke einführen, uns auch indirekt auf einen nicht gegenwärtigen Gegenstand beziehen oder einen gegenwärtigen Gegenstand mit demjenigen identifizieren zu können, für den wir in der Redeeinführungssituation das sprachliche Zeichen festgelegt haben, ist es zur Verwendung eines Eigennamens gekommen.

Durch diese Hinweise auf Erkenntnisleistungen, die bei der Einführung sprachlicher Zeichen stets mit- und vorausgesetzt werden müssen, dürfte deutlich geworden sein, daß eine Redeeinführungssituation nicht zureichend beschrieben werden kann, wenn sie nur als eine Abfolge äußerer Handlungen aufgefaßt wird. Dies möge noch weiter durch die folgende Rekonstruktion einer Redeeinführungssituation erläutert werden:

Man stelle sich vor, daß eine Handlung, etwa das Verbeugen, auf geeignete Weise – zum Beispiel durch Vor- und Nachmachen – von einem, genannt *A*, gelehrt und von einem anderen, genannt *B*, gelernt wird. Nachdem *B* sich selbständig verbeugen kann, also das Verbeugen gelernt hat, beginne *A* jetzt, das Wort ›verbeugen‹ auszusprechen. Das ist eine zweite, sprachliche Handlung, die ihrerseits von *B* gelernt werden kann. *B* kann dann sowohl sich verbeugen als auch das Wort ›verbeugen‹ aussprechen. In einem dritten Schritt lerne *B* jetzt die Handlung, vermöge der ein Zusammenhang der beiden ersten Handlungen hergestellt wird, nämlich die Zugehörigkeit des Wortes ›verbeugen‹ zu der Handlung Verbeugen. Das könnte etwa so geschehen, daß *A* sich verbeugt und *B* daraufhin das Wort ›verbeugen‹ ausspricht. Mit anderen Handlungen und den zugehörigen Wörtern wäre anschließend entsprechend zu verfahren. Wir sagen dann: *B* hat gelernt, der Handlung des Verbeugens den *Prädikator* ›verbeugen‹ *zuzusprechen.*[17]

Wenn man genau darauf achtet, was in dieser Beschreibung eigentlich gelehrt und gelernt wird, so wird man nicht zugeben können, daß dieser Text von einer sprachlichen Kommunikation handelt. Zunächst führt der Lehrende A zweimal aktualisierte Zeigehandlungsschemata vor: das Verbeugen und das Aussprechen der Lautfolge ›verbeugen‹. Dabei wird unterstellt, daß B dies als eine Aufforderung *versteht*, auch seinerseits entsprechende Bewegungen aktuell zu vollziehen. Ein derartiges kommunikatives Verständnis darf bei einigen höher entwickelten Arten der Wirbeltiere durchaus angenommen werden. In einem dritten Schritt wird sodann gelernt, auf eine Verbeugung mit einer Aktualisierung des Lautschemas ›verbeugen‹ zu reagieren. Dies bekundet zwar, daß ein Zusammenhang zwischen beiden Tätigkeiten hergestellt und eine Zugehörigkeit irgendwie *verstanden* ist. Es bekundet indes nicht: daß das Aussprechen der Lautfolge ›verbeugen‹ als eine Zeigehandlung verstanden ist, die stellvertretend dazu dienen kann, aufweisend das Handlungsschema einer Verbeugung zu zeigen.

Der Text erläutert höchstens, wie eine Handlung, die einem bestimmten Handlungsschema folgt (Verbeugung), als *Signal* für die Ausführung einer Verlautbarung (Aktualisierung des Lautschemas ›verbeugen‹) verstanden werden kann, nicht jedoch: wie diese Verlautbarung eine aktuelle Handlung aufweisenden Zeigens (auf ein Sichverbeugen) vertreten kann. Jenes werden wir wohl auch

17 Vgl. K. Lorenz, Elemente der Sprachkritik, Frankfurt 1970, 167f.

einem Papageien zutrauen dürfen; aber wir haben keinen Grund zu der Annahme, daß er das Hervorbringen von Lauten als eine Handlung aufweisenden Zeigens versteht. Wenn wir Sprache als einen Zeichengebrauch zum Zwecke des Zeigens definieren, so gehört das Aktualisieren lautlicher Schemata als solches noch nicht zur sprachlichen Kommunikation.[18]

Erst mit der unverkürzten Deutung der Sprache als eines Systems von *Zeige*handlungen gelingt es, eine Bedeutungstheorie zu entwickeln, die sowohl die behavioristischen wie die psychologistischen Aporien vermeidet. Daher bereiten ihr auch diejenigen Einwände keine Schwierigkeiten, die von der Seite des linguistischen Phänomenalismus gegen die Korrespondenztheorie der Wahrheit erhoben worden sind. Daß diese Einwände in erster Linie auf dem Fehlen einer Bedeutungstheorie beruhen, zeigt sich besonders an der folgenreichen Kritik, die Strawson an der Korrespondenztheorie Austins geübt hat. Ausgehend von der Unterscheidung bezeichnender und beschreibender Redeteile (die nach der hier dargelegten Deutung auf die Unterscheidung hinweisender und aufweisender Zeigehandlungen zurückzuführen ist) möchte Strawson geltend machen: Nur der bezeichnende Redeteil einer Aussage habe ein ›materiales Korrelat‹, nämlich das bezeichnete Ding oder die bezeichnete Person; der beschreibende Redeteil hingegen habe in der Eigenschaft, die das so Bezeichnete angeblich ›besitze‹, nur ein ›*pseudo*materiales Korrelat‹.[19] Daraus möchte er irgendwie ableiten, daß eine Korrespondenztheorie einen kategorialen Fehler begeht, wenn sie voraussetzt, auch den beschreibenden Redeteilen entspreche etwas Wirkliches in der Welt. Habermas hat sich dem angeschlossen.[20]

Nun wird man gewiß nicht kritisieren können, daß Strawson das intentionale Objekt eines bezeichnenden Aktes ›materiales Korrelat‹ nennt. Wenn er aber daraus ableiten möchte, ein beschreibender (aufweisender) Akt habe nur ein ›pseudomateriales‹ Korrelat und also im Grunde überhaupt kein intentionales Objekt, so begeht er seinerseits einen kategorialen Fehler. Statt zwischen den ›materialen Korrelaten‹ bezeichnender und beschreibender Akte

18 Das Verständnis des Handlungszusammenhangs als Bedingung einer Redeeinführung betonen P. Janich/Fr. Kambartel/J. Mittelstraß, Wissenschaftstheorie als Wissenschaftskritik, Frankfurt 1974, 55.

19 Vgl. P. F. Strawson in: Truth, 37.

20 Vgl. J. Habermas, Wahrheitstheorien, 215 f.

zu unterscheiden und deutlich zu machen, daß ein beschreibender Akt – vertreten etwa durch die Bedeutung von Begriffswörtern wie ›verbeugen‹ oder ›brennen‹ – nicht ein Ding oder eine Person bezeichnet, sondern vielmehr eine Eigenschaft oder ein Merkmal aufweist, unterstellt Strawson vielmehr, ein beschreibender Akt habe überhaupt kein ›materiales Korrelat‹, sondern eigentlich nur ein ›pseudomateriales Korrelat‹. Im Grunde ist damit nur zum Ausdruck gebracht, daß ein Begriffswort keine Bezeichnungsfunktion hat (was zutrifft), und irgendwie suggeriert, einem Begriffswort entspreche nichts Wirkliches in der Welt (was abwegig ist, auch wenn natürlich geklärt werden muß, *in welchem Sinne* hier von ›Entsprechung‹ oder ›Korrespondenz‹ und von etwas ›*Wirklichem* in der *Welt*‹ die Rede ist). Der kategoriale Fehler, von dem Vorliegen einer spezifischen Differenz auf die Nichtexistenz des Verschiedenen zu schließen, hat aber seine Ursache darin, daß Strawson nicht recht anzugeben weiß, wie er die Bedeutung eines Begriffsworts bestimmen soll.[21]

2.2 Subsumtion und Prädikation

Der im vorigen Abschnitt zitierte Text schloß mit dem Gedanken, die Einübung des Begriffsworts ›verbeugen‹ sei gleichbedeutend mit dem Erwerb der Fähigkeit, der Handlung des Verbeugens den ›*Prädikator* ›verbeugen‹ *zuzusprechen*‹. Aber auch wenn das Aussprechen der Lautfolge ›verbeugen‹ als sprachliche Handlung dazu dient, ein Sichverbeugen aufzuzeigen, so ist damit noch keinem Gegenstand das Prädikat ›verbeugen‹ zugesprochen. Solange es in einer Lernsituation darum geht, ein Begriffswort einzuüben, kann noch keine Behauptung aufgestellt werden; denn dazu ist ja

21 Ähnlich erklären sich auch die Einwände, die G. Pitcher (a.a.O. 7ff.) gegen die Korrespondenztheorie vorbringt: Als Entsprechungen zu jedem einzelnen Wort müsse die Korrespondenztheorie die Existenz ›platonischer Bedeutungen‹ postulieren, ohne doch angeben zu können, was für ›reale Wesenheiten‹ das eigentlich seien. Seine Erörterung verschiedener Aporien, die sich ihm aus dieser Verlegenheit ergeben, schließt er mit der resignierenden Vermutung, es sei anscheinend schwierig oder unmöglich, diese Frage zu beantworten. Die voranstehende Analyse beansprucht, dies geleistet zu haben.

erforderlich, daß die Bedeutung eines Begriffsworts bereits feststeht. Dies ist erst unter Bedingungen möglich, die von der einer Redeeinführungssituation wesentlich verschieden sind. Wenn etwa B auf einem späteren Spaziergang mit A auf einem Trimm-dich-Pfad Leute anträfe, die gewisse gymnastische Übungen verrichten, so könnte er vielleicht die Behauptung aufstellen: ›Das ist kein Verbeugen!‹ oder auch: ›Da verbeugt sich (jemand)!‹ B befände sich nunmehr in einer Redeverwendungssituation, in der er das Begriffswort ›verbeugen‹ als Prädikat benutzt hat.[22] Nachdem in Redeeinführungssituationen Wörter, die zu verschiedenen Typen von Zeigehandlungen gehören (Begriffswörter, Demonstrativa), eingeübt sind, geht es in der Redeverwendungssituation darum, sie in einem Satz zu verwenden, um eine bestimmte Aussage zu behaupten. Zur Rekonstruktion einer solchen Sprachhandlung sind zwei weitere Schritte, die mit den Ausdrücken ›Subsumtion‹ und ›Prädikation‹ beschrieben werden sollen, erforderlich.

Mit den Sätzen ›Da verbeugt sich (jemand)‹ oder ›Da brennt es‹ weisen wir auf einen Ort hin und weisen *zugleich* ein Merkmal auf, so jedoch, daß wir *behaupten*, das aktuelle aufgewiesene Merkmal sei ein Beispiel des in der Redeeinführungssituation aufgewiesenen Merkmals ›verbeugen‹ bzw. ›brennen‹. Wir können uns jedoch auch andere Situationen vorstellen, in denen diese Begriffswörter anders gebraucht werden. Wenn *B* etwa Zeuge wird, wie *A* mit einem anderen Schüler *(C)* ebenfalls durch Vormachen die Verwendung von ›verbeugen‹ klarmachen möchte, so könnte er etwa zu *A* sagen: ›C soll sich verbeugen.‹ Oder wenn er beobachtet, wie *A* mit einem Brennglas ein Feuer anmachen möchte, so könnte er äußern: ›Das soll brennen.‹ In allen vier Fällen stellt *B etwas*, auf das er mit einer hinweisenden Geste zeigt, *als etwas* vor, das das Merkmal ›verbeugen‹ bzw. ›brennen‹ an sich hat.[23] Dieser sprachliche Akt sei hier ›Subsumtion‹ genannt. Ihr Ergebnis ist von Frege als ›Gedanke‹ bezeichnet worden. Was sie sprachlich mitteilt, heiße hier, in Übereinstimmung mit üblichem Sprachgebrauch, (vorgestellter) ›Sachverhalt‹.

22 Begriffswörter können syntaktisch als Prädikate, zusammen mit Demonstrativa jedoch auch als Kennzeichnungen verwandt werden. Daher empfiehlt es sich nicht, sie als ›Prädikatoren‹ zu bezeichnen.

23 Diese logische Operation hat M. Heidegger unter dem Titel ›apophantisches Als‹ erörtert, vgl. Sein und Zeit, Tübingen 1953[7], 148 ff.

In den Sätzen ›Da verbeugt sich (jemand)‹ bzw. ›Da brennt es‹ nimmt nun der Sprechende zum vorgestellten Sachverhalt in einer bestimmten Weise Stellung: Er behauptet, der vorgestellte Sachverhalt sei eine ›Tatsache‹ bzw. er gebe einen *wirklichen* Sachverhalt wieder. Erst durch diesen Akt des Stellungnehmens verwendet er das jeweilige Begriffswort als ein Prädikat, das er dem durch eine hinweisende Zeigehandlung bezeichneten Gegenstand (d. i.: dem wirklichen Sachverhalt) zuspricht. Dieser Akt des Zusprechens (bei der negativen Elementaraussage: des Absprechens) sei hier ›Prädikation‹ genannt. Erst durch den Akt des Prädizierens also wird die hier erörterte Sprachhandlung zu einer Behauptung, d. h. zu einem Sprechakt, in dem eine Aussage mitgeteilt wird. Eben damit aber tritt die Behauptung auch mit einem spezifischen Geltungsanspruch auf, nämlich mit dem Anspruch, daß die in ihr enthaltene Aussage ›wahr‹ sei.

Der hier vorgeschlagene Sprachgebrauch hat den Vorteil, weitgehend mit umgangssprachlichen Redeweisen übereinzustimmen und daher nicht jenen Einwänden ausgesetzt zu sein, die vor allem Strawson bewogen haben, die Korrespondenztheorie der Wahrheit scharf abzulehnen. Denn immer wieder kommt seine Argumentation auf den Gedanken zurück, eine Tatsache sei nichts Innerweltliches, und dies ist im Grunde auch sein einziges Argument gegen *Austins* Formulierung: Wahrheit sei die (konventionelle) Beziehung zwischen einer behaupteten Aussage und der entsprechenden Tatsache. Dieses Argument erledigt sich durch bloße Regelung des Sprachgebrauchs, sobald wir ›Tatsache‹ durch ›gemeinter, wirklicher Sachverhalt‹ ersetzen: Wahrheit, so werden wir statt dessen formulieren, ist eine Beziehung zwischen dem behaupteten (sprachlich intendierten) und dem entsprechenden wirklichen Sachverhalt. Wenn beides, der behauptete und der wirkliche Sachverhalt, übereinstimmen, so wird mit der betreffenden Aussage eine Tatsache behauptet. Mit ›Tatsache‹ wird hier also nicht, wie bei Austin, der wirkliche Sachverhalt als solcher, auf den wir uns *mit* einer Behauptung beziehen, sondern vielmehr der *in* einer wahren Aussage behauptete Sachverhalt bezeichnet. So kann man Strawson durchaus zustimmen, wenn er in Übereinstimmung mit normalem Sprachgebrauch, betont:

Ereignisse kann man datieren, und Gegenstände kann man orten. Aber eine Tatsache, die wir in einer wahren Aussage behaupten, kann man weder datieren noch orten, ebensowenig wie eine Aussage im Unterschied zu einer Behauptung. Sind Tatsachen dann in der Welt enthalten?[24]

In der Tat: die Tatsache, daß ich jetzt an meinem Schreibtisch sitze, kann man nicht datieren und orten (sie enthält ja bereits eine Orts- und Zeitangabe, und sie wird auch dann noch eine Tatsache bleiben, wenn ich nicht mehr an meinem Schreibtisch sitze). Aber der wirkliche Sachverhalt, von dem hier die Rede ist, kann durchaus geortet und datiert werden, und er ist auch nur innerhalb bestimmter raum-zeitlicher Grenzen wirklich.
Im Grunde meint auch Strawson nichts anderes; aber da er zwischen ›Tatsache‹ und ›wirklicher Sachverhalt‹ in dem hier vorgeschlagenen Sinne nicht terminologisch unterscheidet, sondern vielmehr bald das eine, bald das andere mit ›fact‹ bezeichnet, greift er mitunter zu recht verwirrenden Formulierungen:

Der einzig plausible Kandidat für die Position dessen, was (in der Welt) eine Aussage wahr macht, ist die behauptete Tatsache (fact); aber die behauptete Tatsache ist nichts Innerweltliches (something in the world).

Im ersten Teil dieses Satzes bedeutet ›fact‹ soviel wie ›wirklicher Sachverhalt‹, im zweiten Teil hingegen ›Tatsache‹ im vorher erläuterten Sinn: Jenes ist das, was eine Aussage wahr macht; dieses hingegen ist in der Tat nichts Innerweltliches. Aber das Frappierende bei Strawson kommt daher, daß er beide Bedeutungen von ›fact‹ nicht unterscheidet. Daher beeilt er sich auch, in einer Fußnote sogleich hinzuzufügen:

Damit soll natürlich nicht bestritten werden, daß es in der Welt das gibt, wovon eine Aussage handelt (wovon sie wahr oder falsch ist): also dasjenige, was in ihr *bezeichnet* oder *beschrieben* wird und wozu die Beschreibung paßt (wenn sie wahr ist) oder nicht paßt (wenn sie falsch ist).[25]

In dieser Fußnote redet er genau von dem, was wir ›wirklicher Sachverhalt‹ zu nennen vorschlagen: von jenem Korrelat, mit dem eine Aussage nach der Korrespondenztheorie übereinzustimmen beansprucht. Damit hat Strawson alles Nötige zugegeben, was seine Kritik an der Korrespondenztheorie hinfällig macht.[26]

24 Vgl. a.a.O. 41 Anm.
25 Ebda. 37.
26 Zur Kritik an Strawsons Performanztheorie vgl. G. H. Warnock, in: Truth, 54-67, und Strawson, Konzession ebda. 68.

2.3 Wahrheit und Verifikation einer Elementaraussage

Mit einer Elementaraussage der Form ›Da brennt es‹ oder ›Es brennt‹ behaupten wir, daß eine Raum-Zeit-Stelle jenes Merkmal aufweist, für das wir das als Prädikat verwandte Begriffswort vereinbart haben. *Welche* Raum-Zeit-Stelle gemeint ist, das kann durch ein bloßes ›es‹ vage angedeutet werden: in der Gegend, wo wir uns befinden. Diese Angabe kann noch durch einen ungefähren Ortshinweis ›da‹ unterstützt oder durch Gesten näher präzisiert werden. Aber es ist nicht erforderlich, daß ein Gegenstand oder ein Ding bezeichnet wird, *an* dem sich das aufgewiesene Merkmal vorfindet: Insofern stößt also die logische Analyse unseres Sprachgebrauchs auf keine vorausgesetzte Substanz-Akzidenz-Ontologie. Es ist wohl vor allem ein traditionsgeleiteter Grammatikunterricht in den ersten Schuljahren, der unsere Denkgewohnheiten in dieser Richtung festgelegt hat. Denn auch wenn wir etwa behaupten: ›Das ist eine Verbeugung‹, so beziehen wir uns mit dem Demonstrativum ›das‹ nach üblichem Sprachgebrauch noch nicht auf einen Gegenstand, sondern auf einen Vorgang, genauer: Wir haben die hinweisende Bezeichnung, durch die wir die gemeinte Raum-Zeit-Stelle angeben, nur etwas näher als zuvor eingegrenzt. Daran ändert sich auch nichts Wesentliches, wenn wir die hinweisende Bezeichnungsfunktion einem Eigennamen oder einer Kennzeichnung übertragen. Wenn diese Bezeichnungsfunktion indes eindeutig genug festgelegt ist, sind wir schließlich auch in der Lage, die intendierte Raum-Zeit-Stelle (evtl. durch eine Kennzeichnung und besondere raumzeitliche Demonstrativa) ohne direkte hinweisende Zeigehandlungen allein mit sprachlichen Mitteln, also indirekt, genau genug anzugeben. Die Behauptung könnte jetzt etwa lauten: ›Das Haus des Apothekers an der Ecke brennt!‹

Wahr ist eine solche Aussage genau dann, wenn der durch indirekte sprachliche Zeigehandlungen behauptete Sachverhalt ein wirklicher Sachverhalt ist, und *verifizierbar* ist sie genau dann, wenn die Möglichkeit besteht, durch direkte Zeigehandlungen am in Rede stehenden Sachverhalt jenes Merkmal aufzuweisen, das ihm in der Aussage zugesprochen worden war. *Ob* diese Möglichkeit in irgendeiner Weise gegeben ist, das entscheidet nicht über die Wahrheit der Aussage; aber *wenn* sie gegeben ist, so ist die betreffende Aussage nur dann wahr, wenn ihre Verifikation gelingt. In der Korrespondenztheorie der Wahrheit ist dies der exemplarische Fall, an dem und im Ausgang von dem erklärt werden soll, was wir meinen, wenn wir sagen, eine Aussage sei wahr. Gegeben sind jetzt nämlich auf zwei gänzlich verschiedene Weisen zwei Sachverhalte: der indirekt durch sprachliche Zeigehandlungen mitgeteilte und der direkt durch hin- und aufweisende Gesten zu zeigende Sachverhalt. Behauptet wird nicht, daß die direkte sprachliche Zeigehandlung den unmittelbar feststellbaren Sachverhalt abbilde (Abbildtheorien); denn sprachliche Zeigehandlungen stützen sich, um verständlich zu sein, fast überhaupt nicht auf Ähnlichkeiten zwischen Zeigen und Gezeigtem. Behauptet wird auch nicht, die sprachliche Zeigehandlung stelle den wirklichen Sachverhalt in dem Sinne ›adäquat‹ dar, daß sie ihm vollkommen angemessen wäre (Adäquationstheorien); denn für die Wahrheit einer Aussage wird nur dies erfordert, daß der wirkliche Sachverhalt mindestens jenes Merkmal aufweise, das von ihm behauptet worden war, welche Merkmale auch immer sich an ihm darüber hinaus sonst noch aufweisen lassen. Behauptet wird vielmehr allein, daß am wirklichen Sachverhalt ein Merkmal vorfindlich ist, das der Bedeutung des als Prädikat verwendeten Begriffsworts ›entspricht‹ (korrespondiert).

Zu einer Verifikation sind im Rahmen dieser Korrespondenztheorie folglich drei Schritte erforderlich: die Rekonstruktion der jeweiligen sprachlichen Mittel, die in der Behauptung verwendet werden; die Konstruktion des wirklichen Sachverhalts, auf den sich die Aussage bezieht; und die Überprüfung von Rekonstruktion und Konstruktion im Hinblick auf die Übereinstimmung ihrer Ergebnisse.

Die Rekonstruktion der sprachlichen Mittel in der Aussage ›Das Haus des Apothekers an der Ecke brennt‹ gliedert sich nach den voranstehenden Ausführungen in vier Teile: Zu rekonstruieren ist

- der aufweisende Ausdruck ›brennen‹,
- der hinweisende Ausdruck ›das Haus des Apothekers an der Ecke‹,
- die Subsumtion des hinweisenden Ausdrucks unter den aufweisenden,
- die Prädikation dieser Subsumtion.

Damit werden zwischen den an der Verifikation Beteiligten Mißverständnisse darüber, was mit jenem Satz überhaupt behauptet worden war, aus dem Wege geräumt. Im Ergebnis wird dann Ein-

verständnis darüber herrschen, was Gegenstand der Verifikation ist.
Die Konstruktion des wirklichen Sachverhalts kann nun damit beginnen, daß die Brandstelle in Augenschein genommen wird. Hier geht es darum, den unmittelbaren Befund daraufhin zu untersuchen, ob er ein Merkmal aufweist, auf das wir uns mit dem Begriffswort ›brennen‹ beziehen. Unter Verwendung der als feststehend geltenden Bedeutung dieses Begriffsworts kann dann der Befund sprachlich in der Weise strukturiert werden, daß wir feststellen: ›Hier brennt es!‹ Mit dieser sprachlichen Konstruktion eines unmittelbar gegebenen (wirklichen) Sachverhalts ist der zweite Schritt der Verifikation abgeschlossen, und es herrscht nunmehr auch Einverständnis darüber, wie dieser Sachverhalt in einer wahren Aussage zu deuten ist.
Der letzte und abschließende Schritt besteht nun darin, dem Zeigesinn des hinweisenden Ausdrucks ›das Haus des Apothekers an der Ecke‹ zu folgen und zu überprüfen, ob er tatsächlich an denselben Sachverhalt heranführt, der zuvor bereits unmittelbar in Augenschein genommen worden war. Ist dies der Fall, so bleibt nur noch festzustellen, daß auch die Prädikate in der zu überprüfenden Aussage ›Das Haus des Apothekers an der Ecke brennt‹ und in der davon unabhängig formulierten Aussage ›Hier brennt es‹ übereinstimmen. Die Verifikation ist damit beendet.
Es mag überraschen, daß als der zweite Schritt der Verifikation in der voranstehenden Analyse die sprachliche Konstruktion eines unmittelbar gegebenen Sachverhalts angegeben worden ist. Dies scheint einen unendlichen Regreß zur Folge zu haben, da doch angesichts dieser sprachlichen Konstruktion die Wahrheitsfrage und damit das Verifikationsproblem sich erneut stellt. Tatsächlich aber handelt es sich um folgendes: Wenn über die Bedeutung, in der ein Begriffswort in einer Prädikation verwandt worden ist, Einverständnis besteht, so ist zu untersuchen, ob der in Rede stehende Gegenstand das diesem Begriffswort entsprechende Merkmal aufweist. Wenn wir uns nun überhaupt zutrauen, uns durch eine Vereinbarung darüber zu verständigen, in welcher Bedeutung ein Begriffswort verwandt werden soll, so müssen wir uns auch die Fähigkeit zutrauen zu entscheiden, ob es in einem normalen Falle seiner Anwendung (im Gegensatz zu Grenzfällen) gemäß jener Vereinbarung gebraucht worden ist. In der sprachlichen Konstruktion des unmittelbar gegebenen Sachverhalts handelt es

sich daher nur darum, aufgrund dieser notwendig präsumierten Fähigkeit festzustellen, daß das in Rede stehende Begriffswort auf den vorliegenden Sachverhalt vereinbarungsgemäß angewandt wird. Diese Entscheidung ist theoretisch nicht weiter hinterfragbar. Es mag zwar der Fall eintreten, daß eine solche Entscheidung sich nachträglich als trügerisch erweist. Aber das bedeutet lediglich, daß es sich wider Erwarten nicht um einen normalen Fall der Anwendung jenes Begriffsworts gehandelt hat. Für die Theorie der Verifikation aber ist entscheidend, daß es normale Anwendungsfälle überhaupt gibt.

Für die hier vorgetragene Darstellung gilt daher nicht, was Jürgen Mittelstraß allgemein gegen die Korrespondenztheorie der Wahrheit eingewandt hat: daß sie eine »Beziehung zwischen einer sprachfreien Welt der Gegenstände und Sachverhalte und sprachlichen Ausdrücken« zur Wahrheitsbedingung erhebe.[27] Der wirkliche Sachverhalt, dem die wahre Aussage entspricht, muß in der Tat zuvor im Hinblick auf die jeweiligen sprachlichen Unterscheidungen gedeutet worden sein, ehe sinnvoll die Frage gestellt und entschieden werden kann, ob er jenes Merkmal aufweist, das wir mit einem Begriffswort unserer Aussage meinen. Jede Aussage bezieht sich daher auf nicht unmittelbar vorfindliche Sachverhalte, insofern sie im Hinblick auf bereits getroffene sprachliche Unterscheidungen zu deuten sind. Mit einer Behauptung erheben wir den Anspruch, diese Deutung gemäß den Vereinbarungen des jeweiligen Sprachsystems getroffen zu haben.[28]

27 Vgl. J. Mittelstraß, Das normative Fundament der Sprache, in: Die Möglichkeit von Wissenschaft, 168 (ähnlich 147 = Gadamer, Das Problem der Sprache 88); ferner: K. Lorenz/J. Mittelstraß, On Rational Philosophy of Language: The Programme in Plato's *Cratylus* Reconsidered, in: Mind 76, 1967, 1; K. Lorenz, Elemente der Sprachkritik, 110.

28 Auf die Abhängigkeit des Wahrheitsbegriffs von einer ›absolut und rein konventionellen‹ Sprache hat Austin (in: Truth, 24 ff.) nachdrücklich hingewiesen und daraus eine Abschwächung des Wahrheitsanspruchs von Behauptungen abgeleitet. Dies korrigiert Strawson schlagend mit der Bemerkung: »Was könnte zu der Tatsache, daß es regnet, vollkommener passen als die Behauptung, daß es regnet?« (a.a.O. 38 f.).

3. Die Möglichkeit verbindlicher Normen

Es gibt keine Formel, die ebenso bündig angäbe, wann eine Norm verbindlich ist, wie dies für die Wahrheit von Aussagen die Formel ›*A*‹ ist wahr genau dann, wenn *A*‹ leistet. Hier kann es sich nämlich gar nicht darum handeln, eine Definition vorzuschlagen, die konsistent ist und die Adäquatheitsbedingungen erfüllt, und diese Definition sodann hinsichtlich der Bedingungen ihrer Möglichkeit in einer Theorie zu begründen. Denn eine Theorie ist bereits erforderlich, um die Adäquatheitsbedingungen von ›verbindlich‹ überhaupt angeben zu können. Diese Voraussetzungen sind durch eine metaethische Vorbetrachtung bereitzustellen.

3.1 Metanormen

Wenn wir uns oder anderen davon Rechenschaft ablegen möchten, warum wir dies und jenes wollen und warum wir überzeugt sind, dazu teils berechtigt und teils verpflichtet zu sein, so kommen wir gewöhnlich mit unseren Auskünften bald an ein Ende. Wir sind in der Regel weder unserer Zwecke noch der Normen, die wir bei ihrer Verfolgung immer schon anerkannt haben, mächtig. Aber das hindert nicht im mindesten, daß wir jene Zwecke als erstrebenswert und diese Normen als verbindlich betrachten und sie sogar bis zu dem Punkt uns zu eigen gemacht haben, daß wir uns als handelnde Personen mit ihnen identifizieren. Es gibt indes auch Normen, auf die wir uns vor allem dann berufen, wenn wir sie gegen einen anderen geltend machen möchten, nachdem er sie verletzt hat. Damit appelieren wir an unsere gemeinsame Überzeugung, daß diese Norm verbindlich sei und als solche unsere wechselseitigen Beziehungen regeln solle. Dazu ist nicht erforderlich, daß der Kreis derer, die diese Norm als verbindlich betrachten, nach allen Seiten hin offen sei. Gerade relativ geschlossene Gruppen mit einer elitären Moral, die an alle Mitglieder besonders hohe Anforderungen stellt, werden die Verbindlichkeit ihrer gemeinsam anerkannten Normen nicht von vornherein auf Außenstehende ausdehnen wollen. Schließlich gibt es aber auch Normen, von denen wir unterstellen, daß sie eigentlich als universal verbindlich anerkannt werden sollten. Aber da diese Unterstellung insoweit eine bloße Meinung ist, die sich auch als irrig erweisen könnte[29], käme es darauf an, diese vermutete universale Verbindlichkeit in einem rationalen normativen System zu begründen. Damit ist der Bezugsrahmen angegeben, innerhalb dessen von Verbindlichkeit im Sinne einer universalen, rational begründeten Verbindlichkeit gesprochen werden kann.

›Verbindlichkeit‹, so verstanden, bleibt freilich ein problematischer Begriff, da wir keineswegs von vornherein wissen, ob es irgendwelche Normen gibt, die in diesem Sinne verbindlich sind, und welche Normen dies etwa wären. Es ist daher ratsam, zunächst einmal die Bedingungen festzulegen, die gegeben sein müßten, damit eine Norm als universal verbindlich angesehen werden darf, bevor die Frage, welche Normen ein traditionales Normensystem konstituieren, gestellt wird. Dies kann in der Weise geschehen, daß zunächst nach gewissen Metanormen als den Bedingungen der Möglichkeit, d. h. den notwendigen und hinreichenden Bedingungen einer universalen, rational begründeten Verbindlichkeit von Normen gefragt wird.

1. Die oberste Bedingung, ohne die von universaler Verbindlichkeit offenbar die Rede nicht sein kann, ergibt sich daraus, daß nur ein frei (d. h.: aus eigener Entscheidung) handelndes Wesen überhaupt durch irgendeine Norm verpflichtet sein kann und verpflichtet auch nur insofern ist, als es eine Norm frei (d. h.: von sich aus) anerkannt hat. Denn jede Norm legt eine Einschränkung unserer möglichen Handlungen auf den Bereich derjenigen fest, die fortan als erlaubt gelten sollen. Wenn diese Einschränkung uns lediglich aufgenötigt und nicht von uns selbst (frei) gewollt ist, so hätten wir keinen anderen Grund, diese Einschränkung hinzunehmen, als den, daß wir auf diese Weise eine größere oder ärgere Beeinträchtigung unseres Handelns vermeiden. Sobald jedoch solche Nachteile nicht ernstlich in Rechnung gestellt werden müs-

29 Dies glaubt K.-O. Apel mit dem Argument ausschließen zu können, »daß die in der Logik vorausgesetzte Ethik der Argumentation für die logische und empirisch-wissenschaftliche Rechtfertigung von Meinungen nicht nur eine Bedingung der Möglichkeit ist, sondern sie als *Anspruch* aller Mitglieder der Argumentationsgemeinschaft an alle anderen und somit als moralische Pflicht erweisen kann« (Transformation der Philosophie II 403). Aber bei diesem Argument ist übersehen, daß das normative Fundament der Logik und der Wissenschaften gerade keine *moralische Verbindlichkeit* beanspruchen kann. Insofern war es irreführend, von einer ›Ethik der Logik‹ zu sprechen.

sen, entfällt jener Grund, der uns zur Beachtung und Befolgung der Norm motivierte. Dies macht deutlich, daß wir uns mit Recht von Anfang an nicht verpflichtet glaubten, die Norm zu befolgen, daß wir sie also mit Recht nicht als verbindlich angesehen haben. Erst wenn die Einschränkung unserer Handlungen von uns selbst, durch die Anerkennung der Norm, gewollt ist, entsteht eine Beschränkung, die unsere Freiheit unangetastet läßt und daher nicht *ipso facto* die Bedingung von Verbindlichkeit aufhebt. Die erste Metanorm eines rationalen Normensystems lautet daher:

(1) Rational verbindlich sind nur solche Normen, die ein Normadressat selbst anerkannt hat.[30]

Diese Metanorm wird weithin, allem Anschein zum Trotz, durchaus nicht bestritten. Wenn etwa Paul Lorenzen einen »act of faith« zur Voraussetzung der Geltung fundamentaler Normen macht[31], Kambartel von der »Unhintergehbarkeit einer (vernünftig gewonnenen gemeinsamen) Zustimmung« spricht[32], Apel die »freie Anerkennung durch menschliche Subjekte« als notwendige (wenn auch nicht hinreichende) »Bedingung der moralischen Geltung von Normen« ansieht[33] und selbst Habermas trotz seines Eintretens für eine ›kognitivistische‹ Ethik den Geltungsanspruch von Normen durch eine »rational motivierte Anerkennung von Normen, die jederzeit problematisiert werden darf«, begründen möchte[34], so genügt dies vollauf, um hinsichtlich dieser Metanorm einen breiten Konsens konstatieren zu dürfen. Ob man die Anerkennung als Glaubensakt bezeichnet oder sie als willkürlich (willentlich), vernünftig gewonnen oder rational motiviert versteht, ändert daran nichts mehr, daß für die Verbindlichkeit von Normen ein Akt der Zustimmung vorausgesetzt wird, der für die Wahrheit einer Aussage nicht in Anspruch genommen werden muß und darf. Einer kognitivistischen Ethik im normalen Sinne

30 Vgl. dazu meinen Aufsatz: Anerkennung (in diesem Bd. 13-29).
31 Vgl. P. Lorenzen, Normative Logic and Ethics, 75.
32 Vgl. Fr. Kambartel, Moralisches Argumentieren, in: Praktische Philosophie und Konstruktive Wissenschaftstheorie, hrsg. v. Fr. Kambartel, Frankfurt a. M. 1974, 68.
33 Vgl. K.-O. Apel, Transformation der Philosophie II 415.
34 Vgl. J. Habermas, Wahrheitstheorien, a.a.O. 251; ders., Legitimationsprobleme im Spätkapitalismus, 144. Auf die dort an meiner Position geübte Kritik enthält der vorliegende Aufsatz eine implizite Antwort.

des Wortes (d. h. einer Ethik, nach der Erkenntnisakte allein als ausreichend dafür angesehen werden, uns von der Verbindlichkeit universaler Normen zu überzeugen) ist damit der Boden entzogen.[35] Unvereinbar mit dieser Metanorm ist nicht die These, praktische Philosophie oder Ethik seien ›lehrbar‹, sondern nur die (wohl ursprünglich sokratische) Meinung, lehrbar sei die ›Tugend‹ (also die Moral selbst).

Der Akt der Anerkennung einer Norm begründet indes keineswegs, wie auch K.-O. Apel hervorhebt, ihre Verbindlichkeit. Wenn Sokrates im Gefängnis überzeugt ist, sich selbst einem ›ungerechten‹ Urteil nicht durch die Flucht entziehen zu dürfen, so befindet er sich in einem ähnlichen Verbotsirrtum wie irgend jemand sonst, der in Unkenntnis des positiven Rechts eine erlaubte Handlung unterläßt. Wie wir bei theoretischen Akten zwischen dem Fürwahrhalten und der Wahrheit einer Aussage unterscheiden müssen, so ist auch hier zwischen der Überzeugung, eine Norm sei verbindlich, und der Verbindlichkeit der Norm zu unterscheiden. Daher sind noch weitere Bedingungen rationaler Verbindlichkeit anzugeben.

2. Wenn wir die Überzeugung des Sokrates im Gefängnis als Verbotsirrtum bezeichnen, so hat dies seinen Grund darin, daß ein rationales Normensystem nicht die Norm enthalten kann, wir seien moralisch verpflichtet, einen uns betreffenden moralisch zweifelsfrei ungerechten Akt hinzunehmen. Denn wir müßten es im Rahmen eines rationalen Normensystems als unzumutbar zurückweisen, zur Duldung ungerechter Handlungen verurteilt zu sein. Nichts hindert zwar, daß jemand aus eigener Entscheidung zum Märtyrer wird; aber niemand kann in einem rationalen Normensystem zum Martyrium verpflichtet sein. Wer mehr auf sich nimmt, als allgemein zumutbar ist, verdient gelobt und bewundert zu werden, weil er über das normale Maß hinaus sich eingesetzt hat. Jedoch:

(2) Rational verbindlich sind nur solche Normen, die allgemein zumutbar sind.

35 Ähnlich G. Patzig, Ethik ohne Metaphysik, Göttingen 1971, 61: »Da man niemandem beweisen kann, warum er *moralische Forderungen überhaupt* respektieren sollte, kann eine philosophische Begründung hier nichts ausrichten.«

Die Begründung dieser Metanorm ist leicht einzusehen. Da wir nach universalen Normen suchen, und da jede Norm unsere Handlungsfreiheit beschränkt, kann eine Norm nur rational verbindlich sein, wenn sie dies in allgemein zumutbarer Weise tut. Damit ergibt sich bereits die Antwort auf eine naheliegende Frage. Welche Norm ist ›allgemein zumutbar‹? Die Antwort kann nur lauten: eine Norm, die die Handlungsfreiheit eines jeden Normadressaten nur soweit beschränkt, als es für die Ordnung eines vernünftigen Zusammenlebens erforderlich ist, und dabei die Gleichberechtigung aller wahrt.

3. Während der Grundsatz der allgemeinen Zumutbarkeit seit langem, z. B. als ›Gleichheitsgrundsatz‹ in der Rechtstheorie, weithin akzeptiert ist, herrscht vielfach noch immer große Unklarheit darüber, unter welchen Bedingungen aus einer verbindlichen Norm Verpflichtungen und Berechtigungen entstehen. Selbst Kant bewies in dieser Frage eine erstaunliche und fast unverständliche Unsicherheit, als er sich zuzugeben weigerte, es könne in einer bestimmten Situation erlaubt sein, ›aus Menschenliebe‹ zu lügen. Sein Fehler bestand darin, die (›unbedingte‹, ›kategorische‹) Verbindlichkeit einer rationalen Norm und die ›unbedingte‹ Anwendbarkeit dieser Norm zu verwechseln. Er wiederholte damit, wenn auch mit anderen Konsequenzen, denselben Fehler, der Hobbes dazu verleitet hatte, eine Norm für unverbindlich zu halten, solange ihre Anwendung dem jeweiligen Normadressaten nicht zugemutet werden kann. Dagegen ist zu betonen, daß aus der Verbindlichkeit einer Norm erst dann Verpflichtungen und Berechtigungen abgeleitet werden können, wenn Handlungsbedingungen vorliegen, die dem jeweiligen Normadressaten zumutbar sind. Die ›unbedingte‹ Verbindlichkeit des Verbots zu lügen ist mit der bedingten Anwendbarkeit dieses Verbots in einer Ausnahmesituation, wie sie Kant schildert, durchaus vereinbar. ›Unbedingt‹ gilt ein solches Verbot, insofern seine Verbindlichkeit nicht auf Zweckmäßigkeits- oder Nützlichkeitserwägungen beruht; aber anwendbar ist es doch erst, wenn eine Lage geschaffen wird, in der seine Befolgung nicht gerade diejenigen privilegiert, die die Verbindlichkeit eines rationalen Normensystems nicht anerkennen. Dies meint die Metanorm:

(3) Rational verbindliche Normen verpflichten nur, soweit ihre Anwendung jeweils zumutbar ist.

Ihre Begründung stützt sich wiederum auf den Begriff der Zumutbarkeit: Eine Verpflichtung ergibt sich aus universalen Normen erst, wenn derjenige, der sie befolgt, nach Lage der Dinge nicht befürchten muß, eben dadurch andere zu privilegieren.
In der Ethik setzt man gewöhnlich voraus, normale Verhältnisse, in denen die Anwendbarkeit moralischer Normen gesichert ist, seien bereits geschaffen, oder es gehe doch nicht in erster Linie darum, ›normale‹ Verhältnisse herzustellen. Dies wird vielmehr als eine Angelegenheit der Politik im weitesten Sinne angesehen. So wird verständlich, daß Moral und Politik nach einer weitverbreiteten Auffassung oft miteinander in Konflikt geraten. Insbesondere Machiavelli und die Vertreter der Lehre von der Staatsräson haben sich vielfach ganz unnötig dem Verdacht ausgesetzt, es sei ihnen mit der Verbindlichkeit moralischer Normen nicht ernst, wo sie in Wirklichkeit nur auf der Nichtanwendbarkeit verbindlicher Normen in Ausnahmesituationen hätten insistieren sollen.
4. Ein rationales Normensystem kann nicht eine Lebensform definieren. Da es universal sein soll, kann es nur den allgemeinen Rahmen abstecken, innerhalb dessen rationale Verbindlichkeit möglich ist. Es muß daher einen sehr weiten Spielraum offenlassen, damit wir der Vielfalt der Interessen und Lagen Rechnung tragen und durch Vereinbarungen miteinander unsere wechselseitigen Beziehungen regeln können. Wären diese Vereinbarungen indes rational unverbindlich, so wäre es von vornherein zwecklos, sich überhaupt auf Vereinbarungen einzulassen. Der Begriff einer rationalen Verbindlichkeit ist daher erst dann hinreichend bestimmt, wenn auch diesen Vereinbarungen zum Zwecke der Fortbildung eines rationalen Normensystems Verbindlichkeit gesichert ist. Die letzte Metanorm lautet daher:

(4) Rational verbindlich sind alle Vereinbarungen, die in Übereinstimmung mit den Metanormen (1)-(3) abgeschlossen worden sind.

Erst diese Metanorm gibt die Grenzen an, innerhalb derer die Überlegungen, die Jürgen Habermas im Zusammenhang mit einer ›idealen Sprechsituation‹ oder Paul Lorenzen und manche seiner Freunde und Schüler im Zusammenhang mit einer dialogischen ›Beratungssituation‹ angestellt haben, in ihr Recht treten. Sie gibt zugleich auch den Grund an, warum etwa positiv-rechtliche Regelungen auch im Rahmen eines rationalen Normensystems verbindlich sein können. Da nun sozusagen der weitaus größte Teil

aller Normierungen des Handelns, die eine Lebensform definieren, auf faktische, normsetzende Akte zurückzuführen ist, ist die weitverbreitete Ansicht sehr wohl verständlich, diese Normen beruhten auf willkürlichen Entscheidungen und seien darum ›im Grunde‹ unverbindlich; ein rationales Normensystem sei viel zu ›formal‹ und allgemein und darum entbehrlich. Gleichwohl ist diese Ansicht abwegig, wie man an den analogen Fällen des Versprechens sofort erkennen kann: Daß *A* gegenüber *B* ein Versprechen abgibt, ist häufig allein in sein Belieben gestellt; aber nachdem dies geschehen ist, steht es ihm nicht mehr frei, sich den Verpflichtungen, die ihm daraus erwachsen sind, zu entziehen. Diese Verpflichtungen beruhen darauf, daß sein Versprechen ein Sprechakt war, der im Rahmen bereits anerkannter verbindlicher Normen eine neue Verbindlichkeit geschaffen hat.
Die hier vertretene These lautet nun, daß die Metanormen (1)-(4) zusammengenommen die hinreichende Bedingung für das Vorliegen rationaler Verbindlichkeit definieren. Wenn diese Definition die Adäquatheitsbedingungen rationaler Verbindlichkeit erfüllt, so bedeutet das zunächst einmal, daß auch die Ansicht, ein rationales Normensystem sei ›formal‹ und darum leer, nicht haltbar ist. Aus Metanorm (1) folgt, daß jedes Normensystem, das nicht prinzipiell auf der Anerkennung der Normadressaten beruht, rational unverbindlich ist. Ein solches System liegt überall dort vor, wo ein Staat seinen Bürgern rechtlich oder auch nur faktisch die freie Entscheidung darüber verweigert, ob sie weiterhin Mitglieder dieses Staatswesens bleiben oder vielmehr auswandern wollen. Nach der hier vertretenen These hebt dies jede Verbindlichkeit im strengen Sinne auf. Ähnliche Konsequenzen würde etwa auch ein Selbstmordverbot innerhalb eines Rechtssystems nach sich ziehen. Denn wenn ein Selbstmord auch moralisch nicht erlaubt ist und andere Personen sogar moralisch verpflichtet sein mögen, jemanden an der Verübung von Selbstmord zu hindern, so negiert ein rechtliches Verbot des Selbstmordes doch von vornherein die Berechtigung, nach eigenem Ermessen über sein Leben zu verfügen. Da die Anerkennung dieser Norm durch die potentiellen Normadressaten nicht widerspruchsfrei präsumiert werden kann, ergibt sich aus Metanorm (1) bereits ihre Nichtigkeit. Gerade weil diese Metanormen formale Bedingungen der Möglichkeit von rationaler Verbindlichkeit definieren, können sie als negative Beurteilungskriterien dafür dienen, ob eine Norm rational verbindlich ist.

Was primär Verbindlichkeit begründet, ist nach der hier vertretenen Auffassung der Akt der Anerkennung einer Norm. Aber dieser Akt schafft eine rationale Verbindlichkeit nur dann, wenn die betreffende Norm den Bedingungen eines rationalen Normensystems genügt. Dies bedeutet jedoch nicht, daß diese Norm auch jederzeit anwendbar ist. Ihre Verbindlichkeit begründet daher nur *prima facie* Verpflichtungen und Berechtigungen, solange nicht diejenigen Bedingungen des Handelns geschaffen sind, die die Norm in Kraft setzen. Sind alle diese Voraussetzungen gegeben, so ergibt sich folglich ein hinreichender Grund für das Vorliegen einer rationalen Verbindlichkeit. Zusammengenommen bilden also die Metanormen (1)-(4) ein positives Kriterium für die Entscheidung, ob eine problematisierte Norm rational verbindlich ist oder nicht.

3.2 Grundnormen einer rationalen Ethik

Die erläuterten Metanormen sind nicht präskriptive Sätze, die sich unmittelbar an potentielle Normadressaten richten. Aber sie erlauben es, Grundnormen einer rationalen Ethik zu formulieren, deren Anerkennung universal zumutbar ist und die zusammen die Basis eines geordneten Zusammenlebens verantwortlich handelnder Personen umschreiben. Sie antizipieren also durchaus keine ideale Lebensform, sondern geben gleichsam nur das Minimum dessen an, was zur Verwirklichung einer einigermaßen befriedigenden Lebensform jedenfalls unerläßlich ist.

1. Man kann sich vorstellen, etwa im Stil eines Science-fiction-Modells, daß wir Menschen mit intelligenten extraterrestrischen Lebewesen in Berührung kommen, ohne zur Herstellung einer Basis gemeinsamen Handelns zu gelangen. Das würde zur Folge haben, daß wir jene Wesen nicht viel anders als einen aktiven Vulkan beobachten müßten, jederzeit darauf gefaßt, daß er mit einer unvorhergesehenen Eruption uns vernichtet. Vergleichbare Beziehungen entstehen auch unter Menschen, sei es, daß Angehörige gänzlich verschiedener Kulturen zum ersten Male aufeinandertreffen, oder, daß ein einzelner oder eine Gruppe sich dazu entschlossen hat, in Bezug auf eine andere Gruppe den Naturzustand eines durch keinerlei gemeinsam anerkannte Normen geregelten Kampfes wiederherzustellen. An diesem Modell läßt sich erkennen, daß wir im normalen Wortsinn von einer *Handlung* erst

sprechen können, wenn wir es mit einem Gegenüber zu tun haben, das uns ebenso als Handelnde anerkennt, wie wir es als handelndes Wesen anzuerkennen bereit sind.
Diese wechselseitige Anerkennung ist nicht bereits dadurch vollzogen, daß wir erkannt haben, es mit intelligenten Lebewesen zu tun zu haben. Verlangt ist vielmehr, daß wir einander sowohl die Fähigkeit als auch die Bereitschaft zu verantwortlichem Handeln zuerkennen – ein Akt, der stets mehr enthält als die bloße Feststellung, daß gewisse Daten, Merkmale oder Eigenschaften vorhanden sind. Zwar müssen stets gewisse Daten vorliegen, damit wir einander als verantwortlich handelnde Lebewesen sinnvoll behandeln können; aber wenn wir sie festgestellt haben, so müssen wir ihr Vorhandensein außerdem noch als Zeichen der Bereitschaft zu verantwortlichem Handeln deuten und diese Deutung zum Anlaß nehmen, uns zu ebensolchem Handeln zu entschließen. Handeln ist erst auf der Grundlage dieser gegenseitigen Vorgabe und d. h. der gegenseitigen Anerkennung als (verantwortlich handelnde) ›Personen‹ möglich.
Die grundlegende Norm, durch die allererst die Voraussetzung eines geordneten Zusammenlebens zwischen verantwortlich handelnden Personen geschaffen wird, lautet daher:

(1) Sei eine Person und respektiere jeden als Person, der dazu bereit ist!

So selbstverständlich wir in normalen Lagen voraussetzen dürfen, daß andere ebenso wie wir selbst diese Grundnorm anerkennen, so selbstverständlich sollte es in theoretischem Kontext auch sein, die Anerkennung dieser Grundnorm als einen Akt zu betrachten, der als freie Entscheidung bereits vorausgesetzt werden muß, damit eine Handlung einer Person überhaupt moralisch zugerechnet werden kann. (Dies ist letztlich der Grund, warum Kant eine transzendental-philosophische Begründung der praktischen Philosophie nicht in Betracht gezogen hat.[36]) In dieser Entscheidung wählen wir die Alternative zu einem Zustand, der in letzter Konsequenz auf gegenseitige Vernichtung hinausläuft, wie Hegel in seiner großartigen Dialektik des Kampfes um Anerkennung gezeigt hat.[37]

36 Vgl. Kant KrV B 29 (dazu L. W. Beck, A commentary on Kant's Critique of practical reason, Chicago/London 1960; dt.: ders., Kants ›Kritik der praktischen Vernunft‹, München 1974, 21).
37 In der ›Phänomenologie des Geistes‹ hat Hegel noch nicht gesehen,

Wäre die Anerkennung dieser Grundnorm nicht ein solcher Akt der Entscheidung, sondern gleichsam in unserer vernünftigen Naturanlage schon vorweggenommen, so wären wir außerstande, dieser Grundnorm zuwider zu handeln, und es gäbe jene Alternative der bedingungslosen gegenseitigen Vernichtung, wie sie in der ›Endlösung der Judenfrage‹ ins Auge gefaßt wurde, nicht. Wir wären dann auch nicht mehr in der Lage, die verweigerte Anerkennung dieser Grundnorm als die ungeheuerste Infragestellung verantwortlichen Handelns zu werten, die uns auch gegen unseren Willen jene Alternative aufzwingt. Es ist daher nicht bloß ein akademisches Interesse an der Beachtung subtiler begrifflicher Unterscheidungen, das uns dazu veranlaßt, darauf zu bestehen, daß Anerkennung in diesem oder in anderem Zusammenhang als eine prinzipiell freie Entscheidung gewürdigt wird.

2. Mit der Anerkennung anderer als Personen ist die Voraussetzung zu verantwortlichem Handeln geschaffen, insofern sie Zurechnung ermöglicht. Verantworten können wir unser Handeln jedoch erst, wenn wir uns auf Regeln des Handelns beziehen, die eine Unterscheidung erlaubter und unerlaubter Handlungen gestatten. Für diese Regeln benötigen wir daher ein Kriterium der Beurteilung. Innerhalb eines rationalen Normensystems kann dies nur der Grundsatz der allgemeinen Zumutbarkeit sein, der oben als Metanorm (2) formuliert wurde. Darum ergibt sich als eine weitere Grundnorm einer rationalen Ethik:

(2) Handle nach Regeln, die jeder andere als Norm anerkennen könnte!

Indem ich bei meinem Handeln eine Regel befolge, betrachte ich sie als eine Norm, nach der ich mich richten will. Daß auch andere bereit sein *müßten*, sich nach dieser Regel zu richten, braucht mich nicht zu interessieren. Denn es kommt ja keineswegs, wie viele anzunehmen scheinen, darauf an, daß wir möglichst viele und weitgehende gemeinsame Handlungszwecke entdecken oder festlegen. Eine rationale Ethik kann nur sehr ›liberal‹ in der Freistellung von Handlungszwecken sein, da sie sonst ihre Universa-

daß die Beendigung des Kampfes um die Anerkennung nicht einfach in einem Herrschaftsverhältnis zu erblicken ist und daß die Unterscheidung von Herr und Knecht bereits ihre wechselseitige Anerkennung als Personen voraussetzt. Diese Erkenntnis wird erst in der ›Rechtsphilosophie‹ (§§ 35 Anm., 36) realisiert.

lität sofort wieder verlieren würde. Aber was mich interessieren sollte, wenn ich nach freigewählten Regeln handle, das ist: ob auch jeder andere diese Regel als Norm anerkennen *könnte*. Wenn ich mir etwa zur Regel machen wollte, jede mir geeignet erscheinende Person ihrer Freiheit oder ihres Lebens zu berauben, falls dies zur Durchsetzung meiner Zwecke nützlich oder erforderlich ist, so habe ich damit den anderen nicht nur die Anerkennung als Personen verweigert, sondern zugleich auch eine Regel gewählt, die sie nicht sinnvoll als Norm gelten lassen können. Nach einer solchen Regel zu handeln, ist in einem rationalen ethischen System verboten.

Andererseits ist es in einer rationalen Ethik aber auch, wenigstens *prima facie*, erlaubt, nach irgendeiner Regel, die diese Bedingung erfüllt, zu handeln. Hierher gehören auch alle Regeln, deren Befolgung unvermeidlich anderen Schaden zufügt; denn es ist unmöglich, nach der Regel zu handeln, überhaupt niemandem durch seine Handlungen Schaden zuzufügen, zumal da das Verbot, anderen überhaupt zu schaden, nicht einmal rational verbindlich wäre. Ob freilich eine Regel die Bedingung erfüllt, von jedem anderen als Norm anerkannt werden zu können, dies ist im einzelnen Fall oft nur aufgrund einer sorgfältigen Analyse zu entscheiden. Da wir als endliche Wesen aufs Ganze gesehen nicht einmal in der Lage sind, alle Regeln unseres Handelns und alle kognitiven Bedingungen unseres Handelns angemessen zu formulieren, wird sich nur selten einigermaßen genau feststellen lassen, ob unser Handeln dieser zweiten Grundnorm zuwiderläuft oder nicht. Auch daraus ergibt sich, daß aus dieser Norm in erster Linie die Berechtigung zur freien Wahl von Lebensregeln abgeleitet werden kann. Eingeengt wird dieser Bereich vor allem durch unser eigenes Engagement und durch unsere eigenen normativen Entscheidungen, die Verbindlichkeiten begründen.

3. Bis hierher wurde noch nicht berücksichtigt, wieweit auch andere in ihren uns betreffenden Handlungen bereit sind, die Grundnorm (2) anzuerkennen. Dies wirkt sich nach Metanorm (3) in dem Sinne auf die Anwendbarkeit verbindlicher Normen aus, daß nur *prima facie* Verpflichtungen entstehen. Es ist z. B. nicht zweifelhaft, daß die Bedrohung durch eine überwältigende Macht, die verbindliche Normen nicht mehr anerkennt, auch von der Verpflichtung entbindet, ihr gegenüber diese Normen zu befolgen. Andererseits würde aber ein durch allgemein anerkannte

Normen geregelter Zustand nie entstehen können, wenn jedermann das Fehlen oder die unzureichende Verwirklichung der Anwendbarkeitsbedingungen ohne weiteres zum Vorwand nehmen dürfte, sich von der Verpflichtung gegenüber verbindlichen Normen zu befreien. Vielmehr müssen wir es als eine moralische Pflicht ansehen, zu unserem Teil dazu beizutragen, daß eine Lage geschaffen wird, in der verbindliche Normen auch anwendbar sind. Dies wird ausgedrückt in der Grundnorm:

(3) Trage zur Verwirklichung einer Lage bei, in der jeder nach verbindlichen Normen handeln könnte!

Durch die Befolgung der Grundnorm (2) wird diese Grundnorm bereits anerkannt und verwirklicht. Ihre Verpflichtung reicht indes weiter, da sie nicht nur Handlungen untersagt, die nach Grundnorm (2) verboten sind, sondern darüber hinaus gebietet, so zu handeln, daß alle verbindlichen Normen anwendbar werden. Damit mutet sie uns, ähnlich wie schon die beiden ersten ethischen Grundnormen, zu, von uns aus einen aktiven Beitrag zur Herstellung eines geordneten Zusammenlebens verantwortlich handelnder Personen zu leisten und nicht erst darauf zu warten, daß andere uns darin vorangehen. Eben darum könnte man aber zweifeln, ob dies im Rahmen einer rationalen Ethik, die ja definitionsgemäß gerade keine elitären Anforderungen an die Bereitwilligkeit von Normadressaten stellt, möglich ist. Dieser Zweifel erledigt sich indes, wenn man bedenkt, daß ohne dieses Gebot, mit der Anerkennung dieser Grundnormen zugleich zu ihrer Verwirklichung beizutragen, das Ziel einer rationalen Ethik, die Bedingungen eines geordneten Zusammenlebens festzulegen, vereitelt würde.

Gleichwohl sollte nicht unterschlagen werden, daß im Gegensatz zu Grundnorm (2) – die im wesentlichen dem Kategorischen Imperativ entspricht – diese dritte Grundnorm nicht primär eine Verbotsnorm, also auch nicht primär permissiv zu interpretieren ist, sondern primär gebietet und d. h.: uns zur Verwirklichung von Handlungszwecken anhält. Sie sagt natürlich nichts darüber, *welche* Handlungszwecke dies jeweils sein mögen, sondern stellt die Entscheidung darüber vielmehr in das Ermessen jedes einzelnen in seiner besonderen Lage. Aber da sie ganz universal formuliert ist, gebietet sie unzweideutig, auf andere nicht nur Rücksicht zu nehmen, sondern ihnen dazu zu verhelfen, daß sie in die Lage kommen, nach verbindlichen Normen handeln zu können. Es ist jedoch nicht einzusehen, wie jemals die Bedingungen eines Zusammenlebens nach universal verbindlichen Normen geschaffen werden könnten, wenn wir uns nicht als verpflichtet betrachteten, dazu nach Maßgabe des uns Möglichen unseren Beitrag zu leisten. Im Rahmen einer rationalen Ethik ist uns dies daher geboten.

4. Die Grundnormen (1)-(3) beziehen sich insgesamt noch auf das Handeln eines einzelnen in seinen Beziehungen zu anderen. Sie sind also der Grundbestand einer insoweit noch ›individualistischen‹ Ethik. Dies ist auch unvermeidlich an den Anfang zu stellen, da zunächst jeder einzelne bereit sein muß, seine Beziehungen zu anderen zu ordnen. Da aber Handeln, wie gezeigt wurde, sich notwendig auf andere Personen bezieht, und da eine universale Ethik zunächst nur Grundnormen festlegen kann (die dann allerdings auch im Hinblick auf die wichtigsten allgemeinen Lebensverhältnisse zu differenzieren sind), muß es im übrigen freigestellt werden, durch Vereinbarungen entsprechend den jeweiligen Lagen Rechte und Pflichten abzugrenzen. Dies zu tun ist aber auch unerläßlich, da die bisherigen Grundnormen und alles, was sich aus ihnen noch entwickeln läßt, den Spielraum des moralisch Erlaubten noch viel zu weit lassen, als daß so bereits ein einigermaßen befriedigendes Zusammenleben gelingen könnte. Dies kann nur durch weitergehende Normierungen abgeändert werden, die aber nach Metanormen (1) und (4) verbindlich nur sind, sofern sie von den jeweiligen Normadressaten anerkannt sind. Dennoch sind diese bei ihren Vereinbarungen über weitergehende Normen, die ihr Zusammenleben regeln sollen, nicht völlig frei. Denn nach Metanorm (2) müssen diese Vereinbarungen allgemein zumutbar sein. Eine weitere Grundnorm lautet daher:

(4) Einige dich mit anderen auf die gemeinsame Anerkennung von Normen, die für jeden Betroffenen zumutbar sind!

Zumutbar zumindest müssen die so erzeugten Normen auch für diejenigen sein, die sie selbst zwar nicht anzuerkennen bereit, wohl aber von ihnen (indirekt) betroffen sind. Daß dies selbst dann noch der Fall sein kann, wenn sie dabei irgendwelchen Schaden erleiden, zeigte sich bereits vorher. Auch wenn sie dabei irgendwie benachteiligt sind gegenüber denjenigen, die sich an der Vereinbarung beteiligen, so bleibt dies jedenfalls dann zumutbar, wenn es ihnen freistand, sich ebenso zu beteiligen. Zweifelhaft ist

sogar, ob man ethisch eine Art von moralischer ›Meistbegünstigungsklausel‹ verbindlich machen kann.
Und selbst Vereinbarungen, die den unmittelbar Beteiligten offensichtlich nicht gleiche Rechte und Pflichten zuteilen, also auch Kompromisse jedweder Art, sind nach dieser Grundnorm in Verbindung mit der entsprechenden Metanorm (4) als verbindlich zu betrachten. Denn es ist nun einmal davon auszugehen, daß die jeweils Beteiligten sich unter verschiedenen Bedingungen zu Vereinbarungen bereitfinden. Müßte man erst darauf warten, bis faktische Chancengleichheit universal hergestellt wäre, so würde weder Verbindlichkeit noch Chancengleichheit jemals zustande kommen können. Entscheidend ist nach der hier vertretenen Auffassung allein der Grundsatz der Anerkennung der betreffenden Vereinbarung durch die Beteiligten. Damit ist allerdings eine *willentliche* Zustimmung unter Abwägung aller Vor- und Nachteile zur Bedingung gemacht, die Erpressungen von vornherein ausschließt.
Dies ist vielleicht der geeignete Ort, um abschließend auf eine besondere Schwäche der Konsenstheorie der Verbindlichkeit aufmerksam zu machen. Sie geht offenbar von der Voraussetzung aus, jene Chancengleichheit, die wir für ein ›vernünftiges‹ Gespräch mit Recht fordern, müsse auch zur Bedingung eines ›vernünftigen‹ Konsenses über Geltungsfragen und damit zur Bedingung von Verbindlichkeit selbst erhoben werden. Dies hebt, wie sich hier zeigt, vielmehr die Bedingungen eines rationalen Normensystems geradewegs auf – ein weiteres Beispiel dafür, daß das Bessere der Feind des Guten ist.

Sittlichkeit und Höflichkeit
Oder: von der Würde der Persönlichkeit und der Verletzlichkeit des *amour-propre*

Wenn Pufendorf[1] dem natürlichen Universum *(entia naturalia)* eine »moralische Welt« *(entia moralia)* und Kant[2] – in seinem Gefolge – der »Metaphysik der Natur« eine »Metaphysik der Sitten« entgegenstellt, so durften sich beide auf die Einsicht stützen, daß der gesetzmäßig geordneten Natur (dem »gestirnten Himmel über uns«) eine durch Gesetze *sui generis* geordnete Welt menschlichen Handelns zur Seite gestellt werden kann. Dieser vermeintliche Parallelismus legte freilich von vornherein den Irrtum nahe, natürliches Universum und »moralische Welt« seien im Sinne des metaphysischen Dualismus der platonischen Zwei-Welten-Lehre zu deuten. Kant erlag dieser Gefahr, als er diese »Natur« (d. h. die erfahrbare Welt der Phänomene) in einen Gegensatz zu jener »intelligiblen Welt« brachte, deren Gesetze nach seiner Deutung die moralischen Gesetze sind. Indem er überdies die durch Normen geordnete Welt menschlichen Handelns mit dem an *moralischen* Normen orientierten Handeln (dem »moralischen Gesetz in uns«)

1 Die »entia moralia« sind für Pufendorf (De jure naturae et gentium, I 2) »ad dirigendos voluntatis potissimum actus certum attributi genus rebus et motibus naturalibus superimpositum«. – Schon Hobbes (Leviathan, Introduction) hatte der von Gott geschaffenen Natur den Staat als Schöpfung des Menschen gegenübergestellt.

2 Unter »Metaphysik« versteht Kant eine Philosophie, die ihre Lehren lediglich aus Prinzipien a priori vorträgt und sich »auf bestimmte Gegenstände des Verstandes« bezieht (vgl. Grundlegung zur Metaphysik der Sitten, Vorrede, Ak.-A. 4, 388). In einer Metaphysik der Sitten ist dieser Gegenstand »die Idee einer reinen Verstandeswelt als eines Ganzen aller Intelligenzen, wozu wir selbst, als vernünftige Wesen (obgleich andererseits zugleich Glieder der Sinnenwelt) gehören« (ebda. 462). Die Ethik fängt daher nach Kant »von meinem unsichtbaren Selbst, meiner Persönlichkeit, an, und stellt mich in einer Welt dar, die wahre Unendlichkeit hat, aber nur dem Verstande spürbar ist, und mit welcher (dadurch aber auch zugleich mit allen jenen sichtbaren Welten) ich mich ... in ... allgemeiner und notwendiger Verknüpfung erkenne« (Kritik der praktischen Vernunft, Beschluß, Ak.-A. 5, 162).

identifizierte[3], verfiel er einer Äquivokation, die in der Kritik der reinen Vernunft eine gewisse Entsprechung findet: Die Welt der Erfahrung ist hier einmal der gesamte Bereich der unmittelbaren Welterfahrung des Menschens (also etwa Husserls »Lebenswelt«), zum anderen aber wird diese identifiziert mit dem wissenschaftlich erkannten, natürlichen Universum.[4] Es unterliegt indes keinem Zweifel, daß die normorientierte Welt menschlichen Handelns weitaus mehr umfaßt als nur den Bereich universal verbindlicher moralischer Normen. Aus dieser Feststellung leitet sich die Aufgabe ab, den spezifischen Charakter moralischer Normen von anderen Typen normativer Systeme – etwa von Normen der Höflichkeit – abzugrenzen.

Dies setzt natürlich voraus, daß zunächst einmal der Begriff des Moralischen definiert wird. Sucht man indes nach einer geeigneten Definition in den bisherigen ethischen Erörterungen, so kann man nur mit Überraschung feststellen, daß nicht nur eine überzeugende Definition bisher fehlt und das Moralische vielmehr stets als etwas aufgefaßt worden ist, das sich »von selbst versteht«[5], sondern daß in der Geschichte der Ethik moralische Fragen immer wieder mit andersartigen zusammengebracht worden sind: Sokrates deutet moralische Einsicht nach dem Vorbild handwerklichen Könnens, Platon nach dem Modell einer »Ideen-

3 Nach älterem Sprachgebrauch wäre unter einer »moralischen Welt« der gesamte Bereich menschlicher Kultur, der von den Geisteswissenschaften (»sciences morales«) erforscht wird, zu verstehen. Indem Kant die »moralische Welt« ins Übersinnliche versetzt, erscheint sie ihm als »gänzlich abgesondert« von der Natur, so daß nun »eine große Kluft ... das Übersinnliche von den Erscheinungen trennt« (Kritik der Urteilskraft, Einleitung IX, Ak.-A. 5, 195). Die Erforschung der menschlichen Kultur wird ihm daher zu einer »Weltkenntnis« (Anthropologie in pragmatischer Hinsicht, Vorrede, Ak.-A. 7, 119), da ja die Erscheinungen der Freiheit des Willens, »die menschlichen Handlungen, ebenso wohl als jede andere Naturbegebenheit, nach allgemeinen Naturgesetzen bestimmt« sind (Idee zu einer allgemeinen Geschichte in weltbürgerlicher Absicht, Ak.-A. 8, 17) und daher eigentlich gar nicht »Handlungen« genannt werden können.

4 Zu dieser Äquivokation in Kants Hauptwerk zur theoretischen Philosophie vgl. Hansgeorg Hoppe, Synthesis bei Kant, Berlin – New York 1983.

5 Treffend in diesem Sinne Georg Büchner (Woyzeck, Anfang): »Moral, das ist, wenn man moralisch ist, versteht Er? Es ist ein gutes Wort.«

schau«, und noch Aristoteles[6] unterscheidet nicht zwischen einem Handeln aus moralischer Überzeugung und einem Handeln um der Ehre willen, zwischen dem Sittlichen (καλόν) und dem Ehrenvollen (καλόν); in der christlichen Theologie gelingt es nicht, das Verhältnis zwischen der »Verdienstlichkeit« des Glaubens und der Verdienstlichkeit moralisch verantwortlichen Handelns befriedigend zu beschreiben und beide auch nur deutlich voneinander zu unterscheiden[7]; die *Moral-sense*-Philosophie des 18. Jahrhunderts vermischt moralische und ästhetische Wertungen miteinander: selbst Kant, der als erster es zu einem deutlichen Begriff des Sittlichen (Moralischen) gebracht hat, ist noch der Meinung, aus moralischen Gründen dürfe man die unzureichende Argumentation eines anderen nicht »unter dem Namen der Ungereimtheit, des abgeschmackten Urteils u. dergl. rügen«[8]; Nietzsche identifiziert jüdisch-christliche, vor allem protestantische Moralanschauungen einfach mit Moral überhaupt, um einen Standpunkt »jenseits von Gut und Böse« einnehmen zu können; in gegenwärtigen deutschen Überlegungen zur Grundlegung der Ethik (P. Lorenzen, K.-O. Apel, J. Habermas) schließlich wird unterstellt, eine dialogische Beratungssituation könne als Modell für moralische Normfindung und -orientierung dienen. Es wird daher nicht überflüssig erscheinen, wenn im folgenden der Versuch gemacht wird, den Begriff des Sittlichen durch Abgrenzung gegen den Begriff der Höflichkeit zu definieren.

Die Anregung zu dem Plan, Sittlichkeit gegen Höflichkeit abzugrenzen, geht bereits auf eine erste Lektüre des richtungsweisenden Aufsatzes von Mohammed Rassem über den Sinn der Höflichkeit zurück[9] – wohl das Beste, was über diesen Gegen-

6 Der Tapfere trotzt nach Aristoteles der Gefahr »um des καλὸν willen« (Nikomachische Ethik III 7, 1117b 9,23); aber er verhält sich dabei wie ein Faustkämpfer, der um des Sieges und der Ehre willen die Schmerzen des Kampfes erträgt (vgl. ibid., b 1-6).

7 Vgl. K.-H. Ilting, Sittlichkeit, in: Naturrecht und Sittlichkeit, Stuttgart, 1983, 115-283.

8 Vgl. Metaphysik der Sitten, Tugendlehre § 39 Anm., Ak.-A. 6, 463.

9 Jetzt in: Mohammed Rassem, Stiftung und Leistung, Essais zur Kultursoziologie, Mittenwald 1979, 115-135.

stand seit Ihering[10] und Bergson[11] geschrieben worden ist. Rassem konzentriert sich indes, wie es seinen kultursoziologischen und -philosophischen Interessen entspricht, vor allem auf die Bedeutung und den Sinn, den die Beobachtung von Höflichkeitsnormen für das Zusammenleben innerhalb einer Kulturgemeinschaft hat. Obwohl niemand verkennen wird, wieviel die hier folgenden Darlegungen Rassems Phänomenologie der Höflichkeit verdanken, wird die Hauptaufgabe doch sein, entsprechend dem Begriff des Sittlichen einen *Begriff* der Höflichkeit zu definieren und den Unterschied beider deutlich anzugeben.

Aus dieser Zielsetzung bestimmt sich der Aufbau der hier vorgelegten Erörterungen. In ihrem ersten Teil wird der Versuch gemacht, den Begriff des Sittlichen – auch im Unterschied zum Begriff des Rechts – zu bestimmen und auf die Achtung vor der Würde der menschlichen Persönlichkeit zurückzuführen. Der Begriff der Höflichkeit hingegen soll im zweiten Teil von der Anerkennung des Anspruchs eines jeden menschlichen Individuums auf Wahrung seines *amour-propre* – seines Selbstwertgefühls oder seiner »Selbstschätzung« (Kant) her verständlich gemacht werden. Es wird dabei die Auffassung vertreten, daß Normen der Höflichkeit ebenso wie moralische Normen mit dem berechtigten Anspruch auf universale Verbindlichkeit auftreten, auch wenn im einen wie im anderen Fall die sozio-kulturellen Konkretisierungsbedingungen universal verbindlicher Normen und die jeweiligen Bedingungen ihrer Anwendung auf individuelle Handlungssituationen von Kultur zu Kultur wechseln mögen. Im dritten Teil schließlich soll gezeigt werden, daß höherstufige Normen der Höflichkeit durchaus als Teilbereich höherstufiger moralischer Normen aufgefaßt werden sollten. Auffassungen, nach denen Höflichkeit auch eine sittliche Pflicht ist, werden insoweit bestätigt.

10 Vgl. Rudolph von Ihering, Der Zweck im Recht (neu hrsg. v. C. Helfer, Hildesheim 1970), Bd. II, 280 ff.

11 Vgl. Henri Bergson, La politesse, in: Mélanges, hrsg. v. A. Robinet, Paris, 1972, 318-332.

I

1. Um zu einem Begriff des Sittlichen zu gelangen, der an Klarheit und Deutlichkeit nicht hinter dem in gegenwärtigen ethischen Erörterungen Erreichbaren zurückbleibt, hat man zunächst von Kants Konzeption einer rational begründbaren und unter dieser Voraussetzung bzw. in diesem Rahmen universal verbindlichen Ethik auszugehen. Es wird im folgenden also nicht von volkstümlichen Moralvorstellungen oder gar von der in unserem Kulturkreis charakteristischen Tendenz die Rede sein, Moral geradezu auf die sogenannte Sexualmoral zu verkürzen. (Im Rahmen der hier zu beschreibenden rationalen Ethik haben sexuelle Beziehungen unmittelbar, ebenso wie Essen und Trinken, keinerlei moralische Relevanz.) Überdies empfiehlt es sich, innerhalb einer rational begründbaren Ethik zwischen zwei deutlich verschiedenen Stufen moralischer Normierung unseres Handelns zu unterscheiden, und zwar in dem Sinne, daß moralische Normen erster Stufe die Bedingungen verantwortlichen Handelns überhaupt definieren, während moralische Normen zweiter Stufe die Unterscheidung moralisch verdienstlicher und moralisch freigestellter Handlungen ermöglichen. Die Entwicklung eines angemessenen (adäquaten) Begriffs des Sittlichen sollte sich daher vor allem an den fundierenden Normen der ersten Stufe orientieren.

2. Ein einfacher Informationsaustausch kann als Beispiel dienen, die Bedeutung der Anerkennung moralischer Normen für ein geordnetes menschliches Zusammenleben zu verdeutlichen. Klar ist ja, daß die Mitteilung von Erfahrungen oder Erkenntnissen die wechselseitige Weltorientierung bereichert und daher bei nicht wesentlich instinktgebundenen Lebewesen wie den Menschen den Aufbau eines differenzierten Welt- und Selbstverständnisses enorm fördert. Aber eben wegen der weitgehenden Instinktunabhängigkeit menschlichen Verhaltens können angebliche Informationen ebensowohl zur Irreführung anderer, zu ihrem Schaden wie zur Erlangung persönlicher Vorteile verwandt werden. Um also zur Erweiterung und Vertiefung unseres Welt- und Selbstverständnisses wirklich tauglich zu sein, müssen die Informationen, auf die wir uns stützen wollen, verläßlich sein, d. h.: Wir müssen ein berechtigtes Vertrauen in den Informanten setzen können. Dies ist indes nur dann der Fall, wenn wir unterstellen dürfen, daß unser Informant sich nicht freimacht von allen Bindungen im Ge-

brauch seiner Rede, sondern sich vielmehr zur wahrhaftigen Auskunft und Mitteilung seines Wissens in allen unzweifelhaft relevanten Fällen verpflichtet fühlt. Erst dann ist die Interaktion zwischen dem Informanten und dem Informanden geeignet, der wechselseitigen Weltorientierung zu dienen, wenn diese Interaktion durch die gemeinsame Anerkennung der (moralischen) Verpflichtung zur Wahrhaftigkeit in allen relevanten Fällen und unter normalen Handlungsbedingungen vermittelt ist.

So zeichnet sich bereits ab, daß die in der natürlichen Triebungebundenheit des Menschen verankerte »welt-offene« Einstellung (Scheler) nicht nur die Chance der Erweiterung und Vertiefung des Welt- und Selbstverständnisses durch wechselseitige Orientierungshilfen enthält, sondern daß diese Chance erst auf dem Wege über die gemeinsame Anerkennung einer Wahrhaftigkeit gebietenden (moralischen) Norm wirksam wird, mehr noch: Über die dadurch ermöglichte Erweiterung menschlicher Interaktionen hinaus, deren Vorteil für den Aufbau gesellschaftlicher Verhältnisse auf der Hand liegt, versetzt die gemeinsame Anerkennung von Normen zugleich auch menschliche Individuen in ein Verhältnis wechselseitiger Anerkennung. Sie hören auf, lediglich ihren eigenen Interessen nachgehende und ihren je eigenen Vorteil suchende, aber gegeneinander gleichgültige Individuen zu sein, sondern anerkennen sich wechselseitig als für ihre Handlungen einander verantwortliche »Persönlichkeiten«, die gegebenenfalls bereit sind, den von ihren Handlungen Betroffenen über die Rechtmäßigkeit ihres Handelns Rechenschaft abzulegen. Während beim Aufbau einer Theorie gesellschaftlicher und kultureller Interaktionen der Gesichtspunkt der Vorteile und des »Nutzens« moralischer Bindungen für die Ermöglichung eines geordneten Zusammenlebens von Menschen im Vordergrund stehen wird, ist es beim Aufbau einer rationalen Ethik von entscheidender Bedeutung, daß nicht der individuelle oder gesellschaftliche »Nutzen«, sondern nur die gemeinsame Anerkennung von Normen als Grundlage und Kriterium der moralischen Zurechnung von Handlungen dienen kann. Es empfiehlt sich, entgegen weitverbreiteten sprachlichen Gepflogenheiten, von »Handlungen« im eminenten Sinn – im Unterschied etwa zu (möglicherweise unbewußtem) »Verhalten« oder zu lediglich der Realisierung von Zwecken dienenden »Tätigkeiten«, wie etwa der Bearbeitung und »Formierung« vorgefundenen Materials – nur dann zu sprechen, wenn die soeben erwähnte Bedingung der moralischen Zurechenbarkeit erfüllt ist. Als die Grundlage menschlichen Handelns erweist sich so das Vertrauen darauf, daß man es als für seine Handlungen verantwortliche Persönlichkeit mit Individuen zu tun hat, die auch ihrerseits für ihre Handlungen einzustehen bereit sind. Erst insofern Individuen in diesem Verhältnis wechselseitiger Anerkennung stehen, sind sie füreinander ein Gegenstand der Achtung, erhalten sie die Würde der Persönlichkeit und erwerben sie den Anspruch darauf, in ihrer Würde nicht verletzt zu werden.

3. Bei näherer Betrachtung erweist sich so die Verpflichtung zur Wahrhaftigkeit als ein spezieller Fall moralischer Verbindlichkeit, nämlich derjenigen, welche sich auf die Chance wechselseitiger Information bezieht. Entsprechend können andere moralische Normen anderen spezifischen Fällen menschlicher Interaktion zugeordnet werden. Im weiteren Bereich menschlicher Kooperation erhält so die Verpflichtung zur Einhaltung eines Versprechens eine grundlegende Bedeutung, wie sich besonders leicht am Beispiel eines wechselseitigen Versprechens zeigen läßt: Indem A dem B eine in dessen Interesse liegende Leistung in Aussicht stellt, falls auch B eine im Interesse des A liegende Leistung zu erbringen bereit ist, wird Kooperation als Austausch von Leistungen möglich. Die Vorteile für den Aufbau gesellschaftlicher Arbeitsteilung und damit zur Erleichterung und Ausbreitung individueller und gesellschaftlicher Handlungskapazitäten liegen auch hier wieder auf der Hand. Aber ebenso klar ist auch in diesem Falle, daß dieses Inaussichtstellen von Leistungen ohne jenes auf die gemeinsame Anerkennung von Normen begründete wechselseitige Vertrauen allzu leicht zur Erlangung individueller Vorteile und zum Schaden des Betroffenen mißbraucht werden könnte. Auch hier kann also die Chance der Ausbreitung menschlicher Handlungskapazität nur auf der Basis einer gemeinsamen Anerkennung moralischer Normen Wirksamkeit erlangen.

Der Aufbau eines Systems fundamentaler moralischer Normen im Rahmen einer rationalen Ethik – verstanden als theoretische Rekonstruktion derjenigen moralischen Normen, deren Anerkennung in geordneten gesellschaftlichen Verhältnissen in der Regel jeweils vorausgesetzt wird – kann sich in dem soeben erläuterten Sinne an typischen Situationen menschlicher Interaktionen orientieren. Die spezifischen moralischen Normen lassen sich so als Konkretisierung der moralischen Grundnorm auffassen, die von jedem Handelnden die Anerkennung der Verantwortlichkeit für seine Handlungen gegenüber den jeweils Betroffenen verlangt. So entstehen dem Individuum, das als Persönlichkeit handelt und anerkannt ist, gegenüber anderen moralische Ansprüche und entsprechende Verpflichtungen im Blick auf typische Fälle von Interaktionen, dergestalt, daß diese Interaktionen, setzt man die Rationalität der jeweils Beteiligten voraus, gar nicht erst stattfinden würden, wenn nicht das wohlbegründete Vertrauen auf wechselseitige Anerkennung die Grundlage des Handelns bildete. Andere moralische Ansprüche und Verpflichtungen lassen sich hingegen aus typischen Bedürfnissen und Interessen ableiten, die bei allen Individuen unbedenklich unterstellt werden dürfen und deren Befriedigung Handeln überhaupt erst ermöglicht, allem andern voran natürlich das Interesse an vollkommener leiblicher Integrität. Da ein normativ geordnetes menschliches Zusammenleben offenbar unmöglich wäre, wenn menschliche Individuen einander den Anspruch auf Integrität von Leib und Leben nicht grundsätzlich zusicherten, gehört auch die Anerkennung des moralischen Rechts auf Selbsterhaltung mit allen Folgen, die sich aus ihm ableiten lassen, zu jener Konkretisierung der moralischen Grundnorm, die sich im Blick auf die typischen, elementaren Bedingungen menschlichen Handelns als notwendig erweist. In Übereinstimmung mit juristischem Sprachgebrauch kann man die sich auf das Interesse an Selbsterhaltung beziehenden wechselseitig anzuerkennenden Ansprüche als (moralische) Eigentumsrechte bezeichnen. Da Selbsterhaltung nicht ohne freie Verfügung über Gegenstände, die nicht selbst Träger moralischer Ansprüche sein können, möglich wäre, gehört auch die Verfügung über Sachen notwendig zu den im Rahmen einer rationalen Ethik anzuerkennenden Eigentumsrechten, deren Wahrung umgekehrt für alle übrigen zu moralisch verantwortlichem Handeln Entschlossenen zur Pflicht wird. Wie weit indes solche Ansprüche auf Eigentum jeweils reichen und wie sie überhaupt über das Maß elementarer Daseinsfristung hinaus erweitert werden können, ist ohne eine Konkretisierung fundamentaler moralischer Normen auf der Basis ihrer gemeinsamen Anerkennung durch die jeweils Betroffenen nicht zu sagen. Der Rahmen einer rationalen, universal verbindlichen Ethik wird durch diese (im Blick auf die konkreten Bedingungen menschlichen Handelns notwendigen) Konkretisierungen überschritten – was nicht bedeuten muß, daß diese Konkretisierungen schlechterdings irrational sein müssen. Rationalität bzw. Irrationalität solcher Normkonkretisierungen bestimmt sich vielmehr vor allem nach den faktischen Anwendungsbedingungen moralischer Normen in den jeweils gegebenen Handlungssituationen, d. h. nach der tatsächlich zu erwartenden Verläßlichkeit der Handelnden und ihrer Bereitschaft zu wechselseitiger Anerkennung und Achtung und nach dem Maße der jeweils sichergestellten Realisierungschancen des Anspruchs auf Selbsterhaltung und Erweiterung von Interaktionskapazitäten. In einer Situation, in der Wahrhaftigkeit die eigene Selbsterhaltung gefährdet oder auch den moralischen Anspruch anderer auf Selbsterhaltung verletzt – um an ein berühmtes, von Kant leider ganz unzureichend erörtertes Beispiel zu erinnern[12] –, sind die Bedingungen für die Anwendung der Norm, welche die Lüge verbietet, nicht erfüllt, da Wahrhaftigkeit in diesem Falle den Betroffenen nicht mehr zuzumuten wäre. Aber auch dort, wo die Entwicklung sozio-kultureller Verhältnisse noch in den Anfängen steckt, sind der Realisierung des Anspruchs auf Selbsterhaltung und auf Erweiterung von Interaktionskapazitäten deutliche und enge Grenzen gesetzt. Die moralische Forderung kann in einer solchen Situation nur darauf gehen, zur Herstellung einer verläßlichen Basis zwischenmenschlicher Beziehungen in der Orientierung an als verbindlich anerkannten Normen sowie zur Verbesserung der Realisierungschancen des Anspruchs aller auf Selbsterhaltung und Erweiterung von Interaktionskapazitäten bereit zu sein.

4. Das wichtigste Mittel zur Realisierung von Anwendungsbedingungen moralischer Normen ist ohne Zweifel, gewisse Normen dadurch auszuzeichnen, daß ihre Durchsetzung mit dem Recht auf Erzwingung im Falle der Normverletzung verbunden wird. Diese Auszeichnung ermöglicht die Unterscheidung zwischen einem rein moralischen Anspruch und einem subjektiven Recht im

12 Vgl. Kant, Über ein vermeintes Recht aus Menschenliebe zu lügen. – Kant widerspricht in dieser kleinen Schrift ausdrücklich B. Constants (zweifellos richtiger) Auffassung: »Die Wahrheit zu sagen ist eine Pflicht, aber nur gegen denjenigen, welcher ein Recht auf die Wahrheit hat.« Wenn Wahrhaftigkeit zur Mithilfe bei der Verfolgung und Ermordung eines Unschuldigen würde, fehlen die Anwendungsbedingungen für die Befolgung des (an sich verbindlichen) Verbots der Lüge.

juridischen Verstande. Am Beispiel einer Lüge läßt sich dieser Unterschied leicht verdeutlichen. Insofern eine Lüge lediglich den moralischen Anspruch auf Wahrhaftigkeit bei der Mitteilung relevanter Informationen in einer Normalsituation wechselseitig begründeten Vertrauens verletzt, ist nicht einzusehen, wie die Anerkennung der Verpflichtung zur Wahrhaftigkeit und damit die Wahrung wechselseitigen Vertrauens überhaupt erzwungen werden könnte. Sobald indes die Lüge dazu dient, um eines individuellen Vorteils willen einen anderen zu täuschen und ihn so zu schädigen, ist es zu rechtfertigen, daß dem Betroffenen ein subjektives Recht auf Wiederherstellung des ursprünglichen Zustands notfalls durch Anwendung von Gewalt – und somit indirekt ein Recht auf Erzwingung der Befolgung einer grundsätzlich gemeinsam anerkannten Norm – eingeräumt wird, da ja dem Geschädigten in diesem Falle die Duldung der Normverletzung nicht zugemutet werden kann.

Die Erfolgschancen eines solchen Erzwingungsversuchs bemessen sich indes nach der tatsächlichen Macht der jeweils Beteiligten; überdies ist damit zu rechnen, daß der andere auf einen solchen Erzwingungsversuch seinerseits mit der Anwendung von Gegengewalt antworten wird (wodurch sich der Versuch, ein Recht durchzusetzen, in einen Kampf um die Überlegenheit des Mächtigeren verwandelt); und so ergibt sich, daß die Erzwingungschancen beim Versuch einer Durchsetzung subjektiver Rechte erst dann befriedigend gesichert sind, wenn eine gegenüber den Beteiligten neutrale Institution geschaffen und mit einer beiden Seiten überlegenen Macht ausgestattet wird, die von den beteiligten Parteien damit beauftragt werden kann, das verletzte Recht wiederherzustellen. Die Unterscheidung zwischen moralischen Ansprüchen und subjektiven Rechten führt so zur Ausbildung eines von den moralischen Normen spezifisch verschiedenen Systems rechtlicher Normen, deren Durchsetzung zur Ausbildung geeigneter Institutionen Veranlassung gibt. Ohne die Realisierung solcher rechtsverwirklichenden Institutionen sind aber die Bedingungen für die Anwendung konkreter moralischer Normen auf individuelle Handlungssituationen in der Regel nicht erfüllt.

Einerseits ist das Vertrauen auf die Verläßlichkeit der Handelnden eine notwendige Bedingung für die Realisierung rechtsverwirklichender Institutionen; andererseits ist aber auch die befriedigende

Tätigkeit solcher Institutionen die notwendige Bedingung für die Zumutbarkeit der Befolgung moralischer Pflichten in einer bestimmten Situation. Machiavellis Rat an den Fürsten, sich in der Situation eines begründeten allseitigen Mißtrauens nicht zur unbedingten Befolgung an sich verbindlicher moralischer Normen verpflichtet zu fühlen[13], wird in diesem Zusammenhang verständlich und zum Teil sogar gerechtfertigt. (Daß in einer solchen Situation hingegen schlechterdings alles erlaubt sei, wie Hobbes meint[14], ist natürlich eine maßlose Übertreibung.)

5. Sittlichkeit kann insoweit als die Bereitschaft definiert werden, verantwortlich zu handeln, d.h. sich gegenüber Betroffenen im gegebenen Falle zur Rechtfertigung verpflichtet zu wissen und sie so als Persönlichkeiten anzuerkennen und zu achten. Als Beurteilungskriterium dienen dabei für alle im gleichen Maße verbindliche Normen, welche einem jeden Handelnden Ansprüche einräumen, die alle anderen zu respektieren verpflichtet sind. Im Blick auf das allgemein zu unterstellende menschliche Interesse an Selbsterhaltung und an geregelten Interaktionen sind diese Normen nach Maßgabe des jeweils erreichten Entwicklungsstandes gesellschaftlicher Verhältnisse von den Beteiligten zu konkretisieren und in einer gegebenen Situation – soweit dies nicht unzumutbar erscheint – zu befolgen. Die Bereitschaft zur Herbeiführung normativ geordneter zwischenmenschlicher Beziehungen muß bei allen verantwortlich Handelnden vorausgesetzt werden.

Diese Auffassung von Moralität entspricht im wesentlichen derjenigen, die Kant in seiner Lehre vom Kategorischen Imperativ formuliert hat. Die Formel:

> Handle so, daß die Maxime deines Willens jederzeit zugleich als Prinzip einer allgemeinen Gesetzgebung gelten könne[15]

besagt, daß keine Handlungsweise moralisch zulässig ist, die normativ geordnete zwischenmenschliche Beziehungen überhaupt unmöglich machen würde, wenn jeder sie sich zur Regel (Maxime) machte. Wenn jeder sich frei fühlt, nach Belieben und

13 Machiavelli empfiehlt bekanntlich dem Fürsten, treulos zu sein, wenn Treue ihm schaden würde, aber fügt hinzu: »Se gli uomini fussero tutti buoni, questo precetto non sarebbe buono« (Il Principe, Kap. 18).

14 Vgl. Hobbes, De Cive v 1: »... unicuique manere jus primaevum, hoc est, jus in omnia, sive jus belli«.

15 Vgl. Kant, Kritik der praktischen Vernunft, § 7, (Ak.-A. 5, 30).

Interessenlage andere durch Unwahrhaftigkeit zu täuschen, so wäre eben jede Verläßlichkeit von Informationen aufgehoben; wenn jeder anvertrautes Gut seinem Eigentümer unbedenklich vorenthalten dürfte – in Fällen zumal, wo dies ohne abträgliche Folgen befürchten zu müssen möglich ist –, so wäre die Grundlage dafür, einem anderen ein Gut anzuvertrauen, überhaupt nicht vorhanden; und wenn es jedem freistünde, unbegrenzt nachtragend zu sein und sich für jede Beleidigung zu rächen, soweit dies in seiner Macht steht, so würde an die Stelle normativ geordneter zwischenmenschlicher Verhältnisse die Herrschaft des jeweils Mächtigen treten, da nicht anzunehmen ist, daß die Rachsucht jemals ihr Ziel erreicht.

Es war daher ein Irrtum, wenn Hegel meinte, der Kategorische Imperativ sei ganz unbrauchbar, da er nur eine Tautologie formuliere: Man müsse schon voraussetzen, daß es Eigentum bzw. Deposita geben solle, wenn man die Behauptung verteidigen wolle, eine Eigentumsverletzung sei moralisch nicht erlaubt.[16] Was Hegel nicht bedachte, ist: daß die Aufhebung von Eigentum überhaupt auf eine Aufhebung berechtigter Ansprüche, die andere zu respektieren verpflichtet sind, hinausläuft, und daß der Vertrauensbruch, der in der Weigerung liegt, anvertrautes Gut seinem Eigentümer zurückzugeben, würde er zur allgemeingültigen Regel, jedes Vertrauen auf die Verläßlichkeit anderer zur puren Unvernunft herabsetzen müßte. Hegel bemerkte nicht, daß Kants »Prinzip einer allgemeinen Gesetzgebung« letztlich allein auf die Herstellung normativ geordneter Verhältnisse unter verantwortlich handelnden Personen abzielte.

6. In den voranstehenden Erörterungen wurde vorausgesetzt, daß jedes dazu fähige menschliche Individuum im Rahmen einer rationalen Ethik dazu verpflichtet sei, moralisch verantwortlich zu handeln; aber es wurde die Verbindlichkeit dieser Forderung bzw. der moralischen Grundnormen nicht begründet. Man kann indes nicht einfach unterstellen – wozu Kant mit seiner Lehre vom »Faktum der Vernunft« neigte –[17], daß die Verbindlichkeit der

16 Vgl. Hegel, Über die wissenschaftlichen Behandlungsarten des Naturrechts (Gesammelte Werke, Hamburg 1968, Bd. IV, 436): »Daß es aber gar kein Depositum gäbe, welcher Widerspruch liegt darin?« – Hegel bezieht sich hier auf Kant, Kritik der praktischen Vernunft, § 4, Anm.

17 Vgl. dazu L. W. Beck, Kants »Kritik der praktischen Vernunft«, 159-163.

Grundnorm einer rationalen Ethik für jeden vernünftigen Willen etwas »Gegebenes« sei. Denn wenn es vorgegebene Einschränkungen an sich möglicher Handlungsweisen gäbe, so wäre die menschliche Handlungsfreiheit und die Freiheit des menschlichen Willens prinzipiell in Frage gestellt. Aus diesem Grunde hat ja eine rationale Ethik keinen Raum für den Gedanken einer Verankerung der Verbindlichkeit moralischer Normen im Willen Gottes. Die Freiheit des Willens in seinen Handlungen kann daher mit der Verbindlichkeit moralischer Normen nur dann vereinbart werden, wenn man unterstellt, daß jedes dazu fähige Individuum die Verpflichtung zu verantwortlichem Handeln durch einen Akt seines freien Willens allererst *anerkennen* sollte. Die damit an es ergehende *Zumutung* zur Beschränkung seiner an sich vorhandenen Handlungsfähigkeiten ist im Rahmen einer Theorie rationalen Handelns jedoch nur dann begründbar, wenn sie nicht unmittelbar als vernünftigerweise gar nicht erfüllbar zurückgewiesen werden kann. Dies wäre etwa dann der Fall, wenn die Verteilung von berechtigten Ansprüchen und korrespondierenden Pflichten nicht symmetrisch erfolgt, da der prinzipiell Benachteiligte keinen vernünftigen Grund hätte, die Vorrechte anderer anzuerkennen.
Der Gedanke der formalen Gleichheit von Rechten und Pflichten sowie der Gleichbehandlung gleichartiger Fälle, die seit jeher in allen Überlegungen zu einer rationalen Theorie von Recht und Gerechtigkeit eine entscheidende Rolle spielt, hat in dieser Idee der Gleichberechtigung verantwortlich Handelnder im Blick auf eine rational zumutbare Einschränkung ihrer Handlungsfreiheit ihre Grundlage. Der systematische Aufbau einer rationalen Ethik beginnt daher zweckmäßigerweise mit der Ausarbeitung der Bedingungen einer rational zumutbaren Beschränkung durch universal verbindlich zu machende Normen.[18]

7. Handlungen, welche den bisher erörterten Normen genügen, sind moralisch gut lediglich in dem Sinne, daß sie dem, was geschehen soll, entsprechen; sie sind jedoch nicht gut in dem Sinne, daß sie irgendeinen Vorzug vor dem, was als normal zu gelten hat, verdienen. Es ist vielmehr nach moralischen Kriterien »normal«, daß man andere wahrheitsgemäß informiert, ihr Vertrauen nicht mißbraucht oder ein gegebenes Versprechen einlöst, auch wenn

18 Vgl. dazu K.-H. Ilting, Wahrheit und Verbindlichkeit (in diesem Bd. 66-102).

man solche Handlungsweisen nach unserer alltäglichen Lebenserfahrung nicht unbedingt als das tatsächliche Normalverhalten betrachten wird. Wer dazu berufen ist, etwa als Richter oder Lehrer, über die Interessenverwirklichungschancen von Konkurrenten je nach Verdienst zu entscheiden und dies nach Maßgabe des ihm Zumutbaren und Möglichen auch tut (also gerecht ist), leistet insoweit ebenfalls nur, was moralisch ohnehin von ihm gefordert ist. Freilich ist sehr zu loben, wer mit großer Gewissenhaftigkeit und u. U. gegen vordergründige persönliche Interessen sich regelmäßig für die Einhaltung seiner moralischen Verpflichtungen entscheidet. Wahrhaftigkeit, Treue, Verläßlichkeit und Gerechtigkeit können so als beständige Haltungen zu moralischen Tugenden werden. Gleichwohl besteht Grund, solche lobenswerten Haltungen sowie die Handlungen, in denen sie zutage treten, von moralisch verdienstlichen Handlungen zu unterscheiden, von Handlungen also, durch welche man anderen nicht lediglich gibt, was man ihnen ohnehin schuldet, sondern durch welche andere zur Dankbarkeit verpflichtet werden, weil man ihnen mehr gibt, als sie von sich aus fordern könnten. Erst verdienstliche Handlungen sind gut in eminenter Bedeutung. Es empfiehlt sich daher, zwischen zwei Arten moralischer Pflichten zu unterscheiden: zwischen Pflichten, die man nicht verletzen kann, ohne die Bedingungen verantwortlichen Handelns überhaupt aufzuheben, und Pflichten, anderen u. U. mehr zu geben, als sie von uns fordern könnten. Die entsprechenden moralischen Normen mögen Normen erster bzw. zweiter Stufe genannt werden.

So ist etwa Hilfsbereitschaft eine Einstellung zum Mitmenschen, die man auch im Rahmen einer rationalen Ethik von jedem verantwortlich Handelnden erwarten darf; aber verantwortliches Handeln wäre nicht aufgehoben, wenn niemand zur Hilfeleistung moralisch verpflichtet wäre. Wenn jemand nicht um die Hilfe eines anderen bitten, sondern sie in Anspruch nehmen wollte, als etwas, worauf er ebenso ein Anrecht hat wie etwa auf die Rückgabe anvertrauten Eigentums, so müßte man seine Forderung wohl als eine Anmaßung zurückweisen. Denn seinen Mitmenschen zu helfen, wo immer sie der Hilfe bedürfen, dies wäre eine unerfüllbare Zumutung, da sie einen jeden, der zur Hilfeleistung fähig ist, sehr bald in die Lage brächte, selbst auf die Hilfe anderer angewiesen zu sein: damit aber wäre sein durch Normen erster Stufe garantiertes Recht auf Selbsterhaltung in Frage gestellt. Zumutbar ist nur die grundsätzliche Bereitschaft zur Hilfeleistung, während die Entscheidung darüber, wann, gegenüber wem und in welchem Umfange man anderen seine Hilfe zuteil werden läßt, letztendlich dem eigenen Urteil überlassen werden muß. Von einer vergleichbaren Entscheidungsfreiheit kann bei der Rückgabe anvertrauten Eigentums natürlich die Rede nicht sein. Dies bedeutet jedoch nicht, daß es keine moralischen Kriterien für die Entscheidung über die in einer bestimmten Situation zu leistende Hilfe gibt. So gilt Hilfeleistung angesichts einer außerordentlichen Notlage als eine unabweisbare Pflicht jedenfalls dann, wenn sie nach Lage der Dinge ohne erhebliche eigene Gefahr und ohne Verletzung anderer wichtiger Pflichten möglich und daher zumutbar ist.[19] In einem solchen Falle soll man mithin den Interessen anderer den Vorrang vor eigenen Interessen geben. Wenn dies als allgemein zumutbar gilt, so wird unterstellt, daß es moralische Pflichten gibt, die nicht aus den Bedingungen verantwortlichen Handelns abzuleiten sind, sondern vielmehr in der Idee einer (abgestuften) zwischenmenschlichen Solidarität ihre Grundlage haben. In der gemeinsamen Anerkennung dieser Idee stehen die jeweils handelnden Personen nicht nur für ihre eigenen Handlungen ein, sondern sie machen sogar Interessen anderer zu ihren eigenen.

Allgemein zumutbar ist eine solche Bereitschaft zu solidarischem Handeln jedoch nicht nur lediglich unter der Bedingung, daß sie die Entscheidungsfreiheit des Handelnden und sein Recht auf Selbsterhaltung nicht aufhebt; sie muß auch unabhängig von den zufälligen Neigungen und Interessen sowohl des Handelnden wie auch der von seinen Handlungen Betroffenen sein. Niemand kann moralisch dazu verpflichtet sein, nur darum anderen zur Befriedigung ihrer Bedürfnisse oder zur Verwirklichung ihrer Interessen zu verhelfen, weil sie nun einmal gerade diese Bedürfnisse und Interessen haben, und so ihrem Streben nach Glückseligkeit zu dienen. Denn da die tatsächlichen Bedürfnisse und Interessen der Individuen vielfach sowohl untereinander wie auch mit unseren eigenen konkurrieren, wäre dies eine sowohl unerfüllbare wie auch unzumutbare Forderung. Es ist nur natürlich, daß jemand, der aus Sympathie, Wohlwollen oder Liebe zu einem anderen handelt, ohne Rücksicht auf eigene Vorteile bestrebt sein wird, ihn

19 Die Formulierung im Text bezieht sich auf § 330 c Strafgesetzbuch.

glücklich zu machen oder zu seinem Glück beizutragen; aber da man Sympathie, Wohlwollen oder Liebe einem anderen nicht ausschließlich um seiner moralischen Vorzüge willen schenkt, können diese Neigungen auch nicht als Bedingungen moralisch verdienstlichen Handelns angesehen werden. Die Bereitschaft zu zwischenmenschlicher Solidarität muß sich daher an anderen Kriterien als denen der Glückseligkeit orientieren, wenn klar werden soll, welchen Bedürfnissen und Interessen anderer wir u. U. unsere eigenen Interessen unterordnen sollen.

Als Leitfaden zur Beantwortung dieser Frage mag noch einmal die Hilfeleistung in außerordentlicher Notlage dienen. Hier geht es ja nicht um ein beliebiges Interesse des Betroffenen noch um die Beförderung seiner Glückseligkeit aus Sympathie, Wohlwollen oder gar Liebe zu ihm, sondern um sein elementares, durch Normen der ersten Stufe geschütztes Interesse an Selbsterhaltung. Während diese Normen nur einen moralischen Anspruch auf Integrität von Leib und Leben verleihen, verpflichten Normen der zweiten Stufe alle anderen dazu, aus zwischenmenschlicher Solidarität diesen Anspruch nicht nur zu respektieren, sondern u. U. aktiv und gegebenenfalls sogar unter erheblicher eigener Gefahr an der Verwirklichung dieses Anspruchs mitzuwirken. Wer einen anderen in selbstverschuldeter Gefahr umkommen ließe, würde nicht etwa dessen Recht auf Selbsterhaltung verletzen; aber er würde sich weigern, ihm bei der Verwirklichung dieses Rechts beizustehen. Ebenso haben andere ein durch Normen der ersten Stufe geschütztes Interesse daran, von uns wahrheitsgemäß informiert und nicht etwa belogen, betrogen oder irregeführt zu werden, weil sie sich auf unsere Informationen sonst überhaupt nicht verlassen könnten; wer indes einen anderen von sich aus über wichtige Tatsachen, die etwa seine elementaren Interessen gefährden, informiert, um ihn vor Schaden zu bewahren, und dabei sogar eigene, berechtigte Interessen zurückstellt, der fordert durch seine Handlungsweise nicht einfach willkürliche Neigungen und Interessen eines anderen, sondern: Indem er dessen Anspruch auf wahrheitsgemäße Information entgegenkommt, dient er zugleich dem gemeinsamen Interesse an der Wahrnehmung und Ausweitung von Interaktionskapazitäten, das bereits durch moralische Normen der ersten Stufe geschützt ist. Die Deutung bietet sich an, daß die Normen zweiter Stufe, durch deren Befolgung eine Handlung moralisch verdienstlich ist, im Blick

auf die Idee zwischenmenschlicher Solidarität allgemein die Beförderung des durch Normen erster Stufe geschützten Interesses anderer an Selbsterhaltung und Kooperation gebieten.
Diese Deutung hat den Vorteil, daß sie verständlich macht, wie Handlungen im Blick auf die Idee zwischenmenschlicher Solidarität moralisch geboten sein können, obwohl die entsprechenden Normen uns zur Unterordnung unserer eigenen Interessen unter die Interessen anderer auffordern. Allgemein zumutbar ist dies jedenfalls dann, wenn andere ihr berechtigtes Interesse an Selbsterhaltung und Kooperation nicht aus eigener Macht und, nach Lage der Dinge, ohne unsere Mitwirkung verwirklichen können. Indem einem jeden zugemutet wird, diesem Interesse primär nicht zuwider zu handeln und sekundär sogar seine Verwirklichung zu fördern, soweit dies unter Wahrung seiner eigenen berechtigten Interessen möglich erscheint, wird die Grundlage dafür geschaffen, daß zugleich jeder bei der Verwirklichung seiner durch moralische Normen der ersten Stufe geschützten Interessen auf die Mitwirkung anderer rechnen darf, wo ihm selbst die Macht dazu fehlt. Das allgemeine Interesse an zwischenmenschlicher Solidarität, das den moralischen Normen zweiter Stufe zugrunde liegt, drückt sich darin aus, daß wir Handlungen, die dieser Bedingung genügen, nicht nur als dem Betroffenen nützlich, sondern vor allem als moralisch verdienstlich bezeichnen.
8. Auch diese Normen zweiter Stufe bedürfen natürlich der Konkretisierung im Blick auf die jeweils gegebenen gesellschaftlichen Verhältnisse und zumal ihren Entwicklungsstand. Sie sind dann u. U. in einer anderen Gesellschaftsverfassung nicht mehr unmittelbar anwendbar; aber dies hebt ihren impliziten Anspruch auf universelle Verbindlichkeit keineswegs auf. Es gibt jedoch moralische Normen, deren Anerkennung von vornherein gar nicht an die Überzeugung gebunden ist, sie seien allgemein verbindlich, und mit denen dieser Anspruch deshalb auch gar nicht sinnvoll verbunden werden könnte, weil ihre Anerkennung nicht universal zumutbar ist. Sie können daher auch nicht Teil einer rationalen Ethik sein. Gleichwohl ist ihre Anerkennung weder unmoralisch noch einfach unvernünftig. Gemeint sind Normen, welche von denjenigen, die sich ihnen unterwerfen, mehr verlangen als sie selbst anderen zumuten dürften.
So gibt es eine Opferbereitschaft des Helden oder des Heiligen, bei der jeder Gedanke, alle andern müßten zu derselben Selbsthin-

gabe bereit sein, ausgeschlossen ist und in der Tat abwegig wäre, weil sie den vorgängigen und bedingungslosen Verzicht auf alle ursprünglichen und erworbenen moralischen Ansprüche voraussetzt. Man kann wohl versuchen, andere davon zu überzeugen, daß sie zu einer solchen unbedingten Selbstlosigkeit bereit sein sollten, indem man für ein bestimmtes Ideal heldenhaften oder heiligmäßigen Lebens wirbt; aber die Rechtfertigung eines solchen Ideals entzieht sich der rationalen Argumentation. Die Hilfsbereitschaft, die uns durch moralische Normen zweiter Stufe zugemutet wird, schließt nicht ein, daß wir unsere Feinde lieben, sondern sie setzt vielmehr voraus, daß der Hilfsbedürftige, wäre er in unserer Lage und wir in der seinigen, auch seinerseits hilfsbereit wäre. Die bedingungslose Selbsthingabe und Vergebung erlittenen Unrechts, die in der christlichen Religion von den Gläubigen gefordert wird, ist hingegen lediglich mit der Hoffnung auf Erlösung, keineswegs aber mit ihrer Gewißheit verbunden.[20] Auf der Basis einer rationalen Argumentation würde eine solche Zumutung als unbillig erscheinen. Solange indes die moralischen Ansprüche anderer, die sich aus Normen erster und zweiter Stufe herleiten lassen, durch ein solches Ethos der Selbstlosigkeit nicht in Frage gestellt oder verletzt werden, sind die Normen, an denen es sich orientiert, mit den Grundsätzen einer universal verbindlichen Ethik nicht unvereinbar.

In gewisser Weise setzt das Ethos der Selbstlosigkeit sogar die Geltung und durchschnittliche Anerkennung universal verbindlicher moralischer Normen voraus. Denn wenn es keine allgemein anerkannte Abgrenzung moralischer Ansprüche und Pflichten gäbe, auf die wir uns bei der Beurteilung dessen, was wir in einer konkreten Situation tun sollten, beziehen können, so hätten wir überhaupt keine Ansprüche, auf die wir bedingungslos verzichten könnten, und es gäbe auch kein Unrecht, das wir anderen verzeihen könnten; vor allem aber gäbe es keine durch die gemeinsame Anerkennung universal verbindlicher Normen geordneten gesellschaftlichen Verhältnisse. Die Ideale des Helden und des Heiligen setzen die Existenz solcher gesellschaftlicher Verhältnisse voraus und stellen sie zugleich in Frage. Denn der Bestand normativ ge-

20 Wenn es im Vaterunser heißt: »Vergib uns unsere Schuld, wie auch wir vergeben unseren Schuldigern!«, so besteht zwischen Verzeihen und Erlösung kein Bedingungsverhältnis.

ordneter gesellschaftlicher Verhältnisse ist stets gefährdet, sei es durch Bedrohung von außen oder durch Erschütterung des Konsenses über die eine Gesellschaftsordnung tragenden Normen; sobald diese Gefährdung ein akutes Stadium erreicht, sind die Bedingungen für die Anwendung universal verbindlicher Normen auf die gegebene Situation nicht mehr erfüllt, und es genügt nicht mehr, sich zur Sicherung seiner Selbsterhaltung auf ursprüngliche oder erworbene moralische Ansprüche zu berufen. Im Ideal eines heldenhaften Lebens, antiquiert wie es in der modernen Industriegesellschaft erscheinen mag, ist die Fragwürdigkeit eines vermeintlich unbedingten Anspruchs auf Selbsterhaltung anerkannt. Das Ideal eines heiligmäßigen Lebens hingegen beruht geradezu auf der Überzeugung, daß wir um unseres Heils willen uns von den Fesseln eines unbedingten Willens zur Selbsterhaltung freimachen sollten: Wer sein Leben erhalten will, der wird es verlieren (Mt. 16, 25).

Eine entsprechende Überzeugung ist indes auch in der philosophischen Tradition der Ethik nichts Fremdes, seitdem sich Sokrates vor die Alternative gestellt sah, entweder seine moralische Integrität oder sein Leben preiszugeben. Sein Beispiel macht deutlich, daß wir uns in gewissen Situationen für das eine oder für das andere entscheiden müssen und daß also der in einer rationalen Ethik ausgewiesene Anspruch auf Integrität von Leib und Leben im äußersten Falle an dem unbedingten Anspruch der Persönlichkeit auf moralische Integrität seine Grenze findet. Diese Überzeugung läßt sich zwar im Rahmen einer rationalen Ethik nicht mehr begründen; aber es ist leicht einzusehen, daß die Verbindlichkeit moralischer Normen überhaupt in Frage gestellt wäre, gäbe es nicht diesen Primat der moralischen Integrität der Person vor dem natürlichen Selbsterhaltungswillen. Wer die Verbindlichkeit moralischer Normen anerkannt hat, von dem darf folglich erwartet werden, daß er diesen Primat anerkennt.[21]

21 Ähnlich Kant, Kritik der praktischen Vernunft § 6, Anm. – Kant ist jedoch der Meinung, nur aus moralischen Motiven könne ein Mensch bereit sein, sein Leben zu opfern.

II

1. Ähnlich wie ›Moral‹ oder auch ›Sünde‹ in gewissen trivialen Kontexten häufig auf die sog. Sexualmoral reduziert erscheint, findet man auch ›Höflichkeit‹ nicht selten oder gar vorwiegend auf den Bereich eines formell untadeligen Benehmens gegen andere reduziert. Schon seit der ersten Hälfte des 18. Jahrhunderts verbindet sich damit ein gewisser Verdacht der Unaufrichtigkeit.[22] Dazu mag beigetragen haben, daß man vielfach, wie schon der Sprachgebrauch verrät, ›Höflichkeit‹ primär nicht als ein Normensystem, sondern vielmehr als eine soziale Tugend, mithin als Eigenschaft eines Individuums, zu definieren suchte und diese Eigenschaft in einer gewissen Gewandtheit, Geschliffenheit oder Glätte *(politesse)* zu finden glaubte. Aber auch hier ist man schlecht beraten, wenn man sich zur Verständigung über den in Rede stehenden Begriff an dessen Reduktionsformen orientiert. Als Ausganspunkt möge daher eine kleine Episode aus einem Werk dienen, das zahlreiche Beispiele ausgesuchter Höflichkeit enthält: die »Odyssee«.
Hermes begibt sich (im 5. Gesang der »Odyssee«) zur Nymphe Kalypso auf die Insel Ortygia, um von ihr im Namen des Zeus zu verlangen, sie solle Odysseus die Heimkehr nach Ithaka ermöglichen. Sein Besuch kann zwar als vergegenständlichende Darstellung einer Reflexion, die Kalypso selbst vollzieht, gedeutet werden; aber dies hindert nicht, daß der Dichter diesen Besuch wie ein konkretes soziales Ereignis beschreibt. Kalypso erkennt Hermes sofort – denn Götter sind einander nicht unbekannt –, läßt ihn auf einem prächtigen Sessel Platz nehmen und fragt ihn sogleich: »Warum bist du hier, Hermes, der Gott mit dem goldenen Stabe, mein verehrungswürdiger Freund? Früher besuchtest du mich doch nicht. Laß hören, was du im Sinne hast. Es zu erfüllen, gebietet mein Herz mir, falls ich es erfüllen kann und wenn es erfüllbar ist« (Od. 5, 87-90). Daraufhin bewirtet sie Hermes mit Nektar und Ambrosia. Nach dem Mahl antwortet ihr Hermes, zunächst mit deutlich spürbarer Verlegenheit.

22 Vgl. den Artikel »Politesse« in Diderots »Encyclopédie« (Bd. 12, 960) und Rousseaus kritische Rekonstruktion der Entstehung des »amour-propre« im Zweiten Diskurs (Sur l'origine de l'inégalité, Œuvres complètes, Bd. 11, Paris 1964, 169-174).

Kalypsos Verhalten orientiert sich unverkennbar, für Homers Hörer und Leser wie noch für uns, an gewissen Höflichkeitsnormen, verletzt aber auch einige von ihnen; sie sucht dies dann ein wenig zu korrigieren, bringt Hermes aber doch in eine etwas unangenehme Lage: Sie läßt ihn Platz nehmen und begrüßt ihn, indem sie ihn mit seinem Namen und stehenden Epithet anredet und ihn sogar als verehrungswürdigen Freund bezeichnet; aber sie heißt ihn nicht willkommen, sondern fragt ihn vielmehr nach dem Grund seines Besuchs, bevor sie ihn bewirtet hat, und betont sogar den außergewöhnlichen Charakter dieses Besuchs. Dies ist natürlich befremdlich, wenn auch verständlich, da Kalypso ja erraten hat, daß Hermes ihr einen Auftrag des Zeus zu übermitteln hat, der sie nicht wenig betroffen macht. Immerhin wird ihr sofort klar, daß diese unvermittelt vorgebrachte Frage unschicklich ist, und so beeilt sie sich zu versichern, daß sie dem Ansinnen, das man an sie richtet, nach Möglichkeit nachkommen will, und wendet sich der Erfüllung ihrer Pflichten als Gastgeberin zu. Diese Selbstkorrektur wird von Hermes anerkannt; er antwortet ihr denn auch erst, wie es sich gehört, nachdem er gegessen und getrunken hat.

Die Höflichkeitsnormen, an denen sich Kalypso in dieser Episode orientiert, regeln das Verhalten gegenüber einem Besucher, zumal wenn er nicht allzu vertraut ist, eine weite Reise hinter sich hat und unerwartet erscheint. In einer solchen Situation kommt es über das allgemeine Gebot der Fremdenfreundlichkeit hinaus – es setzt bereits zivilisierte Verhältnisse voraus – darauf an, daß der Gast nicht den Eindruck erhält, er komme ungelegen: Man muß ihm also nicht nur alle Erleichterungen gewähren, die ihm nach einer langen Reise erwünscht sind, sondern der Besorgnis, sein Besuch störe vielleicht, mit der Versicherung zuvorkommen, daß er vielmehr höchst erwünscht ist. Nur so ist zu vermeiden, daß eine für beide Seiten peinliche Situation entsteht. Eben dies aber läßt Kalypso zu, indem sie als erstes Hermes nach dem Grund seines Besuchs fragt, so daß es nunmehr an ihm ist, sein Kommen zu rechtfertigen, statt von sich aus im geeigneten Augenblick das Gespräch auf diesen Punkt zu lenken. Kalypsos Hinweis darauf, daß sein Besuch schließlich ja ganz ungewöhnlich ist, macht die Sache keineswegs besser.

2. Dies bedeutet natürlich nicht, daß Kalypso sich moralisch unverantwortlich verhält: Sie verletzt keine der Pflichten, auf deren

Beachtung sich Hermes gegen sie berufen könnte; die Verletzung, derer sie sich schuldig macht, besteht vielmehr gerade darin, daß ihr Gast zu der Behandlung, die ihm widerfährt, nur unangenehm berührt schweigen kann. Wollte Hermes sich dagegen auflehnen und Kalypso gar zur Rede stellen, so würde er die Atmosphäre gegenseitiger Schonung, die in der Beachtung von Höflichkeitsnormen aufrechterhalten wird, zerstören. Schweigen ist daher, wie Rassem mit Recht hervorhebt, die einzig angemessene und die einzig verbleibende Antwort auf eine Unhöflichkeit.

Ginge es im Verhältnis zwischen Kalypso und Hermes darum, einander mit Fragen nach der Berechtigung von Handlungen zu konfrontieren und sich voreinander zu verantworten, so würde es Kalypso gewiß nicht an Argumenten fehlen. Sie könnte darauf aufmerksam machen, daß Hermes schließlich ungebeten und unerwünscht bei ihr erschienen ist, daß ihre unvermittelte Frage höchstens Ausdruck ihrer starken Betroffenheit und das mindeste ist, worauf Hermes gefaßt sein mußte. Aber in der vorliegenden Situation kommt es vielmehr darauf an, einander die direkte Konfrontation mit unangenehmen Fragen zu ersparen und einander nach Möglichkeit nicht zu verletzen, indem man sich eine gewisse Haltung gibt, die einen selbst und andere vor Peinlichkeiten bewahrt.

Wer einem unerwünschten Besucher versichert, sein Besuch sei keineswegs unerwünscht, sondern vielmehr höchst willkommen, stellt daher weder eine unzutreffende Behauptung auf, noch macht er sich gar einer Lüge schuldig[23], sondern er verhält sich und handelt vielmehr – einem Gebot der Höflichkeit folgend – »zuvorkommend«, indem er antizipierend die Besorgnis seines Gastes zerstreut, er sei vielleicht unwillkommen. Der Sinn dieses Sprechaktes ist folglich, einem Gast zu bedeuten, daß man gewillt ist, sein Erscheinen nicht als eine unerfreuliche Störung aufzufassen und ihn entsprechend zu behandeln. Man setzt dabei voraus, daß der Besucher nicht stören, also ein unerwünschtes Eindringen in die Lebenssphäre eines anderen vermeiden möchte, und findet sich aus diesem Grunde dazu eingeladen, ihn ebensowenig durch die vielleicht wahre, aber jedenfalls unangenehme Feststellung zu verwirren, seine Anwesenheit sei unwillkommen. Denn als Stö-

23 Diese Auffassung will Kant (vgl. Metaphysik der Sitten, Tugendlehre, § 9, Ak.-A. 6, 431) anscheinend zurückweisen.

renfried behandelt fände er sich in seinem Selbstgefühl verletzt. Indem man einander höflich behandelt, hat man mithin als Grundnorm anerkannt, daß ein jeder Anspruch darauf hat, in seiner Lebenssphäre und in seinem Selbstgefühl nach Möglichkeit nicht gestört oder verletzt zu werden.

So erklärt sich, warum sich Hermes durch Kalypsos unvermittelte Frage nach dem Grund seines Besuches betroffen fühlen muß: Er sieht sich dadurch nicht mehr als ein geachteter und geschätzter Gast, sondern eher als ein nur allzu vertrauter Freund behandelt. Dies mag einem Besucher in der Regel ganz erwünscht sein; es nimmt ihm indes die Freiheit, sich gegen ein ihm unbequemes Ansinnen abzuschirmen. In der gegebenen Situation ist Kalypsos unvermittelt vorgebrachte Frage aufdringlich, d. h. sie, eine Nymphe, drängt Hermes, einen der olympischen Götter, zu unzeitigen Äußerungen und »kommt« ihm damit, wie man sagt, »zu nahe«, statt Distanz zu wahren und ihm die Wahl des geeigneten Augenblicks zu überlassen. Sie verhält sich also nicht viel anders als ein ungebetener Besucher, dem es nicht einmal in den Sinn kommt, sich zu vergewissern, ob sein Besuch genehm ist. Hermes hat daher Grund, ihr Verhalten als einen Einbruch in seine durch Höflichkeitsnormen geschützte Lebenssphäre und als eine ihn kränkende Verletzung seines Anspruchs auf Respekt aufzufassen. Entscheidend in dieser Situation ist jedoch nicht, ob er wegen einer solchen Behandlung ein Gefühl der Peinlichkeit empfindet – dies würde bedeuten, daß er sich gegen Kalypsos Unhöflichkeit nach Lage der Dinge nicht wehren kann –, sondern daß er die darin zum Ausdruck kommende Mißachtung seiner Person und seines Ranges nicht hinnehmen kann, ohne seinen Anspruch auf Distanz und Respekt preiszugeben. Hermes wahrt ihn, indem er zu Kalypsos aufdringlicher Bitte schweigt und sich die Wahl des geeigneten Augenblicks vorbehält. Normen der Höflichkeit haben den Sinn, diesen Anspruch auf Distanz und Respekt, der erst im freundschaftlichen oder familiären Umgang miteinander – erst recht natürlich in der Liebe – überflüssig erscheint, zu gewährleisten; wo dieser Anspruch verletzt wird, haben wir Grund, uns in unserem Selbstgefühl verletzt zu fühlen.

3. Wenn wir dies als eine »Kränkung« empfinden, so verrät unser Sprachgebrauch, daß wir im Umgang mit anderen nur darum auf Distanz und gegenseitigem Respekt bestehen, weil sonst die Integrität unserer Person irgendwie bedroht wäre. Diese Bedrohung

rührt indes nicht, wie bei der Reue über eine Verletzung moralischer Normen, daher, daß wir unsere eigenen Handlungen vor uns selbst und vor anderen nicht verantworten oder rechtfertigen könnten; die Bedrohung geht bei der Verletzung von Höflichkeitsnormen vielmehr von anderen aus; sie sind es, die unser Selbstgefühl in Frage stellen. Eine Unhöflichkeit gleicht insofern eher einem Angriff auf die Integrität von Leib und Leben eines anderen, nur daß das Objekt in diesem Falle nicht unsere physische Existenz als solche ist. Wer einen anderen – absichtlich oder nicht – anrempelt oder gar ohrfeigt, verletzt nicht nur seinen moralischen Anspruch auf Integrität seiner physischen Existenz, sondern zugleich und erst recht auch seinen durch Höflichkeitsnormen geschützten Anspruch auf Integrität seines Selbstgefühls. Im militärischen Dienst oder bei der Behandlung eines Patienten gilt es daher u. U. nicht einmal als erlaubt, einen anderen auch nur zu berühren, bevor man ihn nicht um seine Einwilligung gebeten hat.

Niemand würde selbst unbedeutend erscheinende Handlungen und Gesten als »Kränkung« empfinden, wenn er nicht sorgsam darauf bedacht wäre, die in ihnen zum Ausdruck gebrachte Einschätzung seiner Person zu erkennen und sich vor Mißachtung zu bewahren. Dieses Interesse ist indes nicht mit dem Wunsch zu verwechseln, bei anderen möglichst viel zu gelten, wenn es auch häufig mit diesem Wunsch verbunden auftritt; denn es ist primär darauf gerichtet, daß die Integrität unseres Selbstgefühls nicht verletzt wird. So hat auch das Selbstgefühl, von dem hier die Rede ist, nichts mit einem starken oder schwachen »Selbstbewußtsein«, d. h. der Überzeugung, von anderen sehr oder wenig beachtet zu werden, zu tun; denn es bezieht sich lediglich darauf, ob andere im Umgang mit uns Distanz wahren und uns Respekt zuteil werden lassen, wie es sich für höfliche Leute gehört. Darauf aber glauben wir nicht verzichten zu können, ohne uns selbst aufzugeben und aus dem Kreise derer, die auf Selbstachtung bedacht sind, auszuscheiden. Der Anspruch auf Integrität unseres Selbstgefühls beruht so auf einer Art Liebe zu uns selbst, einem *amour-propre*, der uns zugleich daran hindert, anderen zu nahe zu treten und u. U. selbst moralisch unbedenkliche Handlungen auszuführen, nur weil sie uns dem Vorwurf aussetzen würden, mit ihnen den *amour-propre* anderer zu verletzen. Ein Mensch, der diesen Sinn für Selbstachtung und damit auch die Fähigkeit, beleidigt zu sein oder sich seiner Handlungen überhaupt noch schämen zu können, gänzlich verloren hätte, müßte uns verächtlich erscheinen.

4. Vom Ehrgefühl und vom Stolz unterscheidet sich der *amour-propre* vor allem dadurch, daß er an keinen Stand gebunden ist und nicht die Überzeugung, anderen überlegen zu sein, voraussetzt oder hervorruft. Aber so wie diejenigen, die auf besondere Achtung Anspruch zu haben glauben, durch ihr Ehrgefühl daran gehindert werden, unehrenhaft zu handeln oder das Ehrgefühl Gleichberechtigter zu verletzen, so verbindet sich auch im *amour-propre* der Sinn für Selbstachtung mit dem Respekt vor anderen. Wer das Selbstgefühl anderer verletzt, läuft Gefahr, von anderen mißachtet zu werden, und er setzt sich dem Verdacht aus, wenig Sinn für Selbstachtung zu besitzen. Aber während beim Ehrgefühl vorausgesetzt wird, daß der Kreis der Gleichberechtigten, auf deren Anerkennung es ankommt, eingeschränkt ist, versagt der *amour-propre* grundsätzlich niemandem den Anspruch auf jene Achtung, die er selbst für sich verlangt. Höflich ist man daher gerade auch gegenüber Schwächeren, d. h.: Man respektiert ihren Anspruch auf Selbstachtung; aber man respektiert auch die in einer Gesellschaft vorgefundenen Rangunterschiede, wie immer sie zustande gekommen sein mögen, und die darauf beruhenden Unterschiede im Umgang mit anderen. Wer sich weigert (aus moralischen, politischen oder anderen Gründen) dies zu tun, stellt das System der Höflichkeitsnormen von Grund auf in Frage.

Aber auch mit Stolz, soweit damit ein im Umgang mit anderen sich äußerndes Überlegenheitsbewußtsein gemeint ist, verträgt sich Höflichkeit nicht. Man spricht indes auch von Stolz im Sinne einer Weigerung, fremde Hilfe zu erbitten oder anzunehmen, solange man noch einigermaßen ohne sie auskommen kann, etwa vom Stolz der verschämten Armen. Wer stolz in dieser Bedeutung des Wortes ist, wird im Umgang mit anderen keineswegs ein Überlegenheitsbewußtsein zur Geltung bringen wollen; was ihn leitet, ist vielmehr sein *amour-propre*. Dieser Stolz beruht also ebenso wie das Ehrgefühl auf demselben Sinn für Selbstachtung, der sich auch im System der Höflichkeitsnormen äußert.

5. Ein weiteres eng mit dem *amour-propre* und mit Höflichkeit zusammenhängendes Normensystem wird seit altersher mit dem Ausdruck ›Anstand‹ (πρέπον, decorum) bezeichnet. Es umfaßt nach der Analyse des Panaitios, die uns Cicero in »De officiis« überliefert hat, alle »Pflichten« und Verhaltensmuster, die sich aus

unserer spezifisch menschlichen Naturanlage *(quod consentaneum est hominis excellentiae in eo, in quo natura eius a reliquis animalibus differt)*, aus unserer individuellen Natur *(persona, quae proprie singulis est tributa)*, aus unserer sozialen Lage *(persona, quam casus aliqui aut tempus imponit)*, aus unserer frei gewählten sozialen Rolle *(persona, quam nobismet ipsi iudicio nostro accomodamus)* sowie aus unserem Lebensalter ergeben.[24] Als allgemeiner Gesichtspunkt bei der Bestimmung dieser vielfältigen Verhaltensmuster kann in der Tat dienen, daß gewisse Verhaltensweisen zu unserer Rolle in der Welt und in der Gesellschaft passen oder sie sogar besonders gut zur Geltung bringen, während andere Verhaltensweisen mit dieser Rolle unvereinbar wären. Dies ermöglicht eine Unterscheidung zwischen dem, was uns wohl ansteht, und dem, was als unanständig zu gelten hat, wie verschieden auch die sozialen Rollen in den einzelnen sozio-kulturellen Systemen verteilt sein und wie sehr auch die Ansichten darüber auseinandergehen mögen, welche Verhaltensweise zu der jeweiligen sozialen Rolle paßt. Selbst in einer Zeit, in der Verhaltensweisen einem raschen Wandel unterworfen werden, mag man etwa darüber streiten, welche Kleidung für Abgeordnete im Parlament angemessen ist, aber schwerlich darüber, ob Trunkenheit oder gar Nacktheit mit der Würde eines Hohen Hauses vereinbar ist. Bis vor kurzem galt Nacktheit auf der Bühne eines Theaters oder etwa in öffentlichen Parks noch als Verletzung des Anstands.

Nun unterscheiden sich Normen des Anstands von Höflichkeitsnormen oder von moralischen Normen vor allem dadurch, daß sie zwar Verhaltenserwartungen definieren, primär jedoch nicht unser Verhalten gegenüber anderen, die durch unsere Handlungen betroffen sind, regeln. Wenn als unanständig gilt, gewisse physische Bedürfnisse in Gegenwart anderer zu verrichten, so wird nicht unterstellt, Anwesende würden durch solche Handlungen beleidigt oder irgendwie in ihren Rechten verletzt; man unterstellt vielmehr, daß diese Tätigkeiten nicht zu unserem Bild der spezifischen Naturanlage des Menschen passen und daher normalerweise den Blicken anderer entzogen werden sollten. Wer unbeabsichtigt andere bei der Verrichtung einer solchen Tätigkeit antrifft, wird daher nicht beleidigt oder schockiert sein, sondern in Verle-

24 Vgl. Cicero, De officiis, I 96, 107, 115, 122.

genheit geraten und sich zurückziehen, um einander weitere Verlegenheit zu ersparen. Während also bei der Verletzung des Anstands ebenso wie bei einer Unhöflichkeit eine peinliche Situation entsteht, dienen Normen des Anstands nicht primär der Festlegung unserer Pflichten gegen andere; sie definieren vielmehr, worauf jeder von sich aus, je nach Rolle und Situation, bedacht sein sollte, um kein unpassendes oder unschickliches Bild von sich zu geben. Erst wo andere, wie etwa beim exhibitionistischen Verhalten, Objekt unanständiger Handlungen sind, werden u. U. moralische Ansprüche oder Rechte verletzt; eine Verletzung des Anstands als solche fällt – jedenfalls im Urteil derer, die auf Anstand halten – primär auf denjenigen zurück, der sich ihrer schuldig macht, mag er dies nun mit Verlegenheit oder Beschämung anerkennen oder auch, wie der antike Kyniker oder sein moderner Epigone, die »Provokation« anderer geradezu gesucht haben.
Der Grund der Unterscheidung zwischen anständigem und unanständigem Verhalten ist im *amour-propre* zu suchen: Zu den Normen des Anstands, die nach der Analyse des Panaitios auf die ausgezeichnete Rolle des Menschen in der Natur zurückgehen, gehören vor allem jene Regeln, die eine unmittelbare, gleichsam »animalische« Bedürfnis- und Triebbefriedigung untersagen, weil dies den *amour-propre* des Menschen verletzen würde; selbst nach außerordentlichen Entbehrungen gilt eine ungehemmte Bedürfnisbefriedigung u. U. als unanständig. Zahllose Anstandsregeln einer zivilisierten Gesellschaft haben keinen anderen Sinn als den: deutlich zu machen, daß menschliche Bedürfnisbefriedigung kulturell vermittelt ist. Wer auf sich hält, gibt sich eine gewisse Haltung, indem er sich versagt, was doch nur »natürlich« ist. Aber es sind nicht die Individuen selbst, die jene Verhaltensmuster erfinden, die dem menschlichen Sinn für Anstand genügen; sondern sie finden sie vor und übernehmen sie, weil sie als anständig gelten. Primär drückt sich in ihnen gleichsam der *amour-propre* der Menschen oder einer bestimmten Gesellschaft aus; unanständiges Verhalten wird daher nicht mißbilligt, weil es unhöflich, böse, widerrechtlich oder unschön, sondern weil es verächtlich ist.
6. Höflichkeit und Anstand scheinen noch mehr als Moral und Recht von Zufällen kultureller oder geschichtlicher Entwicklungen abzuhängen; bei näherer Betrachtung zeigt sich indes regelmäßig, daß die Unterschiede zwischen verschiedenen Kulturen

oder Epochen geringer sind, als es zunächst scheint, und daß die Bedeutung der jeweils zugrunde liegenden Verhaltensmuster unschwer zu erkennen ist.

Auf ein in diesem Zusammenhang sehr interessantes Beispiel hat Rassem aufmerksam gemacht: Ein britischer Offizier, der die Eßgewohnheiten von Eingeborenen auf einer Südsee-Insel korrigieren möchte, muß sich belehren lassen, daß er selbst die Eingeborenen durch eine Unhöflichkeit tief gekränkt hat: Während zwei Frauen von den Veranden ihrer Häuser aus sich über die Dorfstraße hinweg unterhielten, war er zwischen ihnen hindurchgeschritten, ohne um Erlaubnis zu bitten und die für einen solchen Fall vorgesehenen Formen zu beachten.[25] Nun ist bereits merkwürdig, daß von einer vollkommen damit übereinstimmenden Höflichkeitsregel auch aus Westafrika berichtet wird, obwohl ein kultureller Einfluß natürlich auszuschließen ist.

Versucht man aber zu verstehen, welchen Sinn diese Höflichkeitsregel haben könnte, so wird man nicht übersehen, daß bei einem Gespräch, selbst wenn es über die Straße hinweg geführt wird, eine Kommunikation oder eine Gemeinsamkeit zustande kommt, die auch einen räumlichen Aspekt hat: Die Sprechenden nehmen den Raum zwischen ihnen gleichsam gemeinsam ein; wer diesen Zwischenraum durchquert, drängt sich daher in diese gemeinsame Sphäre und stört oder unterbricht gar die Kommunikation. Daß dies auch in Europa als verletzend empfunden wird, läßt sich belegen: Im militärischen Bereich wird oder wurde jedenfalls von Soldaten verlangt, daß sie in einer vergleichbaren Situation Vorgesetzte in aller Form um die Erlaubnis baten, »vorbeigehen zu dürfen« (Zwischen ihnen hindurchgehen zu dürfen, galt vermutlich als unvorstellbar). Aber auch im zivilen Umgang miteinander wird man sich, je nach der Situation, hüten, in die kommunikative Sphäre, die durch ein Gespräch zustande kommt, umstandslos einzudringen, und sei es auch nur, indem man wortlos den Zwischenraum zwischen den Sprechenden durchquert.

Der Sinn von Höflichkeitsregeln ist indes häufig nicht mehr unmittelbar verständlich, weil sie zu einer bloßen Förmlichkeit geworden sind, die man gewohnheitsmäßig beachtet; der Schein kann sogar entstehen, Höflichkeit sei überhaupt nichts anderes als die Beachtung solcher Förmlichkeiten, und ihr Sinn erschöpfe sich

25 Vgl. Rassem, a.a.O. 117.

in der Reduktion von Verhaltenskontingenzen. Diese Auffassung liegt dort besonders nahe, wo Höflichkeit entweder noch ganz in eine alle Lebensbereiche regelnde Sitte eingebettet oder aber zur Etikette, zu einem Zeremoniell oder zum »Protokoll« hochstilisiert ist. Zwischen diesen beiden erstarrten Extremen liegt indes jene Mitte, wo Höflichkeit als Takt erst eigentlich lebendig ist. Hier wird erwartet, daß man selbst eine Art »Fingerspitzengefühl« dafür habe, wie die allgemeine Norm der Rücksichtnahme auf den *amour-propre* anderer je nach ihren besonderen Empfindlichkeiten und je nach der Situation angewendet werden sollte. Daß dabei oft beträchtliche Umsicht erforderlich ist, lehrt das italienische Sprichwort: *In casa dell' impiccato non si parla di corde* (Im Hause eines Gehenkten redet man nicht von Stricken). Man muß die Empfindlichkeit und Verletzlichkeit des *amour-propre* kennen und sich das Situationsverständnis anderer zu eigen machen können, wenn man andere und sich selbst vor Taktlosigkeiten bewahren möchte. Weder die Empfindlichkeit für eine Verletzung des *amour-propre* noch die Fähigkeit, eine Situation aus der Perspektive des anderen richtig zu deuten, sind jedoch unabhängig vom Entwicklungsstand einer Gesellschaft und von dem in ihr vorauszusetzenden Bildungsniveau.

Solange familiäre Vertrautheit oder alte Freundschaft im Umgang miteinander die Gewißheit geben, daß man als der anerkannt ist, der man sein möchte, besteht wenig Veranlassung, sich durch das Verhalten von Angehörigen oder Freunden in seinem *amour-propre* verletzt zu fühlen; erprobte Verläßlichkeit und gegenseitiges Wohlwollen lassen jene Distanz gar nicht erst oder nicht mehr aufkommen, die im *amour-propre* vorausgesetzt ist. Auch solange in einer traditionsgeleiteten Gesellschaft Sitten den Verkehr miteinander regeln und Kontakte mit Fremden noch keine große Bedeutung haben, fehlen weithin die Voraussetzungen für die Entwicklung jenes individuellen Selbstwertgefühls, das sich als *amour-propre* artikuliert. Die Kränkung durch eine Unhöflichkeit äußert sich hier noch als ein Gefühl, dem man wehrlos ausgeliefert ist: Man ist »beleidigt«. Der *amour-propre* und der Sinn für seine Verletzlichkeit entwickelt sich erst, wenn das, was man zu sein glaubt, und das, wofür man gehalten wird, nicht mehr von vornherein durch unreflektiert übernommene Verhaltensnormen und eine ihnen entsprechende Gesellschaftsverfassung zur Übereinstimmung gebracht wird. Es ist daher kein Zufall, daß in Griechenland am Anfang des vierten Jahrhunderts v. Chr. der Ausdruck ›wohlgesittet‹ (εὐήθης) die Bedeutung ›einfältig‹ annimmt und gleichzeitig ›städtisch‹ (ἀστεῖος) die Bedeutung ›höflich‹ erhält[26]; dieser Bedeutungswandel zeigt an, daß sich in der Metropole (ἄστυ), in der man ständig mit Personen aus der Fremde zusammentrifft, sich neue Umgangsformen entwickelt haben, die von den einzelnen viel Umsicht und Takt verlangen, damit die individuellen Geltungsansprüche nicht unaufhörlich verletzt werden. Im Ideal der Urbanität, das sich im Rom des ersten vorchristlichen Jahrhunderts unter entsprechenden Bedingungen entwickelte, lebt dieser Begriff von Höflichkeit weiter, ähnlich wie der Ausdruck ›Höflichkeit‹ *(cortesia, courtoisie)* an die Umgangsformen im Zentrum der Macht und des gesellschaftlichen Lebens erinnert. Der sich hier entfaltende Individualismus des *amour-propre* artikuliert sich im französischen Absolutismus zum Ideal der »Geschliffenheit« *(politesse)*, das ohne »Takt« und »Geschmack« nicht erreichbar ist[27], und wird so bereits seit der Mitte des 18. Jahrhunderts Gegenstand nicht nur der Bewunderung, sondern auch der Kritik. Daß die Erwartungen, die sich auf Art und Niveau eines höflichen Umgangs miteinander richten, von der jeweiligen Gesellschaftsverfassung und ihrem Entwicklungsstand abhängen, wird von hier aus verständlich.

Dies bedeutet indes keineswegs, daß auch die Forderung, man solle sich im Umgang miteinander um Höflichkeit bemühen, und die elementaren Verhaltensmuster bzw. die ihnen entsprechenden Normen höflichen Verhaltens sozialgeschichtlich bedingt seien. Die Standards, die wir etwa aus den homerischen Epen oder aus den platonischen Dialogen kennen lernen, sind im wesentlichen dieselben wie diejenigen, an denen wir uns auch in der Gegenwart noch orientieren[28]; sie unterscheiden sich offenbar auch nicht we-

26 Vgl. Ilting, Sittlichkeit, in: Naturrecht und Sittlichkeit.

27 Takt (tactus) ist der Gefühlssinn, also die Fähigkeit, einen Gegenstand durch Hautkontakt wahrzunehmen, die bei gewissen Krankheiten erheblich beeinträchtigt ist. Dies gibt Veranlassung, auch metaphorisch (ähnlich wie beim »Geschmack« = Geschmacksinn) von fehlendem Fingerspitzengefühl zu sprechen. – Zum Sprachgebrauch vgl. Hans Krings, Geschichte des Wortschatzes der Höflichkeit im Französischen, Bonn 1961.

28 Ähnlich urteilt Harold Nicolson, Good Behaviour, being a study of

sentlich von denjenigen, die unabhängig von der europäischen Zivilisation etwa in Ostasien entstanden und über Jahrtausende hinweg bewahrt worden sind. Ihr Sinn ist in allen Hochkulturen, soweit erkennbar, dafür zu sorgen, daß Individuen, deren Beziehungen nicht schon durch wechselseitiges Wohlwollen geprägt sind, sich eine gewisse Haltung *(tenue)* geben und im distanzierten Umgang miteinander sich als Wesen respektieren, die Anspruch auf eine gewisse Selbstachtung erheben und insoweit auch verdienen. Höflichkeit kann daher als die Bereitschaft und Fähigkeit definiert werden, diesen *amour-propre* des gebildeten Individuums nicht zu verletzen, so sehr auch die Formen, in denen dies zum Ausdruck gebracht wird, wechseln mögen.

7. Höflichkeit ist in den voranstehenden Erörterungen als Inbegriff negativer Normen beschrieben worden, nämlich als die Forderung, einen bestimmten Geltungsanspruch gebildeter Individuen nicht zu verletzen; sie gleicht insoweit also dem, was zuvor als der Inbegriff moralischer Normen erster Stufe definiert wurde. Die Frage liegt daher nahe, ob nicht entsprechend auch Höflichkeitsnormen zweiter Stufe unterschieden werden sollten, positive Normen mithin, die gebieten, den Anspruch anderer auf Selbstachtung nicht nur zu respektieren, sondern auch ausdrücklich zu bestätigen.

Daß sich Höflichkeit nicht darauf reduziert, andere nicht zu kränken, mag man sich am Beispiel einer verunglückten Bemühung klarmachen: Im geselligen Beisammensein wird man sich über ein mißratenes Abendessen, eine allzu dilettantische Musikdarbietung oder eine unzureichende Argumentation nicht nur zurückhaltend und schonend äußern, sondern sogar versuchen, etwas Lobendes zu sagen und »Komplimente«[29] zu machen, d. h. das, was tatsächlich fehlte, in der Vorstellung zu »ergänzen« *(complere, complir)* und sein Urteil auf die gute Absicht zu beziehen. In moralischer Betrachtung erscheint diese Art von Höflichkeit zwar – ebenso wie die damit verbundene »Schmeichelei« – als eher verächtliche Unaufrichtigkeit: aber in Erinnerung an Hamlets War-

Certain Types of Civility (dt. Vom Mandarin zum Gentleman, München 1957, 58 u. ö.).

29 Komplimente werden in der »Encyclopédie« Diderots definiert als ».. . discours par lequel on témoigne de vive voix ou par écrit à quelqu'un l'estime qu'on a pour lui, ou la part que l'on prend à quelque chose d'intéressant qui lui arrive«.

nung, nicht einen jeden nur nach seinem Verdienst zu behandeln – *Use every man after his desert, and who would escape whipping?* –, läßt sich Höflichkeit dieses Typs auch als das Bestreben deuten, andere mehr in ihren gutgemeinten Intentionen zu bestätigen, als sie an ihren unvollkommenen Realisierungen zu messen. Höflichkeiten dieser Art verlieren indes den Schein der Unaufrichtigkeit, wenn sie nicht der Absicht entspringen, die Mängel eines anderen zu ignorieren, sondern dem Wunsch, ihre Vorzüge kennen zu lernen. Wo Sympathie ohnehin unser Verhalten leitet, wird dieser Wunsch gewiß nicht fehlen; hängt unsere Bereitschaft, die Vorzüge anderer anzuerkennen und sie in ihrem Selbstgefühl zu bestätigen, jedoch nicht mehr davon ab, ob sie uns besonders sympathisch sind, so dürfte eine Einstellung zum Mitmenschen erreicht sein, der auf der Ebene der Sittlichkeit die Hilfsbereitschaft entspricht.[30]

Man wird indes Bedenken tragen, eine solche Einstellung noch ›Höflichkeit‹ zu nennen, sondern vielleicht eher von ›Freundlichkeit‹ sprechen, obgleich dieser Ausdruck gewiß nicht weit genug ist, immerhin aber den Vorzug hat, die Aufhebung jener Distanz anzudeuten, die der Höflichkeit nun einmal anhaftet. Denn freundlich ist man ja gerade nicht im Umgang mit Freunden, sondern mit denen, die man wie Freunde behandelt: Freundlichkeit in diesem Sinne verstanden, beruht nicht auf Sympathie; aber sie erzeugt Sympathie. Wer sie anderen entgegenbringt, wird leicht den Eindruck erwecken, aus einer Art natürlicher, angeborener Liebenswürdigkeit zu handeln, obwohl dieses Verhalten doch von einer bestimmten Überzeugung geleitet ist, die sich darauf bezieht, wie man miteinander umgehen sollte. Die hier gemeinte Freundlichkeit ist daher nicht ein charakterlicher Vorzug, sondern eine soziale Tugend.

30 Ähnlich beschreibt Bergson (a.a.O. 326) die höchste Form der Höflichkeit als »charité s'exerçant dans la région des amours-propres«.

III

Daß man Sittlichkeit und Höflichkeit als zwei verschiedene Normensysteme beschreiben sollte, ist nicht von vornherein klar; und in der Tat lehrt ja ein historischer Rückblick, daß in der antiken *Moral-sense*-Philosophie die Tugend der »Besonnenheit« (σωφροσύνη) sowohl moralische Einstellungen wie z. B. Ehrfurcht und Achtung (αἰδώς) vor überlieferten religiösen Überzeugungen wie auch höfliches Verhalten einschließt. Noch in der *Moral-sense*-Philosophie des 18. Jahrhunderts und sogar noch bei Kant[31] gilt Höflichkeit als moralische Tugend. Daß Höflichkeit gleichwohl nicht ohne weiteres als sittliche Pflicht aufzufassen ist, läßt sich indes leicht einsehen: Jemand kann einen anderen mit vollendeter Höflichkeit behandeln (z. B. beim Verkauf eines Gebrauchtwagens) und ihn dabei zugleich in moralisch verwerflicher und u. U. sogar strafrechtlich nachweisbarer Weise täuschen (etwa indem er ihn auf Mängel des Fahrzeugs nicht aufmerksam macht); ebenso ist es möglich, einem anderen vollkommen berechtigte Vorwürfe zu machen (was jedenfalls nicht moralisch verwerflich ist) und ihn dabei zugleich äußerst unhöflich zu behandeln (etwa wenn dies vor Zeugen geschieht). Dies wird auch durchaus nicht merkwürdig erscheinen, wenn man bedenkt, daß moralische Normen erster Stufe als Bedingungen verantwortlichen Handelns überhaupt definiert werden konnten: Daß man für seine Handlungen einstehen kann, dazu ist nicht erforderlich, daß man einander mit Höflichkeit oder gar mit Freundlichkeit begegnet (d. h.: das Selbstwertgefühl des anderen schont oder ihn gar in seinem Selbstwertgefühl bestätigt). Denn – so könnte man vom moralischen Standpunkt aus argumentieren – wenn jemand sich durch moralisch verwerfliches Handeln selbst erniedrigt hat, so besteht keine Veranlassung, ihn in seinem Anspruch auf Selbstachtung zu schonen oder gar zu bestätigen. Auch umgekehrt läßt sich aus der Grundnorm höflichen Verhaltens nicht ableiten, daß man die moralischen Ansprüche anderer vollauf respektieren müsse.

Kein Argument gegen diese Trennung von Sittlichkeit und Höflichkeit ist der Hinweis darauf, daß es Handlungen gibt, die offenbar zugleich und in Tateinheit moralisch verwerflich und un-

31 Vgl. Kant, Metaphysik der Sitten, Tugendlehre, § 48 (Ak.-A. 6, 473 f.).

höflich sind, etwa eine tätliche Beleidigung (Sie ist überdies auch noch eine Ehrverletzung). Gleichwohl ist sie nicht unbedenklich: denn wer einem gewandten und allem Anschein nach höflichen Betrüger zum Opfer gefallen ist, wird sich zumindest nachträglich nicht ohne Grund fragen, ob er es wirklich mit einem höflichen Menschen zu tun hatte. Wenn Höflichkeit auf *amour-propre* und auf Respekt vor dem *amour-propre* anderer beruht, so besteht Grund zu bezweifeln, ob nicht der Begriff eines höflichen Betrügers – man denke nur an den ja ohne Zweifel gewandten Chevalier Riccaut de la Marlinière in »Minna von Barnhelm« – widersprüchlich ist. Dies ist natürlich ein definitorisches Problem; aber wenn Höflichkeit einen Sinn für Selbstachtung voraussetzt, so ist sie schwerlich vom Streben nach moralischer Integrität zu trennen, von dem sich der »höfliche« Betrüger gerade freimacht.

Wie problematisch eine radikale Trennung von Sittlichkeit und Höflichkeit wäre, zeigt sich erst recht, wenn man auch jene Normen in Betracht zieht, die als Normen zweiter Stufe bezeichnet wurden. Wer einen Menschen in Not unterstützt und ihn zugleich demütigt, würde nach dieser Auffassung moralisch verdienstlich handeln und zugleich gegen das Gebot der Menschenfreundlichkeit verstoßen, mithin sich insoweit nur »unhöflich« verhalten. Aber man hat Grund zu der Auffassung, daß der Begriff eines herablassenden Wohltäters erst recht widersprüchlich ist, da Hilfsbereitschaft (als moralisch verdienstliche Einstellung zum Mitmenschen verstanden) voraussetzt, daß der andere, wären unsere Rollen vertauscht, auch seinerseits hilfsbereit sein müßte, so daß jede Veranlassung, sich über ihn zu erheben, entfällt; wer hingegen einen Hilfsbedürftigen unterstützt und zugleich demütigt, wird für seine Hilfsbereitschaft schwerlich moralische Motive anführen können.[32] Die Hilfsbereitschaft, zu der wir moralisch verpflichtet zu sein glauben, wird den Anspruch anderer auf Selbstachtung nicht ignorieren, sondern ihn vielmehr ausdrück-

32 Ähnlich Kant (Metaphysik der Sitten, Tugendlehre, § 23, Ak.-A. 6, 448 f.): »So werden wir gegen einen Armen wohltätig zu sein uns für verpflichtet erkennen; aber, weil diese Gunst doch auch Abhängigkeit seines Wohls von meiner Großmut enthält, die doch den anderen erniedrigt, so ist es Pflicht, dem Empfänger durch ein Betragen, welches diese Wohltätigkeit entweder als bloße Schuldigkeit oder geringen Liebesdienst vorstellt, die Demütigung zu ersparen und ihm seine Achtung für sich selbst zu erhalten.«

lich zu bestätigen suchen, also zur vorhin beschriebenen Freundlichkeit weitergehen müssen.

Moralisch verdienstliches Handeln muß indes keineswegs von Freundlichkeit begleitet sein: Man kann Notleidende ja unterstützen, ohne ihnen persönlich überhaupt zu begegnen; und selbst wo man ihnen persönlich begegnet, ist aus moralischen Gründen offenbar nur gefordert, daß man sich nicht hochmütig gegen sie beträgt. Andererseits ist aber nicht einzusehen, wie man anderen freundlich im hier erörterten Sinne begegnen und sich zugleich weigern könnte, ihnen in der Verwirklichung ihrer durch moralische Normen geschützten Ansprüche zur Seite zu stehen, soweit dies nach Lage der Dinge möglich erscheint. So wie elementare Höflichkeit ohne die Anerkennung elementarer moralischer Pflichten sinnlos wäre, so wäre offenbar auch »Freundlichkeit« ohne Hilfsbereitschaft in moralischer Bedeutung sinnlos. Man könnte daher denken, die so verstandene Freundlichkeit als Inbegriff moralischer Normen dritter Stufe zu definieren, so daß sich in ihr die Idee der Sittlichkeit allererst vollendet.

Dieses Ergebnis – wenn es ein Ergebnis ist – stimmt gut zusammen mit der am Ende des ersten Teils erreichten Feststellung, daß die Grundlage der Verbindlichkeit moralischer Normen in einem unbedingten Willen zur (moralischen) Integrität der Person zu suchen ist. Was die Betrachtungen über Höflichkeit und Freundlichkeit darüber hinaus beitragen, ist die Einsicht, daß der in jenem Willen sich artikulierende Sinn für Selbstachtung sich nicht in der Anerkennung und Wahrnehmung moralischer Pflichten gegen andere erschöpfen kann, sondern sich zu einem Sinn für den Anspruch anderer auf Selbstachtung erweitern muß, der die Grenzen dessen, was sinnvoll als moralische Pflicht definiert werden kann, hinter sich läßt und wahrhaft menschliche Kommunikation überhaupt erst ermöglicht.

Der Geltungsgrund moralischer Normen

Als naturalistischen Fehlschluß kann man den Versuch bezeichnen, verbindliche Normen aus der Natur der Dinge oder des Menschen abzuleiten. Dieser Versuch muß scheitern, weil Sollen ebensowenig wie Sein ein »reales Prädikat« (Kant) ist. Der naturalistische Fehlschluß ist daher das deontologische Analogon zum ontologischen Gottesbeweis. Als intellektualistischen Fehlschluß möchte ich nun den Versuch bezeichnen, verbindliche Normen aus den Bedingungen unseres Verstandesgebrauchs abzuleiten oder den Geltungsgrund ihrer Verbindlichkeit in diesen Bedingungen aufzudecken. Auch ein solcher Versuch beruht, so behaupte ich, auf einem Fehlschluß, und zwar deshalb, weil er die Regeln, die wir befolgen müssen, um zu Erkenntnissen zu gelangen, mit jenen Normen verwechselt, die anzuerkennen uns zugemutet wird, wenn anders wir miteinander in moralisch und rechtlich geordneten Verhältnissen leben wollen. Wenn, wie ich zeigen will, jene Regeln keinesfalls in derselben Weise wie moralische Normen verbindlich sind, so muß jeder Versuch, die Verbindlichkeit von Normen[1] durch den Rekurs auf Regeln unseres Verstandesgebrauchs zu begründen, scheitern.

Mein Einwand, einem intellektualistischen Fehlschluß erlegen zu sein, richtet sich gegen meinen alten Freund K.-O. Apel und seine Bemühungen um eine kommunikationstheoretische Begründung der Ethik. Daß dies im Rahmen einer ihm gewidmeten Festschrift geschieht, wird man vielleicht weniger merkwürdig finden, wenn man sich vergegenwärtigt, daß K.-O. Apel selbst jedenfalls von einer »Verpflichtung zur Argumentation«[2] spricht. Aber auch

1 Als Normen möchte ich in diesem Aufsatz nur diejenigen Verhaltensregeln bezeichnen, die in irgendeinem Sinne, sei es im übrigen universal oder auch nur in einer bestimmten Gruppe von Individuen, als verbindlich gelten (d.h. deren Nichtbefolgung in irgendeinem Sinne als verwerflich anzusehen ist).

2 Vgl. Transformation der Philosophie II, 403: »... daß die in der Logik vorausgesetzte Ethik der Argumentation ... die logische und empirisch wissenschaftliche Rechtfertigung von Meinungen ... als *Anspruch* aller Mitglieder der Argumentationsgemeinschaft an alle anderen und somit als moralische Pflicht erweisen kann«.

wenn man solchem Sprachgebrauch nicht folgen mag, so wird man gewiß auch in diesem Falle der Berufung auf das Argument »*Amicus Plato, sed magis amica veritas*« die Berechtigung nicht absprechen wollen. Ohnedies habe ich nicht die Absicht, meinen auf das Argument vom intellektualistischen Fehlschluß gestützten Einwand zum zentralen Thema dieses Aufsatzes zu machen, sondern ich möchte vielmehr die Zurückweisung der kommunikationstheoretischen Begründung der Ehtik zum Anlaß nehmen, die Frage nach dem Geltungsgrund moralischer Normen zu beantworten und diese Antwort, soweit dies im Rahmen eines Aufsatzes möglich ist, auszuarbeiten.

Zunächst werde ich daher Apels kommunikationstheoretischen Begründungsversuch im Blick auf die Frage nach dem Geltungsgrund moralischer Normen darstellen und deutlich machen, daß er jenen Tatbestand impliziert, gegen den ich das Argument des intellektualistischen Fehlschlusses vorbringe. Sodann werde ich den so rekonstruierten Begründungsversuch kritisieren, indem ich den Punkt aufweise, wo der soeben charakterisierte Fehlschluß vorliegt. Anschließend werde ich dann meinen eigenen Begründungsversuch vorlegen. Er geht davon aus, daß eine universal verbindliche Ethik und Rechtslehre die Aufgabe hat, die Bedingungen eines geordneten Zusammenlebens auf der Grundlage des Anspruchs auf Selbstbestimmung zu formulieren, und daß diese Aufgabe im Blick auf die allgemeine Zumutbarkeit der Anerkennung von Normen gelöst werden kann. Aus der Analyse dieses Begriffs des Zumutbaren wird sich ein System von Metanormen ergeben, das die Bedingungen umschreibt, die erfüllt sein müssen, damit Normen überhaupt als universal verbindlich angesehen werden können. Aus diesen Metanormen sind alsdann, auf einer zweiten Stufe des Begründungsversuchs, Grundnormen einer universal verbindlichen und darum rationalen Ethik begründbar. In Verbindung mit Hypothesen über allgemeinmenschliche Bedürfnisse und Interessen sowie über Typen spezifisch menschlicher Interaktionen können dann, auf einer dritten Stufe des Begründungsversuchs, jene formalen Grundnormen zu *prima facie* universal verbindlichen materialen Normen weiterentwickelt werden. Da indes auch diese materialen Normen noch nicht ausreichen, die normativen Bedingungen eines geordneten Zusammenlebens zu definieren, wird auf der vierten Stufe des Begründungsversuchs die Aufgabe darin bestehen, die Bedingungen der Konkretisierung und der Anwendbarkeit verbindlicher Normen anzugeben. Auf der fünften Stufe dieses Begründungsversuchs kann dann schließlich die Genese verschiedener Typen verbindlicher Normensysteme, wie sie in einer entwickelten Gesellschaft anzutreffen sind, rekonstruiert werden. Erst an dieser Stelle darf die Frage nach dem Geltungsgrund verbindlicher Normen als beantwortet gelten.

I

Seit seinem Aufsatz »Das Apriori der Kommunikationsgemeinschaft und die Grundlagen der Ethik« (1973) ist die Lösung, die K.-O. Apel für eine Grundlegung der Ethik vorschlägt, im wesentlichen dieselbe geblieben. Sie besteht für ihn in der Begründung der These, »daß schon die ... in jeder Problemerörterung vorausgesetzte *rationale Argumentation* die Geltung universaler ethischer Normen voraussetzt« (a.a.O. II 397). Ganz in diesem Sinne erblickt er auch noch in seinem Aufsatz »Warum transzendentale Sprachpragmatik?«[3] seine Aufgabe in einer »Letztbegründung ethischer Normen durch Reflexion auf die im argumentativen Diskurs performativ evidenten normativen Bedingungen der Kommunikation«. Darin liegt zunächst die These, daß die Regeln, die bei jeder Argumentation beachtet werden müssen, wenn anders das Argumentationsziel nicht verfehlt werden soll, *moralische* Normen sind. Da nun unterstellt werden kann, daß jeder, der argumentiert, die Geltung dieser Argumentationsregeln anerkannt hat, wird daraus auf die Anerkennung moralischer Normen durch jeden, der argumentiert, geschlossen. Mit dem Nachweis der Anerkennung moralischer Normen durch jeden, der argumentiert, gilt dann die Aufgabe einer Letztbegründung ethischer Normen bereits als gelöst, da ja niemand widerspruchsfrei die Geltung moralischer Normen bestreiten könnte, wenn anders er dazu nur als Argumentierender in der Lage wäre. Dem Einwand, daß damit allenfalls die Anerkennung moralischer Normen durch diskussionsbereite Individuen erwiesen und ihre Verbindlichkeit im übrigen noch gar nicht gesichert wäre, sucht Apel mit der Überlegung zu begegnen, daß eine Verweigerung der Diskus-

3 Vgl. Prinzip Freiheit, hrsg. v. H. M. Baumgartner, Freiburg/München 1979, 34.

sionsbereitschaft einer Selbstausschließung aus der Gemeinschaft rationaler Wesen gleichkäme und daher konsistent überhaupt nicht durchgehalten werden könnte.[4]
Die in aller rationalen Argumentation vorausgesetzte moralische Grundlage findet Apel in expliziter Anlehnung an Kants Kategorischen Imperativ in der »wechselseitigen Anerkennung aller Mitglieder (der Argumentationsgemeinschaft) als gleichberechtigter Partner« (1973, II 400). In jüngster Zeit hat er diesen Gedanken jedoch dahingehend präzisiert, daß diese »ethische Grundnorm« eigentlich nur eine »Metanorm der Konsensbildung über Normen im Sinne der Ermittlung und Vermittlung der Interessen aller Betroffenen unter Diskursbedingungen einer idealen Kommunikationsgemeinschaft« darstellt.[5] Sie gilt ihm jetzt vor allem als eine »Verfahrensnorm der Normbegründung durch konsensuale Kommunikation«[6], welche die »Begründung der Gültigkeit von Institutionsnormen« ermöglicht (Kant, Hegel ... 100). Auf diesem Wege soll die »Forderung einer inhaltlichen Vermittlung aller menschlichen Interessen als möglicher Ansprüche in einer herzustellenden Institution universaler, repressionsfreier Beratung« verwirklicht werden.[7] Durch die »Zwischenschaltung der diskursiven Konsensbildung in einem zweistufigen Verfahren der Normenbegründung« glaubt Apel der Kritik, die Hegel am Formalismus der Kantischen Ethik geübt hatte, Rechnung zu tragen und so die Einseitigkeit des einen wie des anderen überwinden zu können.[8]

4 Dieses Argument erinnert an einen Topos des aristotelischen Protreptikos: Man muß philosophieren; denn derjenige, welcher dies bestreitet, philosophiert (vgl. Aristoteles, Fragmente bei Ross, 27f.).

5 Vgl. Kant, Hegel und das aktuelle Problem der normativen Grundlagen von Moral und Recht, in: Diskurs und Verantwortung, Frankfurt a. M. 1990, 69–102 (99).

6 Vgl. Funkkolleg, Praktische Philosophie/Ethik, Studienbegleitbrief 8, Weinheim/Basel 1981, 86.

7 Vgl. Praktische Philosophie/Ethik, Materialien zu Funkkolleg 1, hrsg. v. K.-O. Apel et al., Frankfurt 1980, 289.

8 Gegen Kants Lehre vom Kategorischen Imperativ wendet Apel ein, er sei »als Prinzip der Normenbegründung unzureichend« (SBB 8, 83). Aber damit wird dieser Lehre eine Aufgabe aufgebürdet, die zu lösen sie gar nicht beansprucht: Der Kategorische Imperativ ist kein Prinzip der Normenbegründung, sondern ein Beurteilungskriterium zur Unterscheidung moralisch erlaubter und unerlaubter Handlungen. Über die-

In diesem Gedankengang finden sich gewiß zahlreiche Thesen, die einer gründlichen Prüfung bedürfen und deren logische Verknüpfung im Zusammenhang der vorgelegten Argumentation genauer untersucht werden müßte. Im Blick auf die »Letztbegründung ethischer Normen« indes erscheint Apels Versuch, die Geltung

sen Punkt gelangt auch Apel mit seinem »zweistufigen Verfahren der Normenbegründung« nicht hinaus; denn bei der von ihm vorgeschlagenen »diskursiven Konsensbildung« dient die (Kants Kategorischem Imperativ entsprechende) »Metanorm« ebenfalls nur als Beurteilungskriterium, während die in die Diskussion eingebrachten »Geltungsansprüche« Kants »Maximen« entsprechen und ebenso wie diese auf ihre moralische Vertretbarkeit überprüft werden sollen.

Hegels bekannten Einwand, die Lehre vom Kategorischen Imperativ beruhe auf einer Tautologie (vgl. Über die wissenschaftlichen Behandlungsarten des Naturrechts, in: Gesammelte Werke Bd. 4, hrsg. von H. Buchner/O. Pöggeler, Hamburg 1968, 436f.), hält Apel für zutreffend, aber zu Unrecht. Denn wer das *Eigentum* eines anderen zu verwahren eingewilligt hat und sich später weigert, es wieder herauszugeben (etwa weil der rechtmäßige Eigentümer keine Dokumente vorweisen kann), der hat *ipso facto* anerkannt, daß es Eigentum geben soll – er will ja fremdes Eigentum als Eigentum zurückbehalten – und er kann daher nicht vorgeben, er handle nach der verallgemeinerungsfähigen Maxime: es solle überhaupt kein Eigentum geben; er will vielmehr, daß es Eigentum geben soll, und will zugleich das Eigentum anderer nicht als solches anerkennen. Er hat ferner eingewilligt, Eigentum eines anderen zu *verwahren*, d. h. auf Verlangen zurückzugeben, und weigert sich gleichwohl, es auf Verlangen zurückzugeben. Er hat überdies die Rückgabe *versprochen* und bricht gleichwohl sein Versprechen. Wie eng oder wie weit man die Maxime faßt, nach der er gehandelt hat, in jedem Falle hat er nach einer Maxime gehandelt, die nicht als Prinzip einer allgemeinen Gesetzgebung dienen kann, da sie sich in diesem Falle selbst aufheben würde. Hegel hat zwar recht, wenn er fragt: »Daß es aber gar kein Depositum gäbe, welcher Widerspruch läge darin?« (a.a.O. 436, 31f.); aber wenn es kein Depositum gäbe, so hätte niemand sein Eigentum dem Veruntreuer anvertraut, und dieser wäre dann gar nicht in der Lage gewesen, sich fremdes Eigentum auf diese Weise anzueignen. – Hegels stereotyp wiederholter Einwand gegen die Lehre vom Kategorischen Imperativ ist leider eins von vielen Indizien dafür, daß ihm die Prinzipien der Kantischen Ethik zeitlebens unklar geblieben sind.

Richtig ist hingegen, daß Kant keinen Weg aufgezeigt hat, wie man zu universal verbindlichen *materialen* Normen, wie etwa dem Verbot der Lüge oder dem Gebot, ein Versprechen zu halten, gelangt; er kann lediglich zeigen, daß eine entgegenstehende Handlungsweise unmöglich universaler moralischer Normen durch Reflexion auf die Voraussetzungen einer rationalen Argumentation zu begründen, als besonders problematisch. Denn moralische Normen haben ja offensichtlich die Aufgabe, die menschlichen Lebensverhältnisse insgesamt zu ordnen; in einer idealen Argumentationsgemeinschaft hingegen sind die normalen Bedingungen menschlichen Zusammenlebens gerade aufgehoben: Die Idealität einer Argumentations- und Kommunikationsgemeinschaft mag einerseits zwar das Ideal einer unbefleckten moralischen Vollkommenheit evozieren; andererseits kann sie aber auch nicht vergessen machen, daß wir in einer reinen, lediglich an Erkenntnisinteressen orientierten Argumentationsgemeinschaft eben jener Schwierigkeiten und Notwendigkeiten des Zusammenlebens enthoben sind, welche u. a. durch moralische Normen geregelt werden sollen. Daß gerade eine Argumentationsgemeinschaft als Modell moralisch geordneter Lebensverhältnisse tauglich sein soll, erscheint zumindest *prima facie* wenig plausibel, und in der Tat hat dieser Punkt ja nicht wenig Erstaunen hervorgerufen. Schon darum sollte er zum Gegenstand einer näheren Erörterung gemacht werden.

In seinem grundlegenden Aufsatz von 1973 gibt Apel seiner Argumentation die folgende Gestalt:[9]

(1) Bei jeder Problemerörterung geht es um die Geltung von Argumenten.

(2) Die Geltung von Argumenten kann nur in einer Gemeinschaft von Denkern überprüft werden.

(3) Die Geltung von Argumenten ist von der Rechtfertigung sprachlicher Aussagen in der aktuellen Argumentationsgemeinschaft prinzipiell abhängig.

(4a) Eine Lüge würde den Dialog der Argumentierenden unmöglich machen.

(4b) Eine Verweigerung des kritischen Verständnisses bzw. der Explikation und Rechtfertigung von Argumenten würde den Dialog der Argumentierenden unmöglich machen.

moralisch erlaubt sein kann. Eine Begründung solcher materialer Normen werde ich auf der dritten Stufe meines hier vorgelegten Versuchs vortragen.

9 Vgl. Transformation II 399-401. – Meine Darstellung ist der Versuch, die logische Struktur dieses Textes zu rekonstruieren.

(5) In der Argumentationsgemeinschaft ist die wechselseitige Anerkennung aller Mitglieder als gleichberechtigter Diskussionspartner vorausgesetzt.
(6) In (5) ist die Anerkennung aller Menschen als Personen impliziert, da alle sprachlichen Äußerungen und darüber hinaus alle sinnvollen Handlungen und leiblichen Expressionen von Menschen (sofern sie verbalisierbar sind) als virtuelle Argumente aufgefaßt werden können.
(7) In der intersubjektiven Verständigung über Sinn und Geltung von Aussagen wird bereits eine Ethik vorausgesetzt.

Man kann die Sätze (1)-(3) dieser Argumentation als die Minor, Satz (5) als die Maior eines Syllogismus auffassen:

(I) In jeder Problemerörterung ist die aktuelle Argumentationsgemeinschaft vorausgesetzt.
(II) In der Argumentationsgemeinschaft ist die Grundform der wechselseitigen Anerkennung der Diskussionspartner vorausgesetzt.

Daraus folgt:
(III) In jeder Problemerörterung ist die wechselseitige Anerkennung der Diskussionspartner vorausgesetzt.

Die Sätze (4a) und (4b) sind offenbar Hilfssätze zur Begründung von (5). Nun wird die Conclusio (III) in Satz (6) auf alle sinnvollen Handlungen ausgeweitet:

(IV) Alle sinnvollen Handlungen ... können als virtuelle Argumente aufgefaßt werden.
(V) Für alle sinnvollen Handlungen gilt daher (II).
(VI) In allen sinnvollen Handlungen wird folglich die wechselseitige Anerkennung der Partner vorausgesetzt. (Partner, die sich wechselseitig anerkennen, heißen Personen).

Indem schließlich unterstellt wird, daß alle Menschen Partner bei sinnvollen Handlungen sein können, ergibt sich:

(VII) Bei jeder sinnvollen Handlung sind alle Menschen als Personen anerkannt.

Die Schlußfolgerung aus (1)–(6) lautet daher:

(VIII) Bei jeder Problemerörterung sind alle Menschen als Personen anerkannt.

Dieses Ergebnis (VIII) ist offenbar äquivalent mit Satz (7).

Überblickt man nun diese Rekonstruktion der von Apel vorgelegten Argumentation, so ist zunächst festzustellen, daß weniger ihre logische Struktur als die einzelnen Sätze und die in ihnen verwendeten Grundbegriffe bzw. Voraussetzungen angreifbar sind. Man betrachte z. B. die Sätze (2) und (3): Hier wird von der Überprüfbarkeit der Geltung von Argumenten in einer Argumentationsgemeinschaft zur Abhängigkeit der Geltung eines Arguments von der aktuellen (!) Argumentationsgemeinschaft übergegangen. In (4a) wird offenbar unterstellt, daß die Unzulässigkeit von Lügen in einer rationalen Argumentation *moralisch* begründet werden kann und muß. In (4b) ist offenbar daran gedacht, daß jeder, der sich auf eine Argumentation einläßt, *moralisch verpflichtet* ist, sich um kritisches Verständnis und um eine *unbegrenzte* Explikation und Rechtfertigung von Argumenten zu bemühen. Die wechselseitige Anerkennung der Mitglieder der Argumentationsgemeinschaft, von der in (5) gesprochen wird, soll sich offenbar nicht nur auf ihre Fähigkeit, an einer rationalen Problemerörterung überhaupt teilzunehmen oder ihr doch wenigstens verständnisvoll zu folgen, sondern zugleich auch auf ihren Status als moralisch zurechnungsfähige Personen beziehen, so daß jede Problemerörterung bereits *als solche* die wechselseitige Anerkennung aller Beteiligten als moralisch verantwortlich handelnder Personen voraussetzt. Zugleich ist offenbar impliziert, daß sie alle nicht nur als ernstzunehmende Diskussionspartner und als verantwortlich Handelnde, sondern auch in ihren Diskussionsbeiträgen, also mit ihren Argumenten gleichberechtigt sein sollen, ja daß die Anerkennung der Gleichberechtigung aller Argumente geradezu eine moralische Pflicht sei. Problematisch ist natürlich auch die These (vgl. Satz (6)), daß »alle sprachlichen Äußerungen und darüber hinaus alle sinnvollen Handlungen und leibhaften Expressionen von Menschen (sofern sie verbalisierbar sind) als virtuelle Argumente aufgefaßt werden können«, zumal sie impliziert, daß auch leibhafte Expressionen von Tieren als virtuelle Argumente zu deuten und daher in einer ethischen Diskussion gleichberechtigt zu berücksichtigen sind. Überhaupt fällt auf, daß bei diesem Versuch einer Begründung der Ethik die Aufmerksamkeit vor allem auf das Problem der »Anerkennung« gerichtet ist[10], während die

10 Provoziert wohl durch meinen Aufsatz: Anerkennung (in diesem

Frage nach dem Begriff der Moral (d. h. die Frage nach der Unterscheidung moralischer und nicht-moralischer Normen) überhaupt nicht gestellt wird.

Aus all dem ergibt sich, daß die Basis für eine kritische Prüfung der Apelschen Argumentation in dem Syllogismus (I)-(III) zu finden ist, da dieser den Versuch darstellt, die These zu beweisen, »daß schon die ... in jeder Problemerörterung vorausgesetzte Argumentation die Geltung universaler ethischer Normen voraussetzt«. Dieser Beweis besteht im Grunde darin, daß zwischen die Begriffe ›Problemerörterung‹ bzw. ›rationale Argumentation‹ und ›Geltung ethischer Normen‹ der Mittelbegriff ›Bedingungen einer Argumentationsgemeinschaft‹ eingeschoben wird: Wenn jeder, der überhaupt nur etwas behauptet oder bestreitet, dies sinnvoll nur tun kann, wenn er die Bedingungen einer Argumentationsgemeinschaft anerkannt hat, und wenn ferner zu den Bedingungen einer Argumentationsgemeinschaft die Anerkennung moralischer Normen gehört, so ist mit jedem Akt des Behauptens oder Bestreitens die Verbindlichkeit moralischer Normen bereits anerkannt. Zu prüfen ist also, ob der Begriff ›Bedingungen einer Argumentationsgemeinschaft‹ in diesem Zusammenhang wirklich die Funktion übernehmen kann, die ihm von Apel zugedacht ist. Ich bestreite dies sowohl für die erste wie auch für die zweite Prämisse des Syllogismus (I)-(III) mit der Behauptung, daß (I) einen pragmatischen und (II) einen intellektualistischen Fehlschluß impliziert.[11] Wegen

Bd. 13–29). Mir ging es damals darum, vor allem gegen P. Lorenzen und J. Habermas geltend zu machen, daß eine rein intellektualistische Begründung der Ethik nicht möglich ist, da Verbindlichkeit Anerkennung voraussetzt. Diesen Gedanken hat sich K.-O. Apel zu eigen gemacht und vollkommen in meinem Sinne hinzugefügt: »Freie Anerkennung durch menschliche Subjekte ist nur eine *notwendige*, nicht aber eine *hinreichende* Bedingung der moralischen Geltung von Normen« (1973, II, 415). Die Antwort auf die Frage nach der hinreichenden Bedingung für das Vorliegen rationaler Verbindlichkeit habe ich in meinem Aufsatz: Wahrheit und Verbindlichkeit (in diesem Bd. 66–102) zu geben versucht.

11 Dabei gehe ich von der Deutung aus, daß keine *quaternio terminorum* vorliegt, d. h. daß der Mittelbegriff ›Bedingungen einer Argumentationsgemeinschaft‹ nicht in Minor und Maior äquivok gebraucht wird: Man könnte zwar glauben, daß Apel ihn in der Minor im Sinne von ›... (theoretischen) Argumentationsgemeinschaft‹ und in der Maior im Sinne von ›... (praktischen) Kommunikationsgemeinschaft‹ ge-

der Fragestellung dieses Aufsatzes werde ich mich dabei auf den intellektualistischen Fehlschluß konzentrieren.

II

Unproblematisch sind m. E. die Sätze (1) und (2), aber nicht Satz (3), wenn anders in diesem Satz von ›Geltung‹ in der normalen Bedeutung gesprochen wird. In einem gewissen, allerdings unüblichen Sinne ist freilich die »Geltung« eines Arguments von seiner Rechtfertigung in der aktuellen Argumentationsgemeinschaft abhängig: in dem Sinne nämlich, wie man von ›geltendem Recht‹ spricht. ›Geltung‹ bedeutet in diesem Sinne soviel wie *›validitas‹*, also das In-Kraft-sein der Normen des positiven Rechts, das darin besteht, daß ihre Durchsetzung notfalls durch Anwendung staatlicher Gewalt erzwungen wird. In der Regel wird dabei auch unterstellt, daß die Normen des geltenden Rechts verbindlich sind, also auch unabhängig von jeder Gewaltandrohung befolgt werden sollten. Aber mit dem In-Kraft-sein und der Verbindlichkeit des positiven Rechts sind zwei gänzlich verschiedene Sachverhalte gemeint, und diese Zweideutigkeit ist im Begriff der *validitas* nur verdeckt. Analog kann man zwar auch von der »Geltung« eines Arguments in der doppelten Bedeutung sprechen, daß es sowohl allgemeine Zustimmung findet wie auch triftig ist; aber auch in diesem Falle besteht ein wesentlicher Unterschied zwischen der Tatsache, daß das Argument allgemein für triftig *gehalten wird*, und der Annahme, daß es *triftig ist*. Dies wird vollends klar, wenn man – statt von Argumenten – von der Geltung (d. h. der Wahrheit) eines Urteils p und der »Geltung« der dieses Urteil p enthaltenden Behauptung (d. i. ihrem Für-wahr-gehalten-werden) spricht. Die Behauptung ist ein Sprechakt, in welchem jemand Geltung (Wahrheit) für ein Urteil p in Anspruch nimmt und sich anheischig macht, diesen Anspruch einzulösen. Während ein Urteil nur wahr oder falsch sein kann, ist der Geltungsanspruch eines Urteils entweder einlösbar oder nicht; und in diesem Falle ist das Urteil entweder nachweislich falsch oder unerwiesen richtig.

braucht; aber Apel läßt keinen Zweifel daran, daß er die Anerkennung *moralischer* Normen als Bedingung einer rein *theoretischen* Problemerörterung nachweisen möchte.

Wenn Apel in (3) behauptet, die Geltung eines Arguments sei von seiner Rechtfertigung in der aktuellen Argumentationsgemeinschaft prinzipiell abhängig, so meint er ohne Zweifel nicht die »Geltung« im Sinne eines bloßen Geltungsanspruchs, sondern die Geltung im Sinne der Wahrheit oder Triftigkeit. Er macht also die Geltung eines Arguments von der Einlösbarkeit eines entsprechenden Geltungsanspruchs abhängig, d. h. er verfällt dem pragmatischen Fehlschluß.[12] Denn über die Geltung eines Urteils oder eines Arguments ist mit der Nichteinlösbarkeit eines entsprechenden Geltungsanspruchs, wie gezeigt, überhaupt noch nicht entschieden. Weder Wittgensteins Privatsprachen-Argument[13] noch Peirces Idee einer *community of investigators* vermögen m. E. gegen den kategorialen Unterschied, der zwischen Geltung und Geltungsanspruch besteht, etwas auszurichten. Gerade eine sinnkritische Analyse des Begriffs einer Argumentationsgemeinschaft muß daher Zweifel an dem Gelingen eines Versuchs wecken, die Verbindlichkeit moralischer Normen unter Berufung auf die impliziten Bedingungen jeder rationalen Argumentation zu erweisen.

Aber selbst wenn (1) in seiner ganzen Tragweite innerhalb des angestrebten Begründungszusammenhangs tragfähig genug wäre, müßte die kommunikationstheoretische Grundlegung der Ethik an der Unhaltbarkeit von (II) scheitern. Um dies zu zeigen, möchte ich zunächst die Sätze (4a), (4b) und (5) einzeln prüfen.

Daß eine Lüge nach (4a) ein Argumentieren unmöglich machen würde und daß die Verbindlichkeit der moralischen Norm, welche das Lügen verbietet, bei allem Argumentieren vorausgesetzt

12 Vgl. dazu meinen Aufsatz: Geltung als Konsens (in diesem Bd. 30-65). In diesem Zusammenhang spricht H. Albert (Transzendentale Träumereien, Hamburg 1975, 150) von einer »Perversion ..., die darin liegt, den Wahrheits*begriff* durch Rekurs auf einen wie immer gearteten Konsens zu *definieren*. Sinnvoll wäre es bestenfalls, den anzustrebenden Konsens, damit er überhaupt in diesem Zusammenhang relevant ist, durch Rekurs auf die Idee der Wahrheit zu definieren, denn sonst dürfte nicht einmal klar sein, *worüber* ein solcher Konsens angestrebt wird.«

13 Dazu soeben: M. Hossenfelder, Kants Idee der Transzendentalphilosophie und ihr Mißbrauch in Phänomenologie, Historik und Hermeneutik, in: Beiträge zur Kritik der reinen Vernunft 1781-1981, hrsg. v. I. Heidemann/W. Ritzel, Berlin/New York 1981, 332ff. – Es wäre zu erhoffen, daß dieser Beitrag bei weiteren Erörterungen dieser Frage gebührend berücksichtigt wird.

ist, scheint *prima facie* unwiderleglich zu sein. Warnen sollte einen immerhin der Eindruck, daß die Vorstellung, bei einer Problemerörterung könne sich jemand der Lüge bedienen, seltsam abwegig anmutet. Da dieser Eindruck indes als Argument nicht verwendbar ist, wird eine Analyse vielleicht weiterhelfen.

Was eine Lüge ist, läßt sich ohne viel Mühe definieren: eine Handlung, bei der jemand vorsätzlich die Unwahrheit sagt. Daß eine solche Handlung unerlaubt sei, ist jedoch bereits ein Vorurteil, das wohl durch die Zehn Gebote besonders unterstützt wird. Klar wird dies sofort, wenn man sich einige Fälle vergegenwärtigt, in denen Lügen offenbar erlaubt oder sogar irgendwie geboten sind. Man betrachte z. B.:

(a) Jemand schickt einen anderen in den April.
(b) Jemand läßt sich verleugnen.
(c) Ein Kranker erfährt nicht, wie es um ihn steht.
(d) Jemand weigert sich, einen Unschuldigen zu verraten.

In (a) handelt es sich um einen Scherz, gegen den normalerweise niemand etwas einzuwenden hat. Im Falle von (b) könnte man einem ungebetenen Besucher oder Anrufer u. U. offen sagen, daß man keine Zeit hat. Aber dies würde ihn verletzen, ihm nämlich klarmachen, daß sein Besuch oder Anruf als störend empfunden wird; durch eine Höflichkeitslüge soll ihm diese unangenehme Erfahrung erspart, seine Empfindlichkeit geschont werden. In (c) ist dem Kranken die Wahrheit über seinen Zustand vielleicht gar nicht mehr zuzumuten, so daß die Lüge u. U. ein Akt der Menschlichkeit ist. In (d) handelt es sich um einen berühmten, von Kant leider ganz unzureichend erörterten Fall, in welchem die Lüge vielleicht positiv-rechtlich[14], keineswegs aber sonstwie verboten ist, da man sonst ja unterstellen müßte, es könne jemand in irgendeinem Sinne sonstwie zur Mithilfe bei der Verfolgung Unschuldiger verpflichtet sein.

Wenn mithin klar ist, daß Lügen nicht überhaupt, sondern nur unter bestimmten Umständen oder in einem bestimmten Sinne unerlaubt oder verwerflich sind, so könnte man meinen, eine Lüge sei immer dann aus *moralischen* Gründen nicht zulässig, wenn sie eingestandenermaßen unstatthaft ist. Daß auch dies ein Irrtum ist, läßt sich an den folgenden Fällen verdeutlichen:

14 Vgl. H. Wagner, Kant gegen ›ein vermeintes Recht, aus Menschenliebe zu lügen‹, in: Kant-Studien 1978, 92 ff.

(e) Bei einem Fragespiel (z. B. »Was bin ich?«) gibt jemand eine falsche Antwort.
(f) Bei der Analyse einer Hängepartie im Schach behauptet jemand fälschlich, er habe eine bestimmte Variante bereits geprüft.
(g) Ein Verheirateter erklärt einem Mädchen, er sei unverheiratet.
(h) Jemand beschuldigt vor Gericht einen anderen durch eine Falschaussage.

Im Falle von (e) gehört die Korrektheit der Antworten zu den Regeln des Spiels. Wer eine falsche Antwort gibt – etwa um die anderen aus Spaß irrezuführen –, vereitelt daher das Spiel, und die übrigen Teilnehmer haben allen Grund, ihm vorzuwerfen, er sei ein Spielverderber; aber dies ist kein moralischer Vorwurf, da der Spielverderber, anders als etwa der Falschspieler beim Kartenspiel, die anderen nicht in eigennütziger Absicht betrügt. In gewissen Fragespielen gehört es umgekehrt gerade zu den Spielregeln, daß einer lügt, z. B. wenn die Identität des Lügners durch Fragen ermittelt werden soll; in diesem Falle wäre derjenige ein Spielverderber, der die Wahrheit sagt, statt zu lügen.[15] Die Analyse einer Hängepartie in Fall (f) ist dagegen eine relativ ernste Angelegenheit, vergleichbar etwa dem Versuch, gemeinsam eine mathematische Aufgabe zu lösen: Das gemeinsam angestrebte Handlungsziel besteht in der Entdeckung einer Gewinn- bzw. Verlustvermeidungsstrategie durch Erfolgsoptimierung mittels Akkumulierung und Prüfung von Lösungsvorschlägen. Aus diesem Handlungsziel und den vorgegebenen Randbedingungen (Spielstand, Zahl und Kompetenz der Teilnehmer, verfügbare Zeit usw.) sind die Regeln abzuleiten, die bei der Beratung zu beachten sind (z. B. geordnetes Vorgehen, Sachlichkeit, Rücksichtnahme auf Interessen oder Empfindlichkeiten der Beteiligten), vor allem natürlich der Verzicht auf Handlungen, die das gemeinsam angestrebte Handlungsziel zu vereiteln geeignet sind, also etwa eine falsche Auskunft. Da die Beteiligten ein Handlungsziel gemeinsam erreichen wollen, fällt es gar nicht leicht, sich einen Fall vorzustellen, in dem einer von ihnen vorsätzlich die gemeinsame Bemühung vereitelt, da er ja seinem eigenen Interesse wissentlich

15 Wenn man in diesem Zusammenhang die Verbalisierung des Mienenspiels als Argument werten darf, so gilt auch beim Pokerspiel die bewußte Irreführung als zulässig und prinzipiell möglich.

zuwiderhandeln müßte. Vorwerfen könnte man ihm in diesem Falle jedoch nur, unter dem Schein bereitwilliger Mitwirkung die anderen getäuscht zu haben; eine Lüge wäre zwar im Blick auf das gemeinsame Handlungsziel unstatthaft, aber insoweit gerade nicht *moralisch* verwerflich. Erst in (g) ist die Lüge moralisch nicht-erlaubt; nicht weil sie im Blick auf ein gemeinsames Handlungsziel unstatthaft wäre, sondern weil ein gegen die Interessen eines anderen gerichtetes, eigennütziges Handlungsziel unter Ausnutzung seines Vertrauens in die eigene Glaubwürdigkeit durch Täuschung erreicht werden soll. Damit wird deutlich, in welchem Sinne und unter welchen Bedingungen allein eine Lüge moralisch verwerflich ist: wenn das scheinbar gerechtfertigte Vertrauen eines anderen mißbraucht und zur Verfolgung eigennütziger oder gar böswilliger Zwecke ausgenutzt wird. Ein solcher Fall liegt auch in (h) vor – er ist im Vierten Gebot vor allem gemeint –, nur daß jetzt noch rechtlich die Strafwürdigkeit der vorsätzlichen Falschaussage hinzukommt.

Blickt man nun auf Satz (4a) zurück, so erweist sich, daß die Behauptung, in einer Argumentationsgemeinschaft sei die Anerkennung und Befolgung einer moralischen Grundnorm, nämlich das Verbot der Lüge, vorausgesetzt, unzutreffend ist. Genau wie in Fall (f) gilt in einer Argumentationsgemeinschaft eine vorsätzliche Falschaussage als unstatthaft lediglich im Blick auf das gemeinsam angestrebte Handlungsziel; es handelt sich auch hier m. a. W. um einen hypothetisch-problematischen Imperativ im Sinne der bekannten Unterscheidung Kants in der »Grundlegung zur Metaphysik der Sitten«. Dies bestätigt im übrigen auch K.-O. Apel selbst, wenn er formuliert: »Lügen z. B. würde den Dialog der Argumentierenden unmöglich machen« (II, 400). Gerade weil Apel die Unzulässigkeit der Lüge lediglich im Blick auf ein gemeinsam angestrebtes Handlungsziel begründet, haben wir es nicht mit einer moralisch verbindlichen Norm, sondern mit einem hypothetisch-problematischen Imperativ zu tun. (Problematisch ist dieser hypothetische Imperativ, weil man das in Rede stehende Handlungsziel anstreben kann, aber nicht muß; und selbst wenn man es anstreben müßte – was nicht zutrifft –, so würde aus dem problematischen lediglich ein assertorisch-hypothetischer Imperativ.[16])

16 In die Richtung, die problematisch-hypothetischen Imperative einer Argumentation als gültig für *alle* menschlichen Handlungen, sie mit-

Unzutreffend ist daher auch Satz (4b): Die Verweigerung des kritischen Verständnisses bzw. der Explikation und Rechtfertigung von Argumenten kann im Blick auf das gemeinsame Handlungsziel einer Argumentationsgemeinschaft zwar als unstatthaft gelten; aber insoweit ist sie *eben darum* nicht moralisch verwerflich. Noch weniger kann die entsprechende Bereitschaft moralisch geboten sein, da niemand zum kritischen Verständnis oder zur Explikation und Rechtfertigung von Argumenten bedingungslos verpflichtet sein kann, wenn anders die Mitwirkung an einer gemeinsamen Bemühung immer nur bedingt, nämlich abhängig von der Verfolgung anderer Interessen und von der Erfüllung sonstiger Pflichten, ist. Da das Wort ›Pflicht‹ üblicherweise nur im Blick auf irgendwie verbindliche Normen gebraucht wird, ist es im übrigen irreführend, von einer »Verpflichtung zur Argumentation« zu sprechen.
Unzutreffend ist folglich auch die These (5): »In der Argumentationsgemeinschaft ist die wechselseitige Anerkennung aller Mit-

hin als assertorisch-hypothetische Imperative auszuweisen, geht Satz (6); aber selbst wenn dieses Argument stichhaltig wäre, würde es über hypothetische Imperative nicht hinausführen.
Der Versuch, diese hypothetischen Imperative als kategorische Imperative zu deuten, liegt in Transformation II 415 vor, wo Apel erklärt, der »Wille zur Argumentation« sei für einen Philosophen nicht »empirisch bedingt«, da er die »Bedingung der Möglichkeit jeder Erörterung hypothetisch angenommener empirischer Bedingungen« sei. Richtig daran ist allerdings, daß man ein Handlungsziel nicht erreichen kann, wenn man eine notwendige Bedingung seiner Erreichbarkeit nicht erfüllt; aber dies ist ja genau die Definition problematisch-hypothetischer Imperative (zweckrationalen Handelns): Für denjenigen, der einen frei gewählten Zweck durch Befolgung aller dazu erforderlichen Regeln zu erreichen sucht, sind diese Regeln allerdings »Bedingungen der Möglichkeit«, keineswegs aber – wie Apel an dieser Stelle einfügt – *transzendentale* Bedingungen der Möglichkeit. Auch dadurch, daß jemand ein Handlungsziel »unbedingt« erreichen möchte, werden diese Regeln nicht zu »kategorischen« Imperativen – selbst dann nicht, wenn jemand gar nicht anders könnte, als dieses Handlungsziel anzustreben. Denn hypothetische Imperative sind allesamt »analytisch«, ein kategorischer Imperativ hingegen ist synthetisch: Er verbietet oder gebietet nicht deshalb, weil jemand einen Zweck verwirklichen will, sondern weil jemand einen Zweck auf eine Weise erreichen will, für die nicht einmal er selbst Allgemeingültigkeit beanspruchen kann.

glieder als gleichberechtigter Diskussionspartner vorausgesetzt« – nicht nur, weil dies als die Anerkennung einer *moralischen* Grundnorm verstanden werden soll, sondern bereits deshalb, weil dies mit den gemeinsamen Handlungszielen einer Argumentationsgemeinschaft sogar unvereinbar wäre. Zu den problematisch-hypothetischen Imperativen, die sich aus den Handlungszielen einer Argumentationsgemeinschaft und den vorgegebenen Randbedingungen ableiten lassen, gehört vor allem die Regel, daß die besondere Kompetenz einzelner einen Vorrang begründet: Von »Gleichberechtigung« kann man in dieser Situation nur insofern sprechen, als die Argumente lediglich nach ihrer sachdienlichen Relevanz »ohne Ansehen der Person« bewertet werden müssen; aber solange es primär darum geht, das gemeinsame Handlungsziel so sicher und schnell wie möglich zu erreichen, muß die Sachkompetenz einzelner Vorrang vor allen persönlichen Interessen der Mitglieder einer Argumentationsgemeinschaft, etwa der gleichmäßigen Berücksichtigung aller in der Diskussion, haben. Tatsächlich vorhandene Empfindlichkeiten und Animositäten einzelner sind im Blick auf das gemeinsame Handlungsziel immer nur soweit zu beachten, als ihre Nichtberücksichtigung die gemeinsame Bemühung stören oder vereiteln würde. Aber auch solche Rücksichten haben mit der Anerkennung der Mitglieder als verantwortlich handelnder Personen und ihrem Anspruch auf Menschenwürde nichts zu tun: In ihrer Eigenschaft als Teilnehmer an einer gemeinsamen Bemühung haben sie alle ihre Ansprüche der Verwirklichung des gemeinsamen Handlungszwecks unterzuordnen; sobald sie als handelnde Personen Ansprüche anmelden, treten sie bereits als Individuen mit eigenen, berechtigten Interessen hervor.

In allen voranstehenden Erörterungen wurde strikt von derjenigen Voraussetzung ausgegangen, die K.-O. Apel bei seinen Überlegungen zur Grundlegung der Ethik zugrunde legt: daß es sich um rein sachliche Argumentationen handelt, die möglichst rational erörtert werden sollen, nicht etwa um Argumentationen innerhalb eines Handlungszusammenhangs, der durch einen Beschluß – sei es eines Schiedsrichters oder durch Stimmabgabe von Stimmberechtigten – abgeschlossen wird. Wenn eine zeitlich befristete Diskussion durch einen Beschluß beendet wird, bekommen Diskussionsbeiträge den Charakter einer Werbung für die eigenen Auffassungen und Deutungen; der Anspruch auf gleichmäßige Berücksichtigung bei der Verteilung von Mitsprache-Chancen beginnt damit sinnvoll zu werden. Erst recht gilt dies, wenn die Teilnehmer ein Interesse daran haben, welcher Beschluß am Ende zustandekommt; in diesem Falle ist aber auch die Sachlichkeit der Diskussion höchstens noch insofern gewährleistet, als persönliche Angriffe mißbilligt werden. Eskalationen sind jedoch bei wachsendem Interesse an der Herbeiführung oder Verhinderung bestimmter Beschlüsse immer möglich, und erst damit gewinnt die Orientierung miteinander redender Individuen – von einer »Argumentationsgemeinschaft« zu sprechen, verbietet sich inzwischen – an moralischen Normen an Bedeutung. Eine ähnliche Entwicklung weg von der Sachlichkeit einer rationalen Argumentation und hin zum Hervortreten persönlicher Interessen ist im übrigen auch dann zu erwarten, wenn die Chancen einer eindeutigen Problemlösung sinken und die Diskussion zu einem Prozeß mit unabsehbarem Ende zu werden droht. Dies ist offenbar der Fall einer (von Apel ebenfalls ins Auge gefaßten) Diskussion über die Berechtigung und Vereinbarkeit divergierender Interessen, zumal wenn sie unmittelbar von den Interessenten geführt wird. Es ist schwer vorstellbar, wie eine solche Diskussion die Rationalität einer streng sachlichen Argumentation erreichen kann, da in ihr ja die gleichmäßige Verteilung von Diskussionschancen mit dem Vorrang der Sachkompetenz zur Befriedigung aller Beteiligten vereinigt werden müßte.

In einer an Problemlösung orientierten Argumentationsgemeinschaft haben die Teilnehmer, wenn sie als solche zugelassen sind, einander nicht als gleichberechtigte Diskussionspartner, sondern eben nur als Teilnehmer anerkannt. Entgegen der Satz (5) zugrundeliegenden Meinung haben sie einander aber auch nicht als zurechnungsfähige (d. h. moralisch verantwortlich handelnde) Individuen anerkannt. Man braucht nicht erst daran zu denken, daß u. U. auch ein Computer Mitglied einer Argumentationsgemeinschaft sein könnte, um sich davon zu überzeugen, daß die Teilnehmer an einer gemeinsamen Bemühung um rationale Problemlösung als solche keine moralisch zurechenbaren Handlungen ausführen. Wie ein Computer – falsch programmiert oder fehlerhaft konstruiert – versagen kann, so können auch Diskussionspartner Fehler machen. Wenn sie etwa zur Klärung ihres Sprachgebrauchs und zur Abkürzung ihrer Diskussion terminologische Vereinbarungen treffen, so handelt es sich nicht etwa um ein allseitig moralisch bindendes Versprechen, sondern um eine im Blick auf die gemeinsame Bemühung getroffene Konvention, deren Einhaltung vom Handlungszweck her erforderlich ist, also wieder um einen hypothetisch-problematischen Imperativ. Bei einem ein- oder wechselseitigen Versprechen wird eine Verhaltenserwartung begründet, die u. U. auch gegen die Interessen dessen, der sich gebunden hat, geltend gemacht werden kann; bei einer sprachlichen Konvention innerhalb einer Argumentationsgemeinschaft stört ihre Verletzung die gemeinsame Bemühung, zumal wenn sie unbemerkt bleibt, so daß der Betreffende, wissentlich oder nicht, sich selbst Steine in den Weg legt. Es ist daher unzutreffend, wenn Apel erklärt, daß die »normativen Bedingungen der Möglichkeit von Versprechen ... für jede mögliche Diskussion als nicht hintergehbar vorausgesetzt werden« müssen.[17] Ein Versprechen nötigt einen u. U., bei divergierenden Handlungszwecken zu tun, was man (nicht mehr) möchte; eine sprachliche Konvention kann, im Blick auf den unverändert gemeinsamen Handlungszweck, abgeändert werden, da divergierende Interessen in diesem Fall nicht im Spiel sind. Sobald jemand Veranlassung hätte, einen Diskussionsteilnehmer mit moralischen Argumenten zur Beibehaltung sprachlicher Konventionen zu nötigen, wäre die Sachlichkeit einer gemeinsamen Bemühung um Problemlösung längst verloren gegangen. Wer in sachlicher Argumentation willentlich sprachliche Konventionen verletzt, handelt nicht moralisch verwerflich, sondern er beträgt sich wie jemand, der mit Bedacht beim Autofahren zugleich auf das Gaspedal und auf die Bremse tritt. Damit läßt sich auch der Eindruck der Absurdität bestätigen und aufklären, der am Anfang dieser Erörterung stand: Wer ohne Wissen und Wollen die Regeln zweckrationalen Handelns verletzt, handelt *unvernünftig*, wer dies gar vorsätzlich tut, handelt *absurd*. Wer indes eine verbindliche Norm verletzt, er mag dabei zweckrational vorgehen oder nicht, handelt verwerflich.[18]

17 Vgl. Sprechakttheorie und Begründung ethischer Normen, in: Konstruktionen versus Positionen, hrsg. von K. Lorenz, Berlin/New York 1979, 11, 91.

18 Dies bestätigt auch K.-O. Apel, wenn er darauf hinweist, daß man nicht sinnvoll erklären kann: »Ich lüge jetzt« (Sprechakttheorie ..., a.a.O. 85, 90). – In der Tat, diese Äußerung wäre als bewußter Verstoß gegen die Regeln zweckrationalen Handelns *absurd*. Aber Absurdität ist kein moralisches Kriterium.

Die impliziten Voraussetzungen einer rationalen Argumentation sind in der Bemühung um ein gemeinsames Handlungsziel begründet; sie enthalten folglich keine moralisch verbindlichen Normen, sondern lediglich zweckrational bedingte, problematisch-hypothetische Imperative. Etwas ganz anderes, nämlich Verbindlichkeit, kommt erst dann ins Spiel, wenn nach dem Stellenwert des Handlungsziels selbst und der Beteiligung an der gemeinsamen Bemühung im Lebenszusammenhang der Individuen gefragt wird. Wenn sie etwa auf der Grundlage eines Werkvertrags Aufgaben einer Problemlösung übernommen haben und einer von ihnen, sei es aus Bequemlichkeit oder aus Gleichgültigkeit, den in der Aufgabe begründeten (problematisch-hypothetischen) Imperativen nicht oder nur unzureichend nachkommt, so kann ihm dies allerdings auch moralisch vorgeworfen werden. Der Vorwurf stützt sich alsdann aber nicht auf die Unzweckmäßigkeit seines Verhaltens, sondern auf die Tatsache, daß er sich durch seine Beteiligung moralisch und rechtlich gebunden hat.
Die These, »daß schon die ... in jeder Problemerörterung vorausgesetzte *rationale Argumentation* die Geltung universaler ethischer Normen voraussetzt«, ist damit widerlegt, weil diese Voraussetzungen sich allesamt als problematisch-hypothetische Imperative erwiesen haben – wie es nach diesem Ansatz eines Begründungsversuchs ja auch gar nicht anders sein konnte. Formal betrachtet liegt der für dieses Scheitern entscheidende Fehler in der Verwechslung der Verbindlichkeit moralischer Normen (eines Kategorischen Imperativs) mit der Zweckrationalität von »Regeln der Geschicklichkeit« (problematisch-hypothetischen Imperativen). Blickt man hingegen auf die Begründungsbasis dieses Versuchs, so kann man sein Scheitern auf einen intellektualistischen Fehlschluß zurückführen: Statt die Verbindlichkeit moralischer Normen aus den Bedingungen moralisch verantwortlichen Handelns abzuleiten, stützt sich dieser Versuch auf die Bedingungen rationaler Argumentation, mithin auf Bedingungen unseres Verstandesgebrauchs. Solche Versuche sind bekanntlich so alt wie die Geschichte der Bemühungen um eine Begründung der Ethik selbst. Wenn Sokrates der Meinung war, »Tugend« sei ein Wissen und niemand verfehle freiwillig das Ziel seines Handelns, so glaubte er offenbar, richtige Einsicht allein sei die hinreichende Bedingung moralisch verantwortlichen oder sogar »guten« Handelns. Selbst Thomas Hobbes (De Cive, III, 3) glaubte noch eine

»Ähnlichkeit« (*similitudo*) zwischen einer unrechten Handlung und einem Argumentationsfehler zu erkennen. Der intellektualistische Fehlschluß, der in Apels Begründungsversuch vorliegt, geht indes auf die Meinung zurück, man könne die pragmatische Idee einer »*community of investigators*« zu einer universalen Kommunikationsgemeinschaft verantwortlich handelnder Personen ausweiten und Peirces Erwartung eines Erkenntnisfortschritts auf die moralische Idee einer Einheit des Menschengeschlechts übertragen. Zu fragen ist aber, ob die Rationalität, die in der Konzeption einer universal verbindlichen Ethik vorausgesetzt werden muß, bereits in der Sachlichkeit einer rationalen Argumentation zu finden ist oder ob sie nicht vielmehr in den Bedingungen moralisch verantwortlichen Handelns selbst aufgesucht werden muß.

III

Wenn man von einem Versuch, die Ethik zu begründen, eine Antwort auf die Frage erwarten darf, aus welchem Grunde denn nun moralische Normen – wie wir gemeinhin doch wohl meinen – universal verbindlich sind, so wird man die Antwort, die sich aus K.-O. Apels Begründungsversuch auf diese Frage zu ergeben scheint, auch noch aus einem anderen Grund kaum befriedigend finden. Denn sie besteht eigentlich nur in dem Hinweis, daß wir die Verbindlichkeit universaler verbindlicher Normen notwendigerweise schon immer anerkannt haben, insofern wir gar nicht umhin können, uns auf Argumentationen einzulassen. Daß die notwendigen Bedingungen rationaler Argumentation zugleich hinreichende Bedingung der universalen Verbindlichkeit moralischer Normen sein sollen, erscheint wenig plausibel, selbst wenn man der Deutung zustimmt, daß jede Problemerörterung im Blick auf eine ideale, universale Kommunikationsgemeinschaft zu betrachten ist. Die immer schon vorausgesetzte Anerkennung (vermeintlich) moralischer Normen führt zwar auf ein Ideal universeller Kommunikation, aber nicht eigentlich auf einen *Geltungsgrund* moralischer Normen, es sei denn, man wollte die Rationalität zum Selbstzweck oder zu einem absoluten Wert erheben.[19] Aussichtsreicher erscheint der Versuch, die Antwort auf die

19 Diese Perspektive tut sich auf, wenn K.-O. Apel unterstellt, daß »die

Frage nach dem Geltungsgrund moralischer Normen in den Bedingungen moralisch verantwortlichen Handelns selbst zu finden.

Man kann sich diese Frage nicht mit der erforderlichen Radikalität stellen, wenn man sich nicht klargemacht hat, daß die Verbindlichkeit irgendwelcher Normen keineswegs unbestreitbar ist. Normen sind weder Naturtatsachen noch analytische Sätze, sondern – wie schon Kant hervorgehoben hat – synthetische Sätze a priori: Sie muten uns zu, den Bereich der uns *möglichen* Handlungen selbst gegen unseren Wunsch auf die jeweils *erlaubten* Handlungen einzuschränken, und dies sogar dann, wenn wir, ohne unerwünschte Folgen befürchten zu müssen, wunschgemäß zu handeln imstande wären. Aus dem Begriff unseres Handlungsinteresses läßt sich diese Einschränkung nicht ableiten; der Satz, in welchem dies festgestellt wird, ist also synthetisch. Daß wir zwischen möglichen und erlaubten Handlungen zu unterscheiden haben, ist aber offenbar eine Bestimmung, die wir bei unseren Handlungen unabhängig von allen empirischen Zwecken in Betracht zu ziehen haben; der dies feststellende Satz ist also ein Urteil *a priori*. Da er sich nicht auf die Bedingungen unseres Erkennens, sondern auf diejenigen unseres Handelns bezieht, ist er ein praktisches synthetisches Urteil *a priori*. Wie kann dies aber sein, daß allem unserem Handeln ein solches Urteil zugrunde liegt? Wo wäre der Grund seiner Geltung zu suchen? Unterstellen wir seine Geltung überhaupt mit Recht?[20]

Wenn wir in einem Gedankenexperiment einmal voraussetzen, es gäbe überhaupt keine verbindlichen Normen, die den Bereich der uns möglichen Handlungen einschränken, so erkennt man leicht, daß unsere Handlungsfreiheit dann zwar bedeutend erweitert wäre, daß dies aber auch für alle anderen zuträfe und daß wir folglich auch auf den Schutz verzichten müßten, den uns die Geltung einschränkender Normen immerhin gewährt. Ein Interesse an der Geltung von Normen ist mithin durchaus zu erkennen, aber es führt nicht über den Wunsch hinaus, andere möchten in

Ethik der Argumentation ... Logik und Wissenschaft zur Pflicht macht« (Transformation II, 403).

20 Über Kants Versuche zur Beantwortung dieser Fragen vgl. jetzt meinen Aufsatz: Gibt es eine kritische Ethik und Rechtsphilosophie Kants?, in: Archiv für Geschichte der Philosophie, Bd. 63, 1981, 325-346.

ihren Handlungen, soweit sie uns selbst betreffen, ihre Handlungen im Blick auf Normen, die sie für verbindlich halten, einschränken. Aber da auch jeder andere für sich diese Überlegung anstellen kann, ist auf diese Weise nichts zu erhoffen. Man hätte weiterhin Veranlassung, einander wie unberechenbare Naturgewalten im Auge zu behalten, unabhängig davon, ob man eher eine optimistische oder eine pessimistische Meinung darüber hat, wozu Menschen alles fähig sind. Unerfreulich wie eine solche Situation auch sein mag, bliebe überdies noch die Frage, wie denn wohl unsere Handlungsfreiheit durch Normen eingeschränkt werden sollte, wo doch jede Einschränkung, die dem einen gefällt, dem anderen zu mißfallen pflegt, wo doch jeder an irgendwelchen Handlungsweisen ein besonderes Interesse zu nehmen vermag. Ohne verbindliche und durchschnittlich befolgte Normen ist menschliches Tun stärker bedroht als das vorwiegend instinktgeleitete Leben der Tiere; aber gerade unser Interesse an der Bewahrung unserer ungebundenen Freiheit hindert uns daran, Einschränkungen unserer Handlungsfreiheit hinzunehmen, die uns lediglich aufgenötigt werden.

Aus dieser Vorüberlegung wird indes klar, worin die Aufgabe besteht, wenn eine spezifisch menschliche Form geordneten Zusammenlebens gefunden werden soll: Die zur Herstellung eines geordneten Zusammenlebens erforderlichen Einschränkungen unserer Handlungsfreiheit dürfen diese unsere Freiheit selbst nicht aufheben. Dies wäre etwa dann der Fall, wenn die Ordnung unseres Zusammenlebens allein durch Anwendung oder Androhung von Zwang hergestellt würde – falls dies überhaupt möglich ist – oder wenn sie gar durch einzelne Maßnahmen oder Befehle erzwungen werden sollte. Die Notwendigkeit von Einschränkungen und die Unverzichtbarkeit des Freiheitsanspruchs sind offenbar nur dann vereinbar, wenn die Einschränkungen jedem menschlichen Individuum grundsätzlich *zugemutet* werden können. Denn im Begriff der Zumutung ist bereits ausgeschlossen, daß sich die etwa notwendigen Einschränkungen auf Unverzichtbares, vor allem also auf den Freiheitsanspruch selbst, erstrekken.

1. Oberste Bedingung allgemein zumutbarer Beschränkungen unserer Handlungsfreiheit ist offenbar, daß die Beschränkung selbst den Charakter der Allgemeinheit hat, also in einer *Regel* ausgedrückt werden kann, deren Befolgung allgemein zumutbar ist.

Die Herstellung eines geordneten Zusammenlebens kann daher nicht Aufgabe einer Sozialtechnologie sein, welche Ordnung durch unmittelbare Einwirkung auf das Verhalten der Individuen zu schaffen versucht, so als ob nur geeignete Mittel zur Verwirklichung eines erwünschten Zustandes zu finden und bereitzustellen wären. (Alle Empfehlungen einer Sozialtechnologie wären nur problematisch-hypothetische Imperative.) Eine allgemein zumutbare Ordnung menschlichen Zusammenlebens kann vielmehr nur errichtet werden, wenn sie auf dem *Willen* der Individuen zur Befolgung der durch Regeln festzulegenden Beschränkung ihrer Handlungsfreiheit beruht. Erst in diesem Falle ist die Regel als eine zu befolgende *Norm* anerkannt. Die freie, nicht durch Anwendung oder Androhung von Gewalt erzwungene *Anerkennung* einer Norm durch diejenigen, die sie befolgen sollen, ist daher eine notwendige Bedingung einer allgemein zumutbaren Beschränkung der Handlungsfreiheit menschlicher Individuen. Nur eine frei anerkannte Norm ist mit der Unverzichtbarkeit unseres Freiheitsanspruchs vereinbar.
Durch eine frei anerkannte Norm werden mögliche Handlungen eines Individuums von erlaubten Handlungen in der Weise unterschieden, daß nunmehr ein im Blick auf diese Norm *berechtigter Anspruch* auf Handlungsfreiheit gegründet wird, indem zugleich andere mögliche Handlungen den Charakter des Unerlaubten erhalten. Sinnvoll geschehen kann dies jedoch nur, wenn dieselbe Norm zugleich von allen übrigen Individuen frei anerkannt wird, so daß diejenigen Handlungen, auf welche der eine jeweils einen berechtigten Anspruch hat, für die übrigen allemal unerlaubt sind. Für eine Norm gilt daher Wittgensteins Privatsprachen-Argument ohne Zweifel: Einer kann nicht allein eine Norm anerkennen und befolgen. Wenn aber berechtigte Ansprüche nur aus gemeinsam anerkannten Normen entstehen, so sind allgemein zumutbar nur solche Normen, die grundsätzlich allen Individuen *gleiche* Ansprüche, mithin auch gleiche Verpflichtungen auferlegen. Denn eine Verpflichtung ist überhaupt nichts anderes als die Anerkennung berechtigter Ansprüche eines anderen. Erst durch die gemeinsame Anerkennung einer Norm treten menschliche Individuen daher in ein solches Verhältnis zueinander, daß sie sich wechselseitig als berechtigt und verpflichtet Handelnde, d. h.: als *Personen* anerkennen. Erst auf dieser Grundlage sind sie auch in der Lage, einander für ihre Handlungen einstehen und auf Klagen

antworten, sich für ihre Handlungen *verantworten* zu sollen. Streng genommen kann man sogar von »Handlungen« überhaupt erst sprechen, wo man für seine Taten verantwortlich ist und wo einem diese *zugerechnet* werden können. Privilegien schließt die wechselseitige Anerkennung von Personen zwar nicht aus; allgemein zumutbar indes sind auch sie nur auf der Grundlage der *Gleichberechtigung* von Personen.

In den bisher erörterten Bedingungen der Zumutbarkeit von Beschränkungen unserer Handlungsfreiheit ging es stets darum, unseren unverzichtbaren Anspruch auf Freiheit mit der Notwendigkeit der Beschränkung zu vereinbaren. Es zeigt sich nun, daß dies nicht nur möglich ist, sondern daß auf dieser Grundlage sowohl der Begriff der Handlung wie auch der Begriff der Freiheit überhaupt erst zur Geltung kommt: Erst verantwortlich handelnde Personen sind eigentlich *frei*, da erst sie nicht nur aus unbeschränkter Willkür, sondern auch gestützt auf berechtigte Ansprüche zu handeln imstande sind. Was vorher »Handlungsfreiheit« genannt wurde, ist daher eigentlich ausgewiesen erst auf dem Boden wechselseitiger Anerkennung verantwortlich handelnder Personen. Aus der Forderung nach allgemeiner Zumutbarkeit von Normen ist indes auch die weitere Bedingung ableitbar, daß die Beschränkungen unserer Handlungsfreiheit zugleich die Befriedigung allgemein-menschlicher Lebensbedürfnisse sicherstellen und spezifisch menschliche Formen der Interaktion ermöglichen müssen. Wären sie dazu überhaupt untauglich, so wäre ihre Anerkennung niemandem zuzumuten. Wie unbestimmt die Begriffe allgemein-menschlicher Lebensbedürfnisse sowie spezifisch menschlicher Interaktionen und wie kulturabhängig ihre Definition auch jeweils sein mag, so müssen Normen, um als verbindlich anerkannt werden zu können, den materiellen Bedingungen unseres Lebens doch Genüge tun. Erst dadurch, daß die Idee der Gleichberechtigung von Personen auf die materiellen Lebensbedingungen von Menschen angewandt wird, entsteht der Begriff allgemein zumutbarer *materialer Normen*. Da indes elementare Lebensbedürfnisse und Typen von Interaktionen nicht aus dem Begriff einer normativen Ordnung verantwortlich handelnder Personen abgeleitet werden können, sondern vielmehr im Blick auf den empirischen Charakter des Menschen festgestellt werden müssen, überschreitet der Versuch einer apriorischen Rekonstruktion einer universal verbindlichen

Moral auf der Grundlage der Zumutbarkeit von Normen an dieser Stelle bereits die Grenzen des Ausgewiesenen. Es gibt indes, wie sich zeigen wird, so elementare Lebensbedürfnisse und Typen von Interaktionen, daß schwer vorstellbar ist, wie die Anerkennung gewisser elementarer materialer Normen verweigert werden könnte.

Unter den empirischen und insbesondere geschichtlichen Bedingungen menschlichen Zusammenlebens muß freilich jeweils definiert werden, wieweit die Befriedigung menschlicher Lebensbedürfnisse und wieweit Formen zwischenmenschlicher Kooperation durch verbindliche Normen unterstützt oder ermöglicht werden sollen. Gerade im Blick auf die Verwirklichung einer spezifisch menschlichen Lebensform ist die Mitwirkung bei der *Präzisierung und Differenzierung materialer Normen* gewiß allgemein zumutbar; denn nur so kann ein konkretes Normensystem zustande kommen, das geeignet ist, menschliches Zusammenleben unter gegebenen empirisch-geschichtlichen Bedingungen zu ordnen. Da auf dieser Ebene zu den (empirischen) anthropologischen Konstanten bei der Begründung der Ethik auch noch (ebenfalls empirische) kulturelle Variablen hinzutreten, ist eine apriorische Rekonstruktion eines konkreten Normensystems natürlich erst recht unmöglich. Allein die Anweisung auf eine präzisierende und differenzierende Ausgestaltung eines konkreten Normensystems gehört zu den Bedingungen allgemein zumutbarer Normen. Wer sich ihr entzöge, würde auf der Stufe eines anarchischen Primitivismus verharren.

Die konkreten, kulturell-geprägten, empirisch-geschichtlichen Lebensbedingungen sind indes auch noch auf andere Weise für den Begriff allgemein zumutbarer Normen von Bedeutung, insofern sie nämlich jene Verhaltenserwartungen definieren, denen zufolge eine Situation »normal« oder »unnormal« ist: Alle materialen Normen setzen das Bestehen einer »normalen« Situation voraus; in demselben Maße, wie die Lage den Bedingungen, für welche die präzisierten und differenzierten materialen Normen gelten sollen, nicht mehr entspricht, ist auch ihre Befolgung nicht mehr allgemein zumutbar. Wer in einer solchen Ausnahmesituation die Verbindlichkeit konkreter Normen weiterhin anerkennt, darf sich gleichwohl darauf berufen, daß diese Normen nach Lage der Dinge nicht *anwendbar* sind. Die Zumutbarkeit der Befolgung verbindlicher Normen setzt daher das Vorliegen der normalen (d. h. im Akt der Anerkennung von vornherein unterstellten) Anwendbarkeitsbedingungen voraus.

Überblickt man nun diesen ganzen Komplex von Bedingungen, unter denen allein Normen, weil allgemein zumutbar, als verbindlich angesehen werden können, so hat man den ersten Teil einer Antwort auf die Frage nach dem Geltungsgrund moralischer Normen vor sich: Diese Bedingungen sind gleichsam *Metanormen*[21], welche angeben, wie die Notwendigkeit der Einschränkung unserer Handlungsfreiheit mit dem unverzichtbaren Anspruch auf *Selbstbestimmung* zur Herstellung einer befriedigenden Ordnung menschlichen Zusammenlebens vereinbart werden kann; insofern moralische Normen diesen Bedingungen genügen, darf ihre Anerkennung und Befolgung allgemein zugemutet werden, und insofern sie anerkannt sind, sind sie auch verbindlich. Es ist also nicht der Akt der Anerkennung als solcher, der die Verbindlichkeit einer Norm begründet, sondern vielmehr die Bedeutung, welche dieser Akt im Blick auf jenes System von Metanormen erhält.

Freilich: eine Norm, ein Normensystem oder sogar Normen überhaupt wären für denjenigen, der ihnen die Anerkennung verweigerte, nicht verbindlich; er wäre auch nicht in der gleichen Lage wie jemand, der beim Autofahren zugleich auf das Gaspedal und auf die Bremse tritt. Aber mit der Verweigerung der Anerkennung von Normen würde er zugleich darauf verzichten, als Person anerkannt zu sein; und mit der Verweigerung, bestimmte Normen oder ein Normensystem anzuerkennen, würde er sich zugleich aus der Gemeinschaft derer ausschließen, die einander durch die gemeinsame Anerkennung dieser Normen oder dieses Normensystems verbunden sind. So zeigt sich auch hier: Mit der freiwilligen Selbstbeschränkung, die im Akt der Anerkennung der

21 Der Ausdruck ›Metanorm‹ wird hier wie in meinem Aufsatz »Wahrheit und Verbindlichkeit« und in anderer Bedeutung als bei K.-O. Apel gebraucht. Apel versteht unter ›Metanorm‹ die Grundnorm der verallgemeinerten Gegenseitigkeit aller »Geltungsansprüche«, die zugleich als »immer schon anerkannte Metanorm der Konsensbildung über Normen« dienen soll (Kant, Hegel ... 99 f.; vgl. Funkkolleg SBB 8, 87). Nach meinem Sprachgebrauch sind Metanormen nicht selbst anerkannte und verbindliche Normen, sondern sie definieren vielmehr die Bedingungen der Verbindlichkeit von Normen. Auf eine Kritik des Apelschen Sprachgebrauchs kann hier verzichtet werden.

Verbindlichkeit von Normen liegt, gewinnen wir zugleich einen Status, den wir als lediglich rationale Lebewesen nie erreichen können, nämlich den Anspruch auf *menschliche Würde*. Denn dies ist ein Titel, den wir nur als Wesen erhalten, die aus freier Verantwortung handeln. Wenn es noch nötig ist, auf die Frage, was uns denn wohl zur Anerkennung moralischer Normen *motivieren* kann, zu antworten, so ist die Antwort gewiß in der Idee der Menschenwürde zu finden.

2. Aus dieser Betrachtung über die Bedingungen, die erfüllt sein müssen, wenn Normen universal verbindlich sein sollen, ergeben sich nun die Grundnormen, deren universale Anerkennung im Blick auf ein geordnetes Zusammenleben von Menschen unter Wahrung des unverzichtbaren Anspruchs auf Selbstbestimmung zu fordern ist. Jeder, der dazu fähig ist, *soll* dazu bereit sein, für seine Handlungen einzustehen, indem er – als Person – verantwortlich handelt, d. h.: den Bereich aller ihm faktisch möglichen Handlungen auf diejenigen einschränkt, welche ihm im Blick auf berechtigte Ansprüche Betroffener erlaubt sind; dies bedeutet, daß jeder als Person *prima facie* (bis zum Beweis des Gegenteils) auch alle übrigen, die dazu befähigt sind, als Personen anerkennen *soll*. Jeder, der dazu fähig ist, *soll* ferner nur nach solchen Regeln handeln, welche zugleich jeder andere als verbindlich anerkennen könnte; denn nur in diesem Falle nimmt er für sich selbst nicht mehr in Anspruch, als er jedem anderen einzuräumen bereit ist. Überdies *soll* jeder jedem anderen *prima facie* (selbst bevor er sich mit anderen darüber eigens verständigt hat) elementare materiale Rechte gewähren, auf die niemand sinnvoll verzichten könnte. Und schließlich *soll* jede Person dazu bereit sein, im Blick auf ein geordnetes Zusammenleben sich mit allen anderen, die dazu bereit sind, über die Erweiterung, Präzisierung und Differenzierung materialer Rechte zu verständigen sowie an der Herstellung von Verhältnissen mitzuwirken, in welchen die so konkretisierten materialen Normen anwendbar sind, d. h.: in welchen ihre Befolgung allgemein verpflichtend ist.

Die beiden ersten dieser Grundnorm sind »formal«, insofern sie lediglich die Anerkennung universal verbindlicher Normen zur Pflicht machen, ohne doch bereits irgendetwas darüber zu sagen, welche Rechte und Pflichten aus ihrer Anerkennung hervorgehen. Die dritte Grundnorm ist hingegen »material«, aber in bedauerlichem Maße unbestimmt, da vor aller gemeinsamen Verständigung und Vereinbarung nur sehr vage zu präsumieren ist, welche materialen Rechte selbst denjenigen einzuräumen sind, mit denen man nicht bereits auf der Grundlage gemeinsam anerkannter Normen verkehrt. Daß gleichwohl diese Grundnorm Bestandteil einer rational zu begründenden, universalen Ethik sein muß, ergibt sich aus der Überlegung, daß sonst die Ermordung Eingeborener, mit denen man bislang keinerlei Verkehr gehabt hat, nicht moralisch verwerflich wäre, ebenso wie umgekehrt ohne diese materiale Grundnorm auch die Ermordung von Eindringlingen durch Eingeborene in jedem Falle als moralisch indifferent gelten müßte. Nun könnte man zwar geltend machen, daß sich Primitive, die noch keinerlei Verkehr mit der zivilisierten Welt hatten, durch Eindringlinge möglicherweise bedroht fühlen, so daß für sie eine Situation, auf welche das Tötungsverbot anwendbar ist, noch gar nicht gegeben ist; für die Situation zivilisierter Eindringlinge gilt dies jedenfalls nicht. Unbestimmt, wie diese dritte Grundnorm auch sein mag, so ist sie doch keinesfalls leer und daher entbehrlich. Materiale Normen sind auch die beiden letzten Grundnormen; sie unterscheiden sich von der dritten jedoch dadurch, daß sie nicht, wie diese, primär etwas verbieten – die elementaren Menschenrechte, die sich aus der dritten Grundnorm ableiten lassen, sind primär Verbote, sie zu verletzen –, sondern primär gebieten: an der Konkretisierung und Gestaltung eines Systems materialer Normen und an der Herstellung ihnen gemäßer Verhältnisse mitzuwirken. Aber als gebietende Grundnormen machen sie dafür auch nur eine Bereitschaft zur Pflicht; zu welchen Handlungen jemand in einer konkreten Situation jeweils verpflichtet ist, das muß in diesem Falle – wie bei allen gebietenden materialen Normen – jeder jeweils im Blick auf seine übrigen Pflichten und vor allem auf seine berechtigten Interessen für sich selbst entscheiden dürfen. Wenn indes nicht einmal die Bereitschaft, von welcher bei diesen beiden letzten Grundnormen die Rede ist, von jedermann gefordert werden dürfte, so ist nicht einzusehen, wie man das Verhalten derer, die sich an der Herstellung einer Ordnung menschlichen Zusammenlebens auf der Grundlage allgemein zumutbarer Normierungen nicht beteiligen wollen oder sie gar zu verhindern suchen, moralisch mißbilligen könnte.

Die Grundnormen, die man auf dieser zweiten Stufe der Begründung einer universal verbindlichen Ethik formulieren kann, sind gewiß einer weiteren Verdeutlichung fähig; man hat indes Grund, darauf zu insistieren, daß sie weder – wie K.-O. Apel annimmt – lediglich Verfahrensnormen zur Konsensbildung über Normen noch – wie etwa H. Welzel[22] oder J. Rawls[23] unterstellen – rein formale Normen sind, aus denen sich materiale Pflichten und Rechte nicht ableiten lassen. Trotz ihrer bedauerlichen, aber in der Natur der Sache (d. i. in der menschlichen Freiheit) begründeten Unbestimmtheit sind wir berechtigt, sie als universale Forderungen zu betrachten, die bereits den Charakter der Verbindlichkeit haben, wo immer menschliche Personen einander begegnen.

3. Auf der nächsten Stufe dieses Begründungsversuchs kann nun daran gedacht werden, jene empirischen Hypothesen über allgemeinmenschliche Bedürfnisse und Interessen sowie über spezifisch menschliche Interaktionen einzuführen, welche die Formulierung elementarer Verbotsnormen ermöglichen. Es handelt sich, wie sich zeigen wird, um allbekannte und weithin anerkannte Grundnormen, von denen schwer vorstellbar ist, daß es irgendeine Ordnung menschlichen Zusammenlebens geben könnte, in welcher ihre Geltung nicht vorausgesetzt ist. Als die Grundlage ihrer Verbindlichkeit kann man den Zusammenhang ansehen, der zwischen der Aufgabe der Errichtung einer universal zumutbaren normativen Ordnung und den allgemeinen Bedingungen menschlichen Lebens, sofern sie durch menschliches Tun angegriffen oder gefördert werden können, besteht.

Als elementare menschliche Bedürfnisse und Interessen wird man vor allem drei betrachten dürfen: das Interesse an Integrität von Leib und Leben, an ungestörter Verfügungsgewalt über Sachen zur Sicherung der Lebenserhaltung und an einer Ordnung der Reproduktion menschlichen Lebens. Wenn die Aufgabe einer normativen Ordnung darin besteht, so elementare Bedürfnisse und Interessen wie die erwähnten drei zu schützen, d. h. ihre Befriedigung bzw. Verwirklichung vor Angriffen und Störungen durch andere zu bewahren, so ist nicht einzusehen, wie man so elementaren materialen Verbotsnormen wie »Du sollst nicht töten!«, »Du sollst nicht stehlen!«, »Du sollst nicht ehebrechen!« die Anerkennung verweigern kann, da ja eine Weigerung zugleich bedeuten würde, daß man die entsprechenden Grundrechte auf

22 Vgl. Naturrecht und materiale Gerechtigkeit, Göttingen, 4. Auflage 1962.

23 Vgl. A Theory of Justice, Oxford 1972 (dt.: Eine Theorie der Gerechtigkeit, Frankfurt a. M. 1979).

Integrität von Leib und Leben, auf Eigentum und auf eine ungestörte familiäre Ordnung auch für sich selbst keinesfalls in Anspruch zu nehmen gedenkt. Gewiß: wie weit jene Verbotsnormen und die ihnen jeweils entsprechenden Grundrechte reichen, das läßt sich auf dieser Stufe nicht sicher ausmachen. Ob und wann eine vielleicht unbeabsichtigte Verletzung oder die Wegnahme einer fremden Sache unter die beiden ersten dieser Verbotsnormen fällt und welche familiäre Ordnung durch das Verbot des »Ehebruchs« universal verworfen wird, das ist allein aus Hypothesen über elementare menschliche Bedürfnisse und Interessen und ihren Schutz durch eine universal verbindliche normative Ordnung nicht auszumachen. Auch ein universaler Konsens, der die Beantwortung dieser Fragen ermöglichen oder erleichtern würde, ist nicht zu erkennen. Wenn das biblische Gebot nur die Tötung untersagt, so ist gewiß nur der schwerste Fall erwähnt, ohne daß zugleich jede andere gewaltsame Verletzung für moralisch indifferent erklärt würde. Im Verbot des Diebstahls ist jedenfalls eine Norm, welche den rechtmäßigen Erwerb von Eigentum an Sachen regelt, bereits vorausgesetzt, so daß als elementare moralische Grundnorm wohl nur das Eigentumsrecht an Sachen zur Sicherung der Lebenserhaltung übrig bleibt.[24] Erst recht unbestimmt ist natürlich das Recht auf Schutz einer familiären Ordnung, da die Familien-Systeme bei den einzelnen Völkern außerordentlich verschieden sind; so wenig die Erhaltung und Perpetuierung bestimmter Systeme durch universal verbindliche Normen gefordert wird, so gewiß kann man doch aus dem Interesse an der Bewahrung familiärer Institutionen in Verbindung mit allgemein zumutbaren Normen Rechte und Pflichten ableiten (z. B. bezüglich des Schutzes und der Aufzucht von Kindern), welche universal verbindlich sind.

Außer elementaren Bedürfnissen und Interessen, die durch ver-

24 Wenn etwa Locke oder Fichte gemeint haben, Arbeit als solche verleihe einen Eigentumsanspruch an der bearbeiteten Sache, so ist dies gewiß unhaltbar, da niemand durch die von ihm geleistete Arbeit andere zur Anerkennung eines Eigentumsanspruchs veranlassen kann. Im Rahmen des hier entwickelten Begründungsversuchs darf man indes Arbeit zur Sicherung des Lebensunterhalts, in Verbindung mit den bereits begründeten Normen, als einen wichtigen Titel zur Begründung eines Eigentumsanspruchs betrachten. Dieser Titel ist m. E. viel gewichtiger als etwa das Recht der *prima occupatio*.

bindliche Normen zu schützen sind, gibt es jedoch auch spezifisch menschliche Formen von Interaktionen, welche ebenso elementar sind und daher desselben Schutzes bedürfen. Im Rahmen dieser Überlegungen seien vor allem zwei Typen von Interaktionen genannt: Erfahrungs- und Leistungsaustausch. Da menschliche Individuen sich durch große Lernfähigkeit und zugleich große Lernbedürftigkeit auszeichnen, kann man das Interesse an Erfahrungsaustausch als die Grundlage einer spezifisch menschlichen Form der Interaktion betrachten, an deren Schutz nicht nur ein universales Interesse besteht, sondern die nicht einmal stattfinden könnte, gäbe es nicht gute Gründe zu der Annahme, daß Mitteilungen normalerweise nicht der Irreführung und Täuschung dienen. Die Bedeutung des moralischen Verbots der Lüge besteht also nicht eigentlich in der Forderung, anderen Personen seine Erfahrungen und Kenntnisse zugänglich zu machen, sondern in der Verurteilung jeder Handlung, die darauf abzielt, das berechtigte Vertrauen anderer in die Richtigkeit von Mitteilungen durch Täuschung zu eigennützigen oder gar böswilligen Zwecken zu mißbrauchen. Da ferner menschliche Individuen ein Interesse an Kooperation durch Leistungsaustausch haben und dieser bedeutend erweitert werden kann, wenn der Zusammenhang zwischen Leistung und Gegenleistung nicht an ihre Gleichzeitigkeit gebunden ist, indem dieser Zusammenhang durch Erklärungen hergestellt wird, besteht ein universales Interesse daran, daß Erklärungen, durch welche wir zukünftige Leistungen oder Gegenleistungen in Aussicht stellen, auch tatsächlich erfolgen. Das moralische Gebot, ein gegebenes Versprechen zu halten, beruht auf der Voraussetzung, daß ein solches Versprechen nicht eine (unverbindliche) Absichtserklärung, sondern eine bindende Verpflichtung ist, die man notfalls auch gegen den geänderten Willen seines Urhebers muß geltend machen können, wenn anders dieser ein zu verantwortlichem Handeln entschlossenes Wesen ist. Ein unaufrichtig abgegebenes Versprechen ist daher der Versuch, gestützt auf das Vertrauen eines anderen, daß die Verbindlichkeit eines Versprechens universal anerkannt ist, durch Täuschung Vorteile für sich zu erreichen. Da nun das Interesse an Interaktionen wie Erfahrungs- und Leistungsaustausch als universal und spezifisch menschlich unterstellt werden darf, gelten das Verbot der Lüge und das Gebot, ein gegebenes Versprechen zu halten, mit Recht als universale materiale Normen, die für alle verantwortlich Handelnden verbindlich sind. Ebenso wie die drei zuvor erwähnten materialen Normen, welche allgemein-menschliche Interessen und Bedürfnisse schützen sollen, muß man daher auch bei diesen beiden Normen davon ausgehen, daß ihre Verbindlichkeit bereits vor jedem Verkehr und vor jeder Vereinbarung zwischen menschlichen Individuen anerkannt ist.

4. Alle auf der vorigen Stufe dieses Begründungsversuchs aufgestellten Behauptungen stehen unter einem prinzipiellen Vorbehalt: In der Regel ist nicht von vornherein klar, welche Handlungen unter die bisher begründeten Normen fallen und welche nicht durch sie geboten oder verboten sind. Ohne besondere Normierungen ist unsicher, ob eine Erklärung, durch welche wir zukünftige Leistungen in Aussicht stellen, als Versprechen oder als bloße Absichtserklärung zu werten ist; einer Mitteilung ist normalerweise nicht anzusehen, ob sie überhaupt als aufrichtige Information gelten will; die Unverletzlichkeit des Eigentums hängt, wie angedeutet, von der Klärung der Bedingungen des Erwerbs von Eigentum ab, nicht zu reden von der Schwierigkeit, in einer konkreten Situation, in welcher rechtlich bindende Übereinkünfte nicht vorliegen, zu entscheiden, ob ein moralisch unerlaubter Angriff auf die Integrität von Leib und Leben oder auf die Ordnung familiärer Beziehungen vorliegt oder nicht. Aber selbst wenn sich diese und ähnliche Fragen im Blick auf universal verbindliche materiale Normen entscheiden lassen, bleibt noch die Frage offen, ob die Befolgung dieser Normen in einer gegebenen Situation auch zumutbar war: Daß das Tötungsverbot im Falle der Notwehr, also bei einem direkten Angriff auf das eigene Leben, nicht anwendbar ist, gilt selbst in rechtlich-staatlich geordneten Verhältnissen als ausgemacht; aber wann ist es anwendbar, wenn eine wirksame rechtlich-staatliche Ordnung noch nicht oder nicht mehr vorhanden ist? Auch die Unantastbarkeit fremden Eigentums gilt selbst in rechtlich-staatlichen Verhältnissen als suspendiert, wenn eine außergewöhnliche Notlage gegeben ist: aber kann man von einer »normalen« Lage überhaupt sprechen, wenn Normen noch nicht oder nicht mehr allgemein befolgt werden? Ähnliche Zweifel sind auch bei den übrigen bisher erörterten materialen Normen möglich oder angebracht.

Aus diesen Überlegungen ergibt sich, daß verbindliche Normen überhaupt nur dann in der Lage sind, zwischenmenschliche Beziehungen wirksam zu ordnen, wenn die universal verbindlichen

materialen Normen durch Verständigung und Vereinbarung von Individuen konkretisiert sind und wenn zumindest durch durchschnittliche Befolgung dieser Normen eine »normale« Lage (d. h. eine Lage, in welcher die Befolgung dieser Normen *prima facie* allgemein unterstellt und zugemutet werden kann) geschaffen ist. Vom Standpunkt der theoretischen Rekonstruktion verbindlicher Normen ist dies natürlich eine außerordentlich komplexe Aufgabe; in der geschichtlichen Wirklichkeit hingegen ist diese Aufgabe längst mehr oder weniger befriedigend gelöst, so daß es in der Regel einigermaßen gelingen kann, auf der Grundlage konkretisierter Normen und realisierter Anwendbarkeitsbedingungen moralische Fragen zu beantworten. Solche Antworten setzen freilich die soeben erwähnte Grundlage voraus, und das heißt: Zunächst darf lediglich unterstellt werden, daß ihnen diejenigen zustimmen, welche die präzisierten Normen anerkannt haben und ihnen entsprechende Anwendbarkeitsbedingungen vorfinden. Die konkretisierten Normen sind m. a. W. weder *prima facie* universal verbindlich, noch ist die Zumutbarkeit ihrer Befolgung unabhängig von der Beurteilung der Normalität der gegebenen Lage. Für diejenigen, die nicht zur Gemeinschaft derer gehören, welche durch gemeinsam anerkannte, konkretisierte Normen miteinander verbunden sind, sind diese Normen nicht *prima facie* verbindlich; und da die in einer Gemeinschaft anerkannten moralischen Normen ohnehin nicht kodifiziert sind, wird selbst unter den Mitgliedern der Gemeinschaft vielfach unklar sein, wie etwa auftretende moralische Fragen beantwortet werden sollten.
Gleichwohl ist der Anspruch gewisser konkretisierter Normensysteme auf universale Anerkennung nicht gänzlich und von vornherein abwegig. Hinfällig wird er ohne Zweifel, wenn ein konkretes Normensystem nicht einmal den Bedingungen allgemeiner Zumutbarkeit genügt, weil etwa der Grundsatz prinzipieller Gleichberechtigung aller Normadressaten verletzt oder die freie Anerkennung des Normensystems als Bedingung seiner Verbindlichkeit nicht gewährleistet ist. Zahlreiche Normensysteme in Vergangenheit und Gegenwart erfüllen diese Bedingung nur zum Teil oder unzureichend; sie können daher als unannehmbar angesehen werden. Der Anspruch auf universale Verbindlichkeit kann indes auch an der Primitivität oder Undifferenziertheit eines Normensystems scheitern, weil es der Komplexität einer entwickelten menschlichen Gesellschaft nicht mehr genügt. Vertretbar ist ein

solcher Anspruch ohnehin nur, wenn ein Normensystem entwicklungsfähig und offen für weitere Differenzierungen ist. Diese Bedingung ist aber nur erfüllt, wenn auch der Begriff der Verbindlichkeit selbst über den bisher erörterten Rahmen hinaus weitere Differenzierungen zuläßt.

5. Ein Ansatz zu weiterer Differenzierung trat in den bisherigen Erörterungen bereits dort auf, wo zwischen primär verbietenden und primär gebietenden Normen unterschieden wurde. Bei oberflächlicher Betrachtung kann man zwar den Eindruck gewinnen, daß das Verbot der Lüge und ein Gebot, die Wahrheit zu sagen, äquivalent seien. Daß dieser Eindruck trügt, zeigt sich indes bei folgender Überlegung: Man kann einen anderen nicht nur durch Lügen täuschen und durch wahre Mitteilungen informieren; man kann auch darauf verzichten, das eine oder das andere zu tun. Das (moralische) Verbot der Lüge wie auch das (moralische) Gebot der Wahrhaftigkeit schließt jeweils zwei Möglichkeiten als unerlaubt aus: Einen anderen nicht zu informieren, wo dies möglich wäre, ist beim Verbot der Lüge zwar erlaubt, beim Gebot der Wahrhaftigkeit jedoch nicht; das Verbot untersagt lediglich die Täuschung anderer, während das Gebot sogar ihre Unterrichtung zur Pflicht macht. Während die Täuschung in der Regel den eigenen Interessen des Lügners dient, schadet die Unterrichtung anderer nicht selten (z. B. in einer Konkurrenzsituation) den eigenen Interessen dessen, der sich dazu verpflichtet glaubt. Alle voranstehenden Erörterungen über moralische Normen beruhten indes auf der Voraussetzung, daß wir durch moralische Normen lediglich soweit an der Verfolgung unserer eigenen Interessen gehindert werden, wie dies für die Herstellung normativ geordneter zwischenmenschlicher Beziehungen notwendig ist. Materiale Gebotsnormen, die uns die *Beförderung* der Interessen anderer auch gegen unsere eigenen Interessen zur Pflicht machen, haben offenbar einen anderen Status als die bisher erörterten materialen Verbotsnormen.

Daß gleichwohl auch materiale Gebotsnormen Anspruch auf universale Verbindlichkeit erheben dürfen, lehrt etwa das Gebot der Hilfeleistung in akuter Gefahr. Kriterium muß freilich auch hier der Begriff der allgemeinen Zumutbarkeit sein, mit allen bereits erörterten Schwierigkeiten und Unsicherheiten, die dies nach sich zieht; grundsätzlich ist indes daran festzuhalten, daß ein System moralischer Normen, das die Verletzung der berechtigten Interessen anderer verbietet, durch ein System von Normen ergänzt werden muß, welche sogar die Unterstützung anderer in ihren Bemühungen um Befriedigung elementarer Bedürfnisse und um Verwirklichung berechtigter Interessen gebietet. Es sind offenbar gerade diejenigen Bedürfnisse und Interessen, die durch materiale Verbotsnormen geschützt werden, welche wir aufgrund materialer Gebotsnormen zu unterstützen oder zu befördern gehalten sind, soweit dies erforderlich und zumutbar erscheint. Daraus ergibt sich bereits, daß ein Konflikt zwischen eigenen, berechtigten Interessen und dem Gebot der Beförderung der Interessen anderer nicht nur stets möglich, sondern sogar ständig aktuell ist, wenn anders niemand imstande wäre, denen allen beizustehen, die seiner Unterstützung bedürftig sind. Was daher moralisch universal geboten sein kann, ist lediglich die *Bereitschaft*, abgestuft nach Gesichtspunkten der Nähe und Dringlichkeit, mitmenschliche Solidarität zu üben.

Moralische Verbotsnormen (z. T. auch moralische Gebotsnormen) bedürfen jedoch noch einer weiteren Ergänzung im Blick auf die Absicherung derer, welche sie befolgen wollen, gegen die Ausnützung durch diejenigen, welche dazu nicht oder weniger bereit sind. Gewisse berechtigte Ansprüche sind ferner so elementar und ihre Verletzung ist daher so schwerwiegend, daß die Durchsetzung dieser Normen durch Androhung und Anwendung von Gewalt notfalls erzwingbar sein muß. Diese Aufgabe fällt in einer entwickelten Gesellschaft bekanntlich dem *Recht* zu, und daraus entsteht die weitere Aufgabe, im Unterschied zu den rechtlich nicht oder nur teilweise geschützten spezifisch moralischen Normen, ein System von Rechtsnormen zu fixieren und möglichst zu kodifizieren und Institutionen zur Erzeugung legitimer Rechtsnormen sowie ihrer Anwendung und Durchsetzung zu schaffen. Mit der Notwendigkeit der Schaffung solcher Institutionen ist aber bereits, in einer theoretischen Rekonstruktion, die Notwendigkeit der Errichtung einer *staatlichen* Ordnung und damit wiederum die Notwendigkeit der Schaffung eines Systems des öffentlichen Rechts unter Bedingungen der allgemeinen Zumutbarkeit verbindlicher Normen erwiesen. Für die Begründung einer Ethik ergibt sich aus alledem, daß spezifisch moralische Normen (d. h.: moralische Normen, deren Anerkennung und Befolgung auch unabhängig von ihrer Erzwingung durch rechtlich-staatliche Sanktionen zur Pflicht gemacht werden kann) in ihrer

Geltung i. a. die Existenz einer wirksamen rechtlichen und staatlichen Ordnung voraussetzen; die Frage nach den Anwendbarkeitsbedingungen spezifisch moralischer Normen ist daher in einer entwickelten modernen Gesellschaft in der Regel vor allem eine Frage der Wirksamkeit des staatlichen Rechtsschutzes.
Aber moralische und rechtliche Normensysteme sind weder die einzigen noch die einzigen universal verbindlichen Normensysteme, auf denen die normative Ordnung menschlichen Zusammenlebens beruht. Weniger beachtet, aber in einer entwickelten wie in einer primitiven Gesellschaft nicht minder wichtig sind die Systeme der Höflichkeitsnormen.[25] Sie sind in der Tat weniger fundamental, insofern sie nicht wie Moral und Recht die Bedingungen eines normativ geordneten Zusammenlebens überhaupt zur Grundlage haben, d. h.: Die Verletzung dieser Normen stellt, im Gegensatz zur Verletzung materialer Verbotsnormen, nicht die normative Ordnung des Zusammenlebens als solche in Frage. Aber ähnlich wie eine befriedigende normative Ordnung des Zusammenlebens nicht möglich wäre ohne verbindliche materiale Gebotsnormen, so gehört zu einer befriedigenden Ordnung auch, daß Individuen nicht lediglich als verantwortlich Handelnde anerkannt sind. Wenn wir erst durch die Anerkennung universal verbindlicher moralischer Normen einen Anspruch auf menschliche Würde erhalten, so sichert uns erst die Anerkennung und Befolgung von Höflichkeitsnormen im Verkehr miteinander jenen Respekt, der uns vor grober Zudringlichkeit schützt, indem er uns zugleich die Schonung der Empfindlichkeit anderer zur Pflicht macht; denn wir dürfen unterstellen, daß menschliche Individuen überhaupt ein Interesse an *Selbstachtung* – nicht aber als moralisch verantwortlich Handelnde, versehen mit bürgerlichen Ehrenrechten – und am Schutz vor Beleidigung und Herabsetzung durch unziemliche Behandlung haben. Es ist dieser *amour-propre*, der menschliche Individuen dazu motiviert, Systeme von spezifischen Höflichkeitsnormen zu schaffen und anzuerkennen, in welchen symbolische Gesten nicht selten für Außenstehende unerfindliche Bedeutungen erhalten, welche jedoch einen Grundbestand universal oder doch weithin über die Grenzen von Völkern und Kulturen hinweg als verbindlich anerkannter Normen gegen-

25 Vgl. dazu meinen Aufsatz: Sittlichkeit und Höflichkeit (in diesem Bd. 103-137).

seitigen Respekts enthalten. Relativ unabhängig von spezifisch moralischen Normen, wenigstens in einer entwickelten Gesellschaft, ergänzen auch diese Normensysteme dasjenige der Moral. So wird verständlich, daß eine Lüge, die in einseitig moralischer Betrachtung vielleicht als verwerfliche Handlungsweise erscheinen würde, im Blick auf Höflichkeitsnormen u. U. als ein Beweis ausgesuchter Höflichkeit zu würdigen ist und wegen der in ihr intendierten Schonung individuellen Selbstwertgefühls gelobt zu werden verdient.

Allen diesen Normensystemen wären ferner hinzuzufügen jene Systeme des Anstands, der Ehre, der Heiligkeit oder der Tapferkeit, die von vornherein Verbindlichkeit nur für diejenigen beanspruchen, welche höhere Forderungen an sich zu stellen bereit sind und in höherem Maße auf die Befriedigung von Bedürfnissen und die Verfolgung von individuellen Interessen zu verzichten bereit sind, als allgemein zumutbar wäre. Ohne die Idee einer universal verbindlichen Moral zu negieren, stellen diese Normensysteme vielfach die Begrenztheit alles dessen, was mit der Anerkennung und Befolgung universal verbindlicher moralischer Normen erreichbar ist, heraus.

Erst mit dem Blick über die Grenzen einer rational begründbaren, universal verbindlichen Ethik hinaus gelangt der Versuch der Beantwortung der Frage nach dem Geltungsgrund moralischer Normen zum Abschluß: Verbindlich sind moralische Normen darum, weil sie die Grundlage – und nicht mehr als dies – eines normativ geordneten menschlichen Zusammenlebens darstellen und weil wir durch die Anerkennung ihrer Verbindlichkeit Anspruch auf menschliche Würde und auf Anerkennung als Mitglieder der menschlichen Gemeinschaft erwerben.

Blickt man nun von hier aus zurück auf den Versuch K.-O. Apels, eine rationale Ethik von der Idee einer Argumentationsgemeinschaft her zu begründen, so wird vielleicht deutlich, daß viele Motive, die sich in seinen Überlegungen finden, im Rahmen der hier vorgetragenen Skizze durchaus ausgewiesen werden können, daß manche Motive auch (wie etwa seine Überbetonung der Rolle des Argumentierens bei der moralischen Normierung unseres Zusammenlebens) deutlich relativiert werden müßten, daß aber der Gedanke, eine Gemeinschaft von Argumentierenden und von Forschern sei ein geeignetes Modell zur Beschreibung und Begründung eines Normensystems, zurückzuweisen ist. Da aber die voranstehenden Betrachtungen selbstverständlich nicht als moralische Bemühungen, sondern als Bemühungen der Moral, mithin als Argumentation zu verstehen sind, kann ich mir nur wünschen, daß K.-O. Apel sie als Beitrag zur Klärung der von ihm aufgeworfenen Fragen wird würdigen wollen.

Verantwortung
Eine transzendentalphilosophische Grundlegung

Wir leben, glaubt man Worten, in einer verantwortungsfreudigen Zeit. In jüngster Vergangenheit übernahmen selbst terroristische Vereinigungen lauthals die »Verantwortung« für ihre Untaten. Auch professionelle Christen scheinen viel Befriedigung darin zu finden, ihre »Verantwortung« für die Beseitung von allerlei Übeln in der Welt kundzutun. Dabei scheint ein inverses Verhältnis zwischen der Bereitschaft, Verantwortung zu tragen, und der Unauffindbarkeit derjenigen Instanz zu bestehen, vor der man sich zu verantworten hat. Der Eindruck, daß solche Redeweisen nicht besonders ernstzunehmen sind, läßt sich daher nicht abweisen. Von dieser vagen Verantwortung wird im folgenden nicht mehr die Rede sein.

Zur Verantwortung in konkreter Bedeutung gehört, daß jemand einem anderen für etwas Bestimmtes einzustehen hat. Wer z. B. ein Kraftfahrzeug erwirbt, hat innerhalb bestimmter Grenzen dafür zu sorgen, daß andere durch dieses Gerät nicht gefährdet oder geschädigt werden; und wenn er dieser Verpflichtung nicht genügend nachkommt, so muß er darauf gefaßt sein, polizeilich oder gerichtlich zur Rechenschaft gezogen zu werden. Wer einen Auftrag übernimmt, etwa im Rahmen eines Werkvertrags einen bestimmten Handlungszweck zu verwirklichen, der erklärt sich damit bereit, gegenüber seinem Auftraggeber für die fristgerechte Erledigung des Auftrags einzustehen. Im Unterschied zu dieser aus Rechtsnormen ableitbaren Verantwortlichkeit spricht man von bloß moralischer Verantwortung überall dort, wo weder unmittelbar noch mittelbar Rechtsfolgen eintreten, falls jemand den Pflichten, die aus seiner Verantwortlichkeit für die Verwirklichung oder Verhinderung bestimmter Handlungszwecke folgen, nicht Genüge getan hat. In diesem Sinne ist ein Minister bloß moralisch verantwortlich für alle Aktivitäten oder Unterlassungen seiner Mitarbeiter, zumal wenn oder zumal dort, wo man von ihm nicht wirklich verlangen kann, seine Mitarbeiter bis ins letzte zu kontrollieren. Man spricht in diesem besonderen Falle von politischer Verantwortung gegenüber dem Parlament oder gegenüber der Öffentlichkeit, und man unterstellt, daß ein Minister u. U. von seinem Amt zurücktreten muß, falls aus seinem Zuständigkeitsbereich grobe politische Fehler bekannt werden. Wenn man in diesem Falle von moralischer Verantwortung spricht, so ist jedoch keineswegs gemeint, den Minister treffe in irgendeiner Weise moralische Schuld: diese ist nach Lage der Dinge gerade ausgeschlossen. Zur Verantwortlichkeit in spezifisch moralischer Bedeutung gehört vielmehr, daß jemand durch spezifisch moralische Normen verpflichtet ist, für die Verwirklichung bestimmter Handlungszwecke zu sorgen bzw. das Eintreten bestimmter Ereignisse oder Zustände zu verhindern. In diesem Sinne ist etwa ein Arzt unabhängig von seiner strafrechtlichen Verantwortlichkeit moralisch verpflichtet, nach Maßgabe des Möglichen für die Gesundheit der ihm anvertrauten Patienten zu sorgen.

In allen diesen Fällen handelt es sich um eine besondere Verantwortlichkeit, d. h. um Pflichten, die jemand aufgrund eines bestimmten Status wegen seiner besonderen sozialen Rolle oder in einer bestimmten Situation im Blick auf bestimmte Handlungszwecke oder Ereignisse zu erfüllen hat. Man kann sich leicht klarmachen, daß die Institutionalisierung solcher besonderen Verantwortlichkeiten ein geradezu unentbehrliches Mittel zur Herstellung und Erhaltung differenzierter gesellschaftlicher Verhältnisse ist: Wenn alle jederzeit für alles verantwortlich wären, so wäre niemand irgendwann für irgendetwas verantwortlich. Ich habe diesen Begriff der besonderen Verantwortlichkeit jedoch an dieser Stelle nur deshalb eingeführt, um deutlich zu machen, daß ich im folgenden nicht in dieser Bedeutung von ›Verantwortung‹ reden werde. Erst zum Schluß werde ich auf diesen Begriff zurückkommen. Mein hauptsächliches Thema hingegen soll ein allgemeiner Begriff spezifisch moralischer Verantwortlichkeit sein.

In diesem Sinne ist jeder, der überhaupt fähig ist zu handeln, für seine Handlungen verantwortlich, was immer sein besonderer Handlungszweck auch sein mag. Wenn wir etwa zu dem Urteil gelangen, jemand sei für seine Handlungen in einer bestimmten Situation nicht verantwortlich zu machen, so läuft dies auf die Feststellung hinaus, daß ihm sein Tun nicht zurechenbar ist, d. h. daß er überhaupt nicht gehandelt hat. Wir unterstellen mithin in allen unseren Beziehungen zu anderen, daß wir einander für unsere Handlungen verantwortlich sind und daß wir folglich einan-

der nicht nur in bezug auf Handlungen sinnvoll Fragen stellen *können*, sondern dazu auch berechtigt sind. Von dem anderen erwarten wir in solchen Fällen, daß er auf unsere Fragen antwortet und wenigstens zu zeigen versucht, daß er so zu handeln berechtigt war, wie er gehandelt hat. Im alltäglichen Umgang miteinander mag zwar der Fall eintreten, daß jemand sich der Antwort auf eine solche Frage glaubt entziehen zu dürfen, etwa weil er sie für anmaßend oder indiskret hält: aber dabei nimmt er gerade für sich in Anspruch, zur Verweigerung einer Antwort berechtigt zu sein, mithin verantwortlich zu handeln. So gewiß die Verweigerung einer Antwort Rückschlüsse auf den sozialen Rang erlaubt, den jemand für sich beansprucht, so gewiß schließt sich derjenige, der meint, auf Fragen nach der Berechtigung seines Handelns überhaupt nicht antworten zu sollen, aus der menschlichen Gemeinschaft überhaupt aus. Einem Gott-König stellt man keine Fragen.
Wenn hier von einer allgemeinen Veranwortlichkeit handelnder Individuen für ihre Handlungen gesprochen wird, so ist also nicht von konkreten Frage-Antwort-Situationen, sondern von Unterstellungen die Rede, die unser Verhalten in konkreten Situationen in der einen oder anderen Weise leiten. Wie wir uns in konkreten Situationen tatsächlich verhalten, das hängt u. U. noch von weiteren Bedingungen und Voraussetzungen ab. Von jenem Begriff einer allgemeinen Verantwortlichkeit bzw. von dem entprechenden Grundsatz, daß handelnde Individuen für ihre Handlungen verantwortlich sind, behaupte ich nun, daß er eine transzendentale Bedingung der Möglichkeit von Handlungen überhaupt ist; und ich werde zu zeigen versuchen, daß deren Möglichkeit ebenso auf transzendentalen Voraussetzungen beruht, wie Kant dies für die Möglichkeit von Erkenntnissen dargetan hat.

I

Man könnte glauben, es sei selbstverständlich, daß ein jeder für seine Handlungen verantwortlich ist; und in gewisser Bedeutung ist dies allerdings selbstverständlich. Aber man kann sich leicht klarmachen, daß diese Annahme zumindest einer Erklärung und Rechtfertigung bedarf. Man betrachte z. B. den Fall eines gegenseitigen Vertrages: Unter der Bedingung, daß A dem B verspricht, p zu leisten, verspricht B dem A, q zu leisten; dies gilt jedoch auch umgekehrt, so daß das Versprechen des einen jeweils die Bedingung des Versprechens des anderen ist. Daß jeder das Versprechen des anderen anzunehmen bereit ist, wird stillschweigend unterstellt. Mit dieser Analyse scheint das Institut eines gegenseitigen Vertrags vollständig beschrieben zu sein. Man müßte freilich wissen, was in diesem Zusammenhang mit ›leisten‹ und ›versprechen‹ gemeint ist. Unproblematisch ist hier die Verwendung von ›leisten‹: Wenn A p leistet, so bedeutet dies, daß A durch sein Tun den Sachverhalt p realisiert. Keineswegs unproblematisch ist hingegen die Verwendung von ›versprechen‹. Wer etwas verspricht, soviel ist gewiß, der sagt im voraus, was aufgrund seines Tuns der Fall sein wird; wer also p zu leisten verspricht, der sagt voraus, daß der Sachverhalt p durch sein Tun realisiert sein wird. Aber man hat Grund zu bezweifeln, daß mit dieser Erklärung die Bedeutung von ›versprechen‹ erschöpft ist; denn wenn A im voraus ankündigt, was durch sein Tun zustande kommen wird, und B eine entsprechende Ankündigung macht, und wenn die Realisierung des Sachverhalts durch A Bedingung der Realisierung des Sachverhalts durch B ist (und umgekehrt), so kann man voraussagen, daß überhaupt nichts geschehen wird, falls A und B sich zweckrational verhalten.

Wir stehen hier vor einer Frage, mit der sich auch Fichte (in seiner ideenreichen, aber sonst ziemlich abwegigen Schrift zur »Berichtigung der Urteile des Publikums über die Französische Revolution«)[1] beschäftigt hat. Die Schwierigkeit, die Fichte in diesem Zusammenhang zu beseitigen sucht, besteht darin, daß man nicht wissen kann, ob der andere bei seiner Ankündigung, realisieren zu wollen, die Wahrheit sagt oder ob er lügt. Diesem Ziel glaubt er näherzukommen, indem er behauptet: ein Vertrag komme überhaupt nicht zustande, wenn einer der beiden Beteiligten absichtlich eine unzutreffende Voraussage über sein zukünftiges Tun mache, erst recht natürlich, wenn beide dies tun; in diesem Falle erhalte folglich auch niemand ein Recht gegenüber dem anderen. Zu demselben Ergebnis kommt Fichte auch im Falle einer nach-

1 [J. G. Fichte, Beitrag zur Berichtigung der Urteile des Publikums über die Französische Revolution, in: Ges.-Ausgabe, 1, 1, Stuttgart-Bad Cannstatt 1964, 261-264]

träglichen Sinnesänderung des einen oder des anderen oder beider, bevor eine Leistung erbracht worden ist: Ein vorher bestehender Vertrag wird dadurch wieder aufgehoben. Die Situation ändert sich erst, folgt man den Darlegungen Fichtes, wenn einer so waghalsig ist, all dieser Ungewißheit zum Trotz als erster seine Leistung zu erbringen; oder vielmehr: sie ändert sich nach Fichte selbst in diesem Falle nicht. Da niemand durch einseitigen Willensakt einen anderen zu etwas verpflichten kann, erhält derjenige, der als erster seine Leistung erbracht hat, durch sein Tun keineswegs ein Recht auf die Gegenleistung des anderen – paradox wie dies auch anmuten mag; aber falls dieser seine Gegenleistung verweigert, so erhält er nach Fichte eben auch kein Recht an der schon erbrachten Leistung des anderen. Dieses Recht erwirbt er vielmehr erst durch seine Gegenleistung.

Diese Analyse macht dem Scharfsinn Fichtes gewiß alle Ehre: Er hat sich vollkommen klargemacht, was gemeint ist, wenn man ein Versprechen, so wie es durch die Grundbedeutung des lateinischen Verbs *›profiteri‹* nahegelegt wird, als Voraussage eines durch eigenes Tun in der Zukunft zu realisierenden Sachverhalts definiert; und er hat ganz deutlich erkannt, daß unter dieser Voraussetzung der erste Schritt zur Realisierung eines gegenseitigen Vertrags ein im Grunde unannehmbares Wagnis darstellt. Aber eben deswegen mutet seine Darstellung irgendwie paradox an: Wie er selbst betont, gibt es nach seiner Analyse in der Welt der Erscheinungen so etwas wie einen Vertrag überhaupt nicht, weder bevor jemand geleistet hat noch nachher; und wenn er durch die Gegenleistung des anderen ins Dasein tritt, so hört er eben dadurch auch bereits auf zu existieren.

Was Fichtes Analyse im Zusammenhang meiner Überlegungen so interessant macht, ist gerade der Versuch, den Begriff eines gegenseitigen Vertrags ohne den Begriff verantwortlichen Handelns zu entwickeln. In der Tat haben ja die beiden Kontrahenten, wenn man sie denn schon so nennen will, in Fichtes Darstellung einander zu keinem Zeitpunkt Fragen zu stellen oder zu beantworten. Sie treffen eine Vereinbarung, wissen aber nicht, ob der andere meint, was er sagt; sie ändern u. U. ihre ursprüngliche Meinung, glauben aber nicht, den anderen davon in Kenntnis setzen zu sollen; und wenn sie sich recht verstehen, so erbringen sie als erster eine Leistung, ohne zu unterstellen, es werde nun auch der andere seine Leistung erbringen. Wenn diese Erwartung trägt, so bleibt ihnen ihr Anspruch auf die schon erbrachte Leistung unbenommen; aber einen Anspruch auf die Gegenleistung erhalten sie auch dadurch nicht.

Besonders unbefriedigend an Fichtes Konstruktion ist die Tatsache, daß sie nicht zu erklären vermag, wozu die Vereinbarung, zu der sich die beiden Pseudo-Kontrahenten dieses Modells bereit finden, eigentlich dient. Diese Vereinbarung besteht in einem wechselseitig bedingten Versprechen. Wenn ein Versprechen jedoch lediglich die vielleicht trügerische Voraussage dessen ist, was einer tun wird, bestenfalls eine jederzeit widerrufbare Absichtserklärung, so ist es keine ausreichende Grundlage für das Zustandekommen einer Vereinbarung. Es ist aber klar, daß Fichtes Begriff eines Versprechens unzureichend ist: Wenn jemand einem anderen etwas verspricht, so kündigt er nicht einfach an, was er tun wird; er gibt auch nicht einfach bekannt, was er zu tun beabsichtigt; sondern er verbürgt oder verpflichtet sich einem anderen gegenüber, daß er einen bestimmten Handlungszweck realisieren wird. Damit gibt er dem anderen Grund zu der Erwartung, daß seinen Worten Taten folgen werden; und wenn dies nicht geschieht, so wird dieser ihm Fragen zu stellen haben, auf die er die Antwort nicht einfach verweigern darf. Die bloße Erklärung, er habe einfach seine Absicht geändert, wird dabei keinesfalls als ausreichende Antwort zu gelten haben. Wer etwas verspricht, dem steht es – anders ausgedrückt – nicht mehr frei, seine Absicht zu ändern; wenn er gleichwohl den in Aussicht gestellten Handlungszweck nicht realisiert, ohne sich dem Vorwurf, er habe sein Versprechen gebrochen, auszusetzen, so muß er schon Gründe geltend machen können, die nicht er zu verantworten hat. Dabei mag durchaus unklar sein, welche Gründe als ausreichende Erklärung anzusehen sind; der Maßstab der Bewertung mag sich erheblich ändern, je nachdem ob es sich um ein einseitiges, informelles Versprechen im alltäglichen Leben oder um eine förmliche Vereinbarung von einigem Gewicht handelt. Dies alles ändert jedoch daran nichts, daß ein Versprechen denjenigen, der es eingeht, bindet. Es ist dieser Begriff der Verbindlichkeit, der in Fichtes Definition des Versprechens fehlt.

Betrachtet man den Akt eines einseitigen Versprechens, so muß man daher, anders als Fichte, zwei Ebenen sorgfältig unterscheiden: Auf der Ebene aktuellen Handelns erweist sich ein Versprechen allerdings als eine Absichtserklärung zugunsten eines anderen; aber diese aktuelle Handlung erhält für die Beteiligten eine besondere Bedeutung dadurch, daß sie als ein Willensakt verstanden wird, durch den eine Verbindlichkeit entsteht. Wer ein Versprechen gibt oder annimmt, der weiß und will, daß durch diesen Akt ein Anspruch begründet wird, der sich durch einen späteren einseitigen Willensakt nicht einfach wird abweisen lassen. Wer dies etwa nicht weiß oder nicht will, der ist überhaupt nicht in der Lage, ein Versprechen zu geben oder anzunehmen, mag er sich darüber im klaren sein und den anderen nur täuschen wollen oder sich nicht darüber im klaren sein und sich selbst täuschen. Man kann dies nur so ausdrücken, daß man sagt: Ein aktuelles Versprechen auf der Handlungsebene setzt voraus, daß die Beteiligten die Norm ›Man muß ein Versprechen halten‹ anerkannt haben. Aus der Anerkennung dieser Norm – man kann hier auch von einer ›Grundnorm‹ sprechen – folgt erst, daß aus einer Tatsache in der sozialen Welt, nämlich einer aktuellen Willenserklärung, ein Anspruch entsteht.

Diese Feststellung ist nun dem einen oder dem anderen widersinnig erschienen. So hat Jürgen Habermas mit diesem Eindruck die Frage verbunden: »Welches Motiv könnte es für die Anerkennung einer so widersinnigen Grundnorm geben?«[2] Aber er hat es gar nicht erst für nötig gehalten, seine Leser darüber aufzuklären, warum er die Norm ›Man muß ein Versprechen halten‹ für widersinnig hält. Ihm scheint vorzuschweben, daß es widersinnig ist, wenn jemand sich durch ein Versprechen freiwillig bindet, weil er dadurch aus Freiheit seiner Freiheit Grenzen setzt. Daß dies das Normalste von der Welt ist, ist ihm offenbar nicht klargeworden: Ob nun jemand einen Arbeitsvertrag oder eine Ehe eingeht, ob er ein Kraftfahrzeug in Betrieb nimmt oder das Territorium eines Staats betritt, in jedem Fall setzt er aus Freiheit seiner Freiheit Grenzen. Und auch die Frage, welches Motiv einen veranlassen könnte, sich auf eine solche vermeintlich widersinnige Selbstbeschränkung seiner Freiheit einzulassen, beantwortet sich leicht: Der Freiheitsgewinn, den wir uns durch eine solche Selbstbeschränkung unserer Freiheit erwarten, erscheint uns normalerweise größer als das Maß unserer ursprünglichen Freiheit. Habermas findet auch Schwierigkeiten in dem Gedanken, daß eine Verbindlichkeit fortdauert, selbst wenn sich die ursprüng-

2 [Legitimationsprobleme im Spätkapitalismus, 143]

liche Interessenkonstellation geändert hat; es sei nämlich mißlich, »flüchtige Interessenkonstellationen auf unbestimmte Zeit normativ festzuschreiben«. Aber genau dies geschieht bei jedem Versprechen und bei jeder Übereinkunft: Was bis zu einem solchen Akt in der Tat eine flüchtige Interessenkonstellation war, das wird durch diesen Akt für unbestimmte Zeit, jedenfalls bis zur Realisierung des Versprochenen oder Vereinbarten, »festgeschrieben«. Eine freischwebende romantische Intelligenz, die ein solches »Festschreiben« perhorresziert, ist zu einer solchen Bindung an ein gegebenes Wort freilich unfähig, damit aber auch unfähig zu verantwortlichem Handeln. Von daher wird verständlich, daß sich Probleme verantwortlichen Handelns für Habermas und diejenigen, die ihm folgen, in eine Art von Seminardiskussion verwandeln.

Daß jedes aktuelle Versprechen auf der vorgängigen Anerkennung der Norm ›Man muß ein Versprechen halten‹ beruht, ist aber auch nicht einfach trivial. Sonst hätte sich wohl John R. Searle[3] nicht anheischig gemacht, am Beispiel des Sprechakts ›Versprechen‹ zu zeigen, wie man aus Sein Sollen ableiten kann. Da er erkannt hat, daß ein solcher Sprechakt eine Tatsache in der sozialen Welt ist, aus der sich Rechte und Pflichten ergeben, glaubt er sein Beweisziel schnell und bequem erreicht zu haben. Juristen, Soziologen und Philosophen, denen aus irgendwelchen Gründen die These, daß Sollen nicht aus Sein abgeleitet werden kann, Unbehagen bereitet, haben es ihm zu danken gewußt oder auf eigenen Wegen in derselben Richtung voranzukommen versucht. Aber was John R. Searle[3] und andere nicht begriffen haben, ist der Zusammenhang, der zwischen Sprechakten als sozialen Tatsachen und den in diesen Sprechakten vorgängig anerkannten Normen besteht. Wenn jemand einem anderen etwas verspricht, so hat er eben damit anerkannt, daß etwas der Fall sein soll. Dieses Sollen ist nicht aus einer Tatsache als solcher, sondern nur aus der Konjunktion einer Norm und einer unter sie zu subsumierenden sozialen Tatsache abzuleiten.

Von hierher mag klarwerden, daß Tatsachen in der sozialen Welt in der Regel erst im Blick auf Normen und Normensysteme Be-

3 [Im Text steht »Peter Sellars«. Die Äußerungen Iltings beziehen sich jedoch wohl auf: John R. Searle, Sprechakte. Ein sprachphilosophischer Essay. Frankfurt/M., Suhrkamp, 1983, 261 ff.]

deutung erlangen, daß sie als bedeutsame Tatsachen mithin gleichsam eine normative Komponente enthalten. Ob jemand eine Reise antritt oder ein Gespräch beginnt, ob er ein Hotelzimmer belegt oder ein Menü bestellt, einen Vortrag anhört oder spazieren geht – in jedem Falle hat er mit Verhaltenserwartungen anderer zu tun, denen er sich nicht einfach entziehen kann. Denn diese Verhaltenserwartungen beruhen auf der Unterstellung, daß es gemeinsam anerkannte Normen gibt, die für die jeweils Beteiligten verbindlich sind. Wer ihnen zuwider handelt, muß darauf gefaßt sein, daß ihm dies zum Vorwurf gemacht wird. Nicht immer wird man ihm Vorhaltungen machen; oft wird man eine Normverletzung nur als eine Handlung bewerten, durch die jemand sich selbst disqualifiziert. Dies wird in der Regel davon abhängen, in welches Normensystem die verletzte Norm gehört: Auf eine Unhöflichkeit reagiert man anders als auf einen Rechtsbruch, auf eine moralisch verwerfliche Tat anders als auf unkollegiales Verhalten. Überdies wird die Reaktion auf eine Normverletzung durch die sozialen Beziehungen bestimmt, in denen man jeweils steht. Als Betrachter kann man so zu dem Urteil gelangen, daß Tatsachen in der sozialen Welt stets auch im Blick auf als verbindlich geltende Normen Bedeutsamkeit erhalten. Werden sie nicht durch diesen normativen Aspekt mitkonstituiert, so hat man Grund zu der Annahme, daß es sich nicht um soziale Tatsachen, sondern etwa um Naturereignisse handelt. Ein Erdbeben ist z. B. ein solches Naturereignis; aber sobald es, wie man so sagt, menschliche Opfer gefordert und erhebliche Schäden angerichtet hat, ist es bereits eine soziale Tatsache, die im Blick auf Normen (hier: auf Normen der Solidarität) interpretiert werden muß, sei es, daß die Unbetroffenen sich selbst zur Hilfe aufgerufen sehen oder von staatlichen oder karitativen Organisationen Hilfeleistung erwarten, sei es, daß die Betroffenen auf keinerlei Hilfe hoffen und unterstellen, niemand sei zur Hilfeleistung verpflichtet.

Normen und Normensysteme konstituieren mithin im Lebenszusammenhang handlungsfähiger Individuen, diesen selbst weithin unbewußt, eine soziale Welt. Für die einzelnen ist diese soziale Welt jeweils etwas Vorgegebenes, immer schon Konstituiertes, so daß sie sich mit Verhaltenserwartungen konfrontiert sehen, die sie im ganzen nur erfüllen oder enttäuschen, kaum jedoch korrigieren können. Sie sind zwar frei, diese Erwartungen anzuerkennen oder von sich zu weisen; aber selbst in diesem Falle müssen sie darauf gefaßt sein, daß ihnen Fragen gestellt werden, auf die sie die Antwort nicht einfach verweigern können, d. h.: Sie werden als verantwortlich für ihre Handlungen angesehen, und sie selbst können sich dieser Verantwortlichkeit nur um den Preis entziehen, nicht mehr als handlungsfähige Individuen, sondern nur noch als Naturgewalten zu gelten.

II

Meine bisherigen Darlegungen waren nichts als der Versuch, durch Analyse unserer Handlungen im sozialen Kontext die Voraussetzungen und Implikationen herauszustellen, auf die wir uns schon, so oder so, eingelassen haben. Ich habe dabei zwar nicht die Attitüde eines prinzipiell skeptischen Soziologen oder Psychologen eingenommen, der überzeugt ist, das Sinnverständnis derer, die Gegenstand seiner Betrachtung sind, destruieren und als das Resultat von Interessen entlarven zu sollen, die von diesem Sinnverständnis verschieden sind; ich bin an diese Analysen vielmehr mit der Vormeinung herangegangen, daß es mit ihnen, aufs Ganze gesehen, schon seine rechte Bewandtnis haben wird. Aber ich habe nicht zu beweisen versucht, daß die normativen Voraussetzungen unseres Handelns verbindlich sind. Dieser Aufgabe will ich mich jetzt zuwenden und zeigen, daß wir als Handelnde in der Tat Normen im voraus gesetzt, d. h. als verbindlich anerkannt haben und daß wir aufgrund dieser Anerkennung einander für unsere Handlungen verantwortlich sind.

Dieses Beweisziel enthält (1) den Gedanken, daß die Anerkennung einer Norm durch den Normadressaten eine notwendige Bedingung ihrer Verbindlichkeit ist, und (2) die Prämisse, daß Normen, welche die Bedingung X erfüllen und als verbindlich anerkannt sind, in der Tat verbindlich sind. Aus der Verbindlichkeit einer Norm folgt dann, daß die Normadressaten einander für Handlungen, welche in den Geltungsbereich dieser Norm fallen, verantwortlich sind.

Die These, daß die Verbindlichkeit einer Norm deren Anerkennung durch den jeweiligen Normadressaten voraussetzt, ist eine Behauptung über Normen, also nicht selbst eine Norm, sondern – indem sie die Geltung einer Norm von einer Bedingung abhängig macht – eine Metanorm. Mit dieser These wende ich mich gegen zwei in der Geschichte der praktischen Philosophie und in der Theologie häufig vertretene Ansichten: zum einen gegen die Ansicht, die Verbindlichkeit einer Norm beruhe darauf, daß sie wahr ist, und zum anderen gegen die Ansicht, der Wille eines anderen könne als solcher einen Normadressaten verpflichten. Daß die Verbindlichkeit einer Norm nicht auf ihrer vermeintlichen Wahrheit beruht, ist schon deshalb klar, weil eine »wahre« Norm keine Norm wäre; denn wahre Sätze drücken aus, was der Fall ist, aber nicht, was sein soll; eine Norm enthält den Begriff des Sollens, und dieser ist nicht aus einem Begriff dessen, was der Fall ist, abzuleiten. Damit entfällt die Möglichkeit, die Geltung einer Norm auf die Wahrheit von Sätzen zurückzuführen und so ihre Verbindlichkeit sicherzustellen. Sollen impliziert aber Wollen, d. h.: Es enthält einen Widerspruch zu behaupten, etwas solle der Fall sein, und gleichzeitig zu bestreiten, was der Fall sein soll, sei nicht der Gegenstand eines Wollens. Die Begründung, warum eine Norm verbindlich ist, kann daher nur davon ausgehen, daß sie der Gegenstand eines Wollens ist, d. h.: Es kann keine kognitive, sondern nur eine voluntative Begründung der Geltung von Normen geben. Diese Behauptung ist m. E. analytisch-wahr; wer ihr widerspricht, weiß mithin nicht, was er sagt.

Damit scheint allerdings bei oberflächlicher Betrachtung das Problem der Begründung der Verbindlichkeit von Normen unlösbar zu werden; denn wenn die Verbindlichkeit einer Norm von einem Wollen abhängt, so scheint man sich dem universalen Geltungsanspruch einer Norm nach Belieben entziehen zu können. Dies macht verständlich, daß Philosophen und Theologen immer wieder versucht haben, den Geltungsgrund von Normen in einem ausgezeichneten Willen, nämlich im Willen eines allmächtigen Gottes, zu finden. Daß auch dies, unabhängig von der Beantwortung der Frage, ob es einen allmächtigen Gott überhaupt gibt und ob wir wissen, was sein Wille ist, aussichtslos ist, folgt aus der These, daß niemand durch sein Wollen als solches einen anderen verpflichten kann. Damit soll natürlich nicht bestritten werden, daß man sich freiwillig dem Wollen und der Entscheidung eines anderen oder einer Körperschaft unterwerfen kann; denn in diesem Falle hat man sich ja im vorhinein den Willen anderer zu eigen gemacht. Aber ohne ein solches Einverständnis kann niemand durch den Willen eines anderen verpflichtet werden, weil sonst sein ursprüngliches Freiheitsrecht, das darin besteht, nicht ohne

eigenen Willen in seinen Handlungen beschränkt zu sein, aufgehoben wäre. Diese These ist nunmehr zu begründen.
Ich beginne mit einer Klärung des Begriffs ›Verpflichtung‹. Eine Verpflichtung ist, wie das lateinische Äquivalent ›obligatio‹ und seine Entsprechungen in den modernen Sprachen anzeigen, eine Verbindlichkeit, d. h. sie hebt unsere (»natürliche«) Freiheit in gewisser Weise auf. Wird nun unsere Fähigkeit zu handeln (unsere Handlungsfreiheit) durch Tatsachen eingeschränkt oder aufgehoben, die von unserem Willen unabhängig sind, so sprechen wir von Zwang, sei es, daß dieser von Naturgewalten ausgeht oder von Menschen angewandt wird. Ganz anderer Art ist hingegen die Einschränkung unserer Handlungsfreiheit, wenn diese auf einem freiwilligen Verzicht beruht. In diesem Falle handelt es sich nicht um eine uns von außen auferlegte Beschränkung, sondern um eine Selbstbeschränkung; und aus diesem Unterschied ergeben sich nun auch verschiedene Folgen: Im ersten Falle hört mit dem Zwang zugleich auch die Beschränkung unserer Handlungsfreiheit auf; wenn wir uns z. B. dem Zwang entziehen können, so sind wir wieder so frei wie vorher. Im Falle der Selbstbeschränkung hingegen sind wir nur dann so frei wie zuvor, wenn die Bedingungen unseres Freiheitsverzichts nicht mehr bestehen. Von ›Verpflichtung‹ sprechen wir nun genau dann, wenn unsere Handlungsfreiheit nicht durch äußeren Zwang, sondern durch freiwilligen Verzicht eingeschränkt wird. Der Wille eines anderen als solcher, verbunden mit der Anwendung oder Androhung von Zwang, kann daher niemanden verpflichten. Von einer Verpflichtung ist aber die Rede, wenn von der Verbindlichkeit einer Norm gesprochen wird. Daher kann die Verbindlichkeit einer Norm nicht auf dem Willen eines anderen als solchen, sondern nur auf einer Selbstbeschränkung des Normadressaten beruhen. Eine Norm, welche dieser Bedingung nicht genügt, ist nicht verbindlich.
Nicht durch den bloßen Willen anderer und deren Handlungen in seiner Handlungsfreiheit beschränkt zu werden, ist ein gewiß ebenso verständlicher und allgemeiner wie auch leider unrealisierbarer Wunsch, solange unser Lebensraum beschränkt und die Ressourcen knapp sind. Noch weniger haben wir ein Recht darauf, nicht durch andere in unserer Handlungsfreiheit beschränkt zu werden. Von einem ursprünglichen Freiheitsrecht kann man nur in dem Sinne sprechen, daß eine äußere Beschränkung unserer

Handlungsfreiheit durch den Willen und die Handlungen anderer unter Bedingungen geschieht, die wir selbst anerkannt haben. Daß diese Bedingung erfüllt sein soll, ist natürlich eine Norm, die begründungsbedürftig ist. Soviel müßte indes bereits jetzt klar sein, daß diese Norm jener Bedingung genügt, ohne die sie überhaupt nicht verbindlich sein könnte: Sie setzt eine Selbstbeschränkung des Normadressaten voraus. Die Schwierigkeit liegt aber darin, daß jemand, der ein ursprüngliches Freiheitsrecht für sich in Anspruch nimmt, von anderen erwartet, daß sie sich die in Rede stehende Selbstbeschränkung ihrer Handlungsfreiheit auferlegen. Diese Erwartung verpflichtet andere natürlich in keiner Weise; aber wer nicht bereit ist, seine Handlungsfreiheit gegenüber anderen nur unter Bedingungen zu gebrauchen, die auch von diesen anerkannt werden können, der hat auch keinen Grund, von anderen die Anerkennung seines eigenen Anspruchs auf ursprüngliche Freiheitsrechte zu erwarten. Nur Individuen, die die Grundnorm anerkannt haben, daß ein jeder in seiner Handlungsfreiheit nur unter Bedingungen einer allgemein verbindlichen Selbstbeschränkung eingeschränkt sein soll, können daher Träger ursprünglicher Freiheitsrechte sein.

In dieser Argumentation ist es nicht darum zu tun, aus der anthropologischen Tatsache, daß wir Menschen zu freiem Handeln befähigt sind, die Norm abzuleiten, daß wir ein ursprüngliches Recht auf Freiheit haben, das von anderen respektiert werden sollte. Es ist an dieser Stelle meiner Argumentation auch noch gar nicht ausgemacht, ob die erwähnte Grundnorm verbindlich ist; sondern es ist lediglich klargestellt worden, daß sie der Bedingung von Verbindlichkeit genügt. Aber die Vermutung liegt nahe, daß diese Grundnorm für diejenigen, die sie als Bedingung ihres Handelns anerkennen, *ipso facto* verbindlich ist. Ich halte diese Vermutung jedoch für falsch; denn sie würde auf die Annahme hinauslaufen, daß die Anerkennung einer Norm durch die Normadressaten nicht nur eine notwendige, sondern zugleich auch eine hinreichende Bedingung ihrer Verbindlichkeit ist. Gegen diese Annahme spricht indes, daß Menschen viele Normen für verbindlich halten und sie daher auch freiwillig befolgen, die kein Mensch, der zu einem eigenen Urteil fähig ist, anerkennen kann. Wenn die Anerkennung einer Norm durch die Normadressaten mithin nur eine notwendige Bedingung ihrer Verbindlichkeit ist, so müssen verbindliche Normen überdies noch einer weiteren Bedingung – ich habe deshalb von der Bedingung X gesprochen – genügen.

Diese Bedingung X ist in meiner bisherigen Argumentation bereits vorgekommen, als ich darauf hinwies, daß nur derjenige ursprüngliche Freiheitsrechte besitzen kann, der diese Freiheitsrechte auch anderen einzuräumen bereit ist. Dieses Argument beruht auf dem Grundsatz, daß niemand anderen zumuten kann, ihm Freiheitsrechte einzuräumen, der nicht bereit ist, Freiheitsrechte anderer zu respektieren. Ich möchte in diesem Zusammenhang vom Prinzip der Zumutbarkeit sprechen. Eine Zumutung liegt vor, wenn immer wir an einen anderen mit dem Ansinnen herantreten, er solle das wollen, was wir wollen. Normalerweise ist dies für den anderen, wie der Gebrauch des Worts ›Zumutung‹ erkennen läßt, befremdlich: Wer anderen etwas zumutet, setzt sich dem Vorwurf der Aufdringlichkeit, des naiven Egoismus oder der Distanzlosigkeit aus. Zumutbar hingegen ist ein Ansinnen, wenn der andere es nicht mit guten Gründen von sich weisen kann. Im Zusammenhang der Begründung der Verbindlichkeit von Normen ist nun, so behaupte ich, das Prinzip der allgemeinen Zumutbarkeit eine Bedingung, die erfüllt sein muß, wenn für eine Norm mit Recht Verbindlichkeit in Anspruch genommen wird. Nun hatte ich bereits gezeigt, daß die Anerkennung einer Norm ebenfalls eine notwendige Bedingung ihrer Verbindlichkeit für einen bestimmten Normadressaten ist. Die Konjunktion dieser beiden Bedingungen ergibt m. E. die hinreichende Bedingung für die Verbindlichkeit einer Norm, d. h.: Jede Norm, die allgemein zumutbar und von den Normadressaten anerkannt worden ist, ist für diese verbindlich.

Man kann sich leicht klarmachen, daß die Bedingung der allgemeinen Zumutbarkeit im Falle der von mir formulierten Grundnorm erfüllt ist. Diese Grundnorm lautet: Jeder soll in seiner Handlungsfreiheit durch andere nur soweit eingeschränkt sein, wie er seinerseits die Handlungsfreiheit anderer nicht einschränkt. Vorausgesetzt ist hier, daß jeder ein natürliches Interesse daran hat, nicht durch andere in seiner Handlungsfreiheit eingeschränkt zu werden. Durch die gemeinsame Anerkennung dieser Grundnorm wird die Grundlage dazu geschaffen, daß aus diesem natürlichen Interesse ein Freiheitsrecht wird. Aber dieses Recht bedeutet für alle anderen Normadressaten, daß sie verpflichtet sind, dieses Recht zu respektieren. Das Ansinnen, diese Grundnorm und damit die aus ihr folgende Verpflichtung anzuerkennen, ist nun zwar eine Zumutung; aber dieses Ansinnen ist deshalb zumutbar, weil die Verpflichtung, die jemand durch die Anerkennung dieser Grundnorm übernimmt, dem Recht, das er dadurch erwirbt, adäquat ist, und weil das Interesse, das jeder an der Realisierung seiner Handlungsfreiheit nimmt, nur durch diesen Akt der Anerkennung in ein Recht verwandelt werden kann. Es gibt daher keine guten Gründe, sich dem Ansinnen, diese Grundnorm anzuerkennen, zu entziehen. Wer sich gleichwohl weigert, sie anzuerkennen, der verzichtet darauf, überhaupt Träger von Rechten zu sein, d. h. er hat nicht den Status einer Person. Für ihn ist diese Grundnorm dann allerdings nicht verbindlich.

Man kann diese Grundnorm nun auch einfacher formulieren und sich dabei Hegel anschließen, der ihr im Grundkurs seiner Nürnberger Propädeutik die Form gegeben hat: »Es soll jeder von dem anderen als Person behandelt werden«,[4] und sie in seiner »Philosophie des Rechts« (§ 36) auf die Formel gebracht hat: »Sei eine Person und respektiere die anderen als Personen«. Person, also Träger von Rechten, ist jemand ursprünglich überhaupt nur dadurch, daß er die Bedingung von Rechten anerkennt; dies aber ist ein Akt des Willens, der einem jeden zugemutet wird. Diese Zumutung oder dieses Ansinnen erhält daher die Form eines Imperativs »Sei eine Person!«. Die Bedingung, Träger von Rechten zu sein, ist aber nur erfüllt, wenn jemand die Verpflichtung anerkennt, andere als Träger von Rechten zu respektieren. Durch die gemeinsame Anerkennung der Grundnorm ›Sei eine Person und respektiere die anderen als Personen!‹ werden mithin ursprünglich Rechte und Pflichten konstituiert. In ihrem Geltungsbereich und nur in ihrem Geltungsbereich ist man daher auch berechtigt, einen anderen zu fragen, ob ihm eine bestimmte Handlungsweise erlaubt war, so daß dieser zugleich verpflichtet ist, auf diese Frage zu antworten. Auf der Grundlage dieser Norm und nur auf dieser Grundlage sind wir einander m. a. W. für unsere Handlungen verantwortlich.

4 [Hegel sagt genau, »daß jeder Einzelne von dem anderen als ein freies Wesen respektiert und behandelt werde«. G. W. F. Hegel, Rechts-, Pflichten- und Religionslehre für die Unterklasse (1810 ff.), in: Werke 4, Frankfurt a. M. 1970, (§ 3), 232]

III

Ich betrachte die soeben vorgetragene Argumentation als eine transzendentalphilosophische Grundlegung der Ethik bzw. der praktischen Philosophie, ohne dabei auf dieses Etikett besonderen Wert zu legen. Es gibt bekanntlich zahlreiche verschiedene Auffassungen darüber, was zu einem transzendentalen Argument erforderlich ist. Im gegenwärtigen Zusammenhang genügt es mir, auf eine, wie ich meine, offenkundige Analogie zu Kants transzendentalphilosophischer Grundlegung der theoretischen Philosophie aufmerksam zu machen. Kant hat zu zeigen versucht, daß in unserer Erfahrung und Naturerkenntnis die Geltung synthetischer Urteile *a priori* vorausgesetzt ist und daß die Geltung dieser Urteile auf ursprünglichen Setzungen unseres Erkenntnisvermögens beruhen muß. Ich habe soeben zu beweisen versucht, daß in unserer sozialen Erfahrung, wie auch schon Kant lehrte, synthetische praktische Urteile *a priori* vorausgesetzt sind, jedenfalls das synthetische praktische Urteil *a priori* ›Sei eine Person!‹. Synthetisch ist dieses praktische Urteil (oder besser: diese Grundnorm), weil sie ein Imperativ ist, der nicht aus dem, was wir ohnehin wollen, abgeleitet werden kann, so daß jemand, der diesen Imperativ nicht befolgt, sich gleichsam *ipso facto* widerspräche. Ein praktisches Urteil *a priori* ist dieser Imperativ, weil er nicht eine soziale Tatsache, sondern Beurteilungskriterium sozialer Tatsachen ist. Ich habe nun versucht, eine transzendentale Deduktion dieser Grundnorm zu leisten, d. h. zu zeigen, daß die Anerkennung dieser Grundnorm eine Bedingung der Möglichkeit jener sozialen Erfahrungen ist, die ich im ersten Teil meines Vortrags thematisiert habe. Daher scheint mir genügend gerechtfertigt zu sein, daß ich meine Argumentation im zweiten Teil meines Vortrags als ›transzendentale Begründung‹ bezeichne. Ich bin mir natürlich darüber im klaren, daß Kant der Meinung war, eine solche transzendentale Deduktion sei unmöglich; betrachte diese Behauptung jedoch lediglich als das Eingeständnis, zu einer transzendentalen Deduktion nicht fähig gewesen zu sein. Eine Begründung seiner Behauptung hat Kant ohnehin nicht gegeben, vielmehr in der Rechtslehre der »Metaphysik der Sitten« eher den Eindruck erweckt, wenigstens auf dem Wege zu einer transzendentalen Deduktion zu sein. Aber auf die Auseinandersetzung mit Kant muß ich an dieser Stelle leider verzichten.

Ich habe nun noch deutlich zu machen, wo die Grenzen meines Versuchs liegen und wie er weiter ausgeführt werden müßte. Durch die Grundnorm ›Sei eine Person!‹ wird unsere Handlungsfreiheit nur insofern eingeschränkt, als Rechte und Pflichten abgegrenzt werden; welche Rechte und Pflichten so entstehen, ist damit noch nicht bestimmt. Aus dem Prinzip der allgemeinen Zumutbarkeit kann man indes ableiten, daß die Verteilung von Rechten und Pflichten symmetrisch sein muß, d. h.: Nur eine solche Verteilung von Rechten und Pflichten ist allgemein zumutbar, die einem jeden dieselben Rechte gewährt, die er selbst zu gewähren verpflichtet ist. Eine jede Handlung, die dieser Bedingung genügt, ist dann erlaubt oder (wie Kant sich ausdrückt) »recht«. Die auf diese Weise näher bestimmte Grundnorm ist Kants »allgemeinem Prinzip des Rechts« in der Einleitung zur Rechtslehre der »Metaphysik der Sitten« äquivalent:

> Eine jede Handlung ist recht, die oder nach deren Maxime die Freiheit der Willkür eines jeden mit jedermanns Freiheit nach einem allgemeinen Gesetz zusammen bestehen kann (Ak.-A. 6, 229).

Unbefriedigend an Kants Formulierung ist freilich, daß nicht klar zum Ausdruck gebracht wird, ob hier von (natürlicher) Handlungsfreiheit oder von einem Freiheitsrecht die Rede ist. Das letztere ist der Fall, und darum hätte deutlich gemacht werden sollen, daß Freiheitsrechte durch dieses »allgemeine Prinzip des Rechts« überhaupt erst konstituiert werden und ihm nicht etwa vorausliegen. Aber gerade dies hat Kant vermutlich nicht eingesehen und deshalb eine transzendentale Deduktion dieses Prinzips für unmöglich gehalten. Ich würde daher die Formulierung vorziehen: »Nimm als Person nur solche Rechte für dich in Anspruch, die du zugleich auch anderen gewährst!«

Aber auch durch diese Grundnorm bleibt unbestimmt, welche Rechte jemand »nach einem allgemeinen Gesetz« für sich in Anspruch nehmen darf. Dies erklärt sich aus der Tatsache, daß diese Grundnorm noch rein formal ist. Dies bedeutet zwar nicht, wie Fichte und Hegel gemeint haben, daß sie auf einer Tautologie beruht. (Sie ist ja, wie ich gezeigt habe, synthetisch.) Aber zur Abgrenzung materieller Rechte und Pflichten taugt sie nur in Verbindung mit allgemeinen empirischen Sätzen über Interessen, die durch allgemein verbindliche Normen geschützt werden müssen, wenn anders das fundamentale Interesse an Handlungsfreiheit soll realisiert werden können. Als eine solche Bedingung der Realisierung von Handlungsfreiheit betrachte ich die Integrität von Leib und Leben. Wenn es jedermann freisteht, andere zu töten oder zu verletzen, so ist niemandes Handlungsfreiheit durch Normen gesichert, so hat niemand Freiheitsrechte. Dasselbe gilt von der Verfügung über uns äußerliche Sachen: Wenn wir nicht das Recht auf ausschließliche Verfügung über Sachen haben, so ist wiederum unsere Handlungsfreiheit nicht normativ gesichert; denn in diesem Falle hätten wir z. B. kein Recht auf die Beschaffung der zu unserer Lebenserhaltung notwendigen Sachen, also auch kein Recht auf Vorsorge für unsere Lebenserhaltung. Da unser Recht auf Lebenserhaltung nur durch (privates oder kollektives) Eigentum normativ gesichert werden kann, verbietet eine weitere materielle Grundnorm die Verletzung fremden Eigentums.

Es wäre jedoch eine Täuschung zu glauben, durch diese materiellen Grundnormen würde eine konkrete Rechtsordnung hergestellt. Das Verbot, die leibliche Integrität anderer und deren Eigentum zu verletzen, sagt nichts oder fast nichts darüber, wieweit sich diese Rechte und die ihnen korrespondierenden Pflichten erstrecken. Dies ist beim Grundeigentum besonders augenfällig: Weder ist klar, ob dieses Recht eine unbegrenzte Aneignung erlaubt oder auf die Bedingungen der Lebenserhaltung beschränkt ist, noch geht aus ihr hervor, wieweit alle übrigen Personen verpflichtet sind, den Eigentumsanspruch eines anderen auf dieses bestimmte Grundeigentum zu respektieren. Denn wer zuerst kommt, um sich eine Sache anzueignen, ist allemal im Vorteil gegenüber denjenigen, die später kommen – Beati possidentes! –; damit ist aber die Symmetrieregel, folglich auch das Prinzip der allgemeinen Zumutbarkeit von Normen verletzt.

Über diese Schwierigkeiten hilft m. E. nur ein normatives Handlungsschema hinweg, dessen Sinn darin besteht, materielle Interessen im einzelnen oder im allgemeinen vereinbar zu machen: das Institut des gegenseitigen Vertrags. Nur indem sich einzelne dieses Instituts bedienen, d. h. Handlungen vollziehen, oder Willenserklärungen abgeben, die als gegenseitig bindende Vereinbarungen aufzufassen sind, entstehen konkrete rechtliche bzw. überhaupt konkrete normativ geordnete Verhältnisse. Dies ist der Grund, warum bei einer rationalen Rekonstruktion von Rechten und Pflichten innerhalb unserer gegebenen sozialen Welt das Konstrukt eines präsumptiven Vertrags unentbehrlich ist. Da nun, wie ich im ersten Teil meines Vortrags zeigte, ein gegenseitiger Vertrag die Verbindlichkeit eines Versprechens voraussetzt, so wäre hier der systematische Ort einer transzendentalen Deduktion des Versprechens. Der Grundgedanke dieser Deduktion ist, wie ich soeben bereits andeutete, daß die Verbindlichkeit eines Versprechens die Bedingung der Möglichkeit konkreter normativ geordneter Verhältnisse ist. Wenn man sich rückblickend klarmacht, welchen theoretischen Aufwand eine rationale Rekonstruktion dieses Instituts erfordert, so wird man die Unzulänglichkeit der im ersten Teil meines Vortrags erwähnten und kritisierten Auffassungen verständlich finden.

Abschließend möchte ich jetzt nur noch den Begriff der besonderen Verantwortlichkeit, den ich in der Einleitung entwickelt habe, klären und begründen. Wie aus einem Vertrag Pflichten entstehen, die man sonst nicht haben würde, so erwachsen uns auch dadurch, daß wir uns in bestimmte Situationen begeben oder daß wir in bestimmte Lebensverhältnisse eintreten, Pflichten, die wir sonst nicht hätten. Dies beruht darauf, daß man in rationaler Rekonstruktion unterstellen muß, wir hätten durch unser Tun die normativen Bedingungen, im Blick auf welche diese Situationen oder Lebensverhältnisse verstanden werden müssen, anerkannt. Kant bedient sich in diesem Zusammenhang der Figur eines *pactum re initum* (eines durch die Tat eingegangenen Vertrags). So übernimmt ein Arzt, unabhängig von allen justizialen Pflichten, eine besondere moralische Verantwortung für die Gesundheit seiner Patienten. Ähnliches gilt von Eltern im Verhältnis zu ihren Kindern, von Lehrern im Verhältnis zu ihren Schülern. Die politische Verantwortung, die ein Minister für die Tätigkeit der ihm unterstellten Beamten gegenüber dem Parlament und der Öffentlichkeit übernimmt, ist dagegen gänzlich anderer Art. Sie bezieht sich auf seine Glaubwürdigkeit und die Glaubwürdigkeit derer, die ihn politisch unterstützen. Damit ist ein informeller, vielfach manipulierbarer Verhaltenskodex gemeint, ohne dessen Beachtung man innerhalb einer parlamentarischen Staatsordnung kein politisches Vertrauen erwerben oder bewahren kann. Es handelt sich hier um ein spezielles Normensystem von geringer Verläßlichkeit innerhalb des ohnehin stets prekären Systems von Ehre und Anstand. Im Zusammenhang einer Erörterung über die Grundlagen eines normativ geordneten Zusammenlebens verantwortlich handelnder Individuen ist der Begriff der politischen Verantwortung jedoch darum nicht ohne Interesse, weil er den Blick noch einmal zurücklenkt auf das Universum vielfach geschichteter Normensysteme, die unsere soziale Welt ähnlich mitkonstituieren, wie durch die transzendentalen Grundsätze Kants unser natürliches Universum mitkonstituiert wird.

Philosophiegeschichtliche Aufsätze

Der verrufene und umstrittene Autor

»Thomas Hobbes ist einer von den Philosophen, welche den Bestrebungen des 17. und 18. Jahrhunderts ihre Wege gewiesen haben.« Mit diesem Satz beginnt eine Aufsatzreihe, die Ferdinand Tönnies 1879 auf Anregung seines akademischen Lehrers Friedrich Paulsen für die »Vierteljahrsschrift für wissenschaftliche Philosophie und Soziologie« verfaßt hat.[1] Aber noch in seiner zuerst 1896 erschienen Monographie hält es Tönnies für angebracht, Hobbes gegen das »übliche Verständnis« zu verteidigen, nach dem seine Lehren über Recht und Staat nichts als eine »willkürliche und exzentrische Spekulation« sind. Seine Lehre sei vielmehr »typischer Ausdruck des modernen Denkens über diese Begriffe«.[2] Diese Sätze lassen den Abstand erkennen, der zwischen den Ansichten über Hobbes, wie sie Tönnies vorgefunden hat, und seinem eigenen Urteil bestand. Noch Hegel hatte, ein halbes Jahrhundert vor Tönnies, in seinen Berliner Vorlesungen über die Geschichte der Philosophie mit erkennbarer Zurückhaltung über Hobbes gesprochen. Wenn man nach den Vorlesungs-Nachschriften, die Michelet nach seinem Tode veröffentlicht hat, urteilen darf, hat Hegel sich auch in seinen Vorlesungen gehütet, die Tiefe des Einflusses einzugestehen, den Hobbes – direkt und durch die Vermittlung Spinozas – in seiner Jugend auf ihn ausgeübt hatte. »Sein Buch ›De Cive‹ ist, wie auch sein ›Leviathan‹, ein sehr verrufenes Werk; dieses letzte Buch war verboten und ist daher selten.« Obgleich Hegel die Ansichten des Hobbes seicht und empirisch nennt, sagt er doch von den beiden Büchern: »Sie enthalten über die Natur der Gesellschaft und der Regierung gesundere Gedanken, als zum Teil noch in Umlauf sind. Gesellschaft, Staat ist ihm das absolut Höchste, das schlechthin Bestimmende

1 Brief Paulsens an Tönnies vom 23. 3. 1878, Briefwechsel, 19. Vgl. jetzt auch: E. G. Jacoby, Philosophie und Soziologie. Ferdinand Toennies' wissenschaftlicher Weg, Veröffentlichungen der Schleswig-Holsteinischen Universitätsgesellschaft 52 N. F., Kiel 1970; ders., Die moderne Gesellschaft im sozialwissenschaftlichen Denken von Ferdinand Toennies. Eine biographische Einführung, Stuttgart 1971.

2 Tönnies, Hobbes[1], 214 (= Hobbes[3], 265). – Zitate aus der vorliegenden dritten Auflage der Hobbes-Monographie werden im Text belegt.

über Gesetz und positive Religion und deren äußeres Verhalten; und indem er sie dem Staate unterwarf, so ist freilich seine Lehre verabscheut worden.«[3]

Der scheinbaren Geringschätzung Hegels entspricht es, daß sein Schüler J. E. Erdmann in seiner »Geschichte der neueren Philosophie« (1834, 1840) Hobbes nicht einmal erwähnt und daß Kuno Fischer in seiner Entwicklungsgeschichte der Erfahrungsphilosophie unter dem Titel »Francis Bacon und seine Schule« (1856) Hobbes nur als einen Bacon-Epigonen gelten läßt – zum dauernden Ärgernis für Tönnies.

Dagegen hatte Heinrich Ritter in seiner umfangreichen »Geschichte der Philosophie« (1851) wenigstens versucht, Hobbes Gerechtigkeit widerfahren zu lassen: »Wer der Meinung ist, daß Gutes und Böses im Menschen sich nicht vertragen, wird bei den ohne Zweifel verderblichen Grundsätzen, zu welchen er sich bekennt, nur dazu geführt werden können, alles Gesunde und Gute, was er mit Eifer behauptet, nur für Heuchelei zu halten«[4]. Mit seinen »Anmerkungen über die Philosophie des Hobbes« (1879–1881), in denen er sich bereits auf umfangreiche Studien der nicht einmal heute vollständig publizierten Originalhandschriften stützte, steht Ferdinand Tönnies so am Beginn der wissenschaftlichen Bemühungen um das Werk des Hobbes. Nach mehr als einem halben Jahrhundert hat es Tönnies noch erlebt, daß sich seine Ansicht, Hobbes gehöre zu den Begründern derjenigen geschichtlichen Epoche, »in der wir noch mitten inne stehen«, durchzusetzen begonnen hatte.[5]

Heute kann es keinen Zweifel mehr daran geben, daß Galilei, Descartes und Hobbes in der ersten Hälfte des 17. Jahrhunderts die Grundlagen eines neuen Zeitalters geschaffen haben. Galileis »Dialogo dei massimi sistemi« (1632) und besonders seine »Discorsi e dimostrazioni intorno a due nuove scienze« (1634) haben mit ihrem gewaltigen publizistischen Erfolg die Bahn für die Durchsetzung des neuzeitlichen Weltbildes freigemacht und der Physik ein mathematisches Fundament gegeben. In seinem »Dis-

3 Hegel, WW (Jubiläumsausgabe) 19, 441 f. – Zur Auseinandersetzung Hegels mit Hobbes und Spinoza, vgl. K.-H. Ilting, Hegels Auseinandersetzung mit der aristotelischen Politik, in: Philos. Jahrbuch 71 (1963), 38-58.

4 Heinrich Ritter, Geschichte der Philosophie X, Hamburg 1851, 458.

5 Hobbes[1], VII.

cours de la méthode« (1637) und in seinen »Meditationes de prima philosophia« (1641) hat Descartes den methodischen Zweifel an allen vermeintlichen Gewißheiten etabliert, der den kritischen Geist neuzeitlichen Denkens beherrscht und das Denken selbst zur Basis macht, von der jede Rekonstruktion der Wirklichkeit in Theorie und Praxis ausgehen muß. Die »Elements of Law, natural and politic« (1640) und die Schrift »De Cive« (1642) des Thomas Hobbes schließlich enthalten die grundlegende Theorie des modernen Staates. Der geschichtliche Handlungszusammenhang von Gedanken, Entscheidungen und Produktionen, den wir ›Neuzeit‹ zu nennen gewohnt sind, ist ohne diese Leistungen kaum noch vorstellbar.

Daß diese Grundlegung eines neuen Zeitalters sich nicht in der abgeklärten Atmosphäre einer leidenschaftslosen Bemühung um Wahrheit ereignete, ist begreiflich. Auf die Veröffentlichung der »Discorsi« folgte der Inquisitionsprozeß gegen Galilei. Descartes trug der neuen Lage Rechnung, indem er auf die geplante Publikation seiner Schrift »Le monde« (1633) verzichtete und sich im »Discours« vorsichtig bis zur Devotion präsentierte. Hobbes mußte noch in hohem Alter einen Häresieprozeß fürchten. Die soziale und politische Relevanz der Neuen Wissenschaft von der Natur und vom Staat war also begriffen worden. Der Tiefe der Erschütterung entsprach die Länge der Zeit, die bis zur endgültigen Rehabilitierung der Diffamierten verstreichen mußte. Die besondere Ehre des Hobbes liegt, so betrachtet, darin, daß es erst nach Jahrhunderten möglich wurde, sein Werk gerecht zu würdigen und ihm die gebührende Stellung in der Geschichte des Denkens zuzuweisen.

Die verzögerte Rehabilitierung ist ein Indiz dafür, wie gründlich Hobbes zum Umdenken gezwungen hat und wie folgenreich sein Denken für die soziale und politische Praxis sein mußte. Mehr als ein Jahrhundert lang wirkte seine politische Philosophie daher durch diejenigen, die ihn bekämpften oder – wie Locke – sich hüteten, auch nur seinen Namen zu erwähnen. Auf Hobbes und auf die Auseinandersetzung mit seiner politischen Philosophie gehen die wichtigsten politischen Theorien der folgenden Jahrhunderte zurück: der Liberalismus Lockes, Rousseaus Theorie des demokratischen Staates, Kants Lehre vom Rechtsstaat. In Hegels Staatslehre ist Hobbes ebenso gegenwärtig wie in seiner Geschichtsphilosophie. Erst die »Radikalen« um Bentham und

James Mill haben sich in ihrem Kampf um die Erneuerung des Staates und des Rechts offen zu Hobbes bekannt. Molesworth, der die bis heute maßgebliche Gesamtausgabe dieses »größten und ursprünglichsten Denkers englischer Sprache« veranstaltete, und George Grote, dem sie gewidmet ist, gehörten zum Kreis Benthams und Mills.[6]

Gleichwohl ist Hobbes bis in die Gegenwart ein umstrittener Autor geblieben. Die Meinungen darüber, wie seine Lehren zu beurteilen und zu bewerten sind, gehen noch immer weit auseinander, und wenn es auch keinen Zweifel mehr an seiner epochalen Bedeutung als Philosoph und Denker gibt, so besteht im einzelnen nicht einmal Einmütigkeit darüber, was der Inhalt seiner Lehre ist. Denn die politische Philosophie hat nicht in derselben Weise wie die von Galilei begründete Theorie der Natur den »sicheren Gang einer Wissenschaft« (Kant) nehmen können. Es gibt daher – allen Hoffnungen des Hobbes zum Trotz – bislang keine allgemein anerkannten Kriterien, die es erlauben würden, zur Befriedigung aller, Verdienste und Irrtümer eines Autors wie Hobbes abzugrenzen. Aber Hobbes wußte selbst, daß die politische Philosophie nicht, wie die Physik, von Gegenständen handelt, bei denen »Wahrheit und Interesse« einander nicht zu widerstreiten pflegen.[7]

Überdies ist der Standort, von dem aus sich Hobbes der Grundlegung einer Theorie des Staates zuwandte, unserer eigenen geschichtlichen Perspektive geradezu entgegengesetzt. Für Hobbes handelte es sich darum, mit seiner Theorie des Staates zur Verwirklichung der Idee des modernen Staates beizutragen: jener Organisationsform einer politischen Gemeinschaft, die nach innen homogen und nach außen als unabhängige Rechtsgemeinschaft auftritt. Wir hingegen nähern uns einem Zustand, in dem dieser neuzeitliche Staat sich in einen Zweckverband gesellschaftlicher Gruppen, die »pluralistische Gesellschaft«, zu verwandeln droht. Aus diesem entgegengesetzten geschichtlichen Verhältnis erklärt sich sowohl das ungewöhnliche Interesse, das die politi-

6 English Works (= EW) 1, Widmung an Grote vom 25. 2. 1839. – In der Widmung der lateinischen Werke heißt Grote – für die Intentionen der Hobbes-Ausgabe bezeichnend genug – »pro aequali universorum civium libertate adversus optimatium dominationem propugnator acerrimus et constantissimus« (Opera Latina (= OL) 1.)

7 Elements of Law (= El), Widmung (S. XVII Tönn.).

sche Philosophie des Hobbes mehr und mehr gefunden hat, wie auch der Widerspruch, dem sie nach wie vor ausgesetzt ist. In den divergierenden Urteilen über Hobbes spiegelt sich stets auch das divergierende geschichtliche Selbstverständnis der Urteilenden. Längst sind es daher nicht mehr allein die Vertreter einer fortschrittlichen liberal-demokratischen Staatsidee, die auf Hobbes als ihren Archegeten zurückkommen. Konservative Beobachter, die das Ende des Modernen Staates gekommen sehen, finden ebenso Grund genug, Hobbes und seine Lehre von der Souveränität und vom Primat der Politik zu würdigen. Aber gerade der absolutistische Charakter seiner Staatsidee ist in der zweiten Hälfte dieses Jahrhunderts, das den totalitären Staat und seine Exzesse in der Durchsetzung der modernen Staatsidee gezeitigt hat, einem unbefangenen Verständnis nicht eben leicht zugänglich. Denn Hobbes, der diese Exzesse weder voraussehen noch befürchten konnte, hat keinerlei Vorkehrungen gegen den exzessiven Gebrauch der Staatsgewalt für nötig gehalten. Nimmt man hinzu, daß andere Kritiker geneigt sind, die liberalen Fundamente der modernen Staatsidee überhaupt in Frage zu stellen und die politische Weisheit der Antike gegen den modernen Begriff des Politischen auszuspielen, so begreift man, daß Hobbes zwar als rehabilitiert gelten kann und dennoch bis heute ein umstrittener Autor geblieben ist. Aber man wird gerade darin ein Zeichen der Bedeutung und Aktualität des Thomas Hobbes erblicken.

Die naturrechtliche und die politische Hobbesdeutung

Versucht man, die Hobbes-Interpretation, die Tönnies in den späteren Auflagen seiner Monographie vorgelegt hat, zu der Vielfalt der neueren Deutungsversuche in Beziehung zu setzen, so fällt alsbald auf, daß diese in seiner Interpretation zum großen Teil bereits vorweggenommen sind:

(1) Hobbes wird als der Theoretiker des Rechtsstaates dargestellt, der in seinem Naturrecht – dem zentralen Gegenstand seiner politischen Philosophie – die Idee eines unabhängig vom Staate geltenden Rechts entfaltet hat. Tönnies muß daher nicht nur als ein Repräsentant, sondern geradezu als der eigentliche Urheber jener Hobbes-Interpretation gelten, die im angelsächsischen

Sprachraum gewöhnlich als die Taylor-Warrender-These zitiert wird und die in der neueren Hobbes-Forschung wohl den bedeutendsten Ort einnimmt.

(2) Als Theoretiker des Rechtsstaates ist Hobbes nach Tönnies – in erklärtem Gegensatz zu allen älteren Deutungen – zugleich der Begründer der politischen Theorie des Liberalismus. Mit dieser Deutung schließt sich Tönnies der Auffassung der englischen Radikalen um Bentham und James Mill an. Aber indem er die politische Theorie des Liberalismus als den theoretischen Ausdruck einer geschichtlichen Bewegung, der aufkommenden Bürgerlichen Gesellschaft, versteht, hält er sich zugleich in gemessener Distanz zur kapitalistischen Gesellschaftsordnung und ihrem ersten Theoretiker. Damit deutet er Hobbes aus jener sozialgeschichtlichen Perspektive, aus der kürzlich Macpherson (übrigens ohne Tönnies zu erwähnen) sein bedeutendes Buch über die politische Theorie des »Possessive Individualism« geschrieben hat.

(3) Tönnies sieht aber auch, was zumal in der neueren angelsächsischen Literatur in der Regel übersehen oder geradezu verdrängt wird: daß Hobbes als Theoretiker des liberalen Rechtsstaates zugleich der Theoretiker des modernen, *souveränen* Staates κατ' ἐξοχήν ist. Im Ansatz findet sich daher bereits hier jene von der Souveränitätsidee ausgehende, *politische* Hobbesdeutung, die von den liberalistischen Interpreten verdrängt wird und die in Carl Schmitt[8] ihren bedeutendsten Exponenten gefunden hat.

Wie Tönnies freilich den naturrechtlichen Ansatz mit seiner Deutung der Souveränitätslehre zu vereinigen sucht, das ist in seiner Darstellung keineswegs leicht herauszufinden. Gleichwohl ist dieses Problem das eigentliche Thema, um das seine Behandlung der politischen Philosophie des Hobbes in den späteren Auflagen seiner Monographie kreist. Es scheint sogar, daß Tönnies um dieses Problems willen sich entschlossen hat, die sehr bemerkenswerte Darstellung, die er in der ersten Auflage unter dem Titel »Naturrecht« gegeben hatte, zu unterdrücken und sie in den folgenden Auflagen durch die Kapitel »Die Sittenlehre und das Naturrecht« und »Die Staatslehre« zu ersetzen. Denn diese beiden Kapitel sind zu einem großen Teil eine Auseinandersetzung mit der Hobbes-

8 Vgl. Carl Schmitt, Politische Theologie. Vier Kapitel zur Lehre von der Souveränität, München/Leipzig 1934², 36-46; ders., Der Begriff des Politischen, Berlin 1963, 122 f.; ders., Die vollendete Reformation, in: Der Staat 4 (1965), 51-69.

Interpretation Gierkes – auch wenn Gierke nur vorübergehend erwähnt wird (203 f.).
Der Ernst, mit dem sich Tönnies auf diese Auseinandersetzung eingelassen hat – ihre Bedeutung wird noch zu würdigen sein –, hat freilich zunächst eine Folge, die man bedauern wird. In den neueren Auflagen seines Buches kommt Tönnies gar nicht mehr so recht dazu, die Rechtslehre des Hobbes in ihren Grundzügen darzulegen. Er ist vor allem darauf aus, eine Diskussion *über* diese Rechtslehre zu führen. Ihre Kenntnis wird dabei stillschweigend vorausgesetzt. Dieser Mangel des Buchs ist wohl am besten dadurch zu beheben, daß hier diejenigen Teile der älteren Darstellung, die in den beiden letzten Auflagen eliminiert wurden, wiedergegeben werden.

1. Das Naturrecht[9]

(199) Es handelt sich für Hobbes um die konsequente logische Konstruktion dieser Begriffe, in deren Mittelpunkt der Begriff des Rechtes, d. h. des natürlichen Rechtes, der Gerechtigkeit steht.
(200) Was ist Recht? Wir bleiben durchaus in dem Gedanken des Hobbes, wenn wir erklären: Die *Idee* des subjektiven Rechtes ist der *Wille*, die Idee des objektiven Rechtes ist der *Friede*; Friede ist das gemeinsame Wohl der Menschen, ihr gemeinsames Wohl ist ihr gemeinsamer Wille, ihr gemeinsamer Wille ist die allgemeine und natürliche Vernunft, die solche Vorschriften und Gesetze gibt, deren Beobachtung zum Frieden führt. Sie ist einem jeden zugänglich in der einfachen Gestalt, auf die alle Regeln des Naturrechtes zurückgeführt werden können: »Was du nicht willst, das dir geschehe, das tue auch keinem anderen.« Jeder will im Grunde keine Gewalt leiden – er darf daher auch keine Gewalt üben. Jeder will im Grunde den Frieden – er muß daher auch nach Frieden streben, muß bereit sein sich zu vertragen, zur Einigung zu gelangen.
Der Grundbegriff aller *wirklichen* Rechtsordnung, der unmittelbar aus jener Idee sich ergibt, ist die *Entäußerung* von subjektivem Rechte, d. h. von dem, was einer als seine Berechtigung oder als sein Eigentum behauptet. Der regelmäßige Grund der Entäu-

9 In Klammern die Seitenzahl der ersten Auflage.

ßerung ist der eigene Vorteil, der regelmäßige eigene Vorteil ist die Erlangung von etwas. Die Entäußerung zugunsten eines anderen hat regelmäßig den Zweck, daß dieser sich von etwas entäußere. Gegenseitige Ent-(201)-äußerung ist *Vertrag*. Vertrag ist der gemeinsame vernünftige Wille in Wirklichkeit, daher insofern er positiv und gültig ist. Die Idee des Rechtes fordert, daß Verträge geschlossen; sie fordert demnächst, daß sie gehalten werden. Wer sein Wort hält, ist gerecht. Gerechtigkeit ist im Moralischen dasselbe, was im Intellektuellen Konsequenz; Unrecht ist Widerspruch.

Auf dem Boden des natürlichen Privatrechtes ruht auch der *Staat*. Die Vermittlung geschieht durch den Begriff der *Versammlung* und durch den Begriff der *Vertretung*. Die *Versammlung* wird konstituiert durch einen Vertrag, daß für einen bestimmten Akt der Wille der Mehrheit als Wille aller gelten sollte; *Vertretung* entsteht durch ein *unbegrenztes Mandat*, das eine solche Versammlung einem Einzelnen oder Mehreren, die sich wiederum als Versammlung konstituieren müssen, verleiht. Aus der *Volksmenge* wird durch Vertretung ein *Volk*, aus vielen Willen *ein* Wille, der den Gesamtwillen repräsentiert.

Zweck solcher Verträge ist die *Sicherheit*. Damit der Zweck erreicht werde, müssen die Mittel angemessen sein, d.h.: Der vertretenden Person, d.i. dem Souverän, muß unbeschränktes Recht verliehen werden. Mit anderen Worten: Er muß gedacht werden als die Macht aller in sich tragend, und damit als Herr über alle einzelnen, ihre Personen und ihr Eigentum. Denn nur so wird die Sicherung des Friedens perfekt.

Wenn eine solche Macht *nicht* vorhanden ist – wie zwischen den Nationen –, so behält trotz aller Verträge jeder sich das Recht vor, Verträge zu brechen oder auf Gewalt zu rekurrieren, d. h. es bleibt der Kriegszustand bestehen. Der Kriegszustand ist auch zwischen den Individuen der *natürliche* Zustand.

Zeitweiliger Friede kann auch innerhalb eines solchen Zustandes stattfinden, von kürzerer oder längerer Dauer; aber dadurch ist der Krieg nicht aufgehoben, (202) ein *wesentlich* entgegengesetzter, künstlicher, bürgerlicher Zustand nicht hergestellt. Ja, selbst wenn eine Vertretung geschaffen wird, die nicht absolutes Recht, also unbedingtes Zwangsrecht erhält, so ist das Ziel nicht erreicht; denn wenn jemand sich vorbehält, selber zu urteilen, ob der förmliche Wille des Souveräns, das *Gesetz*, richtig oder gerecht sei, und

davon seinen Gehorsam abhängig macht, so ist das Wesen des Naturzustandes nicht aufgehoben: Das nie mit Sicherheit vollziehbare Naturrecht will sich über dem stets mit Sicherheit vollziehbaren positiven Recht erhalten; dieser Anspruch muß aufgegeben werden, so lange als ein Staat besteht und bestehen soll.
Das Naturrecht wird vielmehr in das positive Recht aufgenommen, die Entscheidung aller Rechtsfälle kann nur an *einer* Stelle sein, und diese Stelle muß auch der Vollstreckung mächtig sein, muß ferner durch Gesetzgebung neues positives Recht über das Naturrecht hinaus schaffen können, sie muß auch das Recht haben, die öffentliche Verbreitung von Lehren und Meinungen zu veranlassen und zu verbieten; diese und einige andere sind die wesentlichen, unablösbaren und unteilbaren Rechte der Souveränität.
Im vollkommenen Naturzustande ist jeder Einzelne für sich absolute *Autorität*; im vollkommen polizierten Zustande gibt es nur eine und diese wieder als absolute Autorität. Dort ist zwar jeder naturrechtlich, d. h. moralisch beschränkt und gebunden, wie hier auch der eine es ist; aber dies ist nur ideelle Bindung, die soziale Moral oder das Naturrecht ist nicht erzwingbar, sie gewährt nicht einmal einen gültigen Maßstab, da jedem freisteht, sie zu seinen Gunsten und zu des anderen Ungunsten auszulegen, wozu er durch seinen Egoismus immer bereit sein wird, mithin den anderen zu verdammen, sich selbst zu entschuldigen, seine Vernunft als die richtige Vernunft zu behaupten.
Im Staate hat nur der Souverän das Recht, zu tun, was er will, insbesondere hat er allein (203) das Recht behalten oder empfangen, Zwang und Gewalt auszuüben. Daher kann er allein Richtersprüche vollziehen, er allein kann auch in maßgebender Weise definieren, was als gut und böse gelten soll. Denn wenn es auch wissenschaftlich feststeht, daß alles moralisch gut zu heißen ist, was zum Frieden tendiert, so kann doch die Frage, *ob* etwas zum Frieden tendiert, nur durch dieselbe höchste Instanz über allen Streit – der von Worten leicht in Taten ausartet – erhoben werden, die überhaupt Streit entscheidet und Streit verhütet. So sind zwar alle einig, daß Lüge schlecht sei, aber wenn der Lügner von deiner Partei ist, so wirst du sie eine Notlüge oder gar diplomatische Klugheit nennen.
Das *Gesetz* ist der universale Maßstab, der an die Stelle der unzähligen einzelnen Maßstäbe tritt. Folglich gibt es noch kein schlecht-

hin objektives Recht, keine gültige Moral, solange und insofern als es verschiedene Staaten gibt; denn die Staaten leben im Naturzustand miteinander, vielmehr widereinander. Der reine Staat erhebt sich über die Leidenschaften, denen alle Menschen als einzelne und auch der Souverän seiner *natürlichen* Person – einheitlicher oder mehrheitlicher – nach unterworfen sind.
Das Gesetz ist ebensosehr Schutz als Schranke des Staatsbürgers. Das Strafgesetz, auf das alle Gesetze zuletzt sich beziehen, zielt nicht auf Rache oder Vergeltung, sondern nur auf Abwehr und Verhütung; die Strafe selbst ist daher kein Akt der Feindseligkeit, denn sie entspringt nicht aus bösem Willen gegen den Verbrecher, sondern aus dem guten Willen für alle. (Anders ist es bei erklärter Rebellion, die kein Verbrechen ist; der Rebell kann nicht bestraft, sondern nur feindselig behandelt werden.)
(204) Der Staat aber würde seinen Begriff in vollkommener Weise erfüllen (das rechtlich Mögliche in rechtlich Wirkliches zu übersetzen), wenn er alle Tätigkeiten der Bürger regulierte, wenn nach dem einen obersten Willen alle Willen gerichtet würden; aus dem Recht auf alle Dinge würde dann das Recht auf ganz bestimmte Dinge. Solange als dies nicht verwirklicht ist, so ist noch Gesellschaft im Staate, und unterhalb der Gesellschaft Krieg und Anarchie. Gesellschaft aber, Freiheit und Eigentum kann nach dem Begriffe der unbeschränkten Souveränität nur bleiben, soweit und solange als der souveräne Wille es duldet. Was er duldet, das besteht durch seinen Willen. Er hat die Freiheit, seine Duldung zu widerrufen. Rechtlich ist er niemandem dafür verantwortlich, und moralisch hat er nur die Pflicht, für die Wohlfahrt der Gesamtheit tätig zu sein und Gesetze zu geben. *Salus publica suprema lex.* Mithin ist insonderheit das Mein und Dein nur durch den souveränen Willen (205) bestimmt und bleibt von ihm abhängig, nach seinem Ermessen veränderlich.
(209) Hobbes weiß wohl, daß die Menschen die Freiheit lieben. Er hat daher große Mühe, den *Übergang* in ein Staatswesen zu erklären, wenn er denselben doch nicht als erzwungenen denken will. Er gelangt erst allmählich, und nie völlig, zur Unterscheidung seines ideellen von allen empirischen Staaten. Wenn er anfänglich einfach den Naturzustand auf die affektive Natur des Menschen, den Staat auf die Vernunft begründet hatte, so hat er später Bedenken, die Vernunft direkt als Motiv des Willens eintreten zu lassen, zumal ehe noch die Wissenschaft des Naturrechts existiert hat.

Die Menschen sind, wenigstens bisher, immer ihren Leidenschaften gefolgt; woher sollte die Einsicht kommen, die wenigstens zur Einrichtung eines vernünftigen Gemeinwesens notwendig ist? Wenn das aktive Interesse, oder das Streben nach Macht, wirklich die einzige »Leidenschaft« des Menschen wäre, so würde folgen, daß wo jenes am stärksten, da auch die Einsicht der Notwendigkeit einer Selbsteinschränkung am ehesten sich einstellen werde. Dies ist aber, bei der natürlichen Wildheit des Menschen, in keiner Weise wahrscheinlich. Das Streben nach Macht kann nur zu schrankenloser Konkurrenz und zur Ausrottung oder Unterwerfung anderer führen. Die Unterwerfung kann nicht von Dauer sein, weil die Menschen nicht wesentlich verschieden sind an körperlicher oder geistiger Kraft, sondern wesentlich gleich. Denn jeder kann den anderen totschlagen, und jeder ist mit dem Verstande, der ihm eigen ist, zufrieden und denkt nicht, daß ein anderer seine Angelegenheiten besser als er selber regulieren könne. Daher wäre keine Aussicht auf Frieden, wenn es nicht auch im Menschen ein Verlangen nach ruhigem und bequemem Lebensgenuß, besonders aber das *negative* Interesse, die Todesfurcht, gäbe. Diese liegt am meisten der widerwilligen, aber durch die Vernunft gebotenen, Unterordnung unter eine soziale Willensmacht (210) zugrunde. Hobbes ist zwar sehr geneigt, alle empirischen Staaten aus Eroberung und Gewalt abzuleiten, und daher auch, als dem wesentlichen Begriffe eines friedlichen Kulturzustandes nicht entsprechend, gleichsam zu verwerfen. Nur die Idee kann er retten, die Idee einer freien Selbstbeschränkung der Freiheit, eines Gemeinwesens durch Institution; diese Idee, meint er dann, kann und soll durch den Staat selber, durch Bekämpfung des Aberglaubens und der Priesterherrschaft, durch völlige Säkularisierung des Unterrichtes, in die Wirklichkeit, d. h. in das Denken der wirklichen Menschen, übersetzt werden.
Wenn wir nun aber den ganzen Gedanken unseres Philosophen von den Hüllen der ihm überlieferten Begriffe und von jenen der Sache nicht wesentlichen Versuchen, den *Übergang* zu erklären, befreien dürfen, um ihn in unsere eigenen Begriffe zu übersetzen, so werden wir seiner großen Arbeit, und der ungemeinen Klarheit und Konsequenz, womit er sie durchwirkt hat, gerechter werden, und ein bleibendes Verdienst in ihr entdecken, das seinen Kritikern, die von damals bis heute durch die stachlichsten Schalen nicht hindurchgedrungen sind, verborgen bleiben mußte. Wir ha-

ben es mit Abstraktionen zu tun, mit freien Gebilden des Denkens, deren Nutzen oder gar Notwendigkeit für Zwecke der Erkenntnis erst in zweiter Linie zur Frage steht; denn in erster gilt es, ihre eigene Beschaffenheit, ihre inneren Zusammenhänge zu gewahren und zu prüfen.

So verstanden, stellt Hobbes einen Begriff der Gesellschaft – wenn auch ohne diesen Namen – und einen Begriff des Staates dar, die beide gedacht werden müssen als durch die Gesellschaft verbundener, im Staate vereinigter Menschen selber gebildet.

Dabei wird im Begriffe der Menschen von allem abgesehen, was sie auf natürliche und ursprüngliche Weise verbinden (211) mag, also von Banden der Familie, der Freundschaft usw., von allen sozialen Instinkten. Wenn Hobbes gelegentlich so redet, als gebe es dergleichen gar nicht, so meint er doch im Grunde nur, daß sie für seine Theorie nicht in Betracht kommen, weil sie jedenfalls den Leidenschaften und Interessen gegenüber nicht stark genug seien, um *große* Gesellschaften, geschweige denn um Staaten zu begründen.

Subjekt beider ist das isolierte, ganz und gar egoistische, also jedem Mitmenschen virtuell feindliche Individuum. Solche Individuen können miteinander, wenigstens in einigen Beziehungen, Frieden halten und friedlichen Verkehr pflegen. Wenn sie es tun, so tun sie es nur, weil sie glauben, daß sie sich besser dabei stehen, weil sie einander insoweit als Gleiche erkennen und anerkennen, als jeder den Schaden fürchtet, den er vom anderen erleiden kann. Diese anerkannte, relative *Gleichheit* ist das Fundament der Gesellschaft, d. i. der Enthaltung von physischer Gewalt, also von Zwang.

Es folgt daraus, daß der natürlichste und heftigste Streit immer auf das Mein und Dein sich bezieht, die gegenseitige Anerkennung eines gegebenen Besitzstandes; die Regel ferner, daß man gemeinsame Beute zu gleichen Teilen teile oder, wofern Teilung nicht möglich, gemeinsam nutze. Wenn beides nicht angeht, so muß entweder der Eigentümer oder, wenn der Gebrauch abwechseln kann, der erste Nutznießer, durchs *Los* bestimmt werden. Wenn trotz des Willens zum Frieden Meinungsverschiedenheiten entstehen, so muß die Frage einem *Schiedsrichter* unterbreitet werden, bei dessen Spruch die Parteien sich beruhigen. Niemand aber darf Richter in eigener Sache sein.

Unter diesen Bedingungen ist ein Verkehr zwischen den Menschen möglich, wobei jeder seinen Vorteil findet oder doch zu finden glaubt. Dieser Verkehr ist Tausch, und Tausch ist Kontrakt, also nichts anderes, als was schon in der Anerkennung jener Friedensbedingungen involviert ist.

Ein Zustand (212) dieser Art, ein *Modus vivendi*, der ganz und gar auf stillschweigender Übereinkunft beruht, hat aber in sich keine Sicherung gegen fortwährendes Wiederausbrechen des darunter verborgenen Krieges, d. i. der offenen Gewalt. Denn es kann niemandem verwehrt werden, zur Durchsetzung seiner Wünsche oder Ansprüche oder Meinungen sich der Gewalt zu bedienen, also den gesellschaftlichen Grundvertrag zu brechen, sobald er sich, einzeln oder mit Hilfe von Bundesgenossen stark genug fühlt, seinen Gegner niederzuwerfen.

Im Begriffe der Gesellschaft ist der Rekurs zur Gewalt zwar tatsächlich, aber nicht begrifflich, nämlich nicht durch eine zureichende Ursache aufgehoben. Diese kann nur in einer Macht gelegen sein, die jeder möglichen Macht, einzelner oder mehrerer, wesentlich und dauernd überlegen ist. Solche Macht ist auf der gesellschaftlichen Basis nur denkbar, wenn sie ebenso in ihrem Besitzstande anerkannt ist, wie die einzelnen untereinander, und mit diesem so sehr überlegen ist, daß die sonst vorhandenen Differenzen dagegen verschwinden.

Diese Macht kann nur die *vereinigte Macht* aller sein, die also einem dazu eingesetzten Willenssubjekte übertragen und zur Verfügung gestellt werden muß. Dieses Willenssubjekt ist entweder ein bestimmter einzelner Mensch oder eine fortwährend einheitlichen Willens fähige Menge von Menschen, d. i. eine regelmäßig zusammenkommende Versammlung. Die vereinigte Macht, das ist der *Staat*; ihr Subjekt ist der *Souverän*.

Wie Gesellschaft und Staat, so verhalten sich Naturrecht (213) und positives Recht. Die Regeln des Naturrechtes sind die der sozialen Moral, ihre Vorschriften haben keine andere Sanktion, als daß das Bestehen der Gesellschaft ihre Beobachtung fordert, wie die Gesundheit des Individuums Mäßigkeit fordert. Die Gesellschaft hat keinen einheitlichen Willen, kann daher ihre Gebote nicht verkünden und nicht erzwingen; sie behalten ein bloß ideelles Dasein.

Sobald ein Willensorgan da ist, dessen Wille als gültig anerkannt und befolgt wird, so ist es sourverän; sein Wille ist Gesetz. Wenn er überwiegend Gehorsam findet, so hat er die Macht, vereinzelten Ungehorsam zu brechen, durch Strafen seine Verbote, durch Belohnungen seine Geheiße zu befestigen. »Wessen Wille in einigem Gesetz ist, dessen Wille ist in allem Gesetz«, denn er muß unwiderstehlich sein.

Dem Souverän gegenüber kann kein Naturrecht geltend gemacht werden. Denn wer es geltend macht, steht ihm als Partei gegenüber, und über den Parteien müßte, bei bestehendem Dissens, ein Schiedsrichter stehen. Dieser hätte entweder keine Macht, seinen Spruch zu exequieren – dann gäbe es keine Gewißheit für Beendigung des Streites. Oder er hätte solche Macht – dann hätte er Macht, den Souverän zu zwingen. Folglich hätte dieser nicht die größte Macht; jener wäre der wahre Souverän. Wenn er in einem Falle zwingen könnte, so könnte er in jedem Falle zwingen, usw. Entweder es ist keine höchste und definitiv zwingende Instanz vorhanden; dann ist bloß gesellschaftlicher Zustand und sind die Ursachen der privaten Gewalt nicht aufgehoben. Oder es ist eine solche Instanz vorhanden; dann ist diese souverän und der Staat ist gegeben. Wenn wir vernünftig sind, so wollen wir gesicherten Frieden; folglich *müssen* wir den Staat, d. h. eine unbeschränkte Souveränität aufbauen.

(214) Wir bauen schlecht, wenn wir die Souveränität limitieren und wenn wir sie nicht einheitlich gestalten. Die schon seiner Zeit umlaufenden Lehren des Konstitutionalismus und der Teilung der Gewalten ist Hobbes unermüdlich, als logisch absurd und praktisch undurchführbar zu kritisieren.

Man wird nicht übersehen, mit welcher Energie Tönnies in dieser Darstellung versucht hat, die These zu erhärten, in der politischen Philosophie des Hobbes gehe es um die »logische Konstruktion« des Naturrechts. Schon hier vertritt Tönnies eine Deutung, die er in den späteren Fassungen seines Buches explizit dargelegt hat: Hobbes entfalte in seiner Naturrechtslehre »die Idee einer von den Motiven der Menschen unabhängigen Rechtsordnung«.[10] Die Affinität zu Taylors Grundgedanken ist unverkennbar: »Die eigentliche Sittenlehre des Hobbes – herausgelöst aus einer egoistischen Psychologie, mit der sie keine logisch notwendige Verbindung hat – ist eine sehr streng durchgeführt Deontologie, die auf merkwürdige Weise, wenn auch mit interessanten Unterschieden,

10 Hobbes³, 208.

an einige der charakteristischen Thesen Kants erinnert.«[11] Es handelt sich um denselben Interpretationsansatz, den Warrender in der These zusammengefaßt hat: »Hobbes Theorie der politischen Gemeinschaft ist gegründet auf eine Theorie der Pflicht, und seine Theorie der Pflicht gehört ihrem Wesen nach zur Naturrechtstradition.«[12]

Eben diese Auffassung wurde von Gierke in seinem für die Geschichte der Naturrechtslehren grundlegenden Althusius-Buch in Frage gestellt. Nach Gierke hat Hobbes zuerst versucht, auf dem Boden und mit dem Rüstzeug des Naturrechts selber, das Naturrecht zu sprengen.[13] Man kann sich leicht klarmachen, daß mit dieser Alternativ-Interpretation nicht nur jene von Tönnies, Taylor und Warrender vertretene Deutung, die in Hobbes den Theoretiker des Rechtsstaats sieht, zur Diskussion gestellt ist. Wenn die Alternative zum Naturrecht das positive Recht ist, so ist mit der Gegenthese Gierkes bereits die Frage nach dem Urheber des positiven Rechts im modernen Staat, also nach dem Souverän, aufgeworfen. Die Frage nach dem Souverän ist aber – das hat später Carl Schmitt wieder in Erinnerung bringen müssen – die Grundfrage der Politik. Die Herausforderung Gierkes lag für Tönnies also darin, daß er auf das Verhältnis von Naturrecht, Staatslehre und Politik in der politischen Philosophie des Hobbes, bzw. (methodologisch ausgedrückt) auf das Verhältnis einer naturrechtlichen und einer politischen Hobbes-Deutung hingewiesen wurde. Diese Herausforderung war es offenbar, der sich Tönnies in den beiden letzten Auflagen seines Buches durch eine neue Darstellung der politischen Philosophie des Hobbes – sie gliedert sich jetzt in die beiden Kapitel über Naturrecht und Staatslehre – stellen wollte.

11 A. E. Taylor, The ethical doctrine of Hobbes (1938), in: Hobbes-Studies, 37.
12 Warrender, The political philosophy of Thomas Hobbes, 322.
13 Otto Gierke, Johannes Althusius und die Entwicklung der naturrechtlichen Staatstheorien, Aalen 1958³, 300.

2. Die Auseinandersetzung mit der politischen Hobbes-Interpretation

So ist zu vermuten – und die Analyse des Textes wird es bestätigen –, daß Tönnies sich in seiner Neufassung im wesentlichen mit denselben Fragen beschäftigt, die in der Hobbes-Forschung der jüngsten Zeit im Anschluß an Taylor, Oakeshott, Warrender oder auch Hood diskutiert worden sind. Daraus ergibt sich die besondere Aktualität seiner Darstellung in der Neufassung. Unglücklicherweise hat Tönnies jedoch in dieser Neufassung wenig Wert darauf gelegt, den Argumentationszusammenhang seiner fast stets latenten Auseinandersetzung mit Gierke deutlich herauszustellen, so daß ein gerechte Würdigung seiner Gedanken außerordentlich erschwert ist. Dies ist vielleicht sogar der Grund, warum in der Hobbes-Literatur auf Tönnies seltener Bezug genommen wird, als bei dem Rang dieses ausgezeichneten Gelehrten und Hobbes-Kenners zu erwarten wäre. Es dürfte daher nicht überflüssig erscheinen, hier eine Analyse seiner Argumentation vorzulegen.

1. Tönnies stellt seine Untersuchung auf die Rechtstheorie des Hobbes ab. – Während in der neueren angelsächsischen Literatur das Problem der *moralischen* Verpflichtung im Blickpunkt der Hobbes-Interpretation steht, verliert Tönnies den Gesichtspunkt nie aus den Augen, daß Rechtspflichten eine besondere Art der Verpflichtung voraussetzen, die von der sittlichen Verpflichtung unterschieden werden sollte.

Es ist zwar nicht ganz deutlich, wie Tönnies den Unterschied zwischen Recht und Moral bestimmt. Aber er scheint im wesentlichen der Unterscheidung Kants zu folgen und das objektive Recht (den Inbegriff der Rechtsnormen) als eine Zwangsordnung zurRegelung »äußerer« Handlungen zu begreifen (204). Von Kant etwas abweichend, besteht er jedoch darauf, daß auch die »positive Moralität« einer Gemeinschaft, die sich in Sitten und Gebräuchen manifestiert, »zunächst immer auf das äußere, gesetzmäßige, korrekte Betragen gerichtet« ist (205). Nur die Normen einer alle Menschen gleichermaßen verpflichtenden Ethik, wie sie Kant in seiner Moralphilosophie untersucht und zu bestimmen unternommen hat, binden das Gewissen ohne jede Rücksicht auf den äußeren Erfolg unserer Handlungen. Insofern Hobbes zwar auch von Gewissenspflichten, im wesentlichen jedoch nur von Rechten und Rechtspflichten handelt, findet Tönnies die spätere Unterscheidung von Recht und Moral bei Hobbes bereits vorgebildet (198).

Im übrigen ist die Moral, die bei Hobbes dem Naturrecht entspricht – im Unterschied zur kantischen Ethik –, jenes Minimum moralischer Grundsätze, das Tönnies mit dem Stichwort »Moral des Egoisten« bezeichnet (221). Der wichtigste Unterschied zwischen Recht und Moral liegt für Tönnies indes darin, »daß diese grundsätzlich unbedingte, jenes grundsätzlich bedingte Postulate aufstellt« (207). Er denkt wohl daran, daß die Bedingung für die Geltung rechtlicher Normen der Grundsatz des wohlverstandenen Eigeninteresses und nicht ein kategorischer (d. h. von *keiner* Bedingung unseres Willens abhängiger) Imperativ ist. Insofern diese Bedingung sogar noch der Ethik des Hobbes – jener Moral des Egoisten – zugrunde liegt, macht Tönnies darauf aufmerksam, daß Hobbes »nicht das Naturrecht nach moralischen, sondern die Moral nach naturrechtlichen Prinzipien« gestaltet hat (207).

Vermutlich ist aber für Tönnies bei dieser Unterscheidung zwischen Recht und Moral der Gedanke ebensowichtig, daß die Aufgabe des Rechts in jedem Falle die Gestaltung gegebener sozialer Verhältnisse ist und daß das Recht jeweils auf die Bedingungen bezogen ist, unter denen es verwirklicht werden soll. So weist er etwa darauf hin, daß mit der Vorstellung des Rechts immer die eines Gerichtshofes verbunden ist, d. h. einer realen Institution, der die Aufgabe zugewiesen ist, gültige rechtliche Urteile zu fällen – während moralische Urteile als solche prinzipiell folgenlos sind. So ist es wohl zu verstehen, wenn er erklärt, das Forum der Moralität, im Gegensatz zum Recht, sei »die bloße Meinung« (205) – eine Bemerkung, die etwas von der Schärfe des Thomas Hobbes hat.

2. Im Gegensatz zu Gierke und allen anderen Autoren, die Hobbes als Zerstörer des Naturrechts oder ausschließlich als politischen Schriftsteller betrachten, versteht Tönnies die politische Philosophie des Hobbes als eine Entfaltung seiner Naturrechtslehre. Im Mittelpunkt seiner Interpretation steht daher von den drei Hauptteilen der politischen Philosophie des Hobbes – der Lehre vom Naturzustand, der Naturrechtslehre und der Staatslehre – die Rechtstheorie. Dabei kann er sich auf Äußerungen des Hobbes selbst berufen (208). Nach beiden Seiten hat Tönnies daher seine Interpretation zu erläutern und zu rechtfertigen: Er muß das Verhältnis der Naturrechtslehre sowohl zur Staatslehre, wie auch zur Lehre vom Naturzustand bestimmen.

2.1 Hinsichtlich des Verhältnisses von Naturrecht und Staat behauptet Tönnies, im scharfen Gegensatz zu Gierke und der traditionellen Hobbesdeutung, Hobbes habe »die Geltung der Rechtsbegriffe unabhängig vom Staate« gelehrt (221). Sein wichtigstes Argument für diese Deutung ist zweifellos, »daß das Dasein des Staates selber auf Naturrecht beruht« (207 f.), insofern der Staat »auf (die Rechtsordnung), nämlich auf die Geltung von Verträgen aufgebaut, dadurch begründet wird« (209). Es ist dasselbe Argument, das später auch Warrender zum Angelpunkt seiner Hobbes-Interpretation gemacht hat. Aber leider unterläßt es Tönnies ebenso wie Warrender, in diesem Zusammenhang sorgfältig zwischen zwei für dieses Problem wesentlich verschiedenen Thesen zu unterschieden. Zu klären wäre nämlich, ob Hobbes selbst eine von allen staatlichen Sanktionen unabhängige Geltung des Naturrechts gelehrt, oder wie er diese Lehre begründet hat – etwa damit, daß alle Verpflichtung gegenüber staatlichen Gesetzen (»politische Verpflichtung«) auf der Verpflichtung beruht, den Staatsvertrag einzuhalten, und diese wiederum die unverbrüchliche Geltung des natürlichen Gesetzes, das uns verpflichtet, Verträge zu halten, voraussetzt. Von einer solchen Interpretation ganz verschieden wäre jedenfalls die Auffassung, daß die politische Verpflichtung auf das Naturrecht zurückgeführt werden muß, wenn die politische Philosophie des Hobbes – u. U. gegen widerstrebende Neigungen ihres Autors – zu einer kohärenten und konsistenten Theorie ausgebaut werden soll. Während aber Warrender in seinem Bestreben, Hobbes konsistent zu interpretieren, erstaunlich weit geht und prinzipiell bereit zu sein scheint, um dieses Ziels willen Äußerungen des Hobbes, die seiner Interpretation zuwiderlaufen, herunterzuspielen, räumt Tönnies von vornherein ein, daß Hobbes gelegentlich seine eigenen naturrechtlichen Prinzipien »kritisiert« oder gar dementiert (207).

2.2 Hinsichtlich des Verhältnisses von Naturrecht und Naturzustand findet Tönnies weitere wichtige Beweise für die Unabhängigkeit des Naturrechts vom Staat. Denn an Belegen für die Interpretation, daß das Naturrecht bereits im Naturzustand volle Gültigkeit besitze, fehlt es nicht. Tönnies verweist in diesem Zusammenhang vor allem auf die Erörterungen über das Herrschaftsrecht der Mutter über ihre Kinder (215), auf die Lehre vom patrimonialen oder despotischen Staat (216 f.) und auf die Lehre von der Gültigkeit der Verträge im Naturzustand oder im Kriege (208). Aus diesen Darlegungen geht für Tönnies mit hinreichender Klarheit hervor, daß Hobbes tatsächlich weit davon entfernt ist, den Naturzustand konsequent als einen Zustand des Krieges und des Kampfs aller gegen alle aufzufassen, in dem jedem ein Recht auf alles gegeben ist. »Wenn auch der Krieg in ihm weiter als latent gedacht werden soll, so umfaßt er doch friedliche Verhältnisse aller Art« (217). Hobbes sei freilich überwiegend geneigt, solche Verhältnisse nicht als Rechtsverhältnisse gelten zu lassen. Den Grund dieses Zurückweichens findet Tönnies darin, daß Hobbes die Existenz einer staatlichen Zwangsgewalt für erforderlich gehalten habe, damit die Geltung des Rechts durchgesetzt werden könne (217). Er selbst scheint mit Hobbes darin übereinzustimmen, daß »mit der möglichen Geltung der Rechtssätze« zugleich »ihre mögliche Sanktion vorausgesetzt« ist (208). Der Fehler, den er Hobbes in diesem Zusammenhang vorwirft, ist lediglich, daß Hobbes geglaubt hat, die Sanktionen könnten allein von einer staatlichen Zwangsgewalt verhängt werden; Hobbes habe nicht bemerkt, »daß im Sinne des Rechts ... auch andere Potenzen kollektiven Willens wirksam sein können und tatsächlich ... wirksam sind« (204). Zweifellos hat Tönnies hier vor allem jene »gemeinschaftlichen Verhältnisse und Verbände« (206) oder jene »korporativen Bildungen« (267) im Sinn, von denen er in seinem theoretischen Hauptwerk (»Gemeinschaft und Gesellschaft«) gehandelt hat.[14] Den Fehler, den Hobbes in seiner Lehre von der Geltung des Naturrechts begangen hat, sieht Tönnies also vor allem darin, daß er angenommen habe, von allen Sanktionen gemeinschaftlicher oder gesellschaftlicher Verbände sei »nur diejenige durch den Staatswillen und seine Gewalt« wirksam (209). Aber dieser Fehler wird nach seiner Deutung noch dadurch abgeschwächt, daß Hobbes entgegen seiner vorwiegenden Neigung auch »andere Potenzen kollektiven Willens« innerhalb und außerhalb des Staatsverbandes anerkannt habe. Die Analyse des Herrschaftsrechts der Mutter über ihre Kinder setze nämlich eine bestimmte Rechtsordnung voraus: »eine bestehende Ordnung, die aber *nicht* der Sanktion durch den Staatswillen bedürfe, sondern ihre Garantie in sich selber trage«. Und bei dieser Rechtsord-

14 Gemeinschaft und Gesellschaft. Grundbegriffe der reinen Soziologie, Leipzig 1935[8], Nachdruck Darmstadt 1963.

nung sei »offenbar nicht an eine bloß ideelle, bloß moralische Geltung jenes Naturrechts gedacht« (215). – Aus allem geht für Tönnies unzweideutig hervor, daß Gierke im Unrecht ist, wenn er Hobbes die Lehre zuschreibt, seine Lex naturalis führe »vermöge der souveränen Entscheidungsbefugnis jedes Individuums über die zu seiner Selbsterhaltung erforderlichen Mittel zu dem ius omnium ad omnia«; das Naturrecht des Hobbes soll vielmehr umgekehrt, von dem ursprünglichen Rechte, das jeder auf alle Dinge hat, wegführen (202).

2.3 Aus seiner Erörterung der Bedingungen der Geltung des Naturrechts im Naturzustand erklären sich auch die zunächst recht dunkel klingenden Bemerkungen, die Tönnies über den rechtlichen Charakter des Völkerrechts macht. Das Völkerrecht entspricht »dem richtigen (d. h. dem Zweck des Begreifens angepaßten) Normalbegriffe des Rechts« nur mangelhaft. Vorausgesetzt ist, daß zur Geltung des Rechts mögliche Sanktionen erforderlich sind; wo dies nicht in vollem Umfang der Fall ist, kann von Recht im vollen Wortsinn nicht die Rede sein. Wie man normalerweise als Berg nur eine bedeutende Bodenerhebung bezeichnet (auch wenn keinerlei Einverständnis darüber besteht, unter welchen Bedingungen eine Bodenerhebung ›bedeutend‹ genannt werden kann), so wird man von Recht – nach dieser Auffassung, die Tönnies mit Hobbes teilt – normalerweise nur sprechen, wenn die Geltung durch Sanktionen sichergestellt ist. Aber wie man bisweilen sich darüber auch verständigen kann, daß selbst ein Hügel ein Berg ist, so wird man auch zugeben können, daß das Völkerrecht (bei dem es Sanktionen im strengen Sinne nicht gibt: ein Krieg oder eine »Polizeiaktion« gegen eine auswärtige Macht ist keine Sanktion) gleichwohl rechtlichen Charakter besitzt. Gegen Gierkes Behauptung, Hobbes weiche auch darin von den meisten Naturrechtslehrern der Neuzeit ab, daß er dem Naturrecht äußerlich bindende Kraft abgesprochen habe, argumentiert Tönnies daher wie folgt (204):

Der beste Testfall für diese Behauptung sei das Völkerrecht; denn Hobbes sei sich mit seinen Nachfolgern darüber einig, daß die Staaten sich miteinander im Naturzustand befinden, so daß zwischen ihnen nur das Naturrecht und die auf der Basis des Naturrechts abgeschlossenen Verträge gelten. Der rechtliche Charakter des Völkerrechts sei aber bis in die Gegenwart umstritten (weil es keine völkerrechtlichen Sanktionen gibt). Insofern bestehe zwischen Hobbes und seinen Nachfolgern nicht der behauptete Gegensatz. – Daraus folge aber nicht etwa, daß Hobbes dem Naturrecht den rechtlichen Charakter überhaupt abgesprochen und ihm etwa lediglich eine »ideelle, bloß moralische Geltung« (215) zuerkannt habe. Denn das Völkerrecht sei »wesentlich konventionelles Gesetz« (204) und entspreche in der Tat dem Normalbegriff des Rechts nicht. Von daher falle aber gerade das richtige Licht auf den wahren Sinn des Naturrechts. Auch das Naturrecht erhalte nach der (richtigen) Lehre des Hobbes seinen vollen *rechtlichen* Charakter erst dadurch, daß es »das geltende Privatrecht der modernen Staaten geworden« sei (206). Aber wie Hobbes »die Möglichkeit eines wirksamen sozialen Willens, auch ohne daß dieser als Staatswille gestaltet wäre«, zumindest andeutet (218), so müsse man als Basis der Geltung des Völkerrechts auch »andere Potenzen kollektiven Willens« unabhängig von der staatlichen Zwangsgewalt anerkennen. Tönnies könnte hier etwa an die Gemeinschaft der europäischen Völker vor dem ersten Weltkrieg als der Basis des Jus publicum Europaeum gedacht haben. Der Fehler des Hobbes wie auch seiner Nachfolger liege folglich nur darin, die Existenz solcher Potenzen kollektiven Willens nicht *ausdrücklich* als ausreichende Basis eines vor- und außerstaatlichen Rechts anerkannt zu haben.

2.4 Auf Grund dieser Interpretationen kommt Tönnies zu einer neuen Deutung des Verhältnisses von Naturzustand und Staat, status naturalis und status civilis. – Nach der traditionellen Hobbesdeutung, wie sie auch Gierke vertritt, hat Hobbes den Naturzustand als Krieg aller gegen alle konstruiert, in dem alle ein Recht auf alles haben und in dem folglich das Recht des Stärkeren gilt. Dem Naturzustand steht dann der staatliche Zustand gegenüber als ein sozialer Verband, in dem allein es wirkliches Recht gibt: das positive Recht des Staates. Das Naturrecht hingegen hat weder im Naturzustand noch im staatlichen Zustand Geltung. Die Deutung, die Tönnies vorträgt, läuft auf den Nachweis hinaus, daß diese traditionelle Deutung insofern falsch ist, als sich bei einer sorgfältigen Analyse der Texte dieser Gegensatz von status naturalis und status civilis teils als trügerisch teils als »neutralisiert« erweist: Die Geltung des Naturrechts durchdringt und umfaßt nämlich sowohl den Naturzustand wie auch den Staat. Der Begriff des Naturzustandes wird dabei, von Hobbes selbst bemerkt, zweideutig. Mit dem Ausdruck »reiner Naturzustand« bezieht sich Hobbes nämlich auf jenen Krieg aller gegen alle, in dem allein das Recht des Stärkeren gilt und zwischen Macht und Recht mithin nicht unterschieden werden kann (217). Darin ist folglich die Annahme eines vor- und außerstaatlichen Zustandes impliziert, in dem nicht mehr das Recht des Stärkeren gilt, sondern in dem die natürlichen Gesetze verbindlich sind. Tatsächlich hat ja Hobbes in seiner Darstellung den Übergang vom Naturzustand zum Naturrecht regelmäßig als einen Übergang von einer Rechtsordnung, in der allen alles erlaubt ist, in eine andere Rechtsordnung charakterisiert, in der die ursprüngliche unbeschränkte Freiheit durch die natürlichen Gesetze eingeschränkt wird. Hier liegt also »ein anderer Begriff vom Naturzustande zugrunde, als der vorwaltende der allgemeinen Gleichheit des allgemeinen Krieges« (215).

Für die Lehre vom patrimonialen oder despotischen Staat ergibt sich aus dieser Ambivalenz des Begriffes vom Naturzustand eine entsprechende Zweideutigkeit. Auf der einen Seite scheint die Gewaltherrschaft eines Eroberers ein charakteristisches Beispiel für das Recht des Stärkeren im Kampf aller gegen alle zu sein. Der »Staat« eines Gewaltherrschers wird in De Cive geradezu als »natürlicher« Staat (civitas naturalis) dem »politischen Staat« (civitas politica) gegenübergestellt. Es heißt von ihm, er habe seinen Beginn von der natürlichen Macht her, und dies könne der natürliche Ursprung des Staates genannt werden (209). Damit ist der Gedanke nahegelegt, daß Hobbes diesen »natürlichen« Staat in den Naturzustand des Krieges aller gegen alle verweisen will und nur den politischen oder institutionellen Staat (civitas institutiva) als status civilis dem status naturalis entgegensetzt (210). – Auf der anderen Seite gründet Hobbes aber auch die Gewaltherrschaft in einem »natürlichen« Staat gerade nicht auf das Recht des Stärkeren, sondern konstruiert sie als einen Vertrag, der sich auf die Einwilligung des Unterlegenen stützt. Wenn Hobbes nun betont, die Souveränitätsrechte in einem patrimonialen oder despotischen Staat seien die gleichen wie in einem institutionellen Staat, der durch einen Staatsvertrag jedes einzelnen mit jedem anderen begründet wurde, so gilt in beiden Fällen die Verpflichtung zum Gehorsam gegenüber der Staatsgewalt und den Gesetzen nur darum, weil es eine naturrechtlich begründete Verpflichtung gibt, Verträge zu halten. So zeigt sich auch hier, daß der Gegensatz von status naturalis und status civilis als ein Gegensatz von unbeschränkter Freiheit und Krieg auf der einen, und von Staat und allgemeinem Frieden auf der anderen Seite (214) in der Lehre vom patrimonialen Staat »als völlig neutralisiert erscheint« (216). Überdies ist es nach der Lehre vom Gegensatz eines kriegerischen Naturzustandes und eines friedlichen staatlichen Zustandes gänzlich unverständlich, wie der Übergang zum Staatsvertrag gedacht werden kann (214). Ein Staatsvertrag, in dem sich eine Vielheit von Menschen durch wechselseitige miteinander abgeschlossene Verträge einem Souverän unterwirft, kann im Naturzustand nicht zustande kommen; und wenn es möglich sein soll, sich durch den Staatsvertrag einer Versammlung (concilium) zu unterwerfen, so muß man gegen Hobbes feststellen, daß es nach seiner Lehre eine solche Versammlung im Naturzustand gar nicht gegen kann (212). So kommt Tönnies zu dem Ergebnis, daß auch bei der Konzeption eines institutionellen Staates und damit bei der ganzen Unterscheidung von natürlichem und institutionellem Staat offenbar der (für die traditionelle Hobbes-Interpretation) »grundwesentliche Unterschied zwischen status naturalis und status civilis vergessen« ist (213); insofern es Hobbes nicht gelungen ist, die großen Komplexe seiner politischen Philosophie – insbesondere seine Naturrechtslehre und seine Unterscheidung von Naturzustand und Staat – in einer durchaus kohärenten Theorie zu vereinigen, kommt Tönnies zu dem Schluß: »Die Naturrechtslehre des Hobbes ist, trotz der wiederholten Neubearbeitung, in einer unreifen Phase steckengeblieben« (217). Wie seine Bemerkungen zur Entwicklung der politischen Philosophie des Hobbes lehren, bezieht sich Tönnies mit dieser Feststellung vor allem auf die spezifische Gestalt, die Hobbes seiner Lehre im »Leviathan« gegeben hat.

3. Da das Naturrecht des Hobbes nach Tönnies unabhängig vom Staat Geltung besitzt (2.1), auch wenn es im Naturzustand nur unvollkommen verwirklicht werden kann, muß die Aufgabe des Staates vor allem darin bestehen, die Grundsätze des Naturrechts zu verwirklichen (221). Das Mittel, durch das der Staat dieser seiner Bestimmung genügt, sind die Gesetze des positiven Rechts (222). Die Staatslehre des Hobbes erscheint folglich geradezu als eine Fortsetzung seiner Naturrechtslehre. Daher ist es nur konsequent, wenn Tönnies davon ausgeht, es komme Hobbes darauf an, das allgemeine Staatsrecht aus dem Naturrecht zu deduzieren (228).

3.1 Die Grundlage der naturrechtlichen Konstruktion des Staates ist der Staatsvertrag. Die Existenz des Staates beruht auf dem

»vernünftigen Willen der Menschen«, daß sie in einem Staat leben wollen (228). Unter Hinweis auf »De Cive« 6, 2 erblickt Tönnies daher in jener Urversammlung, die den Staatsvertrag beschließt, die »prinzipielle Voraussetzung«, mit der der »ideelle Aufbau des Vernunftstaates« beginnt (238): »Das ist der ›natürliche‹, d. h. der rationale und normale (›typische‹) Ursprung des Staates« (240) – im Gegensatz zur direkten Herrschaft von Personen über Personen im patrimonialen Staat, die im Grunde noch in den Naturzustand zu verweisen ist (2.4). Das vernünftige Bewußtsein der Teilnehmer an jener Urversammlung intendiert mit der Errichtung des Staates nichts anderes als »kollektive Selbstbeherrschung« (214). Das Problem des Staatsvertrags und seine Lösung sind daher bei Hobbes und bei Rousseau die gleichen (214. 254). Bei dieser kühnen Deutung stützt sich Tönnies offenbar vor allem auf die Darstellung in »De Cive«: 6, 3, wo Hobbes die Bedingungen des Staatsvertrages aus den Bedingungen, unter denen die Urversammlung zusammengetreten ist, ableitet (ex iis rebus, quae in coetu hominum ... proponi, discuti et statui possunt, vgl. 238). So kommt er zu dem Ergebnis: »Die abstrakte, also gedachte Persönlichkeit des Staates herrscht vermittelst der Herrschaft einer konkreten Einzel- oder Kollektivperson und negiert eben dadurch alle direkte Herrschaft einer konkreten Person über andere« (214).

3.2 Es ergibt sich aus diesem rationalen Ursprung des Staates, daß »der Geist dieser Theorie ... die Darstellung des Rechtsstaates« ist (222). Der Staat des Hobbes setzt eine vorhandene Verteilung des Eigentums voraus (222. 199. 205); insofern ist in dieser Theorie die Gesellschaft (als der Inbegriff aller privatrechtlichen Eigentums- und Vertragsverhältnisse) »ihrem Wesen nach (d. h. begrifflich) früher als der Staat« (200) – auch wenn das Eigentum die Garantie des Staates braucht (200. 222. 229). Diese Unabhängigkeit der Gesellschaft vom Staate ist in der Theorie des Hobbes ebenso wie in der Praxis des aufgeklärten Absolutismus des 18. Jahrhunderts mit dem Gedanken des Wohlfahrts- oder Polizeistaates durchaus vereinbar. Sie rechtfertigt es nach Tönnies, die Gedankenwelt des Hobbes geradezu als ein »System des Liberalismus« zu bezeichnen (222): Das Naturrecht, das der Staat nach der Lehre des Hobbes verwirklichen soll, ist nichts anderes als das geltende Privatrecht der modernen Staaten (206), das die rechtliche Grundlage der kapitalistischen bürgerlichen Gesellschaft des

19. Jahrhunderts bildet (206. 265. 267). In diesem Sinne ist es zu verstehen, wenn die Freiheit der Bürger im Staate des Hobbes nicht als ein politisches Recht, an der Gestaltung des Staates mitzuwirken, sondern als das Recht geschildert wird, ungestört von staatlichen Eingriffen – also frei *vom* Staat –, innerhalb jenes freien Raumes, den die Gesetze übriggelassen haben, nach eigenem Gutdünken seinen privaten Interessen nachgehen zu dürfen (222-223. 257). Aus dem Naturrecht und aus dem Staatszweck deduziert Hobbes daher die Grenzen der staatlichen Gesetzgebung und das Recht zum Ungehorsam, wenn diese Grenzen durch Handlungen staatlicher Organe verletzt werden (224). Die Freiheiten, die sich aus dieser Beschränkung der Staatsgewalt für den Bürger ergeben, bezeichnet Tönnies einmal sogar als »Erklärung der unveräußerlichen Menschenrechte« (238). Selbst das Prinzip der nahezu bedingungslosen Unterwerfung der Untertanen unter den Staatswillen vermag er auf diese Weise noch liberalistisch zu deuten: Es betrifft im Grunde nur die Kirchen und bedeutet für den Bürger vor allem »Befreiung von der Kirche« und folglich Freiheit des Denkens, Lehrens und Schreibens (224. 257).

3.3 In die Deduktion des allgemeinen Staatsrechts aus dem Naturrecht und aus dem vernünftigen Willen der Teilnehmer an der Urversammlung, die den Staatsvertrag beschließt, gehört auch die Souveränitätslehre. Der Zweck, um dessen willen der Staat gegründet wird, verlangt es, daß »ein unzweifelhafter, absoluter, mit aller Machtfülle ausgestatteter souveräner Wille vorhanden ist: *ein* rechtmäßiger, Gesetze gebender, Gesetze anwendender, Gesetze vollziehender Wille« (228). Tönnies verkennt indes nicht, daß die Souveränitätslehre und ihr Prinzip der nahezu bedingungslosen Unterwerfung unter den Willen des Souveräns zu einem Resultat führt, das geeignet ist, die rationale Konstruktion des Staates aus dem Naturrecht und dem vernünftigen Willen der Bürger aus den Angeln zu heben: Hobbes lehrt, es sei nach den Gesetzen des Naturrechts Pflicht des Bürgers, den Gesetzen und Maßnahmen des Staates selbst dann zu gehorchen, wenn diese dem Naturrecht zuwider sind (229). Daß dies im Widerspruch zu dem Satz steht, das Naturrecht sei in den Gesetzen des Staates enthalten, entgeht auch ihm nicht (229). Genau diesen Punkt hatte offenbar Gierke im Sinne, als er erklärte, Hobbes habe als erster auf dem Boden und mit dem Rüstzeug des Naturrechts, eben dieses Naturrecht zu sprengen gesucht (202). Man wird sich daher fragen, wie Tönnies gleichwohl der Schlußfolgerung Gierkes glaubte entgehen zu können.

Die Antwort auf diese Frage ergibt sich für Tönnies aus der für die politische Philosophie der Neuzeit charakteristischen Unterscheidung zwischen Naturrecht und Politik. Die naturrechtlich-staatsrechtliche Theorie hat die Aufgabe, die rechtlichen Grundlagen des Staates zu entwickeln und schließlich das Wesen des positiven Rechts zu beschreiben; die Politik als der andere Teil der politischen Philosophie handelt vom guten oder besten Staate, von den Mitteln, ihn zu schaffen, auszubilden und zu erhalten (230). Die Lehre, man müsse den staatlichen Gesetzen unbedingt gehorchen, verweist Tönnies auf der Grundlage dieser Unterscheidung in die Politik, genauer: in die politische Ethik (229). Den im System des Hobbes prinzipiell möglichen Widerspruch zwischen Naturrecht und positivem Recht eines Staates verlagert Tönnies auf diese Weise in das Verhältnis von Naturrecht und allgemeinem Staatsrecht einerseits und Politik andererseits. Das System des Hobbes ist folglich dadurch charakterisiert, daß in ihm diese beiden Systemteile noch keineswegs voneinander getrennt sind (248). Die Antwort an Gierke läuft also darauf hinaus, daß man das Naturrecht des Hobbes nur richtig verstehen könne, wenn man erkannt habe, daß es mit seiner Politik »verkoppelt, ja beinahe verschmolzen« ist (230). Die Politik stehe bei Hobbes eben nur »in *äußerem*, wenn auch starkem Konnex« mit seiner naturrechtlich-staatsrechtlichen Theorie (229).

Vielleicht darf man diese Äußerungen so deuten, daß Tönnies den Widerspruch zwischen Naturrecht und Politik bei Hobbes nicht leugnet, sondern ausdrücklich zugibt. Er selbst hat ja hervorgehoben, das Naturrecht des Hobbes sei in einer unreifen Phase steckengeblieben (2.4). Gegen die Interpretation Gierkes macht er daher lediglich geltend, daß die politische Philosophie des Hobbes sich nicht auf seine Politik reduziere, sondern auch den naturrechtlich-staatsrechtlichen Teil umfasse; das Naturrecht dürfe daher auch nicht einseitig aus ihrem politischen Teil interpretiert werden: »Die politische Philosophie – philosophia civilis, wie Hobbes sie nennt – umfaßt dies alles« (248). Daraus ergibt sich für die gesamte Hobbes-Interpretation, daß die politische Hobbesdeutung, wie sie Gierke in Übereinstimmung mit der traditionellen Auffassung vertreten hatte, ebenso einseitig ist wie die naturrechtliche Auslegung der politischen Philosophie des Hobbes, wie sie Tönnies in der ersten Auflage seiner Monographie und nach ihm Taylor und Warrender vorgetragen haben.

4. Diese Auffassung, nach der Naturrecht und Politik in der politischen Philosophie des Hobbes nicht sorgfältig getrennt, sondern eben nur »verschmolzen« sind, hat Tönnies auch durch eine entwicklungsgeschichtliche Analyse der Werke zu unterstützen gesucht. Es ist zu bedauern, daß Tönnies diese Seite seiner Interpretation nur durch gelegentliche Bemerkungen kenntlich macht. Denn auch im Hinblick auf den inzwischen erreichten Stand der Hobbes-Forschung verdienen seine Ergebnisse ungeteilte Aufmerksamkeit. Es sei daher im folgenden auf einige Punkte besonders hingewiesen.

4.1 Tönnies ist überzeugt, daß bereits die Titel, die Hobbes seinen drei Darstellungen der politischen Philosophie gegeben hat, den jeweiligen Schwerpunkt und die Verlagerung seines ursprünglichen Interesses erkennen lassen: Die erste Schrift (›Elements of Law, natural and politic‹) stellt die Theorie des Rechts in die Mitte der Untersuchung; in der folgenden Schrift (›De Cive‹) erscheint der Bürger mit seinen Rechten und Pflichten als der eigentliche Gegenstand der politischen Philosophie; erst in seiner letzten theoretischen Schrift über diesen Gegenstand (›Leviathan or the matter, form and power of a commonwealth‹) tritt für Hobbes der Staat in den Vordergrund (231. 237). In dieser veränderten Namengebung erblickt Tönnies nicht nur den Ausdruck einer Verlagerung des Interesses vom Naturrecht auf das Staatsrecht, sondern vor allem ein Zeichen für die wachsende Bedeutung, die die Politik innerhalb der politischen Philosophie des Hobbes gewann: »Der Leviathan ist in ausgesprochener Weise ein *politischer* Traktat« (248), während die beiden früheren Schriften vorwiegend als naturrechtliche Abhandlungen anzusehen sind (255). Als den Hauptgegenstand des »Leviathan« müsse man daher die radikale Kirchenpolitik betrachten (256). Im Gegensatz dazu hat Hobbes in den früheren Fassungen seiner politischen Philosophie die Naturrechtslehre geradezu als den einzigen Gegenstand seiner Abhandlung bezeichnet (vgl. 208). Diese Unterschiede des (theoretischen) Interesses bei der Ausarbeitung seiner Schriften wird man daher zunächst zur Erklärung der Tatsache in Betracht ziehen müssen, daß Hobbes weder seine Naturrechtslehre voll entwikkelt hat, noch ihr Verhältnis zur Politik widerspruchsfrei darzustellen imstande war. Sie machen es auch verständlich, daß in der

Hobbes-Forschung die politische Interpretation sich immer wieder auf den »Leviathan« gestützt hat und die naturrechtliche Interpretation in »De Cive« stets ihre einleuchtendste Rechtfertigung fand.

4.2 Prinzipiell unabhängig von dieser Verlagerung des Interesses glaubt Tönnies beim Vergleich der drei Fassungen der politischen Philosophie einen durchgängigen Fortschritt feststellen zu können (210). Er betrachtet dabei als den Maßstab, mit dessen Hilfe er diesen Fortschritt konstatieren kann, in erster Linie das, was er den »abstrakt rationalen Charakter der Theorie« nennt (244). Leider ist nicht ganz klar, was mit dieser Redewendung gemeint ist. Jedenfalls will Tönnies die rationale oder »ideelle« Begründungsart einer empirischen entgegenstellen (210. 232). Als ein Beispiel für die empirische Begründungsart in der Rechtslehre erwähnt Tönnies die Analytische Jurisprudenz Benthams und Austins (230-233): Hier wird die Souveränitätslehre »analytisch« aus der »Erfahrung« gewonnen, daß in jeder Gesellschaft, die nicht gewohnheitsmäßig einer anderen gehorche, eine Einzel- oder Kollektivperson angetroffen werde, der die Mehrheit der Gesellschaft gewohnheitsmäßig Gehorsam leiste – der Souverän (230). Im Gegensatz zu dieser Begründungsart geht die abstrakt rationale oder ideelle Theorie von der zweckmäßigen (rationalen) Einrichtung des Staates aus (210). – Man mag bezweifeln, daß Tönnies mit dieser Unterscheidung – sie wäre gewiß aus seinen theoretischen Schriften leichter zu präzisieren[15] – ein besonders gut geeignetes Instrument besitzt, jenen Fortschritt des Gedankens bei Hobbes zu beschreiben, den er festgestellt zu haben glaubt. Aber dies entwertet die oft außerordentlich scharfsinnigen und kenntnisreichen Analysen nicht, die er in seine Darstellung aufgenommen hat.

4.3 Der abstrakte rationale Charakter seiner Theorie hat sich im eigenen Bewußtsein des Hobbes im »Leviathan« vollendet (244). Der konstruktivistische Grundzug dieser Schrift und die Herausstellung des Artifiziellen bereits in den ersten einleitenden Sätzen werden von Tönnies ausführlich, aber auch kritisch gewürdigt (244-248). So macht er verständlich, daß die naturrechtliche Konstruktion des Staates aus der Idee des Staatsvertrages im »Levia-

15 Wie die Vorrede zur ersten Auflage von »Gemeinschaft und Gesellschaft« (1887) erkennen läßt, geht die Unterscheidung von rationaler und empirischer Begründung bei Tönnies auf eine Auseinandersetzung mit dem Rationalismus und Empirismus des 18. Jahrhunderts zurück.

than« von dem Problem überlagert wird, wie die Einigung und Einheit einer Volksmenge möglich ist und das »Gedankenkunstwerk Staat« vollendet werden kann (216f.). Darin zeigt sich zugleich jene Verlagerung von der naturrechtlichen auf die politische Problematik, die den »Leviathan« auszeichnet (237-244. 302-305). Ob nun Tönnies der Meinung ist, auch das immer stärkere Hervortreten der Politik in den verschiedenen Fassungen der politischen Philosophie des Hobbes sei als ein »Fortschritt des Gedankens« zu werten, bleibt unklar. Auf der einen Seite scheint Tönnies mit Hobbes überzeugt zu sein, dem »Normalbegriff« des Rechts entspreche das Naturrecht, sofern es nicht geltendes Recht eines Staates geworden ist, nur mangelhaft (2. 3.). Daraus könnte man schließen, daß auch für ihn selbst die Rechtsproblematik schließlich auf die »politische« Frage nach dem besten Staat und den Mitteln seiner Realisierung hinausläuft. Auf der anderen Seite liegt aber auch für Tönnies das entscheidende, von Hobbes letztlich nicht gelöste Problem offenbar in dem Verhältnis von Naturrecht und Politik.

4.4 Daß Hobbes in der Entwicklung seiner politischen Philosophie sich damit begnügt hat, die ursprüngliche Darstellung, die uns in den »Elements of Law« vorliegt, auf ihre Formulierungen hin zu überprüfen und sie im wesentlichen durch Auslassungen und Zusätze zu verändern – statt die ganze Konzeption und ihre Darstellung von Grund auf neu zu überdenken –, erscheint nach den Forschungen von Tönnies als das bedauerliche Ergebnis. Was er im Hinblick auf das Verhältnis der »Elements of Law« zu »De Cive« sagt, muß nach seiner Auffassung gewiß auch auf das Verhältnis des »Leviathan« zu den beiden älteren Schriften ausgedehnt werden: »Man gewahrt auch hier, daß die ursprüngliche Darstellung behalten, aber notdürftig geflickt worden ist« (213). Für die gesamte Hobbes-Interpretation ergibt sich daraus folgendes:

Selbstverständlich ist eine gründliche Analyse der Texte und der Versuch, sie in der kohärenten Auslegung zusammenfassen, die notwendige Voraussetzung jedes ernsthaften Versuchs, die Lehre des Hobbes zu ermitteln. Aber keineswegs ist es erlaubt, Dokumente für diese Lehre unbesehen aus den verschiedenen Schriften des Hobbes zusammenzutragen. Insbesondere muß man der jeweils erreichten Entwicklung der Problematik – zumal im Verhältnis von Naturrecht und Politik – Rechnung tragen. Aber selbst dann ist davor zu warnen, das heuristische Prinzip, man müsse bei der Interpretation davon ausgehen, daß der Autor wenigstens in seinem Geiste eine kohärente Theorie präsent gehabt habe, vorbehaltlos anzuwenden. Auch in wesentlichen Punkten ist die Lehre des Hobbes voller Widersprüche.

5. Das letzte Wort, das Tönnies zu dieser nicht mehr aufzulösenden Widersprüchlichkeit des Hobbes zu sagen hat, kann man dem folgenden Zitat entnehmen: »Die inneren Widersprüche trieben ihn weiter; sie hätten ihn noch weiter treiben müssen. Sie sind allerdings bei einem Denker von so klarer und scharfer Konsequenz um so merkwürdiger. Es sind Widersprüche des Lebens, die sich in seinem Denken reflektieren« (217). Mit dieser Erklärung überschreitet Tönnies die Grenzen, die einer sehr strengen Hermeneutik gesetzt sind, und stellt seine Interpretation nunmehr in den Horizont einer fast schon geschichtsphilosophischen Reflexion, deren Herkunft aus den Ideen Hegels über das Verhältnis von Philosophie und Wirklichkeit unschwer zu erkennen ist: »Ihrem positiven Gehalte nach entspricht die Theorie (des Hobbes) gleichermaßen den Tendenzen des Lebens und Denkens, die in diesen Jahrhunderten vorherrschen« (266). Er wendet mit diesem Gedanken nur auf Hobbes an, was Hegel in allgemeiner Form so ausgedrückt hatte: »Was das Individuum anbetrifft, so ist ohnehin jedes Sohn seiner Zeit. So ist auch die Philosophie: ihre Zeit, in Gedanken erfaßt.«[16] Ähnlich wie Hegel in diesem Zusammenhang mit einigen tiefsinnigen Bemerkungen über die politische Philosophie Platons darzutun sucht, »daß die Philosophie ... das Erfassen des Gegenwärtigen und Wirklichen« ist, möchte auch Tönnies am Schluß seiner Interpretation zeigen, daß die Lehre des Hobbes über Recht und Staat »typischer Ausdruck des modernen Denkens über diese Begriffe« ist und sein konnte, weil diese Ideen »den Tatsachen des sozialen Lebens, worin sie wurzelten«, entsprachen (265).

5.1 Tönnies spielt damit auf den Zusammenhang zwischen dem Naturrecht des Hobbes und den modernen Produktionsverhältnissen an, den er wohl als erster klar erkannt und herausgestellt hat. Der wahre Sinn dieses Naturrechts liegt im Rahmen dieser geschichtsphilosophischen Betrachtung darin, »daß Individuum gegen Individuum als Macht stehe, und zwar prinzipiell auf dem Fuße der Freiheit und Gleichheit, oder der gleichen und allgemei-

16 G. W. F. Hegel, Vorlesungen über Rechtsphilosophie, Bd. 2, Vorrede 72.

nen Freiheit«; diese Lehre sei daher das Korrelat eines gesellschaftlichen Zustandes, in dem die persönliche Freiheit normale Erscheinung und das Privateigentum ausgebildet ist (199). Die soziale Funktion dieses Naturrechts besteht folglich nach Tönnies darin, die Produktionsverhältnisse der entwickelten Arbeitsteilung und des regulären Verkehrs mit Tauschwerten, also der Geld- und Kapitalwirtschaft, zu regeln (200). Der antagonistische Charakter der modernen, »entfesselten« Gesellschaft ist im Naturrecht des Hobbes bereits antizipiert (206). Aus diesem Zusammenhang von Naturrecht und Produktionsverhältnissen erklärt es Tönnies, daß Hobbes zum Begründer des modernen Naturrechts werden konnte (198) und daß dieses Naturrecht zum geltenden Privatrecht der modernen Staaten geworden ist (206). Schon bei Hobbes findet daher Tönnies die Ansätze zu jener frühkapitalistischen Gesellschaftsauffassung, die in der schottischen und englischen Nationalökonomie des 18. Jahrhunderts entwickelt und ausgearbeitet worden ist (267-269). Daß Tönnies damit den Grundgedanken der Hobbes-Deutung vorweggenommen hat, die Macpherson in seinem Buch über die politische Theorie des »Possessive Individualism« vorträgt, wurde bereits angedeutet.

5.2 An dieser Stelle wird auch die sozialphilosophische Theorie, die Tönnies in seinem Opus magnum »Gemeinschaft und Gesellschaft« vorgelegt hat, für seine Hobbes-Interpretation relevant.[17] Denn wenn er die Größe der politischen Philosophie des Hobbes darin erblickt, daß diese die Tendenzen des sozialen Lebens einer Epoche in Gedanken gefaßt habe, so muß er ihre Grenzen eben dort feststellen, wo sie die Beschränktheit und Einseitigkeit ihrer Zeit teilt. *Diese* Tendenz der neuzeitlichen Sozialgeschichte be-

17 Der erste Entwurf von »Gemeinschaft und Gesellschaft« (abgedr. in: Kant-Studien 29, 1925, 149-179 und in: Ferdinand Tönnies, Soziologische Studien und Kritiken 1, Jena 1925, 1-33) entstand bald nach den »Anmerkungen über die Philosophie des Hobbes« als Habilitationsschrift (Kiel 1881). In der Vorrede zur zweiten Auflage (1912) findet sich der Satz: »Ich war von Hobbes ausgegangen«. Man kann die Lehre von der Gemeinschaft als die Alternative bezeichnen, die Tönnies – in der Weiterbildung von Ansätzen, die er bei Henry Maine (Ancient Law, 1859) und Gierke (Genossenschaftsrecht, 1868-1913) gefunden hatte – zu Hobbes und seiner Theorie der »Gesellschaft« ausgearbeitet hat. Seine Hobbes-Studien und seine soziologische Theorie ergänzen sich wechselseitig.

steht nach Tönnies in der »Auflösung aller gemeinschaftlichen Verhältnisse und Verbände in Individuen, die sich mit ihren Vermögen und Fähigkeiten, also mit ihren Interessen als vertragsfähige und streitfähige Mächte gegenüberstehen« (206). Als die Entwicklung, die »der modernen Gesellschafts- und Staatsbildung zugrunde liegt«, betrachtet Tönnies »die Isolierung der Individuen gegeneinander, und die des Staates gegen die Individuen« (267). Sie muß dazu führen, daß der Staat, wie er sich in der Neuzeit als eine geschichtliche Organisationsform der politischen Gemeinschaft konstituiert, alle »gemeinschaftlichen Sphären« und »alle korporativen Bildungen, die nicht einen ausgesprochenen privatrechtlichen Charakter haben, zerstört, unterdrückt oder von sich abhängig macht« (267). Insofern Hobbes sich in seiner Theorie zum entschiedenen Anwalt dieser neuzeitlichen Tendenz macht, enthält seine rationale Konstruktion einen prinzipiellen Mangel. Er besteht »in der Ausschließlichkeit des Gegensatzes« zwischen Staat und Individuum, den er in seiner Theorie voraussetzt, in der Annahme also, »daß außer Individuum und Staat keine selbständigen Rechtssubjekte gedacht werden können« (267). Dies ist der bereits (2.3) erwähnte Fehler, den Hobbes mit seinen Nachfolgern teilt: Er hat nicht erkannt, daß es außer der staatlichen Einheit »andere Potenzen kollektiven Willens« gibt (204). Ohne Zweifel spielt Tönnies damit auf jene »Gemeinschaften« an, die er in seinem theoretischen Hauptwerk der modernen, liberalen »Gesellschaft« und ihrer politischen Organisationsform, dem Staat, gegenübergestellt hat. Die Widersprüche in der politischen Philosophie des Hobbes erweisen sich in dieser Interpretation daher letztlich als eine Folge der Tatsache, daß Hobbes nur die »Gesellschaft« zum Thema seiner Theorie gemacht und die »Gemeinschaft« aus seiner Betrachtung ausgeschlossen hat. In diesem Sinne sind die Widersprüche des Hobbes »Widersprüche des Lebens, die sich in seinem Denken reflektieren« (217).

Die voranstehende Skizze der Hobbes-Interpretation, die sich aus einer Analyse der beiden Kapitel »Naturrecht« und »Staatslehre« ergibt, läßt erkennen, wie weit sich Tönnies von der sog. Taylor-Warrender-These, die ursprünglich die Basis seiner Darstellung gebildet hatte, entfernt hat. Hobbes ist hier nicht mehr ausschließlich der Theoretiker des liberalen Rechtsstaates, sondern er ist auch als politischer Denker gewürdigt. Man wird sich schwerlich dem Eindruck entziehen können, daß die politische Philosophie des Hobbes an Bedeutung und Tiefe gewinnt, nachdem Tönnies die Grenzen einer liberalistischen Interpretation in der Richtung auf die Dimension des Politischen überwunden hat.
Aber man muß auch die Frage stellen, ob Tönnies bei aller Weite seiner Perspektive nicht doch gewisse Aspekte der politischen Philosophie des Hobbes mehr oder weniger unbeachtet läßt. Der Naturzustand des Krieges aller gegen alle bildet in seiner Darstellung nur noch den gleichsam dunklen Hintergrund der Naturrechts- und Staatslehre. Der Abschnitt, den er diesem Thema gewidmet hat (200-201), enthält nicht einmal den Ansatz zu einer Darstellung dieses berühmten Lehrstücks. Das Recht aller auf alles im Naturzustand wird nur kurz erwähnt: »Dieses subjektive Urrecht wird durch kein objektives Recht, d. h. durch kein Vernunftgesetz garantiert; es ist nur der Ausdruck für den supponierten Mangel eines solchen oder dafür, daß es nicht wirksam ist« (202). Für die pessimistische Anthropologie des Homo homini lupus ist er in seiner Deutung überhaupt blind. Der Staat des Hobbes erreicht in seiner Auslegung nirgends die mythische Größe eines Leviathan.
Damit hängt es zusammen, daß seine politische Deutung des »Leviathan« selbst noch liberalistisch-unpolitisch bleibt. ›Politik‹ ist für ihn die »Lehre vom richtigen (naturrechtlich gegründeten, also rechtmäßigen), aber auch vom guten oder besten Staate, von dem Mittel, ihn zu schaffen, auszubilden und zu erhalten« (230). Daß der Begriff des Politischen bei Hobbes eine größere und tiefere Bedeutung erhalten und deshalb, wie Gierke die Dinge sah, die naturrechtliche Konstruktion seiner politischen Philosophie sprengen könnte, hat Tönnies offenbar nicht befürchtet. Aber er

ist dieser Frage auch nicht weiter nachgegangen. Die Art, wie er auf den Unterschied zwischen Rechtslehre und Politik eingeht, läßt es zweifelhaft erscheinen, daß diese Unterscheidung für ihn selbst zentrale Bedeutung hatte:

Von Anbeginn hat bei Hobbes ebensowenig wie bei irgendeinem zeitgenössischen Publizisten eine Scheidung der juridischen Theorie und Konstruktion von der Ansicht wirklicher Vorgänge (der Rechtsfragen von den Tatsachen) stattgefunden; obschon sie, sofern jene streng begrifflichen Charakter bei ihm hat, darin offenbar angelegt ist. Viel weniger noch ging die Absicht auf Scheidung des allgemeinen Staats*rechts* von der Politik (248).

Die Politik ist nach dieser Auffassung offenbar mit der Verwirklichung des Rechts beschäftigt; sie hat es daher mit »wirklichen Vorgängen« oder »Tatsachenfragen« zu tun. Die juridische Theorie und Konstruktion (Naturrecht und allgemeines Staatsrecht) muß dagegen einen »streng begrifflichen Charakter« haben. Bereits diese Formulierung läßt erkennen, daß auch Tönnies noch seine Schwierigkeiten mit der Unterscheidung von Rechtslehre und Politik hat, die nach seiner Interpretation schon Hobbes nicht gelungen war. Denn der streng begriffliche Charakter einer Theorie bietet keinerlei Gewähr dafür, daß es sich bei dieser Theorie nicht etwa um ein System mathematischer Sätze, sondern (wie es für eine Rechtstheorie erforderlich ist) um ein normatives System handelt.

Der Verdacht wurde oben (4.2) bereits geäußert, daß die Unterscheidung von »empirischer« und »rationaler« Begründungsart bei Tönnies kaum geeignet ist, den begrifflichen Status der politischen Theorie des Hobbes hinreichend zu beschreiben und den »Fortschritt des Gedankens« in den drei Fassungen seiner politischen Philosophie kenntlich zu machen. Gerade wenn man Tönnies darin zustimmen wird, daß Hobbes Rechtsfragen noch nicht klar von Tatsachenfragen unterschieden hat – nach herrschender Ansicht geschieht dies zuerst bei Hume[18] –, muß man diese Un-

18 A. C. MacIntyre (1959) hat zuerst darauf aufmerksam gemacht, daß die Unterscheidung von Sein und Sollen bei Hume (Treatise III 1, 1) noch keineswegs die These impliziert, Sollen sei logisch unabhängig von Sein. Sein Aufsatz und die daran sich anschließende Diskussion sind abgedruckt in: The is – ought question, hg. W. D. Hudson, London 1969, 11-80. Über die Unterscheidung von Sein und Sollen bei

terscheidung, verbunden mit der Unterscheidung von Naturrecht und Politik, als den dunkelsten Punkt in seiner Hobbes-Interpretation bezeichnen. Damit ist die Vermutung wenigstens nahegelegt, daß von eben diesem Punkt her sich auch Licht in jenen Komplex bringen läßt, der nach seiner Auffassung das zentrale Problem des Hobbes war: das Verhältnis von Naturrecht und Politik.

Es ist die Absicht der folgenden Darlegungen, diese Vermutung durch die Diskussion einiger zentraler Begriffe aus der politischen Philosophie des Hobbes zu erhärten. Anhand einer Analyse ausgewählter Texte soll gezeigt werden, wie ambivalent die Lehren des Hobbes über Freiheit und Verpflichtung und über die Gültigkeit von Verträgen sind und wie diese Ambivalenz von dem Problem des Verhältnisses von Macht und Recht ausgeht. Diese Annahme könnte einige Aspekte der politischen Philosophie des Hobbes verständlich machen, die in der naturrechtlichen und liberalistischen Hobbes-Interpretation gleichsam ausgeblendet sind, die aber in der neuzeitlichen Geschichte der politischen Philosophie besonders folgenreich waren. Es handelt sich um jenen Gedanken, auf den Hegel anspielt, wenn er von der »Wahrheit, die in der Macht liegt«, spricht.

1. Freiheit

In der letzten Fassung seiner politischen Philosophie beginnt Hobbes seine Darlegung der Naturrechtslehre mit den Sätzen:

> Das natürliche Recht ist die Freiheit, die ein jeder hat, seine Macht zur Erhaltung seiner Person (suae naturae) nach seinem eignen Urteil zu gebrauchen und folglich alles zu tun, was diesem Ziel dienlich zu sein scheint. Unter Freiheit verstehe ich – dies ist auch die Grundbedeutung des Wortes ›Freiheit‹ – die Abwesenheit äußerer Hindernisse.[19]

Hobbes lehrt nach diesen Sätzen, daß jeder Mensch nicht erst durch die rechtsetzenden Handlungen staatlicher Organe, sondern bereits »von Natur aus« einen (berechtigten) Anspruch darauf hat, für seine Selbsterhaltung zu sorgen, und in seinen

Kant, vgl. meinen Aufsatz: Der naturalistische Fehlschluß bei Kant (in diesem Bd. 277-295).

19 Leviathan (= Lev) lat. 14 (OL 3, 102; vgl. EW 3, 116).

Handlungen, die der Verwirklichung dieses Anspruchs dienen, »frei« ist. Freiheit bedeutet im ersten Satz folglich den Bereich aller Handlungen, die *erlaubt* sind. Im folgenden Satz definiert Hobbes ›Freiheit‹ indes als die Abwesenheit äußerer Hindernisse, und gibt damit diesem Wort eine Bedeutung, die von der Bedeutung desselben Wortes im vorangestellten Satz durchaus verschieden ist. Denn nicht alle Handlungen, die auszuführen uns nicht durch äußere Hindernisse unmöglich gemacht ist, gelten als erlaubt; und nicht alle Handlungen, die als erlaubt gelten und die wir ausführen wollen, sind frei von äußeren Hindernissen.

Freiheit im Sinne des Nicht-behindert-seins und Freiheit im Sinne eines berechtigten Anspruchs sind selbst dann noch zu unterscheiden, wenn man etwa behaupten wollte, dem Menschen sei alles erlaubt, was zu tun ihm nicht durch äußere Hindernisse verwehrt ist; verboten sei folglich alles, wozu er durch äußere Hindernisse nicht imstande ist. Das wäre zwar eine überraschende Behauptung, da wir gewöhnlich unterstellen, daß nicht alles erlaubt ist, was wir zu tun fähig wären. Es ist auch nicht einzusehen, warum wir erlaubte Handlungen noch von unerlaubten unterscheiden sollten, wenn keine mögliche Handlung mehr als unerlaubt gelten soll. Aber es wäre doch immer noch eine Behauptung und keine Einsicht, die wir aus der bloßen Reflexion auf die Bedeutung des Wortes ›Freiheit‹ gewinnen könnten. Die These wäre: daß eine Handlung, die uns freisteht, weil wir sie ausführen *können*, uns immer auch freisteht in dem Sinne, daß wir sie ausführen *dürfen*.

Daß Hobbes auch selbst diesen Unterschied zwischen den beiden Bedeutungen, die das Wort ›Freiheit‹ in seinem wie in unserem gegenwärtigen Sprachgebrauch hat, voraussetzt, zeigt seine eigene Definition des natürlichen Rechts. Denn er lehrt nicht etwa, der Ausdruck ›natürliches Recht eines jeden Menschen‹ bedeute nichts anderes als ›Inbegriff aller Handlungen, die ein Mensch nach eigenem Gutdünken auszuführen imstande ist‹. Seine These ist vielmehr, daß man die »Freiheit« habe (d. h. daß es einem erlaubt ist), seine Macht nach eigenem Gutdünken zu gebrauchen, – vorausgesetzt, daß dies der Selbsterhaltung dient oder zu dienen scheint. Wäre nach seinem Verständnis die in Rede stehende Freiheit nichts anderes als die Abwesenheit äußerer Hindernisse, so würde nach seinen Sätzen das natürliche Recht eines Menschen nicht einmal mit dem willkürlichen Gebrauch seiner Macht zusammenfallen, sondern einfach im willkürlichen Gebrauch seiner Macht bestehen. Subjekt eines natürlichen Rechts zu sein, wäre dann nicht mehr das Privileg des Menschen. Unter der Voraussetzung, daß das Recht in der Abwesenheit äußerer Hindernisse besteht, kann man auch über das Recht von Vulkanen, Städte mit Staub und Asche zu bedecken, oder von Strömen, über ihre Ufer zu treten, meditieren.

Gleichwohl hat Hobbes erklärt, er verwende in seiner Definition des natürlichen Rechts das Wort ›Freiheit‹ im Sinne der Abwesenheit äußerer Hindernisse. Kein Zweifel also, er möchte nicht klarstellen, daß er in den beiden Sätzen ›Freiheit‹ in zweifacher Bedeutung, also äquivok, verwandt hat. Ihm kommt es vielmehr darauf an – auch wenn ihm dies, wie sich gezeigt hat, nicht gelingt –, mit Hilfe des Begriffs der Freiheit als der Abwesenheit äußerer Hindernisse den Begriff des natürlichen Rechts zu definieren. Diese Absicht ist auch sonst in seinem Werk vollkommen deutlich. Und sie ist die Quelle nicht geringer Verwirrungen.

Denn seine Definition der Freiheit als Abwesenheit äußerer Hindernisse dient dem Zweck, seine These, daß alle Ereignisse durch äußere Ursachen vollständig determiniert sind, mit der Anerkennung menschlicher Freiheit – Voraussetzung und Bedingung jeder moralischen und rechtlichen Zurechnung – zu vereinbaren. Dies aber führt ihn unvermittelt in einen eklatanten und nicht zu behebenden Widerspruch.

Wenn, wie Hobbes annimmt, Gott die erste Ursache alles Geschehens ist und die Menschen gleichwohl imstande sind, den Geboten Gottes zuwider zu handeln, so ergibt sich, daß die Ursache der gebotswidrigen Handlungen der Menschen auf Gott selbst zurückgeführt werden muß. Da Hobbes indes den Widerspruch zwischen den durch Gott verursachten gebotswidrigen Handlungen und dem in diesen Geboten sich manifestierenden Willen Gottes nicht in Gott selbst verlagern kann – dies würde zu der These führen, daß Gott selbst seinen Geboten zuwider handelt –, sieht sich Hobbes zu der Behauptung genötigt, Gott sei nicht der »Autor« alles dessen, wovon er doch stets die »Ursache« war:

Obgleich die Menschen manches tun, was Gott nicht befiehlt und wovon er daher auch nicht der Autor ist, können sie doch keine Leidenschaft und keine Begierde haben, deren Ursache nicht Gott wäre. Und würde nicht sein Wille die Notwendigkeit des menschlichen Willens und folglich alles dessen, was vom Willen des Menschen abhängt, sicherstellen, so wäre die

Freiheit des Menschen ein Widerspruch und Hindernis der Allmacht und Freiheit Gottes.[20]

Nun wird man unter dem Autor einer Handlung denjenigen verstehen müssen, der einen anderen zu einer Handlung, die dieser ausführt, ermächtigt hat. Eine Ursache hingegen bewirkt ein Ereignis mit Notwendigkeit, ohne daß zwischen Ursache und Wirkung, wie bei der Ermächtigung, noch die Entscheidung eines anderen vermittelnd dazwischenträte. Wenn also eine Person durch ihre Handlung ein Ereignis ursächlich bewirkt und auch imstande ist, alle Wirkungen ihrer Handlungen vorauszusehen, so muß man annehmen, daß sie diese Wirkungen auch gewollt hat. Wenn sie dagegen zu gewissen Handlungen eine andere Person nur ermächtigt hat, so hängt es von deren Entscheidungen ab, ob sie diese Handlungen auch ausführt. Gott als erste Ursache könnte also die Menschen nicht einmal zu gewissen Handlungen ermächtigen und ihnen gewisse Handlungen verbieten. Dann aber hat es erst recht keinen Sinn zu sagen, Gott habe ein Ereignis zwar durch das Handeln eines Menschen bewirkt, er habe diesen Menschen aber keineswegs zu dieser Handlung ermächtigt. Die These, Gott sei nicht der Urheber und Autor eines Ereignisses, dessen Ursache er selbst sei, ist daher absurd.

Das alte Problem, wie man göttliche Allmacht und menschliche Freiheit vielleicht doch miteinander vereinbaren könne, ist freilich nur die theologisch formulierte Variante eines Problems, vor das sich Hobbes durch die Konzeption seines Systems der Philosophie gestellt sieht. Denn für ihn handelt es sich, unabhängig von aller Theologie, darum, den Determinismus seiner Naturphilosophie mit den impliziten Voraussetzungen seiner praktischen Philosophie in Übereinstimmung zu bringen. In seiner Rechtstheorie muß er zwischen Handlungen, die erlaubt sind, und solchen, die es nicht sind, unterscheiden; in dieser Unterscheidung ist aber vorausgesetzt, daß es möglich ist, im Hinblick auf Normen, die als Kriterium für die Unterscheidung erlaubter und verbotener Handlungen dienen, zu handeln oder Handlungen zu unterlassen. Diese Fähigkeit, sich im Hinblick auf Normen zu entscheiden, kann man (mit Kant) Selbstbestimmung oder Freiheit nennen. Dem theologischen Problem von göttlicher Allmacht und menschlicher Freiheit entspricht in Hobbes' philosophischem System so

20 Lev 21 (OL 3, 160f.; vgl. EW 3, 198).

die Aufgabe, seinen naturphilosophischen Determinismus mit dem Postulat der Selbstbestimmung der Freiheit zu vereinbaren. Man hat daher in diesem Zusammenhang mindestens zwischen drei verschiedenen Begriffen von Freiheit zu unterscheiden:

(1) Freiheit als Abwesenheit äußerer Hindernisse: in diesem Sinne fällt ein Körper, dem die Unterlage entzogen wurde, »frei«,
(2) Freiheit als die Fähigkeit, sich im Hinblick auf Normen zu entscheiden: sie setzt voraus, daß die Handlung nicht notwendig ist,
(3) Freiheit als subjektives Recht: sie erstreckt sich auf diejenigen Handlungen, die durch eine Norm nicht verboten sind.

Mit Hilfe dieser Unterscheidung ist es möglich, die Absicht zu beschreiben, die hinter dem Versuch steht, das natürliche Recht (Freiheit$_3$) mit dem Begriff der Abwesenheit äußerer Hindernisse (Freiheit$_1$) zu definieren. Gebunden durch seine deterministische Naturphilosophie, ist Hobbes außerstande, Freiheit$_2$ überhaupt gelten zu lassen. Aber er kann sie auch nicht rundum leugnen, ohne sich der Gefahr auszusetzen, daß der Ablauf anorganischer Prozesse und die Handlungen eines rationalen Wesens für ihn ununterscheidbar werden. Also ist er gezwungen, Freiheit$_2$ deterministisch zu deuten. Zu diesem Zweck interpretiert er zunächst die Fähigkeit, sich im Hinblick auf Normen zu entscheiden, als die Fähigkeit eines rationalen Wesens, die eventuellen Folgen seines Handelns vorauszuberechnen und sich im Hinblick auf die vorgestellten Folgen seines eventuellen Handelns zu entscheiden. Ferner legt er seiner Theorie die (empirische) Annahme zugrunde, daß der Mensch nicht anders als jedes andere Lebewesen notwendig nach Selbsterhaltung strebt. Normen deutet er nun als allgemeine Sätze (theoremata), die feststellen, welche Handlungen ein Lebewesen, das nach Selbsterhaltung strebt, nicht wollen kann und die ein rational handelndes Lebewesen daher auch nicht ausführen *wird*. Freiheit$_3$ ist dann nichts anderes als der Bereich derjenigen Handlungsmöglichkeiten, die einem rationalen Lebewesen verbleiben, oder – anders ausgedrückt – der Inbegriff aller Handlungen, an denen ein *rationales* Lebewesen nicht durch äußere (gegenwärtige oder vorhersehbare) Ereignisse gehindert wird. Das so gedeutete subjektive Recht (Freiheit$_3$) ist mithin lediglich ein Spezialfall von Freiheit$_1$: Es ist nichts als die Abwesenheit äußerer Hindernisse bei den Handlungen eines rationalen, nach Selbsterhaltung strebenden Lebewesens.

Für Hobbes geht es also bei seinem Versuch, das subjektive Recht (Freiheit$_3$) auf die Abwesenheit äußerer Hindernisse (Freiheit$_1$) zu reduzieren, darum, seine deterministische Naturphilosophie mit seiner Rechtstheorie systematisch zu vereinigen. Daß ihm dies gelungen sei, muß man allerdings bestreiten. Denn allgemeine Sätze über die Einschränkung der Handlungsmöglichkeiten eines rationalen, nach Selbsterhaltung strebenden Lebewesens sind keine Normen: Sie sind theoretische Sätze über das, was unter bestimmten Bedingungen der Fall ist; aber sie sind keine praktischen Sätze über das, was unter bestimmten Bedingungen der Fall sein soll.
Hobbes selbst hat dies zugegeben, als er in »De Cive« den Gesetzen seines Naturrechts den normativen Charakter absprach und sie zu rational eingesehenen Schlußfolgerungen hinsichtlich dessen, was zu tun oder zu lassen ist, erklärte.[21] Er hätte noch deutlicher sein können, wenn er klargestellt hätte, daß diese Gesetze nicht bestimmen, was man tun oder lassen *soll*, sondern feststellen, was man tun oder lassen *wird*, wenn man rational nach Selbsterhaltung strebt. Klarer ist daher in der Anerkennung des rein theoretischen Charakters dieser Gesetze die lateinische Fassung des »Leviathan«: Die Gesetze des Naturrechts sind lediglich Lehrsätze über das, was zur Erhaltung der Menschen führt.[22] Da man aber zwischen den Mitteln zur Selbsterhaltung eines jeden menschlichen Individuums und den Mitteln zur Selbsterhaltung der Menschheit unterscheiden muß und da Hobbes die eigene individuelle Selbsterhaltung zum faktischen Ziel aller Handlungen eines Menschen erklärt hatte, ist die Präzisierung zu beachten, die Hobbes in der englischen Fassung des »Leviathan« eingeführt hat: Die natürlichen Gesetze beziehen sich auf die individuelle Selbsterhaltung.[23]
Danach kann es keinen Zweifel geben, daß Hobbes sich darüber klar geworden ist, welche Konsequenzen seine deterministische Naturphilosophie für seine Naturrechtslehre haben mußte: Wenn die Normen zu theoretischen Sätzen umgedeutet werden, dann verliert das Naturrecht eben seinen normativen Charakter. Einer *Rechts*lehre ist damit der Boden entzogen. Überdies wird durch die deterministische Reduktion des Naturrechts auf theoretische Sätze alles von dem (empirischen) Grundsatz der Selbsterhaltung

21 De Cive (= Ci) 3, 33 (OL 2, 198). 22 Lev lat. 15 (OL 3, 122).
23 Lev engl. 15 (EW 3, 147).

abhängig. Aber sowohl die Geltung dieses Grundsatzes wie auch die Folgerungen, die Hobbes aus ihm meint ziehen zu können, sind fragwürdig: *Daß* die natürlichen Gesetze tatsächlich die Bedingungen individueller Selbsterhaltung formulieren, ist mehr als zweifelhaft und soll daher hier nicht weiter diskutiert werden.
Hobbes hat diese Konsequenzen ohne Zweifel eingesehen und aus diesem Grunde den Verlust durch eine theologische Interpretation seiner natürlichen Gesetze gutmachen wollen. Mit der These, daß die natürlichen Gesetze mit den Geboten Gottes identisch seien,[24] möchte Hobbes den normativen Charakter des Naturrechts wiederherstellen. Aber der Nachweis der Identität fehlt: Das Kapitel, das in »De Cive« diese Identität beweisen soll, ist aus den »Elements of Law« übernommen und soll dort lediglich zeigen, daß das rationale Naturrecht dem göttlichen Gesetz *nicht widerspricht*; im »Leviathan« ist dieses Kapitel überhaupt weggelassen, obwohl der rein theoretische Charakter der natürlichen Gesetze erst in dieser letzten Fassung der politischen Philosophie vollauf deutlich geworden ist. Aber selbst wenn Hobbes, im Rahmen seiner philosophischen Voraussetzungen, zeigen könnte, daß die natürlichen Gesetze Gottes Gebot sind, so müßte er immer noch beweisen, daß Gottes Gebote den Menschen rechtlich und moralisch verpflichten. Der Regreß auf Gottes Willen stellt m. a. W. den normativen Charakter der natürlichen Gesetze keineswegs eo ipso sicher. Wenn es nun aber gelungen wäre, auf irgendeine Weise zu zeigen, daß man Gottes Geboten gehorchen *soll*, so würde sich das theologische Problem erneut einstellen, von dem schon die Rede war: Den Geboten eines allmächtigen Gottes kann man nicht zuwiderhandeln.
Es ist begreiflich, daß man angesichts dieser Widersprüche, die sich aus der Unmöglichkeit ergeben, einen konsequenten Determinismus mit den Voraussetzungen einer normativen Theorie systematisch zu vereinigen, verschiedene Auswege gesucht hat, um zu einer konsistenten Hobbes-Interpretation zu gelangen. Aus jüngster Zeit sind vor allem vier Interpretationen in diesem Zusammenhang zu erwähnen:
(1) Man nimmt als die Basis des Naturrechts bei Hobbes die Überzeugung von der verpflichtenden Kraft der göttlichen Gebote an. Konsequent durchgeführt, nötigt diese Annahme zu

24 Lev 15 (OL 3, 122; EW 3, 147).

einer theologischen Hobbes-Interpretation (Hood). Die Widersprüche in der politischen Philosophie des Hobbes werden dadurch freilich nicht geringer, sondern nur noch zahlreicher.
(2) Man gibt zu, daß das Naturrecht bei Hobbes nur durch ein Gesetz und d. h. durch einen Befehl normativen Charakter erhält. Da nach der Lehre des Hobbes aber die Gebote Gottes der Interpretation durch den Inhaber der Staatsgewalt bedürfen, soll die Verwandlung der theoretischen Sätze des Naturrechts in Normen durch den Befehl des Souveräns zustande gebracht werden (Oakeshott). Die Frage ist aber auch hier, warum man dem Gebot Gottes, interpretiert durch den Souverän, gehorchen *soll*. Diese Frage ist auf dem Boden dieser Interpretation, wie Warrender gezeigt hat, nicht zu beantworten.
(3) Man bestreitet nicht, daß die natürlichen Gesetze des Hobbes, nach ihrem logischen Status betrachtet, theoretische Sätze ohne verbindliche Kraft sind und weder als Gebote Gottes noch als Gesetze eines Souveräns normativen Charakter erhalten. Bei dieser Interpretation wird also der Determinismus des Hobbes zum Prinzip der Interpretation erhoben und der normative Charakter des Naturrechts bei Hobbes überhaupt preisgegeben (Leslie Stephen, Polin). Da Hobbes aber in seinen Darlegungen von normativen Argumentationen reichlichen Gebrauch macht, würden diese alle als unphilosophisch aus dem System des Hobbes herausfallen und, wie Warrender gezeigt hat, durch außerphilosophische Erwägungen erklärt werden müssen, etwa als Ausflucht und Tarnung, als politische Propaganda, als Mittel zur Vermeidung politischer Verfolgung oder als bloße Konfusion.[25]

25 Raymond Polin, L'obligation morale et politique chez Thomas Hobbes, in: Hobbes-Forschungen, 133-152; Warrender a.a.O. 5 (gegen Leslie Stephen). – Polin betrachtet die These, Verpflichtung sei bei Hobbes im Sinne einer moralischen Verpflichtung zu verstehen, als einen »radikalen Fehler und Anachronismus« (149 Anm.); die Bedingungen, die es erlauben, von einer Verpflichtung im modernen Sinne des Wortes zu sprechen, seien bei Hobbes nicht gegeben (136). Polin übersieht, daß Hobbes durchaus von einer Verpflichtung (auch im modernen Sinne) spricht und daß das Problem einer Begründung der moralischen Verpflichtung bei Hobbes folglich existiert. Die Lösungen, die Hobbes zur Begründung einer moralischen Verpflichtung versucht, oder – was dasselbe bedeutet – seine metaethischen Theorien sind freilich unzureichend. Polins Vorwurf, Warrender und die »britischen Philosophen« hätten den für kontinentale Philosophen unreduzierbaren Unterschied

(4) Man behauptet, daß die normative Theorie des Hobbes *prinzipiell* unabhängig von seinem naturphilosophischen Determinismus und von seiner egoistischen Psychologie sei (Tönnies, Taylor, Warrender). In diesem Falle ist man gezwungen, einen nicht unbeträchtlichen Teil der Probleme, mit denen Hobbes konfrontiert ist und die er zu lösen gesucht hat, zu ignorieren und die Interpretation mehr darauf abzustellen, was Hobbes hätte sagen sollen, als darauf, was Hobbes gesagt hat.

Angesichts dieser Versuche erscheint die Schlußfolgerung unausweichlich zu sein, die Pennock gezogen hat: »(Hobbes) ist so inkonsistent, daß es unmöglich ist, ein einziges, kohärentes Argument zu konstruieren und die These zu verteidigen, dieses stelle den wirklichen Hobbes dar.« Insbesondere wird man seiner Auffassung zustimmen müssen, daß die vielleicht hartnäckigsten und durchgängigsten Verwirrungen des Hobbes aus seinem Glauben an den Determinismus hervorgegangen sind. Aber man wird nicht übersehen dürfen, daß diese Verwirrungen keineswegs aus der »verwirrenden Klarheit« des Hobbes, sondern aus den Problemen seiner Philosophie zu erklären sind: aus der Aufgabe, Determinismus und Naturrechtslehre systematisch zu vereinigen und dem Naturrecht eine Basis zu geben.[26] Wenn man bedenkt, welchen metaphysischen Aufwand selbst Kant in der Behandlung dieser Frage betreibt, wird man die Bemühungen des Hobbes um Klarheit und systematische Einheit nicht unterschätzen.

Für die Beurteilung der Hobbes-Interpretation des Tönnies ergibt sich aus den voranstehenden Darlegungen zunächst, daß sie die beiden Argumentationszusammenhänge Naturrecht und deterministische Naturphilosophie, die Hobbes miteinander zu vereinigen bestrebt war, im Interesse einer mehr systematischen als historischen Interpretation sorgfältig auseinander hält. Berechtigt ist dies Verfahren jedenfalls insofern, als Hobbes selbst erst nachträglich beide Argumentationszusammenhänge zu vereinigen sucht, die er unabhängig voneinander entwickelt hatte. Tatsächlich hat er ja nicht darauf verzichten können, sein Naturrecht als ein normatives System darzustellen.

zwischen einer »naturalistischen« und einer spezifisch moralischen Verpflichtung (le sens naturaliste nécessitaire de l'obligation et son sens proprement moral) verwischt (139), erscheint unbegründet.

26 J. R. Pennock, Hobbes's confusing ›clarity‹, in Hobbes-Studies, 101². 116.

Eine sachliche Korrektur muß freilich erwähnt werden, die sich aus der Betrachtung des Verhältnisses von Naturrecht und deterministischer Naturphilosophie ergibt. Durch seine Interpretation des subjektiven Rechts als Abwesenheit äußerer Hindernisse bei Handlungen eines rationalen, nach Selbsterhaltung strebenden Lebewesens gerät Hobbes immer in die Versuchung, den Unterschied zwischen Handlungen, die ein rationales Lebewesen ausführen *kann*, und solchen, die es ausführen *darf*, zu verwischen. Wenn $Freiheit_3$ nur als ein Spezialfall von $Freiheit_1$ angesehen wird, dann muß irgendwie das faktisch Mögliche und das normativ Erlaubte auf der einen Seite und das faktisch Unmögliche und das normativ Verbotene auf der anderen Seite zusammenfallen. Die Theorie über den logischen Status von Normen bleibt bei Hobbes auf diese Weise nicht ohne Auswirkungen auf die Theorie darüber, *was* als erlaubt oder verboten gelten soll. In der Konsequenz dieser Theorie liegt daher genau das, was in der naturrechtlichen Hobbes-Interpretation bei Tönnies, Taylor und Warrender ferngehalten werden soll: die Gleichsetzung von Macht und Recht und die Lehre vom Recht des Stärkeren.

2. Verpflichtung

Im Staate werden die natürlichen Rechte und Freiheiten des Menschen eingeschränkt. Wie dies zu verstehen ist, versucht Hobbes im Ausgang von der Definition der Freiheit als der Abwesenheit äußerer Hindernisse auf folgende Weise zu erklären:

> So wie die Menschen zum Zwecke des Friedens und ihrer Selbsterhaltung einen künstlichen Menschen, den Staat, gebildet haben, so erfanden sie auch künstliche Fesseln, die Gesetze des positiven Rechts. Diese Fesseln haben sie selbst, durch wechselseitige Verträge untereinander, einerseits an den Lippen dessen, dem sie die höchste Macht im Staate gaben, andererseits an ihren eigenen Ohren festgemacht. Wenn diese Fesseln auch ihrem Wesen nach zerbrechlich sind, so sind sie doch ziemlich fest: nicht durch die Schwierigkeit, sondern durch die Gefahr, mit der man sie bricht.[27]

Die Frage, die man hier an Hobbes zu richten hätte, bezieht sich darauf, was dieser Text eigentlich erklären soll: die Tatsache, daß Gesetze in einem Staat beachtet werden, oder den Grund, warum

27 Lev lat. 21 (OL 3, 169; vgl. EW 3, 198).

die Bürger eines Staates verpflichtet sind, die Gesetze nicht zu übertreten. Nach dem Wortlaut des Textes redet Hobbes lediglich von den Ursachen der Beachtung staatlicher Gesetze und findet sie in der Gefahr, mit der in der Regel die Übertretung eines Gesetzes im Staate verbunden ist. Aber diese Erklärung sagt über den Grund der Verpflichtung zur Beachtung staatlicher Gesetze ebenso wenig, wie etwa die Vorsicht im Umgang mit wilden Tieren oder die Umsicht im Begehen vulkanischen Geländes auf das Bewußtsein moralischer Grundsätze schließen läßt. Die Motivation eines Bürgers, der die Gesetze seines Staates beachtet, unterscheidet sich nach dieser Darstellung nicht im geringsten von derjenigen eines Schiffseigentümers, der aus Furcht vor Schiffbruch seine Güter in die See werfen läßt.

Gleichwohl hält es Hobbes für erforderlich, den Gehorsam der Bürger eines Staates anders zu erklären und zu diesem Zwecke die Metapher der künstlichen Fesseln einzuführen. Die künstlichen Fesseln sollen nach seinen eigenen Worten nicht das Einschreiten der Staatsgewalt gegen Gesetzesbrecher, sondern die Gesetze des positiven Rechts repräsentieren. Wenn es heißt, die Bürger hätten sich durch Verträge diese künstlichen Fesseln selbst geschaffen, so ist nicht die Ursache des Gehorsams der Bürger, sondern der Grund ihrer Verpflichtung zum Gehorsam genannt. Obgleich Hobbes also prima facie von der Tatsache des Gehorsams spricht, hat er es doch in Wahrheit auf eine Begründung der Geltung der Gesetze in einem Staate abgesehen. Er unterscheidet nur nicht sorgfältig zwischen der Tatsache des Gehorsams und der Geltung von Gesetzen.

Die Relevanz dieser Unterscheidung wird durch folgende Überlegung deutlich: Wenn das Motiv zur Befolgung staatlicher Gesetze ausschließlich in der Furcht vor staatlichen Sanktionen besteht, so gibt es keinen Grund, die Gesetze nicht zu übertreten, wenn dies ohne Gefahr möglich ist, wann immer sie den eigenen Interessen im Wege stehen. Eine Motivation zur durchgängigen Befolgung staatlicher Gesetze, auch wenn die Übertretung gefahrlos möglich ist, läßt sich auf diese Weise nicht mehr begründen. Nur wenn eine Verpflichtung zum Motiv des Handelns gemacht wird, wäre die Befolgung der Gesetze wirklich sichergestellt. Daran zeigt sich, daß auch im Hinblick auf den Erfolg – die Befolgung der Gesetze – ein großer Unterschied zwischen der Erklärung von Tatsachen und der Begründung einer Verpflichtung besteht.

Wie wichtig dieser Unterschied ist, wird grundsätzlich klar, wenn man auf den Unterschied zwischen Tatsachen und Normen, und darüber hinaus bereits zwischen elementaren Aussagen und elementaren Sollenssätzen aufmerksam geworden ist.[28] Zwei Sätze können hinsichtlich des in ihnen ausgedrückten Gedankens »inhaltlich« vollkommen übereinstimmen und sich gleichwohl in der Weise, wie dieser Inhalt mitgeteilt wird, grundlegend unterscheiden. Eine solche Identität und Differenz besteht etwa zwischen der Aussage, dieses Haus sei rot, und der Forderung, dieses Haus solle rot sein. Während die Aussage notwendig entweder wahr oder falsch ist, kann die Forderung überhaupt nicht wahr oder falsch sein.

Die Wahrheit oder Falschheit einer elementaren Aussage kann man feststellen, indem man die Bedeutung der in der Aussage gebrauchten Wörter und den Befund unserer Beobachtungen überprüft. Bei der Forderung wäre eine solche Prüfung sinnslos. Man kann mit einem anderen in einer Forderung übereinstimmen oder sie anerkennen; aber allein aus der Bedeutung der in einer Forderung gebrauchten Wörter und dem Befund von Beobachtungen ergibt sich diese Übereinstimmung oder Anerkennung nicht. Die Analyse der Bedeutung sprachlicher Zeichen im Zusammenhang möglicher Beobachtungen kann den Akt der Zustimmung zu einer Forderung nicht überflüssig machen.

Ohne einen solchen Akt der unmittelbaren oder mittelbaren Zustimmung kann von einer Verpflichtung, irgendwelche Normen zu beachten, nicht die Rede sein. Für denjenigen, der einer Forderung nicht zustimmt, bleibt eine Aufforderung eine einseitige Willenserklärung ohne jede Wirkung. Dazu, daß ein Imperativ Beachtung findet, ist erforderlich, daß der Adressat des Imperativs einen Grund hat, der Forderung zuzustimmen. Aber selbst diese Zustimmung reicht nicht aus, irgendwelche Verbindlichkei-

28 Der im folgenden skizzierte Ansatz (vgl. auch: Der naturalistische Fehlschluß bei Kant, in diesem Bd. 277-295) geht von den Entsprechungen zwischen einem elementaren Seinssatz und einem elementaren Sollenssatz aus. R. M. Hare (The language of morals, 18 dt.: Die Sprache der Moral, 38) scheint dagegen den prinzipiellen Unterschied zwischen indikativischen Sätzen und Imperativen zu suchen. Ähnlich stellt auch P. Lorenzen (Normative logic and ethics, 75 ff.; ders., Szientismus versus Dialektik, 64 ff.) bei der Konstruktion einer ethischen »Orthosprache« Imperative an den Anfang.

ten zu begründen. Von Verbindlichkeit sprechen wir vielmehr erst dann, wenn wir meinen, jemand sei »gehalten«, einer Forderung zuzustimmen, selbst wenn er dazu nicht unmittelbar bereit ist. Wir setzen dabei voraus, man dürfe von dem anderen *fordern*, er solle eine bestimmte Forderung anerkennen.
So ergibt sich: Die Einschüchterung, die von einer einseitigen Willenserklärung ausgeht, oder die Drohungen, die sie begleiten, reichen zwar oft genug aus, die Beachtung einer Forderung zu erzwingen; aber diese Gehorsamserzwingungschance einer Forderung hat keinerlei verbindliche Kraft. Die Wahrscheinlichkeit, daß eine Forderung beachtet wird, und die Verbindlichkeit, die darin liegt, daß sie beachtet werden sollte, sind nicht aufeinander zu reduzieren. Die Eindeutigkeit einer Verpflichtung sichert nicht die Wahrscheinlichkeit ihrer Beachtung, und aus der Tatsache des Gehorsams läßt sich nicht ableiten, daß man zum Gehorsam verpflichtet war. Diesen Unterscheidungen trägt Hobbes indes so wenig Rechnung, daß er die Verpflichtung geradezu mit der Furcht vor üblen Folgen, die sich bei der Verletzung einer Pflicht einstellen könnten, identifiziert:

(Die Worte und Handlungen, durch die man ein Recht aufgibt oder überträgt), sind die Fesseln, durch die sich die Menschen binden und verpflichten – Fesseln, die ihre Stärke nicht von ihrer eignen Natur haben (denn nichts wird leichter gebrochen als eines Mannes Wort), sondern von der Furcht vor üblen Folgen, die sich aus dem Wortbruch ergeben könnten.[29]

Da die Fesseln, von denen Hobbes spricht, überhaupt keine Stärke haben, wenn keinerlei üble Folgen von einem Wortbruch zu erwarten sind, und in diesem Falle folglich auch keinerlei bindende Kraft mehr haben würden, so ergibt sich aus diesem Satz, daß der Grad der (rational begründeten) Furcht vor Konsequenzen als das Maß für die bindende Kraft einer Verpflichtung gelten muß. Im Hinblick auf die Verpflichtung des Menschen, den Geboten Gottes (d. h. den Gesetzen des Naturrechts) zu gehorchen, hat Hobbes diesen Zusammenhang dargelegt:

Es gibt zwei Arten von natürlicher Verpflichtung. Bei der einen wird die Freiheit durch körperliche Hindernisse aufgehoben, und in diesem Sinne sagen wir, der Himmel, die Erde und alle Geschöpfe gehorchten den gemeinsamen Gesetzen ihrer Schöpfung. Bei der anderen wird die Freiheit durch Furcht und Hoffnung aufgehoben, und im Sinne dieser Verpflich-

29 Lev lat. 14 (OL 3, 104; vgl. EW 3, 119).

tung kann der Schwächere nicht umhin, einem Stärkeren, dem Widerstand zu leisten er keine Hoffnung mehr hat, zu gehorchen. Diese zweite Art der Verpflichtung, nämlich die Furcht oder das Bewußtsein der eignen Schwäche im Hinblick auf die göttliche Macht ist der Ursprung davon, daß wir in Gottes natürlichem Reich Gott zum Gehorsam verpflichtet sind.[30]

Diese beiden Arten von »natürlicher Verpflichtung« (im Unterschied zu einer künstlichen, nicht durch einen Vertrag begründeten Verpflichtung: den »künstlichen Fesseln«) hat Hobbes an anderer Stelle im Hinblick auf die Einschränkung der Freiheit unterschieden:

Freiheit (um sie zu definieren) ist nichts anderes als die Abwesenheit von Hindernissen einer Bewegung. Wasser in einem Gefäß ist z. B. darum nicht frei, weil das Gefäß verhindert, daß das Wasser ausfließt, während es befreit wird, wenn das Gefäß zerbricht ... Hindernisse dieser Art sind äußerlich und absolut. In diesem Sinne sind alle Sklaven und Untertanen, die nicht gefesselt oder eingekerkert sind, frei. Andere Hindernisse sind willkürlich: diejenigen, welche die Bewegung nicht absolut, sondern relativ (per accidens) verhindern, nämlich durch unsere Wahl. Wer sich auf einem Schiff befindet, ist z. B. nicht in dem Sinne behindert, daß er sich nicht ins Meer stürzen könnte – wenn er etwa imstande wäre, dies zu wollen.[31]

Die Verpflichtung, die Gesetze des Naturrechts zu befolgen, liegt nach diesen Zitaten in der Einschränkung unserer Handlungsfähigkeit durch die Vorstellung zu erwartender übler Folgen unseres Handelns. Von dem Gedanken, daß die Furcht vor üblen Folgen oder Strafen nicht die Verpflichtung selbst begründet, sondern allenfalls die Bereitschaft des Menschen zur Befolgung der göttlichen Gebote motiviert, findet sich nichts. Hobbes erklärt die Furcht vor Strafe bzw. die Gehorsamserzwingungschance sogar ausdrücklich zum Fundament von Recht und Verpflichtung:

In seinem natürlichen Reich besitzt Gott das Recht zu herrschen und diejenigen, die seine Gesetze verletzen, zu strafen, allein von seiner unwiderstehlichen Macht her.
Jedes Recht über andere stammt entweder von der Natur oder aus einem Vertrag. ... Ein Herrschaftsrecht wird von der Natur hergeleitet eben darum, weil es von der Natur nicht aufgehoben worden ist. Da nämlich von Natur aus alle ein Recht auf alles hatten, hatte ein jeder ein Herrschaftsrecht über alle gleichursprünglich mit seiner Natur.

30 Ci 15, 7 (OL 2, 336).
31 Ci 9, 9 (OL 2, 259).

Der Grund, warum dieses Recht unter den Menschen abgeschafft wurde, war kein anderes als die gegenseitige Furcht ... Denn die Vernunft gebot, von jenem Recht um der Erhaltung des Menschengeschlechts willen zurückzutreten: Aus der Gleichheit der Menschen hinsichtlich ihrer Kräfte und ihrer natürlichen Macht folgte mit Notwendigkeit der Krieg; mit dem Krieg ist aber die Vernichtung des Menschengeschlechts verbunden.
Hätte aber jemand die übrigen an Macht soweit überragt, daß ihm nicht einmal alle mit vereinten Kräften hätten Widerstand leisten können, so wäre für ihn überhaupt kein Grund gewesen, von seinem ihm von der Natur verliehenen Recht zurückzutreten. Es wäre ihm also das Herrschaftsrecht über alle übrigen wegen seines Übermaßes an Macht, mit der er sich und jene erhalten konnte, verblieben.
Das Herrschaftsrecht derjenigen, deren Macht man nicht widerstehen kann – folglich des allmächtigen Gottes –, leitet sich von der Macht selbst her.[32]

Und in der lateinischen Fassung des »Leviathan« schließt Hobbes die entsprechende Darlegung mit dem Satz ab: »Dies ist das Fundament des Rechts, mit dem Gott straft oder verzeiht.«[33]
Dem Wortlaut dieses Textes nach stammt alles Recht letztlich von der Natur her. Die Natur ist es, die Rechte verleiht; und aus natürlicher Schwäche sind die Menschen gezwungen, von ihrem ursprünglichen Recht auf alles zurückzutreten. Gottes Recht auf Herrschaft folgt ebenso aus seiner Natur, zu der die Allmacht gehört. Nach dem Wortlaut des Textes folgt daher die Rechts- und Herrschaftsordnung letztlich aus der natürlichen Weltordnung.
Die Fragen, die man an dieser Stelle an Hobbes richten möchte, sind gewiß zahlreich. Zwei davon sollen im folgenden diskutiert werden: die Frage, ob Hobbes die Ableitung des Rechts aus der Macht nur für ein allmächtiges Wesen gelten läßt, und die Frage, mit welcher Begründung Hobbes eigentlich das Recht auf die Natur zurückführt.
1. Oakeshott hat die Ansicht vertreten, nach der Lehre des Hobbes komme nur bei Gott die Macht dem Rechte gleich; bei den Menschen hingegen seien Macht und Recht nicht dasselbe.[34] In demselben Sinne hat Warrender darauf hingewiesen, daß Hobbes in seiner Auseinandersetzung mit Bischof Bramhall erklärt hat: »Unwiderstehliche Macht rechtfertigt wirklich und eigentlich alle Handlungen, in wem auch immer sie angetroffen wird; geringere

32 Ci 15, 5 (OL 2, 334).
33 Lev lat. (OL 3, 256; vgl. EW 3, 345 f.).
34 Leviathan-Ausgabe, LVIII f.

Macht nicht«.[35] Nur die Allmacht sei daher nach Hobbes der Ursprung einer Verpflichtung.[36] Dagegen hat Plamenatz schon darauf hingewiesen, daß Hobbes nicht erklärt, Macht müsse unwiderstehlich sein, um überhaupt *irgendeine* Handlung rechtfertigen zu können; Hobbes sage vielmehr, nur unwiderstehliche Macht rechtfertige *alle* Handlungen.[37] Hobbes hätte an jener Stelle also hinzufügen können, geringere Macht rechtfertige nicht alle Handlungen, sondern nur einige. Sollte dies der Gedanke des Hobbes sein, so würde er, trotz Oakeshott und Warrender, grundsätzlich die Macht zum Maß und zur Grundlage von Rechten machen.

Zu demselben Ergebnis führt die Überlegung, daß die Menschen von ihrem Recht auf alles um der Selbsterhaltung willen zurücktreten müssen. Wenn die Menschen nicht umhin können, nach Selbsterhaltung zu streben, so ist es nicht in ihre Macht gegeben, irgendetwas willentlich zu tun, was nicht ihrer Selbsterhaltung dient. Wenn die Einschränkung ihrer Rechte also nur von ihrem Streben nach Selbsterhaltung her begründet werden kann, so kann diese Einschränkung jedenfalls nicht hinter die Grenzen ihrer Macht zurückgehen. Die Menschen könnten aufgrund dieses Arguments allerdings auch kein Recht haben, zu dem sie nicht auch die Macht hätten. Soweit würde folglich auch bei den Menschen die Macht das Maß ihrer Rechte sein.

Dieser Überlegung widerspricht freilich die Formulierung, die Hobbes in dem ausführlichen Zitat aus »De Cive« 15, 5 gewählt hat. Dort ist nicht die individuelle Selbsterhaltung der Grund für die Einschränkung des Rechts auf alles, sondern die Erhaltung des Menschengeschlechts (propter conservationem humani generis). Sie wird von der Vernunft geboten (dictitante ratione). Aber die Lehre des Hobbes ist nicht etwa, jedes menschliche Individuum müsse nach der Erhaltung des Menschengeschlechts streben, sondern: Zur dauernden Selbsterhaltung des Individuums sei der Friede erforderlich und durch den Frieden sei die Erhaltung des Menschengeschlechts sichergestellt.[38] In einer Anmerkung zur zweiten Auflage von »De Cive« hat Hobbes darüber jeden Zwei-

35 »The questions concerning liberty, necessity, and chance« (EW 5, 116) oder »Of liberty and necessity« (EW 4, 250).

36 Warrender 280 f.

37 J. Plamenatz, Mr. Warrender's Hobbes, in: Hobbes-Studies, 77.

38 Ci 1, 15 (OL 2, 167).

fel zerstreut: Die Pflichten des Individuums gegen die übrigen Menschen ergeben sich daraus, daß sie zur eigenen Selbsterhaltung notwendig sind (ad propriam conservationem necessaria).[39] Daher bleibt es dabei, daß die eigene Selbsterhaltung (allenfalls das wohlverstandene eigene Interesse) Maß des Rechts und der Macht sind.

Diese Interpretation wird durch eine andere Argumentation gestützt und ergänzt, die Hobbes aus den »Elements of Law« in »De Cive« übernommen, dann aber nicht in den »Leviathan« aufgenommen hat:

Es kann ein Sieger den Besiegten, ein Stärkerer den Schwächeren (z. B. ein Gesunder und Kräftiger einen Kranken), ein Erwachsener ein Kind mit Recht zwingen, ihm Sicherheit (cautio) zukünftigen Gehorsams zu geben; es sei denn, er zöge den Tod vor. Denn das Recht, uns selbst nach eigenem Gutdünken zu schützen, hängt von unserer Gefahr ab, und diese rührt von der Gleichheit (aequalitas) der Menschen her. Es ist aber vernünftiger und dient zuverlässiger unserer Erhaltung, wenn wir einen gegenwärtigen Vorteil ausnützen, um uns selbst die gesuchte Sicherheit zu verschaffen, indem wir uns ein Faustpfand (cautio) geben lassen, statt diese Sicherheit (cautio) zu einem späteren Zeitpunkt, wenn sie herangewachsen und zu Kräften gekommen sind, sich unserer Macht aber entzogen haben, in einem Kampfe mit ungewissem Ausgang erneut zu suchen. Umgekehrt kann man sich nichts Widersinnigeres denken als die Handlungsweise eines Menschen, der einen Schwächeren in seiner Gewalt hat und ihn laufen läßt, damit er zugleich stark und sein Feind werde.

Daraus ergibt sich übrigens, gleichsam als Anmerkung, daß im Naturzustand eine verläßliche (certa) und unwiderstehliche Macht das Recht gibt, gegenüber denen, die nicht Widerstand leisten können, Herrschaft und Befehlsgewalt auszuüben. Dies ist so sehr der Fall, daß der Allmacht aus diesem Grunde das Recht, alles zu tun, wesentlich und unmittelbar zukommt.[40]

Hier wird die Ableitung des Rechts aus der Macht keineswegs von dem Gedanken abhängig gemacht, daß es allein die Allmacht sei, die Quelle eines Rechts (des Rechts auf alle Dinge) ist. Hobbes führt das Recht (wenigstens im Naturzustand) vielmehr allgemein auf Macht zurück und wendet diesen Grundsatz, »gleichsam in einer Anerkennung«, auf die Allmacht Gottes an. Die Unwiderstehbarkeit der Macht, von der hier die Rede ist, braucht nicht absolut zu sein: Auch derjenige, dem man nach Lage der Dinge

39 Ci 2, 1 n. (OL 2, 170).
40 Ci 1, 14 (OL 2, 167).

keinen Widerstand leisten kann – der Sieger, der Gesunde, der Erwachsene –, ist im sicheren Besitz der Macht; dadurch hat er eben ein Herrschafts*recht*.

Freilich ist diese Gleichsetzung von Recht und Macht auf den Naturzustand beschränkt. In den »Elements of Law« hatte Hobbes daher an dieser Stelle hinzugefügt: »Unwiderstehliche Macht ist im Naturzustand Recht.«[41] Im status civilis soll die Gleichsetzung von Macht und Recht nicht mehr gelten. Aber man muß bezweifeln, daß Hobbes auf dem Boden seiner Theorie der Verpflichtung über die begrifflichen Mittel verfügt, eine Lehre vom Staat zu entwickeln, in der die Gleichsetzung von Macht und Recht außer Kraft tritt. Wenn die Pflichten gegen andere von den Bedingungen der eigenen Selbsterhaltung abhängen, so ist das Fundament, auf dem die Gültigkeit des Staatsvertrages konstruiert werden muß, voraussichtlich viel zu schwach. Man hat also Grund zu der Vermutung, daß Hobbes nicht über die nötigen theoretischen Voraussetzungen verfügt, um wenigstens für den Staat das Auseinanderfallen von Macht und Recht behaupten zu können. Auch der Staat, so scheint es, droht bei Hobbes im Naturzustand, gegen den er Schutz bieten sollte, zu versinken.

2. Wenn die Macht für Hobbes, wenigstens in einigen Fällen, das Fundament des Rechts ist, so stellt sich die Frage, wie Hobbes diese These begründet. Die wichtigste Darlegung zu dieser Frage findet sich im Kapitel über den Naturzustand:

Wenn wir unter so vielen Gefahren, wie sie einem jeden täglich von den natürlichen Begierden der Menschen drohen, für unsere Sicherheit Vorsorge treffen, so kann man uns daraus so wenig einen Vorwurf machen, daß es geradezu unmöglich ist zu wollen, wir sollten anders handeln. Ein jeder unterliegt der Neigung, das zu erstreben, was für ihn gut ist (bonum sibi), und das zu fliehen, was für ihn schlecht ist, am meisten aber das größte natürliche Übel, den Tod, und zwar mit einer Art von Naturnotwendigkeit (necessitate quadam naturae), die nicht geringer ist als diejenige, mit der ein Stein nach unten fällt. Es ist daher nicht widersinnig noch tadelnswert noch gegen die rechte Vernunft (recta ratio), wenn jemand alles tut, um seinen eigenen Leib und seine Glieder vor Tod und Schmerzen zu bewahren und zu erhalten. Was aber nicht gegen die rechte Vernunft ist, das geschieht nach allgemeiner Auffassung gerechterweise und mit Recht (iuste et iure). Denn das Wort ›mit Recht‹ bedeutet nichts anderes als die Freiheit eines jeden, seine natürlichen Fähigkeiten der rech-

41 El I 14, 13 (56 Tönn.).

ten Vernunft gemäß zu gebrauchen. Deshalb ist das erste Fundament des natürlichen Rechts, daß ein jeder sein Leben und seine Glieder nach Kräften schützen möge (ut quisque vitam et membra sua quantum potest tueatur).[42]

Der Grundsatz, von dem Hobbes auszugehen scheint, lautet: Nichts kann unerlaubt sein, was notwendig ist. Dieser Grundsatz stellt eine Beziehung zwischen den Modalitäten theoretischer Sätze (möglich, unmöglich, notwendig) und den Modalitäten praktischer Sätze (erlaubt, verboten, geboten) her und beruht auf demselben Gesetz wie das kantische Prinzip »Sollen impliziert Können«. Was Hobbes freilich nicht hervorhebt, ist die Bedingung, unter der allein er das Prinzip »Notwendig impliziert Nicht-unerlaubt« in seiner Argumentation gebrauchen kann. Nicht alles, was unmöglich anders sein kann, als es ist, heißt darum schon ›erlaubt‹. Wenn ein Ereignis notwendig ist, so ist es nicht aus diesem Grunde schon erlaubt, sondern nur »nicht-unerlaubt«. Von Erlaubnis spricht man nur bei den Handlungen eines moralisch oder rechtlich zurechnungsfähigen Lebewesens, und man äußert in diesem Falle ein Werturteil. Der Ausdruck ›nicht-unerlaubt‹ dagegen bedeutet zunächst lediglich, daß kein negatives Werturteil gefällt worden ist.

Diese Unterscheidung zwischen ›erlaubt‹ und ›nicht-unerlaubt‹ ist für die Analyse der Argumentation des Hobbes von großer Wichtigkeit. Denn Hobbes argumentiert: Notwendig impliziert nicht-unerlaubt; nicht-unerlaubt impliziert erlaubt; erlaubt impliziert rechtens (iure). Damit entsteht der Schein, als ob ein Schluß von einem theoretischen Satz (»A ist notwendig«) auf einen praktischen Satz (»A ist erlaubt oder rechtens«) zustande gebracht wäre. In Wahrheit handelt es sich um einen Fehlschluß: Von dem Gedanken, daß kein negatives Werturteil gefällt wurde (»nicht-unerlaubt«), geht Hobbes zu dem Gedanken über, es sei ein positives Werturteil (»erlaubt«) gefällt worden. So kommt er zu dem Ergebnis, daß die Menschen mit Recht alles tun, um für ihre Selbsterhaltung zu sorgen, weil sie überhaupt nicht anders können. Berechtigt gewesen wäre nur die Feststellung, daß ein negatives Werturteil über die notwendigen Handlungen der Menschen nicht möglich ist – vorausgesetzt, daß der Ausdruck »notwendige Handlung« nicht eine contradictio in adiecto ist. Aus der determi-

42 Ci 1, 7 (OL 2, 16 f.).

nistischen Prämisse des Hobbes scheint auf diese Weise zu folgen, daß alles, was notwendig geschieht, erlaubt ist.

Da aber aus seiner deterministischen Prämisse ebenso der Satz folgt, daß alles, was nicht geschieht, unmöglich geschehen konnte, und da Hobbes ferner die Auffassung vertritt, alles, was nicht erlaubt ist, sei unerlaubt, so ergibt sich aus den Voraussetzungen, mit denen Hobbes arbeitet, der weitere Satz, daß alles, was nicht geschieht, unerlaubt sei. Die Handlungen, zu denen ein Mensch verpflichtet ist, sind demnach zugleich jene Handlungen, die nicht auszuführen er außerstande ist.

Diesem Ergebnis scheint der Satz zu widersprechen, ein jeder habe das Recht, »seine natürlichen Fähigkeiten *der rechten Vernunft gemäß* zu gebrauchen«. Denn hier, so scheint es, wird der Bereich der erlaubten Handlungen von der Bedingung abhängig gemacht, daß der Gebrauch der natürlichen Fähigkeiten der rechten Vernunft entsprechen müsse. Unerlaubt wären dann alle Handlungen, die der rechten Vernunft widersprechen. Der Mensch wäre *verpflichtet*, der rechten Vernunft gemäß zu handeln. Die »rechte Vernunft« wird in diesem Falle geradezu zum Ursprung der Verpflichtung.

Zweifellos hat in der Tradition der praktischen Philosophie der Begriff der rechten Vernunft (recta ratio, ὀρθὸς λόγος) diese normative Funktion gehabt. In der Anamnesis-Lehre Platons, aus der er stammt, ist die rechte Vernunft ein Vermögen des Menschen, ohne Belehrung oder Erfahrung zu wahren Erkenntnissen zu gelangen; eine besondere Bedeutung kommt dabei der Erkenntnis des Guten zu.[43] Die rechte Vernunft lehrt den Menschen nach dieser Lehre, was er zu tun und zu lassen habe. Indem Hobbes den durch eine zwei Jahrtausende alte Tradition geprägten Ausdruck ›rechte Vernunft‹ benutzt, um die Rechte und Pflichten der Menschen gegeneinander abzugrenzen, entsteht so der Eindruck, er habe sich die platonische Lehre von der Vernunft als einer Quelle sittlicher Einsicht zu eigen gemacht.

Diese Auffassung hat Hobbes indes in allen seinen Schriften zur politischen Philosophie ausdrücklich zurückgewiesen. In den »Elements of Law« weist er die platonische Lehre von der rechten Vernunft mit der Bemerkung zurück, die rechte Vernunft als ein

43 Platon, Phaidon 73a; vgl. Hans Dirlmeier, Nikomachische Ethik, Darmstadt 1956, 44 f. 298-304.

gemeinsames Maß zur Beurteilung rechtlicher und moralischer Fragen gebe es nicht; an ihre Stelle müsse die Vernunft eines einzelnen oder mehrerer treten.[44] In einer Anmerkung zur zweiten Auflage von »De Cive« macht er darauf aufmerksam, daß er, abweichend vom üblichen Sprachgebrauch, unter ›rechter Vernunft‹ nicht eine untrügliche Fähigkeit, sondern das Urteil jedes einzelnen (im Naturzustand) oder die Entscheidung des Gesetzes (im staatlichen Zustand) verstehe.[45] Im »Leviathan« wird diese Auffassung wiederholt.[46]

Wenn Hobbes das subjektive Recht eines jeden im Naturzustand mit dem vernunftgemäßen Gebrauch der natürlichen Fähigkeiten gleichsetzt, so bedeutet das folglich keine Einschränkung der Handlungsfreiheit. Im Naturzustand ist ohnehin jeder sein eigener Richter: Aus der Tatsache, daß jemand etwas willentlich getan hat, folgt, daß ihm die Handlung gut erschien; da niemand etwas wollen kann, was nach seinem eigenen Urteil seinem Streben nach Selbsterhaltung abträglich ist und alle Handlungen, die der Selbsterhaltung dienen oder zu dienen scheinen, gerechtfertigt sind, ist im Naturzustand jedem alles erlaubt, was immer ihm beliebe.[47]

Aber auch im staatlichen Zustand ändert sich – wenn man die Gedanken des Hobbes bis in ihre Konsequenzen verfolgt – an der Gleichsetzung von Macht und Recht nichts. Denn wenn nicht mehr jeder einzelne für sich selbst entscheidet, worin der vernunftgemäße Gebrauch seiner Fähigkeiten besteht, sondern der Inhaber der Staatsgewalt durch Gesetze festgelegt hat, was als vernünftig zu gelten habe, bleibt dem einzelnen Bürger nichts übrig, als von Fall zu Fall für sich selbst zu entscheiden, ob es für ihn vernünftiger (d. h. seinen Interessen dienlicher) ist, den Entscheidungen des Souveräns und seinen Strafandrohungen Rechnung zu tragen oder nicht. Solange es keine rational begründete Verpflichtung zum Gehorsam gibt, wird diese individuelle Entscheidung der Bürger je nach der augenblicklichen Interessenlage und der Gehorsamserzwingungschance wechseln. Diese Entscheidung muß Hobbes nach seinen grundlegenden Lehren vernünftig nennen, wie immer sie ausfällt. Nach seiner Theorie ist sie aber zugleich auch notwendig und folglich berechtigt. Auch im staat-

44 El II 10, 8 (150 Tönn.).
45 Ci 2, 1 n. (OL 2, 169 f.).
46 Lev 5 (OL 3, 33; EW 30 f.).
47 Ci 1, 10 (OL 2, 165).

lichen Zustand bleibt folglich die Gleichsetzung des subjektiven Rechts mit demjenigen Gebrauch der natürlichen Fähigkeiten bestehen, der einem einzelnen nach Lage der Dinge vernünftig zu sein scheint. Determinismus, der Fehlschluß von der Notwendigkeit auf das Recht und eine egoistische Psychologie vereiteln so jeden Versuch, wenigstens für den innerstaatlichen Bereich eine Trennung von Macht und Recht zu erreichen.

Daß Hobbes nicht in der Lage ist, diesen Konsequenzen zu entgehen, zeigt am besten seine Argumentation gegen die These: aus dem Grundsatz, daß jedermann seinen eigenen Vorteil suchen darf, könne man ableiten, daß wenigstens manchmal ungerechte Handlungen erlaubt seien.[48] Es handelt sich bei dieser These, anders ausgedrückt, um die Behauptung, das Prinzip der Klugheit (Kants assertorisch-hypothetischer Imperativ) könne nicht zur Grundlage einer Theorie der Verpflichtung dienen. Da niemand anders als Hobbes selbst diesen Grundsatz zur Basis einer Rechtstheorie gemacht hat, wird man in dieser These das Dokument einer zeitgenössischen Kritik an Hobbes zu erblicken haben. Seine Argumentation – Tönnies hat sie referiert (219–221) – ist daher der Versuch, sich gegen die Kritik seines anonymen Gegners zu verteidigen:

(1) Gewiß ist es, wie Hobbes hervorhebt, unklug, etwas zu tun, was voraussichtlich zur Selbstvernichtung führt; aber die Frage ist, ob *jede* ungerechte Handlung bei vernünftiger Betrachtung der tatsächlichen Verhältnisse, soweit man sie überblicken kann, in diesem Sinne als unklug gelten muß. Hobbes verfehlt bei seiner Argumentation also den Punkt, den er zu diskutieren hatte, und er behauptet, was gar nicht bestritten wird.

(2) Daß jemand, der offen erklärt, er wolle diejenigen hintergehen, die ihm helfen, auf keine Hilfe hoffen darf und also unklug handelt, wird von Hobbes ebenfalls zugegeben. Aber die Frage ist, ob derjenige *unklug* handelt, der andere hintergeht, weil er nach menschlichem Ermessen nicht zu befürchten braucht, entdeckt zu werden. Hobbes behauptet zwar, man könne vernünftigerweise nicht darauf rechnen, daß dieser Fall eintritt; aber das ist eine Tatsachenbehauptung, deren Richtigkeit man bezweifeln muß. Und selbst wenn sie zutreffen sollte, wäre die entscheidende Frage eine andere, nämlich: Ob eine Handlung in diesem Falle darum ungerecht genannt zu werden verdient, *weil* sie unklug ist, d.h.

48 Lev 15 (OL 3, 112-114; EW 3, 132-134).

weil und soweit sich bei vernünftiger Überlegung zeigt, daß sie unseren eigenen Vorteilen zuwiderläuft. Dies aber ist die Behauptung, gegen die sich der anonyme Kritiker gewandt hatte und die Hobbes zum Schluß noch einmal bekräftigt: »Gerechtigkeit, d. h. das Halten von Verträgen, ist eine Regel der Vernunft, durch die uns untersagt wird, irgendetwas zu tun, was geeignet ist, unser Leben zu zerstören.«

(3) Wie brüchig diese Konstruktion einer Rechtslehre aus dem Prinzip der Klugheit ist, zeigt sich schließlich auch an der Argumentation gegen die Eroberung der Staatsgewalt durch Rebellion: Sie ist unvernünftig und daher ungerecht, versichert Hobbes, weil der Erfolg zu Beginn unsicher ist und weil andere durch das Beispiel einer erfolgreichen Rebellion zur Nachahmung ermuntert werden. Aus diesem Argument folgt, daß eine Rebellion, die vernünftige Erfolgschancen hat, nicht ungerecht ist, wenn und solange der erfolgreiche Usurpator der Staatsgewalt sich selbst gegen Rebellion zu schützen vermag. Auch hier ist die Tatsachenbehauptung, die Hobbes zu seiner Argumentation benützt, unerheblich und sicher falsch: Eine Rebellion habe niemals vernünftige Erfolgschancen. Sein Versuch, eine Rechtstheorie auf der Grundlage des Klugheits-Prinzips zu errichten, und seine Verteidigung müssen auch hier scheitern. Was er seinen Gegnern anlasten möchte, gilt jedenfalls für ihn selbst: Nach seinen Grundsätzen verdient erfolgreiche Verruchtheit den Namen der Tugend.

Drei Versuche, eine Theorie der Verpflichtung zu begründen, stehen bei Hobbes im Vordergrund, und keiner dieser Versuche kann gelingen:

1. die theologische Verpflichtungstheorie. Wenn der Grund der Verpflichtung in Gottes Allmacht liegt, so ist letztlich »die Natur« oder die Macht eines jeden die Grundlage eines Rechts. Der Versuch, das Recht auf die Macht zurückzuführen, läuft indes auf den »naturalistischen« Fehlschluß von der Notwendigkeit auf die Macht hinaus.

2. die etatistische Verpflichtungstheorie. Wenn der Grund der Verpflichtung in den Willen des Souveräns gelegt wird, so ist ebenso zu fragen, warum man dem Souverän gehorchen soll. Wird die Begründung in der Macht des Souveräns gefunden, so ist eo ipso derjenige, der imstande ist, dieser Macht Widerstand zu leisten, von seiner Pflicht zum Gehorsam entbunden. Wird die Begründung dagegen im eigenen Vorteil der Untertanen gesucht, so steht

es einem jeden frei, dem Souverän nicht zu gehorchen, wenn dies vorteilhaft ist oder zu sein scheint. In beiden Fällen kann von einer Verpflichtung im Ernst nicht die Rede sein.
3. das Klugheitsprinzip. Wenn der Grund der Verpflichtung in dem Recht auf individuelle Selbsterhaltung liegt, so sind die Gesetze, die die Verwirklichung dieses Rechts sichern sollen, immer nur »Ratschläge der Klugheit«, die grundsätzlich nicht in »Imperative der Sittlichkeit« (Kant) verwandelt werden können und daher nicht verpflichten.
Ein vierter Weg zur Begründung einer Theorie der Verpflichtung begegnet in den Schriften des Hobbes nur selten, und in der letzten Fassung seiner politischen Philosophie ist er von Hobbes konsequent eliminiert worden:

Das natürliche und moralische Gesetz pflegt auch das göttliche Gesetz genannt zu werden, und nicht zu Unrecht. Denn die Vernunft, die selbst das Gesetz der Natur ist, hat ein jeder unmittelbar von Gott als Regel für seine Handlungen zugeteilt erhalten.[49]

Die Vernunft ist hier nicht, wie sonst in den Schriften des Hobbes, »die eigene Schlußfolgerung eines jeden«, sondern eine Quelle unmittelbarer Erkenntnis dessen, was erlaubt oder verboten ist. Als Organ *unmittelbarer* moralischer Erkenntnis ist die Vernunft nicht mehr darauf verwiesen, Nutzen und Nachteil der Handlungen nach den Möglichkeiten äußeren Erfolges und nach den jeweiligen Machtverhältnissen zu berechnen. Die Gesetze des Handelns, die die Vernunft auf diese Weise erkennt, darf Hobbes mit Recht als Gewissenspflichten beschreiben und sie unveränderlich und ewig nennen, weil sie »Imperative der Sittlichkeit« und nicht nur »Ratschläge der Klugheit« sind.
Es ist die bereits erwähnte Lehre von der rechten Vernunft, die Hobbes in diesem Zusammenhang aus einer alten, von Platon begründeten Tradition der Ethik übernimmt und die ihn mit Kant verbindet. Wenn Taylor in Hobbes eine Theorie der moralischen Verpflichtung findet, die einen ebenso deontologischen Charakter hat wie diejenige Kants, so stützt er sich auf diese, *auch* bei Hobbes vorkommende Lehre von der rechten Vernunft. Und wenn Warrender zu dem Resultat gekommen ist, daß Hobbes mit seiner Theorie der Verpflichtung weit mehr von Aristoteles abhängig ist, als man allgemein angenommen hat, so dürfte er sich ebenso auf

49 Ci 4, 2 (OL 2, 199).

das Fortwirken griechischer Traditionen bei Hobbes stützen. Aber er scheint nicht bemerkt zu haben, daß Hobbes diese Lehre in sein System importiert hat, ohne ihr einen systematischen Ort anweisen zu können, und daß er daher nicht ohne Grund bemerkenswerte Anstrengungen unternommen hat, sie in seinen Schriften wieder zu eliminieren. Es ist daher kein Zufall, daß Taylor und Warrender sich bei ihren Interpretationen vorwiegend auf Stellen aus »De Cive« stützen und auf den »Leviathan« nur verweisen können, wo Hobbes den Text aus den älteren Fassungen seiner Lehre übernommen hat.
Tönnies hat hier sicher schärfer gesehen, als er – wie er wohl wußte: als erster – den Unterschied zwischen dem mehr naturrechtlichen »De Cive« und dem mehr »politischen« »Leviathan« bemerkte. Aber auch er hat die Konsequenz unterschätzt, die sich aus den anderen »naturalistischen« Ansätzen seiner Theorie der Verpflichtung für die Geltung des natürlichen und positiven Rechts ergab: Der Versuch, das subjektive Recht des einzelnen auf die Macht und die individuelle Selbstbehauptung zu gründen und daraus eine Theorie der Verpflichtung abzuleiten, fällt am Ende doch immer wieder in die Gleichsetzung von Macht und Recht zurück.

3. Die Gültigkeit von Verträgen

Schwierigkeiten treten auch bei der Formulierung der Lehre von der Gültigkeit der Verträge auf. Ein Vertrag, so wird man unabhängig von Hobbes sagen, ist gültig, wenn aus einer Abmachung ein wechselseitiger Rechtsanspruch und eine wechselseitige Verpflichtung entstehen. Der Rechtsanspruch begründet gewisse Verhaltenserwartungen, und diese sind es letztlich, die die Übernahme von Vertragspflichten motivieren. Aber Rechtsanspruch und Verpflichtung bestehen nicht in diesen Verhaltenserwartungen und Motiven. Daher ist die Gültigkeit eines Vertrags prinzipiell unabhängig davon, wie groß die Sicherheit oder Wahrscheinlichkeit ist, daß die bestehenden Vertragspflichten auch tatsächlich eingelöst werden. Zwischen der Verbindlichkeit einer Verpflichtung und der Durchsetzbarkeit eines ihr entsprechenden Rechtsanspruchs ist grundsätzlich zu unterscheiden.
Bei Hobbes ist diese Unterscheidung nicht terminologisch fixiert

und konsequent durchgeführt. Wenn er etwa davon spricht, ein Vertrag habe keine Wirkung (of none effect),[50] so mag man zweifeln, ob die Ungültigkeit oder die Wirkungslosigkeit eines (an sich gültigen) Vertrages gemeint ist. Hier lehrt der Zusammenhang, daß Hobbes diesen Ausdruck präskriptiv im Sinne der Ungültigkeit eines Vertrags und nicht deskriptiv im Sinne des Nichteinlösens vertraglicher Verpflichtungen verwendet. Aber es ist begreiflich, daß diese Verwendung des Ausdrucks, ein Vertrag sei »wirkungslos« (of no effect), dazu verleitet, allgemein von der Wirkungslosigkeit eines Vertrags auf seine Ungültigkeit oder von der Nichteinlösung einer Verpflichtung auf ihr Nichtbestehen zu schließen.

Eine ähnliche Unsicherheit könnte beim Gebrauch des Terminus ›validity‹ nahegelegt sein. Aber es scheint keine Stelle zu geben, an der ›validity‹ nicht ›Gültigkeit‹, sondern ›Nichtdurchsetzbarkeit eines Rechtsanspruchs‹ bedeutet. Hobbes handelt in seiner Theorie von der Gültigkeit der Verträge zwar durchgängig von Rechten und Pflichten. Aber unvermerkt geht er in seinen Argumentationen von dem Gedanken, die Aussicht, einen Rechtsanspruch durchzusetzen, sei ungewiß, zu dem Gedanken weiter, die Durchsetzbarkeit eines Rechts sei das Kriterium für das Bestehen des Rechtsanspruchs selbst. Widersprüche in der Vertragstheorie sind die unvermeidliche Folge. Hobbes unterscheidet drei Arten von Verträgen:

Die Übergabe der Sachen oder der Austausch der Leistungen, auf die sich der Vertrag bezieht, folgt unmittelbar auf den Abschluß des Vertrags.
Die eine Seite erbringt ihre Vertragsleistungen unmittelbar, während sich die andere Seite verpflichtet, ihre Gegenleistung zu einem späteren Zeitpunkt zu erbringen.
Beide Seiten verpflichten sich zu bestimmten, durch den Vertrag festgelegten Leistungen zu einem späteren Zeitpunkt.

In den »Elements of Law« erklärt Hobbes, Verträge, bei denen beide Seiten ihre Leistungen zu einem späteren Zeitpunkt erbringen sollen und die daher auf gegenseitigem Vertrauen beruhen, seien ungültig (of none effect), solange keine übergeordnete Gewalt beide Parteien zur Erfüllung ihrer Pflichten zwingen könne.[50]

In der ersten Auflage von »De Cive« schränkt Hobbes diese These

50 El I 15, 10 (60 Tönn.).

durch die Bedingung ein, die Ungültigkeit solcher Verträge sei nur dann gegeben, wenn bei einer der beiden Seiten die berechtigte Sorge aufkomme, die Gegenseite werde ihre Vertragspflicht nicht erfüllen.[51] Als *berechtigt* gilt aber eine solche Besorgnis im Naturzustand bereits, wenn jener *tatsächlich* befürchtet, um seinen Anspruch betrogen zu werden. Denn im Naturzustand ist jeder Richter in eigener Sache. So bleibt es unsicher, ob die einschränkende Bedingung eine Änderung der in den »Elements of Law« eingenommenen Position bedeutet. Überdies hat Hobbes die Begründung der These von der Ungültigkeit von Verträgen, die auf wechselseitigem Vertrauen beruhen, unverändert übernommen. Seinen Darlegungen scheint daher der Gedanke zugrunde zu liegen, die Sorge, die Gegenseite werde ihre Vertragspflichten nicht erfüllen, sei im Naturzustand stets berechtigt; daher seien diese Verträge im Naturzustand stets ungültig. Bei dieser Interpretation besteht zwischen den Darlegungen in den »Elements of Law« und in der ersten Auflage von »De Cive« kein erheblicher Unterschied.
In einer Anmerkung zur zweiten Auflage von »De Cive« hat Hobbes indes klargestellt, daß auf gegenseitigem Vertrauen beruhende Verträge auch im Naturzustand gültig seien, er sei denn, eine berechtigte Sorge, die Gegenseite werde ihre Vertragspflichten nicht erfüllen, komme *nach dem Zustandekommen des Vertrages* auf. Man wird sich freilich fragen, ob nicht ein solcher Vertrag ohnehin nur dann zustande kommt, wenn beide Seiten daran interessiert sind, daß der Vertrag realisiert wird, und zugleich jenes Mindestmaß an wechselseitigem Vertrauen aufbringen, das eine wohlbegründete Verhaltenssicherheit herstellt. Dann aber sind *alle* auf gegenseitigem Vertrauen beruhenden Verträge bereits im Naturzustand prima facie gültig, und die ältere Lehre, in der ihre Ungültigkeit behauptet wird, ist preisgegeben.
Auch im Text des »Leviathan« findet sich diese Anmerkung. Gleichwohl scheint Hobbes auf seine ältere Lehre zurückzukommen. Denn nunmehr erklärt er ausdrücklich, der Verdacht, die andere Seite werde ihre Vertragspflichten nicht erfüllen, sei im Naturzustand *stets* berechtigt. Daraus schließt er: »Wer seine Leistungen als erster erbringt, verrät sich selbst nur an seinen Feind, im Widerspruch zu seinem unaufgebbaren Recht, sein Leben und

51 Ci 2, 4 (OL 2, 174).

die Mittel zu seiner Lebensfristung zu verteidigen.«[52] Wie aber beide Darstellungen miteinander zu vereinbaren sind, bleibt für den Leser des »Leviathan« unerfindlich. Die Lage wird noch verworrener dadurch, daß Hobbes einen Passus einfügt, der in seinen beiden früheren Schriften keine Entsprechung hat. Hier geht er so weit zu erklären, die Gültigkeit *aller* Verträge beginne überhaupt erst mit der Errichtung einer staatlichen Gewalt; außerhalb eines Staates könne *nichts* ungerecht genannt werden.[53]

Diese These des »Leviathan« stellt gegenüber den früheren Darlegungen eine radikale Neuerung dar. Auch in den Teilen des »Leviathan«, die Hobbes aus seinen früheren Schriften übernommen hat, gibt es keinen Zweifel daran, daß mindestens Verträge, bei denen die eine Seite ihre Leistungen bereits erbracht hat, auch im Naturzustand die andere Seite verpflichten. Überdies läßt die Begründung, die Hobbes für seine neue Lehre von der Ungültigkeit aller Verträge, die nicht innerhalb eines Staates geschlossen worden sind und deren Einhaltung nicht durch den Staat sichergestellt wird, deutlich genug erkennen, wie inkonsistent die Darlegungen des *Leviathan* über diesen Gegenstand sind. Denn hier geht Hobbes von dem Satz

Verträge, die auf wechselseitigem Vertrauen beruhen ..., sind im Naturzustand ungültig,

unmittelbar zu dem Satz über

Die Gültigkeit von Verträgen beginnt erst mit der Errichtung einer staatlichen Gewalt,

ohne sich im mindesten daran zu erinnern, daß die Bedingungen, die er für die Ungültigkeit von Verträgen, die auf wechselseitigem Vertrauen beruhen, aufgestellt hat, nicht zugleich die Bedingungen für die Ungültigkeit von Verträgen sind, bei denen eine Seite ihre Vertragspflichten bereits erfüllt hat.

Allgemein wird man vermutlich der These zustimmen, die Hobbes in seiner Anmerkung zur zweiten Auflage von »De Cive« aufgestellt hat. Wenn zwei Staaten (sie befinden sich nach Hobbes gegeneinander im Naturzustand) einen Vertrag abschließen, durch den sie sich für die Zukunft zu wechselseitigen Leistungen verpflichten, und wenn nun einer der beiden Staaten Grund zu dem Verdacht

52 Lev 14 (OL 3, 107; EW 3, 124 f.).
53 Lev 15 (OL 3, 112; EW 3, 126 f.).

schöpft, die andere Seite werde ihren vertraglichen Pflichten (etwa Abrüstung) nicht nachkommen, so wird man von der Deutung ausgehen dürfen, daß die Basis gegenseitigen Vertrauens, ohne die der Vertrag nicht hätte zustande kommen können, nicht ausgereicht hat, um den Vertrag zu realisieren. Da aber keine der beiden Seiten bereits irgendwelche Leistungen erbracht hat, besteht kein Grund zu dem Vorwurf, es sei gegen einen an sich gültigen Vertrag verstoßen und es seien vertragliche Pflichten verletzt worden. Erst bereits erbrachte Leistungen der einen Seite können gegen die andere Seite einen Anspruch auf Erfüllung vertraglicher Pflichten oder den Vorwurf ihrer Verletzung begründen.

Genau diese Bedingung ist aber bei Verträgen, die nicht nur auf wechselseitigem Vertrauen beruhen, sondern bei der eine Seite ihre Leistungen sofort erbringt, gegeben. Nichterfüllung bedeutet in diesem Falle nach der älteren Lehre des Hobbes Unrecht (injury) oder Ungerechtigkeit (injustice). Damit ist auch noch der Satz vereinbar: »Wirkliches Unrecht kann es nicht geben, bevor die Ursache der Furcht (die andere Seite werde ihren Vertragspflichten nicht nachkommen) nicht beseitigt ist.« Unvereinbar mit seinen älteren Lehren ist hingegen die Fortsetzung, mit der Hobbes im »Leviathan« diesen Satz abschließt: »Dies kann nicht geschehen, solange die Menschen unter der natürlichen Bedingung des Krieges leben.« Sobald die eine Seite ihre Vertragspflichten erfüllt hat, kann die andere nicht länger befürchten, sie werde ihren Pflichten nicht nachkommen. Daß dies auch außerhalb eines Staates geschehen kann, unterstellt Hobbes auch im »Leviathan«:

> Wenn ich mich durch einen Vertrag verpflichte, einem Feind Lösegeld zu zahlen oder für mein Leben zu dienen, so bin ich dadurch gebunden. Denn es handelt sich um einen Vertrag, durch den man sein Leben geschenkt bekommt; der andere muß dafür das Geld oder den Dienst erhalten. Wo folglich, wie im reinen Naturzustand, kein anderes Gesetz die Leistung untersagt, ist der Vertrag gültig.[54]

Wenn Hobbes diese Ansicht aufgeben und nunmehr die These vertreten wollte, außerhalb eines Staates sei überhaupt niemand, der seine Lage und sein Interesse richtig einschätzt, imstande, einen Vertrag zu schließen und im Vertrauen auf die Gegenleistung des anderen als erster einer Vertragspflicht zu genügen, so müßte ihm gänzlich unverständlich bleiben, wie die Menschen überhaupt

54 Lev 14 (OL 3, 108f.; EW 3, 126f.

jemals aus dem Zustand des Krieges aller gegen alle herauskommen konnten. Aber abgesehen von dieser (für seine Lehre vom Staatsvertrag entscheidenden) Frage, die sich ausschließlich auf empirische Sachverhalte bezieht und eher eine Sache der Psychologie als der Philosophie wäre, bleibt für Hobbes zu entscheiden, ob die Einlösung von Vertragspflichten einen Rechtsanspruch darauf begründet, daß auch die andere Seite ihre Leistung erbringt – selbst dann, wenn es nicht möglich sein sollte, die Durchsetzung dieses Rechtsanspruchs zu erzwingen.
Es ist nicht einzusehen, welche Möglichkeit Hobbes verbleiben könnte, diese Frage negativ zu beantworten, ohne seine älteren Lehren, die er auch im »Leviathan« wieder vorgetragen hat, nicht vollends aufzugeben. Gleichwohl hat er im »Leviathan« anders entschieden. Die Begründung der neuen Auffassung lautet:

> Bevor von Recht und Unrecht, gerecht und ungerecht die Rede sein kann, muß es eine Zwangsgewalt geben, die imstande ist, die Menschen auf gleiche Weise dadurch zur Erfüllung ihrer Vertragspflichten zu zwingen, daß die Abschreckung der Strafe größer als der Vorteil ist, den sie sich von einem Vertragsbruch erhoffen, und jenes Eigentum zu garantieren, das Menschen als Entschädigung für die Preisgabe ihres universalen Rechts durch einen wechselseitigen Vertrag erwerben. Eine solche Gewalt gibt es vor der Errichtung eines Staates nicht ... Wo es keinen Staat gibt, da gibt es kein Eigentum, da alle Menschen ein Recht auf alles haben. Wo es keinen Staat gibt, da ist folglich nichts ungerecht.[53]

Diese Argumentation ist ganz darauf abgestellt, die Gültigkeit eines Vertrages von der Durchsetzungschance eines Rechtsanspruchs abhängig zu machen. Gültig ist demnach nicht etwa ein Vertrag, aus dem wechselseitige Rechte und Pflichten entstehen, sondern eine Abmachung, bei der es sichergestellt ist, daß die Verwirklichung der wechselseitigen Forderungen gewaltsam erzwungen werden kann. Von Eigentum soll dementsprechend nur noch die Rede sein, wenn ein Rechtsanspruch mit Gewalt durchgesetzt und behauptet wird. Die notwendige Bedingung dafür, daß dies geschehen kann, ist nach dieser Lehre die Existenz eines Staates.
Das Bestehen einer staatlichen Zwangsgewalt soll aber offenbar auch eine hinreichende Bedingung für die Behauptung eines Eigentumsrechts sein. Man hat indes zu bedenken, daß der Rechtsschutz des Staates immer nur relativ sein kann. Aus der angeführten Argumentation folgt dann, daß selbst innerhalb eines Staates ein Eigentumsrecht nur besteht, soweit dieses Recht garantiert

werden kann. Wer mit Erfolg solche staatlich garantierten Ansprüche vereitelt, begeht nach dieser Lehre kein Unrecht. So beruht die Argumentation, mit der Hobbes die Ungültigkeit aller Verträge, die nicht die Garantie innerstaatlicher Sanktionen besitzen, begründet, letztlich auf dem Axiom, daß von einem Recht nur die Rede sein kann, wo die Macht vorhanden ist, einen Anspruch durchzusetzen, und daß die Fähigkeit, einem Anspruch Geltung zu verschaffen, bereits ein Recht begründet. Es ist die Macht, die – direkt oder indirekt – Recht schafft; Ohnmacht bedeutet den Verlust von Rechten.

Warrender hat versucht, entgegen dem Wortlaut des »Leviathan« zu bestreiten, Hobbes lehre die Ungültigkeit aller Verträge im Naturzustand[55], und auch Tönnies ist sich dessen bewußt, daß diese »Leviathan«-Stelle seiner naturrechtlichen Hobbes-Interpretation widerspricht. Er kommt daher zweimal auf sie zu sprechen. Das eine Mal gibt er zu verstehen, daß es Hobbes mit der Lehre von der Ungültigkeit von Verträgen außerhalb einer staatlichen Ordnung nicht ernst meinen könne (219-221). Hobbes selbst halte es an dieser Stelle für notwendig, sich gegen die Ansicht zu wenden, daß es so etwas wie gerecht und ungerecht überhaupt nicht gebe, und seine Argumentation beweise, daß Hobbes gelehrt habe, die Rechtsbegriffe besäßen Geltung unabhängig vom Staat. Das andere Mal räumt er ein, Hobbes »kritisiere« hier seine eigenen naturrechtlichen Prinzipien, oder er habe sie anscheinend »vergessen« (207). Ähnlich verfährt Warrender, wenn er als Beweis für die Behauptung, daß Hobbes *nicht* die Ungültigkeit aller Verträge außerhalb eines Staates gelehrt habe, Äußerungen des Hobbes anführt, die im Widerspruch zu dem angeführten Text stehen – vor allem jene Passagen, die Hobbes aus seinen früheren Schriften in den »Leviathan« übernommen hat.

Es ist aber schwer einzusehen, wie aus solchen Konfrontationen mehr hervorgehen sollte, als daß die Darlegungen des Hobbes über die Gültigkeit der Verträge nicht konsistent sind. Der Ausweg zu sagen, die »Leviathan«-Stelle gebe seine Position nicht vollständig wieder, ist nicht gangbar, weil die anderen Äußerungen diese Stelle nicht etwa ergänzen, sondern zu ihr im Widerspruch stehen.

Darlegungen, in denen Hobbes versucht, die offenkundigen Dis-

55 Warrender 42.

krepanzen in seiner Vertragslehre (und damit in seiner gesamten Rechtstheorie) zu beseitigen, gibt es nicht, wohl aber viele Stellen, an denen er seine These von der Ungültigkeit aller Verträge vor und außerhalb des Staates wiederholt und bekräftigt. Die berühmteste davon lautet:

Verträge ohne das Schwert sind nur Worte und haben keinerlei Kraft, einem Menschen Sicherheit zu geben. Trotz der natürlichen Gesetze – die ein jeder dann gehalten hat, wenn er den Willen hat, sie zu halten, und wenn er dies ohne Schaden (safely) tun kann – wird daher jedermann sich auf seine Stärke und Geschicklichkeit verlassen, um sich vor allen anderen Menschen in Acht zu nehmen (for caution against all other men), solange es keine oder keine genügend große Macht gibt, für unsere Sicherheit zu sorgen. Und jeder *darf*, ohne die natürlichen Gesetze zu verletzen, so handeln.[56]

Wieder ist die Verpflichtung, Verträge zu halten, davon abhängig gemacht, daß die Durchsetzung von Rechtsansprüchen erzwungen werden kann. Aus der Trivialität, daß Verträge nicht an sich ihre Verwirklichung garantieren, wird die Folgerung gezogen, Verträge ohne das Schwert seien eben nur Worte, d. h. keine gültigen Verträge. Daß die Frage der Gültigkeit eines Vertrages von der Frage nach den Bedingungen der Verwirklichung eines an sich gültigen Vertrages getrennt werden muß, ist nicht bedacht.

Aber Hobbes macht wenigstens einen Versuch, den Gedanken, die natürlichen Gesetze seien an sich verpflichtend, mit der These von der Ungültigkeit aller Verträge vor und außerhalb des Staates zu vereinbaren. Die Unvereinbarkeit beider Auffassungen und die fundamentale Inkonsistenz seiner Rechtstheorie wird dabei freilich nur verdeckt. Denn die Frage wäre zu beantworten gewesen, wie weit die Klausel, daß die natürlichen Gesetze nur binden, wo dies ohne Schaden (safely) möglich ist, gedehnt werden soll. Ist es außerhalb eines Staates mit dem rationalen Naturrecht vereinbar und also erlaubt, im Vertrauen auf die eigene Kraft und Geschicklichkeit sich einer Vertragspflicht zu entziehen, wenn die andere Seite ihre Leistung schon erbracht hat? Beeinträchtigt jemand, der so handelt, seine eigene Sicherheit? Und wenn jene Klausel so interpretiert werden darf, daß diese Frage grundsätzlich bejaht werden muß: Hat es dann noch irgendeinen Sinn zu sagen, man sei zwar verpflichtet, die Gesetze des Naturrechts befolgen zu

56 Lev 17 (EW 3, 154; vgl. OL 3, 127).

wollen, aber es sei einem erlaubt, ohne Einschränkung alles zu tun, um sich vor allen anderen Menschen in acht zu nehmen (for caution against all other men)?

Je weiter die Sicherheitsklausel interpretiert wird, um so enger ist der Bereich der Pflichten, die sich aus dem Naturrecht ableiten lassen. Wenn es schließlich nichts mehr gibt, was nicht unter Berufung auf diese Klausel als erlaubt gelten könnte, so gibt es folglich auch nichts mehr, was aufgrund des Naturrechts als Pflicht angesehen werden muß. Das rationale Naturrecht des Hobbes reduziert sich bei dieser Interpretation auf den Grundsatz, daß alle ein Recht auf alles haben. Nach der in allen Darstellungen seiner Naturrechtslehre vorherrschenden Tendenz – Tönnies (202) hat dies mit Recht gegen Gierke hervorgehoben – soll das Naturrecht jenes ursprüngliche Recht aller auf alles ablösen. Wenn aber Verträge ohne das Schwert einer sichtbaren Macht, die alle in Ehrfurcht halten kann, nichts als Worte sind, weil die Verpflichtung, Verträge zu halten, von der Bedingung abhängt, daß dies *in jedem Sinne* gefahrlos möglich ist, so kann von einer Ablösung jenes Urrechts durch ein Naturrecht nicht mehr die Rede sein.

Diese Schwierigkeit ist mit der Konzeption des Naturrechts bei Hobbes unauflöslich verbunden; denn es beruht auf dem Grundsatz (prima et fundamentalis lex): »Man soll den Frieden suchen, wo man ihn haben kann; sonst aber soll man jene Hilfe suchen, die der Krieg gewährt.«[57] In dieser Regel ist, wie Hobbes im »Leviathan« erklärt, das Grundgesetz des Naturrechts mit dem Inbegriff aller natürlichen Rechte vereinigt. Aber die entscheidende Frage nach dem Abgrenzungskriterium zwischen Rechten und Pflichten ist damit nur gestellt, nicht beantwortet: Unter welchen Bedingungen soll man sich für den Frieden oder für den Krieg entscheiden? Wenn es grundsätzlich möglich wäre, rational über Krieg und Frieden zu entscheiden, so würde in jedem Falle feststehen, wo die Grenze zwischen dem Recht auf Selbsterhaltung und den Bedingungen des Friedens zu ziehen ist, und diese Entscheidung würde von allen Menchen, soweit sie vernünftig entscheiden, in gleicher Weise getroffen. Aber Hobbes hat, wie sich bereits zeigte, der Vernunft diese Fähigkeit immer wieder bestritten: »Da es die rechte Vernunft, wie man sieht, nicht gibt, muß die

57 Ci 2, 2 (OL 2, 170).

Vernunft eines einzelnen oder mehrerer an ihre Stelle treten [vgl. Anm. 44]. Dies ist der Grund, warum Hobbes im Naturzustand den einzelnen zum Richter in eigener Sache macht und im Staat die Entscheidungen des Souveräns und nicht eine allgemeine menschliche Vernunft zur letzten Instanz in der Unterscheidung von Recht und Unrecht erhebt: »Authoritas, non veritas, facit legem.«[58]

Warrender hat in seiner naturrechtlichen Hobbes-Interpretation die Meinung vertreten, das Recht, in Selbstverteidigung zu handeln, müsse nach der Lehre des Hobbes eng ausgelegt werden.[59] Dabei unterstellt er, daß es allgemein anerkannte Regeln einer vernünftigen Auslegung dieses Rechts gebe und daß dies auch die Meinung des Hobbes war. Er kann sich mit guten Gründen auf Äußerungen stützen, in denen Hobbes etwa von einer »gerechten Ursache« (iusta causa) einer Furcht oder Besorgnis spricht.[60] Solche Ausdrücke sind in der Tat nur verständlich, wenn es eine durchschnittliche, vernünftige Beurteilung einer Situation gibt, die man als Maßstab des richtigen und falschen Verhaltens zugrunde legen kann. Hobbes scheint sich so in die Reihe der Common-sense-Philosophen zu stellen. Aber ebenso gewichtig sind jene Stellen – wie die soeben zitierte –, an denen Hobbes ausdrücklich in Abrede stellt, daß es ein solches gemeinsames Maß gleichsam von Natur aus gebe; da dies nicht der Fall ist, müsse die Vernunft eines einzelnen oder mehrerer zum gemeinsamen Maßstab *gemacht* werden, und dies sei die Funktion des Gesetzes. Überall wo Hobbes nicht in ältere naturrechtliche Vorstellungen zurückfällt, erklärt er den Common sense zur Illusion

58 Lev lat. 26 (OL 3, 202). – Carl Schmitt hat wiederholt in diesem Sinn den Satz *Authoritas, non veritas, facit legem* als ein Schlüsselwort der politischen Philosophie des Thomas Hobbes herausgestellt (Die Diktatur, Berlin 1963³, 22; Verfassungslehre, Berlin 1965⁴, 140; Der Begriff des Politischen, Berlin 1963, 122). Die Stelle lautet: In civitate constituta, legum naturae interpretatio non a doctoribus et scriptoribus moralis philosophiae dependet, sed ab authoritate civitatis. Doctrinae quidem verae esse possunt; sed authoritas, non veritas, facit legem.

59 Warrender 78.

60 Vgl. Ci 2, 11 (OL 2, 174): si *iustus* ex utravis parte metus orietur; an der entsprechenden Stelle im Lev (OL 3, 106) heißt es: si *quaecumque* interveniat suspicio; die englische Fassung lautet: upon any *reasonable* suspicion (EW 3, 124).

– wenn er nicht gar in der Behauptung einer gemeinsamen Vernunft einen Betrug vermutet:

Wenn arrogante Menschen, die sich für weiser als alle übrigen halten, lauthals fordern, die rechte Vernunft solle Richterin sein, so verlangen sie lediglich, die Sache solle nach ihrem eigenen Urteil entschieden werden. In der menschlichen Gesellschaft ist das nicht weniger unerträglich, als wenn jemand beim Kartenspiel verlangt, Trumpf solle die Karte sein, von der er selbst die größte Anzahl hat. Was tun diejenigen, die darum streiten, daß ihre eigene vorherrschende Leidenschaft als rechte Vernunft gelten soll, in eben diesen Streitereien anderes, als durch diese Forderung gerade das Fehlen einer rechten Vernunft vor Augen zu führen?[61]

Diese Zurückweisung einer rechten Vernunft könnte als ein moralistisches Aperçu des Hobbes aufgefaßt werden, hätte sie nicht ihren Ursprung in seinem Nominalismus und Voluntarismus. Dieser dürfte letztlich der Grund sein, warum Hobbes sein eigenes Naturrecht für wirkungslos und ungültig erklärt. Denn alle Gesetze, vor allem aber die ungeschriebenen Gesetze des Naturrechts, bedürfen nach seiner Lehre der Interpretation; die Interpretation beruht aber stets auf der individuellen Vernunft oder dem subjektiven Willen eines einzelnen oder mehrerer. Ist jeder sein eigener Richter, so bedeutet das nach Hobbes den Naturzustand des Krieges aller gegen alle; entscheidet hingegen ein einzelner oder entscheiden mehrere *für andere*, so ist souverän, wer das Recht der Interpretation hat. Das Naturrecht ist so weder eine Alternative zum Naturzustand noch zum Staat.

4. »Quis interpretabitur?«

Die voranstehenden Analysen sollten die Auffassung begründen, daß eine naturrechtliche Hobbes-Interpretation als ganze nicht annehmbar ist. Die Argumente, die sich gegen eine rein deontologische Interpretation aufbieten lassen, sind so zahlreich und vielfältig, daß die Naturrechtslehre höchstens als ein Teil der politischen Philosophie des Hobbes angesehen werden kann, als ein Teil zudem, dessen Bedeutung und Relevanz durch andere Teile dieser politischen Philosophie von Grund auf in Frage gestellt wird. Diese Argumente stützen sich einerseits auf Wider-

61 Lev lat. (OL 3, 33; EW 31, 31).

sprüche, die daher rühren, daß Hobbes nicht imstande war, Grundgedanken seines philosophischen Systems zum Austrag zu bringen, und andererseits auf Widersprüche in seiner Rechtstheorie selbst. Die Naturrechtslehre des Hobbes beruht auf Voraussetzungen, die sowohl mit dem Determinismus seiner Naturphilosophie wie mit der egoistischen Psychologie seiner Anthropologie unvereinbar sind. Innerhalb seiner Rechtstheorie aber kommt es zu jenem Widerspruch, auf den auch Tönnies aufmerksam macht: Dem Widerspruch zwischen einer »politischen Ethik«, deren einzige Norm die Gehorsamsverpflichtung gegenüber dem positiven Recht des Staates ist, und einem Naturrecht, auf dessen Geltung das positive Recht beruht. Diesen Widerspruch seiner Rechtstheorie wird man letztlich darauf zurückführen müssen, daß Hobbes die Konzeption eines allgemein verbindlichen Naturrechts festgehalten hat und eine nominalistische und voluntaristische Rechtstheorie mit ihr zu verbinden suchte, ohne dieses Ziel wirklich zu erreichen.

Daß sein Nominalismus und Voluntarismus der Ursprung seiner politischen Philosophie ist, hat Hobbes im Widmungsschreiben von »De Cive« deutlich genug zum Ausdruck gebracht:

> Als sich meine Gedanken auf die Untersuchung der natürlichen Gerechtigkeit konzentrierten, wurde ich durch den Ausdruck ›Gerechtigkeit‹ selbst, mit dem man den dauernden Willen bezeichnet, jedem *sein Recht* zu geben, aufmerksam gemacht. Man muß also zuerst fragen, woher es kommt, daß jemand eine Sache die seine, und nicht die eines anderen nennt. Es stand für mich fest, daß dies seinen Grund nicht in der Natur, sondern in der Übereinstimmung der Menschen hat. Denn was die Natur hervorgebracht und allgemein zugänglich gemacht hat, das haben die Menschen später unter sich aufgeteilt.[62]

Wesentlich ist in diesem Zusammenhang nicht, daß Hobbes den Mythos einer Urzeit, in der allen alles gemeinsam ist, aus alten europäischen und vorderasiatischen Traditionen übernommen hat, sondern wie er diesen Mythos umdeutet. Aus dem goldenen Zeitalter eines Urkommunismus wird in seiner Darstellung die Abwesenheit eines jeglichen Eigentumsrechts, so daß nicht zwischen dem Eigentum des einen und dem Eigentum des anderen unterschieden werden kann. Die mythische Einkleidung seines Gedankens bringt es zwar mit sich, daß seine zentrale Frage zu

62 Ci Widmg. (OL 2, 138f.).

sein scheint, durch welche historischen Bedingungen und Umstände und durch welche Motivationen es dahin gekommen ist, daß die Menschen aus jenem Urzustand herausgekommen sind. Aber es ist, zumal im Zusammenhang mit anderen Stellen, doch hinreichend deutlich, daß seine eigentliche Frage sich darauf bezieht, unter welchen Bedingungen es allererst möglich ist, zwischen Mein und Dein zu unterscheiden. Eine solche Stelle lautet:

Alle Meinungsverschiedenheiten entstehen daraus, daß die Ansichten der Menschen über Mein und Dein, Gerecht und Ungerecht, Nützlich und Unnütz, Gut und Schlecht, Ehrenvoll und Unehrenhaft usw. auseinandergehen und ein jeder sie nach eigenem Gutdünken einschätzt. (Also kommt es darauf an), allen gemeinsame Regeln oder Maßstäbe herzustellen und öffentlich bekannt zu machen, mit deren Hilfe ein jeder erkennen kann, was sein Eigentum und was fremdes Eigentum, was gut und was schlecht ist, kurzum: was im Leben einer Gemeinschaft zu tun und was zu vermeiden ist.[63]

Bevor es nicht solche Regeln und Maßstäbe gibt, die erklären, worin die Rechte des einen und des anderen bestehen, ist der Satz, man solle jedem sein Recht geben, leer und unanwendbar. Das Gebot, man solle jedem das Seine geben, ist dann ebenso eine Tautologie wie die Aufforderung, man solle das Gute tun, das Böse jedoch meiden. Die Unterscheidung zwischen Mein und Dein ist aber die grundlegende Unterscheidung, die im Naturrecht des Hobbes stets vorausgesetzt ist. Solange es kein Kriterium für diese Unterscheidung gibt, sind auch die anderen Gesetze des Naturrechts unanwendbar. Hobbes hat das mehrmals am Beispiel der zweiten Tafel des Dekalogs, deren Gebote er hier wie auch sonst zum Naturrecht zählt, erläutert:

Das Naturrecht verpflichtete im Naturzustand. Aber weil die Natur allen alles gegeben hat, gab es (1) kein fremdes Eigentum, und folglich war es unmöglich, fremdes Eigentum zu verletzen. Weil alles gemeinsam war, war (2) jeder Beischlaf erlaubt. Weil Kriegszustand herrschte, war es (3) erlaubt zu töten. Weil alles nach dem eigenen Urteil abgegrenzt war, war (4) die Ehre, die den Eltern gebührte, ebenso abgegrenzt. Weil es einen öffentlichen Richterspruch nicht gab, hatte man (5) für wahres und falsches Zeugnis keinerlei Verwendung.[64]

63 Ci 6, 9 (OL 2, 221).
64 Ci 14, 9 (OL 2, 319).

Als Nominalist ist Hobbes nicht nur überzeugt, daß es keine allgemein verbindliche vernünftige Entscheidung darüber gibt, wie man die Grenze zwischen dem Recht auf Selbsterhaltung und der Verpflichtung, den Frieden zu erstreben, ziehen sollte. Ebenso wichtig ist für ihn die Feststellung, daß der Inhalt einer Verpflichtung im Naturzustand gar nicht konkretisiert werden könnte. Der nominalistische Ursprung seiner These ist auch hier gut zu erkennen: der Unterschied zwischen Eigenem und Fremdem liegt nicht präformiert in der Natur der sozialen Verhältnisse, so daß der einzelne jeweils durch den bloßen Gebrauch seiner natürlichen, vernünftigen Fähigkeiten ihn erkennen könnte. Die Frage nach der Abgrenzung zwischen dem Eigentum des einen und dem Eigentum des anderen, zwischen Freund und Feind, zwischen Achtung und Mißachtung wird als ein Definitionsproblem aufgefaßt, bei dem es im Grunde jeweils um dieselbe Unterscheidung geht. Die zweite Tafel des Dekalogs enthält in der Deutung des Hobbes zwar Gesetze des Naturrechts, die als verpflichtend gelten. Aber sie entfaltet lediglich die Tautologie, daß man fremdes Eigentum unangetastet lassen soll.

Die Unterscheidung zwischen Mein und Dein wird erst möglich auf Grund einer Setzung (positio). Um anwendbar zu werden, muß das Naturrecht daher positiviert werden. Die Gebote der zweiten Tafel des Dekalogs erhalten dann die Form:

> Du sollst deinen Eltern ihre *durch die Gesetze festgesetzte* Ehre nicht versagen. Du sollst einen Menschen, den die Gesetze zu töten verbieten, nicht töten. Du sollst gesetzlich verbotenen Beischlaf meiden. Du sollst eine fremde Sache nicht gegen den Willen ihres Eigentümers wegnehmen. Du sollst Gesetze und Gerichtsurteile nicht durch falsches Zeugnis vereiteln.[65]

In scharfem und gewolltem Gegensatz gegen jede »realistische« Naturrechtslehre, die ihre wesentlichen Unterscheidungen in der Natur der Dinge glaubt vorfinden zu können, geht Hobbes in seiner nominalistischen Naturrechtslehre davon aus, daß die Unterscheidung zwischen Mein und Dein durch eine Setzung des Willens festgelegt werden muß und daher stets positives Recht ist. In seiner Rechtslehre sind mithin stets mindestens zwei Arten von Normen zu unterscheiden: diejenigen Normen, die lediglich bestimmen, welche Bedingungen erfüllt sein müssen, damit eine

65 Ci 14, 9 (OL 2, 318).

Abgrenzung des rechtlich Erlaubten vom rechtlich Verbotenen überhaupt stattfinden kann, und diejenigen Normen, die für eine gegebene Rechtsgemeinschaft verbindlich festlegen, *was* jeweils als erlaubt oder verboten gelten soll. Die Normen der ersten Art mögen hier als die *formalen* Gesetze des (nominalistischen) Naturrechts, die Normen der zweiten Art als die *materialen* Gesetze des positiven Rechts bezeichnet werden.[66]

Wie streng Hobbes diese Unterscheidung zwischen einem formalen Naturrecht und einem materialen positiven Recht zieht und wie kompromißlos er diese Unterscheidung seiner Bibelinterpretation zugrunde legt, geht aus folgendem Text hervor:

Durch das Gebot »Du sollst nicht töten« wird nicht jede Tötung verboten. Denn derselbe, der gesagt hat: Du sollst nicht töten, hat auch gesagt: »Wer samstags arbeitet, soll getötet werden« (Exod. 25, 2). Und nicht jede Tötung ist etwas Unerhörtes; denn er hat gesagt: »Ein jeder soll seinen Bruder, seinen Freund und seinen Nächsten töten« (Exod. 32, 27), und es wurden dreiundzwanzigtausend Menschen getötet. Und auch nicht die Tötung eines unschuldigen Menschen, denn es gelobte Jephte: »Wer mir als erster entgegenkommt usw., den werde ich dem Herrn als Brandopfer darbringen«, und Gott hat sein Gelübde angenommen (Richter 11, 31). – Was wird also verboten? Nur dies, daß jemand einen anderen töte, den zu töten er kein Recht hat, d. h.: Niemand soll töten, es sei denn, dies stehe ihm zu.[67]

Die radikale nominalistische These des Hobbes ist, daß ebensowenig irgendein anderes Gebot der zweiten Tafel des Dekalogs angewandt werden könnte, bevor nicht besondere rechtsetzende Akte der Menschen für eine jeweilige Rechtsgemeinschaft entschieden haben, wo jeweils hinsichtlich der verschiedenen Lebensverhältnisse in dieser Rechtsgemeinschaft die Grenzen zwischen den Rechten des einen und den Rechten des anderen gezogen werden sollen. Daß dies nur durch die rechtsetzenden Akte eines Souveräns in einem Staate geschehen könne, ist eine weitere These des Hobbes, die aus seinem Nominalismus nicht abgeleitet werden kann.

Denn *daß* zuvor Übereinstimmung darüber hergestellt sein muß, was jeweils als Eigentum anzusehen ist, bevor es möglich ist, von

66 Zur Unterscheidung von realistischem und nominalistischem Naturrecht vgl. H. Welzel, Naturrecht und materiale Gerechtigkeit, Göttingen 1964⁴.

67 Ci 17, 10 (OL 2, 386).

einer Verletzung der Eigentumsrechte eines anderen zu sprechen, und *daß* eine solche Übereinstimmung nicht ohne die beiderseitige Anerkennung gemeinsamer Normen zu erreichen ist, läßt sich schwerlich bestreiten. Sein Nominalismus ist insofern mehr als ein philosophischer Standpunkt. Wenn Normen, wie bereits hervorgehoben wurde, keine Aussagen über das, was der Fall ist, sondern allgemeine Sollenssätze sind, die überhaupt nicht wahr oder falsch sein können, so kann man ihre Richtigkeit nicht prinzipiell aus bloßer Vernunft einsehen, sondern man kann sie nur anerkennen oder ihnen zustimmen bzw. sie ablehnen. Erst recht gilt dies für Normen, die sich nicht, wie die formalen Gesetze des Naturrechts, aus der Anerkennung des Grundsatzes, es sollten überhaupt rechtlich geordnete Verhältnisse zwischen menschlichen Individuen hergestellt werden, herleiten lassen. Die Anerkennung einer materiellen Norm, die eine bestimmte Regelung von Eigentumsrechten festlegt, erfordert über die Zustimmung, daß Eigentumsrechte überhaupt respektiert werden sollten, hinaus noch einen besonderen Akt der Zustimmung zu eben dieser Norm.

Aber es ist eine durch nichts gerechtfertigte Annahme des Hobbes, daß zur Festsetzung und Verwirklichung einer materiellen Norm die Entscheidung eines souveränen Herrschers erforderlich ist. Die freie Übereinkunft zweier Partner genügt, damit von der Anerkennung einer gemeinsamen materiellen Norm (etwa im Hinblick auf die Grenze zweier Territorien) gesprochen werden kann. Die Gültigkeit einer solchen Norm hängt freilich stets von der Fortdauer ihrer Anerkennung ab, und sie wird hinfällig, wenn eine der beiden Seiten ihre Zustimmung zurückzieht oder eine Abänderung verlangt. Aber es ist zu fragen, ob es materielle Normen gibt, die nicht auf die genau gleiche Art Gültigkeit erlangen und verlieren. Wenn es keine Möglichkeit gibt, sich auf gemeinsam anerkannte Normen zu berufen, so ist schwer einzusehen, wie man von einem anderen fordern könnte, er solle *diesen* Rechtsanspruch achten oder *jener* Verpflichtung nachkommen.

Was auf diese Weise freilich nicht hergestellt wird, ist die Chance, notfalls mit Gewalt die Beachtung einer einmal anerkannten gemeinsamen Norm zu erzwingen und den Rechtsanspruch, der aus ihr abgeleitet werden kann, zu verwirklichen. Diese Erzwingungschance ist, wie Hobbes immer wieder mit Recht hervorgehoben hat, nur dann gegeben, wenn es eine übergeordnete Macht

gibt, die willens und imstande ist, die Beachtung und Anerkennung einer Norm durchzusetzen. Sein verhängnisvoller Fehler ist es nur, aus der Abwesenheit einer solchen Erzwingungschance auf das Fehlen von Rechten und Pflichten geschlossen zu haben.
Eine Folge dieses Fehlers ist, daß Hobbes das Verhältnis von Naturrecht und positivem Recht auf zweierlei Arten bestimmt und damit verunklärt. Einmal ist es die fehlende Sicherheit, die die Anwendung des Naturrechts im außerstaatlichen Zustand unmöglich macht:

Zur Herstellung und Erhaltung des Friedens ist die Verwirklichung (exercitium) des Naturrechts erforderlich; zur Verwirklichung des Naturrechts ist Sicherheit erforderlich.[68]

Die fehlende Sicherheit ist bei dieser Erklärung der Grund dafür, daß es im Naturzustand kein Eigentum gibt:

(Im Naturzustand) gibt es kein Mein und Dein, also keine freie Verfügungsgewalt (dominium) und kein Eigentum (proprietas), *deswegen weil* jene Sicherheit noch nicht vorhanden ist, von der oben gezeigt wurde, daß sie zur Verwirklichung des Naturrechts erforderlich ist.[69]

Von dieser Auffassung her dürfte es auch zu erklären sein, daß Hobbes, wie bereits dargelegt wurde, im »Leviathan« die Gültigkeit von Verträgen außerhalb einer staatlichen Ordnung rundum bestritten hat.
Dagegen steht jene andere Bestimmung des Verhältnisses von Naturrecht und positivem Recht, nach der im positiven Recht alle materiellen Normen festgelegt werden müssen, ohne die das formale Naturrecht unanwendbar bleibt. Kennzeichen der Souveränität ist in diesem Falle nicht mehr die Machtfülle, durch die der Inhaber der Staatsgewalt die zur Realisierung des Naturrechts erforderliche Sicherheit garantiert, sondern die Rechtschöpfung, in der alle für die Anwendung des normalen Naturrechts wesentlichen Unterscheidungen ihren Ursprung haben. Daß es im Naturzustand kein Eigentum gibt, hat nach dieser Auffassung nicht darin seinen Grund, daß es im Naturzustand keinen *gesicherten* Besitz gibt, sondern darin, daß es keine Übereinstimmung darüber gibt, nach welchen Normen das Eigentum des einen vom Eigentum des anderen unterschieden werden soll. So zeigt sich ein

68 Ci 5, 3 (OL 2, 210).
69 Ci 6, 1 (OL 2, 218).

weiteres Mal, wie der Gedanke des Hobbes, daß Recht und Macht nicht getrennt werden sollten, seine Lehren – hier: seine Lehre über das Verhältnis von formalem Naturrecht und materialem positivem Recht – durchkreuzt. Die Konsequenz dieses Gedankens ist, daß Hobbes lediglich die rechtsetzenden Akte eines souveränen Inhabers der Staatsgewalt, der über die Macht verfügt, die Durchsetzung seiner Gesetze zu erzwingen, gelten läßt und jeder freien Übereinkunft über gemeinsam anzuerkennende Normen Verbindlichkeit abzusprechen geneigt ist.

Aus dieser Kritik an Hobbes folgt indes nicht, daß man seinen bedeutenden Lehren über den souveränen Staat widersprechen müßte. Wenn auch der Staat nicht die einzige Rechtsgemeinschaft überhaupt ist, so ist er doch zweifellos diejenige Organisationsform einer Rechtsgemeinschaft, die sich als am besten oder allein geeignet erwiesen hat, die schwierige Aufgabe der Festsetzung und Durchsetzung materieller Rechtsnormen in den modernen Flächenstaaten befriedigend zu lösen.

Für die Bürger eines modernen Staates stellt sich die Entscheidung des Inhabers der Staatsgewalt, durch die festgelegt wird, nach welchen Normen fortan entschieden werden soll, was rechtens ist, als ein willkürlicher Akt dar. Dies wird desto mehr der Fall sein, je weniger sie die Interessen und Absichten, die zu einer Entscheidung geführt haben, kennen oder teilen. Das schließt nicht aus, daß die Entscheidung gleichwohl »vernünftig« – nämlich den jeweiligen politischen Zwecken angemessen – ist. Aber sie sind allerdings nicht vernünftig in dem Sinne, daß es möglich wäre, in einer interesselosen Betrachtung, also gleichsam von neutralem Standort, die »Wahrheit« der Norm einzusehen. Die Anerkennung einer Norm impliziert immer ein Interesse, zu dem Alternativen möglich und wohl auch vertretbar sind.

Eine Norm wäre freilich ein bloßer Gedanke, der etwas Erwünschtes vorstellt, wenn die Anerkennung einer Norm nicht zugleich mit dem Willen, durch Handlungen zur Verwirklichung dieser Norm beizutragen, verbunden wäre. Der Wille zu handeln ist aber notwendig auf den Bereich möglicher Handlungen beschränkt, auf jenen Bereich also, in dem wir jetzt oder zukünftig zu handeln fähig sind, weil es eine Sache unserer Entscheidung ist, ob und wie wir handeln. Auf diese Weise ist die Anerkennung von Normen stets auf die Fähigkeit der Handelnden, zu ihrem Teil zur Verwirklichung der Normen beizutragen, bezogen. Erst recht gilt das folglich für die Festsetzung und Durchsetzung von Normen gegenüber denjenigen, die nicht bereit sind, bestimmte Normen nach der eigenen Beurteilung ihrer Interessenlage anzuerkennen. Ohne den Willen und die Fähigkeit, sich direkt oder indirekt an der Normierung sozialer Verhältnisse und an der Durchsetzung von Normen zu beteiligen, bleibt die Bewertung der Handlungen anderer eine bloße Sache der Beschaulichkeit. In diesem Sinne ist die Geltung von Normen stets mit der Kraft des Willens, ihnen Anerkennung zu verschaffen, und der Macht, ihre Anerkennung durchzusetzen, verbunden. Das Recht ist zwar niemals lediglich eine Funktion der Macht; aber geltendes Recht ohne Macht gibt es nicht.

Im Sinne dieser Gedanken hat Hobbes mit der Person des rechtschöpfenden Souveräns das Schwert der Gerechtigkeit und das Schwert des Krieges verbunden. Mit dem Blick auf die Zeit des Hobbes, die in England eine Zeit der Bürgerkriege und in Deutschland die des Dreißigjährigen Krieges war, hat der junge Hegel diesen Gedanken einen etwas überschwänglichen Ausdruck gegeben:

So töricht sind die Menschen, über idealischen Gesichten der uneigennützigen Rettung von Gewissens- und politischer Freiheit und in der inneren Hitze der Begeisterung die Wahrheit, die in der Macht liegt, zu übersehen, und so ein Menschenwerk der Gerechtigkeit und ersonnene Träume gegen die höhere Gerechtigkeit der Natur und der Wahrheit sicher zu glauben, welche der Not sich bedient, die Menschen unter ihre Gewalt, aller Überzeugung und Theorie und innern Hitze zum Trotz, zu zwingen.[70]

Wer sich in den Bereich dieser Fragen begibt, wo es um den Ursprung geltenden Rechts und die Interdependenz zwischen der Geltung des Rechts und der Macht zur Normierung sozialer Verhältnisse geht – wie es Hobbes getan hat –, wird sich davor hüten müssen, Normen der Beurteilung und Bewertung als vorgegeben anzunehmen. Man kann nicht behaupten, daß Hobbes sich dieser Versuchung überall mit Erfolg erwehrt hätte. So ist sein häufiges Zurückfallen in Vorstellungen des realistischen Naturrechts mit seiner Annahme einer an sich bestehenden Wertordnung zu verstehen. Aber größer ist die Gefahr bei Lesern und Kritikern des Hobbes, daß sie die Radikalität seiner Fragestellungen mißverstehen.

70 Hegel, Die Verfassung Deutschlands, in: Schriften zur Politik und Rechtsphilosophie, hg. Lasson, Leipzig 1913, 89.

Wenn es der Ruhm des Hobbes ist, die überall und zu allen Zeiten anzutreffenden Vorurteile als Vorurteile durchschaut zu haben, zu denen es denkbare oder sogar annehmbare Alternativen gibt, so ist es nicht erstaunlich, daß ihm dies von denen, deren Wertvorstellungen er in Frage stellte, nicht gedankt worden ist. Man hat nicht den Eindruck, daß es Hobbes sehr schwer gefallen ist, sich dadurch nahezu permanent im Gegensatz zu den herrschenden Ansichten zu befinden. Für die Lust, die daraus entspringt, daß man die Täuschungen anderer erkannt hat, scheint er nicht unempfänglich gewesen zu sein, ohne daß er der Versuchung erlag, diese Lust als eine Bestätigung des eigenen Hochmuts zu genießen.

Der naturalistische Fehlschluß bei Kant

Seit den Anfängen der moralphilosophischen Reflexion, insbesondere seitdem alle Bemühungen um eine Grundlegung der Ethik und der Rechtstheorie von der bekannten Unterscheidung zwischen Natur und Gesetz ausgingen, hat sich dem philosophischen Denken die Aufgabe gestellt, den Unterschied zwischen theoretischen und praktischen Sätzen, zwischen Sein und Sollen, zwischen Tatsachen und Normen zu definieren.

Thomas Hobbes erreichte in dieser langen Entwicklung, die auch heute noch nicht vollendet ist, einen großen Fortschritt, als er den Begriff des Gesetzes auf den Begriff der Verpflichtung zurückführte. David Hume beseitigte mit seinem berühmten Hinweis, daß Sollen nicht von Sein abzuleiten ist, viel Unklarheit (was immer die genaue Bedeutung seiner Formel sein mag). Und Kant gab der moralphilosophischen Diskussion eine entscheidende Wendung, als er darauf bestand, daß das Sittengesetz sich nicht bezieht auf das, was geschieht, sondern auf das, was geschehen soll.

In diesem Jahrhundert hat G. E. Moore wohl am meisten zur Lösung der Frage nach dem Verhältnis von Sein und Sollen beigetragen. Vor dem Hintergrund einer tausendjährigen Auseinandersetzung ist es freilich nicht überraschend, wenn Moore gegen Kant den Vorwurf erhebt, auch er habe nicht begriffen, »daß jede wahre Behauptung des Typs ›Dies ist in sich gut‹ einzigartig ist und nicht auf eine Behauptung über die Realität zurückgeführt werden kann«.[1] Gegen alle Fehler, die sich aus der Nichtbeachtung dieses Unterschiedes zweier Urteilsarten ergeben, hält Moore sein Standard-Argument des naturalistischen Fehlschlusses (naturalistic fallacy) bereit. Kant ist unter allen Vertretern einer metaphysischen Ethik Moores Kritik am meisten ausgesetzt. Was er ihm vorwirft, sind vor allem zwei Fehler: der Irrtum, eine Analogie zwischen Sittengesetz und Naturgesetz anzunehmen, und der Irrtum, eine wesentliche Entsprechung zwischen Sittengesetz und dem Gesetz in rechtlicher Bedeutung vorauszusetzen und das Sittengesetz folglich für einen Imperativ zu halten.

1 G. E. Moore, Principia Ethica, Cambridge 1966, 114, 126-128, dt. Principia Ethica, übers. u. hrsg. von B. Wisser, Stuttgart 1984.

Über Moores Thesen ist seither viel gesagt und geschrieben worden, wenig genug freilich über seine Kant-Kritik. Immerhin liest sich Patons Kommentar zur »Grundlegung der Metaphysik der Sitten«[2] wie eine implizite Auseinandersetzung mit Moores Kant-Auffassung, übrigens mit dem Ergebnis, daß Moores Kritik in einigen wichtigen Punkten bestätigt wird. Wenig Aufmerksamkeit hat indes, soweit ich sehe, das Problem gefunden, das der ganzen Frage zugrunde liegt: die Unterscheidung theoretischer und praktischer Sätze in Kants Theorie der Moral. Der Fehler, diese Unterscheidung nicht zuverlässig zu ziehen, möge im weiteren Sinne als naturalistischer Fehlschluß bezeichnet werden. Absicht der folgenden Darlegungen ist es, Kants Grundlegung der Ethik im Hinblick auf den naturalistischen Fehlschluß zu untersuchen.

Kant besaß keine deontische Logik. Unklarheiten in seiner Grundlegung der Ethik sind daher von vornherein zu erwarten. Es wird sich zeigen, daß Kant durch sie davon abgebracht wurde, einer kritischen Theorie der Ethik den Boden zu bereiten, und bei einer Art moralischer Anthropologie endete. Dieser Fehler seiner Theorie ist in der »Grundlegung« offenkundig; aber wirklich beseitigt ist er auch in der zweiten »Kritik« nicht. Mit dieser Feststellung ist nicht Kants Ethik als ganze, sondern nur ihr metaethischer Teil getroffen. Unberührt bleibt Kants normative Ethik, also die Interpretation des Kategorischen Imperativs in normativer Hinsicht ebenso wie das Problem einer formalen Ethik. Hinfällig aber wird Kants Lösung eines Problems, das ihn nicht weniger als die normative Ethik selbst beschäftigt hat: das Verhältnis von theoretischer und praktischer Philosophie, von Metaphysik der Natur und Metaphysik der Sitten oder das Problem der Architektonik der reinen Vernunft.

In dem weiten Feld ethischer Fragen lassen sich einige zentrale Fragen abgrenzen, deren Beantwortung voneinander unabhängig ist. Im Hinblick auf Kants Moralphilosophie möchte ich die folgenden Fragen unterscheiden:

(1) *Was* soll ich tun? (Wozu bin ich verpflichtet?)

(2) *Warum* soll ich so und nicht anders handeln? (Was verpflichtet mich? Was ist der Grund meiner Verpflichtung?)

2 H. J. Paton, The categorical imperativ. A study in Kant's moral philosophy, London 1947 (dt.: Der Kategorische Imperativ. Eine Untersuchung über Kants Moralphilosophie, Berlin 1962).

(3) *Wie* kann ich so handeln? (Wie ist Verpflichtung möglich?)
(4) Wie kann ich wissen, wozu ich verpflichtet bin?
(5) Warum erfülle ich meine Pflicht? (Was veranlaßt mich, meine Pflicht zu tun?)

Die erste Frage betrifft, grob gesprochen, den Inhalt ethischer Normen und gehört in die normative Ethik. Die beiden folgenden Fragen könnten auf die gemeinsame Formel gebracht werden: Warum bin ich verpflichtet? Aber diese Formel kann zwei völlig verschiedene Bedeutungen erhalten, nämlich: a) Was ist der Ursprung und Grund meiner Verpflichtung? und b) Wie kann man es erklären, daß ein Wesen verpflichtet sein kann und tatsächlich verpflichtet ist? Die Frage nach dem Ursprung und Grund der Verpflichtung ist das Problem einer Grundlegung der Ethik; sie ist im wesentlichen ein Problem der Metaethik. Die Frage nach den Bedingungen der Möglichkeit von Verpflichtung bezieht sich dagegen auf die Natur des Menschen als eines moralischen Wesens; ich halte sie für ein Problem der moralischen Anthropologie, die in Anlehnung an Kant der Metaphysik der Sitten zuzuweisen wäre. Die beiden letzten Fragen beziehen sich auf das moralische Bewußtsein und die Motive sittlichen Handelns; sie gehören in eine Psychologie des moralischen Verhaltens.

Im folgenden interessiert allein die zweite Frage: das Problem einer Grundlegung der Ethik. Das Verhältnis von Sein und Sollen mag zwar auch bei der Erörterung der übrigen vier Fragen von Wichtigkeit sein. Aber Humes Hinweis auf die Unableitbarkeit des Sollens vom Sein oder – aus der entgegengesetzten Perspektive formuliert – Moores These von der Unreduzierbarkeit des Guten auf irgendeine Realität erhalten ihre eigentümliche Kraft erst, wenn man sie im Kontext einer Bemühung um die Grundlegung der Ethik betrachtet. Es handelt sich im folgenden daher um Kants Lehre von den Grundlagen der Moral; aber es wird sich zeigen, daß Kant die Unklarheit nicht bemerkt hat, die in der Formel ›Warum bin ich verpflichtet?‹ steckt, und daß er folglich zwischen den beiden Fragen, die sich hinter dieser Formel verbergen, sorgfältig zu unterscheiden außerstande war.

In der »Grundlegung« versucht Kant das Problem der normativen Ethik mit seiner Lehre vom Kategorischen Imperativ zu lösen. Diesen deutet er zu wiederholten Malen als einen synthetisch-praktischen Satz a priori. Davon ist in den beiden ersten Abschnitten seiner Schrift die Rede; im dritten und letzten Abschnitt wendet sich Kant der Frage zu: »Wie ist ein synthetischer praktischer Satz a priori möglich?« Damit betritt er das Gebiet einer metaethischen Grundlegung der Ethik. In Kants Systematik philosophischer Fragen gilt dies als ein Problem der Kritik der praktischen Vernunft. Die erste Aufgabe wird daher sein, Kants Deutung des Kategorischen Imperativs als eines synthetisch-praktischen Satzes a priori und seine Antwort auf die Frage nach der Möglichkeit eines solchen Satzes zu erörtern. Wegen der bemerkenswerten Unterschiede zwischen Kants Lehren in der »Grundlegung« und in der zweiten »Kritik« sollen zunächst nur Kants Darlegungen in der früheren Schrift besprochen werden.

Warum ist ein Kategorischer Imperativ ein synthetischer praktischer Satz a priori? Kants Äußerungen zu dieser Frage sind ungewöhnlich dunkel. Ihre Interpretation scheint nicht gesichert zu sein, wohl vor allem, weil unklar bleibt, warum dieser praktische Satz synthetisch sein soll. Folgende Belegstellen finden sich in der »Grundlegung«:

(1) Dieser praktische Satz verknüpft das Wollen einer Handlung unmittelbar mit dem Begriffe des Willens eines vernünftigen Wesens – als etwas, das in ihm nicht enthalten ist (Ak.-A. IV 420 Anm.).

(2) Durch bloße Zergliederung der (in diesem Satz) vorkommenden Begriffe kann nicht bewiesen werden, daß diese praktische Regel ein Imperativ sei, d.i. der Wille jedes vernünftigen Wesens an sie als Bedingung notwendig gebunden sei (Ak.-A. IV 440).

(3) Unter der Voraussetzung der Freiheit ist das Prinzip der Sittlichkeit analytisch; indessen ist das letztere doch immer ein synthetischer Satz. Denn durch Zergliederung des Begriffs von einem schlechthin guten Willen kann jene Eigenschaft der Maxime (sc. jederzeit sich selbst, als allgemeines Gesetz betrachtet, in sich zu enthalten) nicht gefunden werden (Ak.-A. IV 447).

(4) Das kategorische Sollen stellt einen synthetischen Satz a priori vor, dadurch, daß über meinen durch sinnliche Begierden affizierten Willen noch die Idee ebendesselben, aber zur Verstandeswelt gehörigen, reinen für sich selbst praktischen Willens hinzukommt, welcher die oberste Bedingung des ersteren nach der Vernunft enthält (Ak.-A. IV 454).

Subjekt in Kants synthetisch-praktischem Satz ist jedenfalls der Wille oder das Wollen einer Handlung. Als Prädikat finden wir in (1) den Begriff des Willens eines vernünftigen Wesens,

(2) die praktische Regel als eine notwendige Bedingung des Willens,
(3) die Eigenschaft der Maxime, jederzeit sich selbst, als allgemeines Gesetz betrachtet, in sich zu enthalten,
(4) die Idee des reinen, für sich selbst praktischen Willens.

Während in (1) und (4) der Wille eines vernünftigen Wesens (reine praktische Vernunft) die Stelle des Prädikats einnimmt, tritt in (2) und (3) die praktische Regel oder die Angemessenheit der Maxime an das Gesetz auf. Diese Abweichung läßt sich indes leicht erklären, wenn man Kants Gedanken in Betracht zieht, daß das Moralprinzip im Begriff eines freien Willens enthalten ist. Die drei Ausdrücke ›Begriff eines vernünftigen Wesens‹, ›Idee des reinen, für sich selbst praktischen Willens‹ und ›Begriff eines freien Willens‹ sind für Kant offenbar äquivalent. Die wirkliche Schwierigkeit bei der Interpretation dieser Zitate liegt mithin darin, daß nicht klar ist, was genau als Subjekt dieses synthetisch-praktischen Satzes a priori zu denken ist. Denn Kant sagt nicht einfach, dies sei der Wille, sondern er nennt in

(2) den Willen *jedes* vernünftigen Wesens,
(3) einen schlechthin guten Willen,
(4) meinen durch sinnliche Begierden affizierten Willen.

Diese Formulierungen führen, so wie sie dastehen, auf einen Widerspruch; denn in Kants Terminologie sind ›ein durch sinnliche Begierden affizierter Wille‹ und ›ein schlechthin guter Wille‹ konträre Prädikate. Gleichwohl ist das vorliegende Interpretationsproblem eindeutig zu lösen, wenn man sich vergegenwärtigt, daß eine Erklärung dafür gefunden werden soll, warum der kategorische Imperativ ein *synthetischer* Satz ist. Subjekt dieses Satzes kann daher nicht der Wille eines vernünftigen Wesens *als solcher* oder ein schlechthin guter Wille im Sinne eines heiligen Willens sein, wie immer Kants Text auch lauten mag. Denn in diesem Falle würde Kants praktischer Satz ohne weiteres analytisch sein. Subjekt in Kants synthetisch-praktischem Satz muß folglich der Wille eines vernünftigen Wesens sein, der zwar schlechthin gut ist, wenn er sich in Übereinstimmung mit dem Kategorischen Imperativ befindet, der aber gleichwohl nicht notwendig der praktischen Regel des Sittengesetzes gehorcht, so daß diese Regel sich ihm als ein Imperativ darstellt. Kants synthetischer praktischer Satz hat es demnach mit der Beziehung zu tun, die zwischen einem unter den Bedingungen der Sinnlichkeit handelnden Willen und eben diesem Willen besteht, sofern er als Wille eines vernünftigen Wesens unter der praktischen Regel oder dem Moralprinzip als seiner notwendigen Bedingung steht. Da die Beziehung zwischen einem sinnlich affizierten Willen und eben diesem Willen, sofern er der Wille eines vernünftigen Wesens ist, nach Kants Sprachgebrauch als synthetisch anzusehen ist, muß sich das Sittengesetz einem unter den Bedingungen der Sinnlichkeit handelnden Willen als ein Imperativ darstellen.

Das Ergebnis dieser philologischen Analyse ist: daß der Kategorische Imperativ in Kants Deutung die Gestalt eines synthetisch-praktischen Satzes a priori annimmt, demzufolge ein vernünftiges, unter den Bedingungen der Sinnlichkeit handelndes Wesen einer Verpflichtung unterliegt, in Übereinstimmung mit dem Gesetz eines reinen, für sich selbst praktischen Willens zu handeln. Der Kategorische Imperativ, also ein Satz der normativen Ethik, geht durch diese Interpretation Kants in eine metaethische These über die Verpflichtung und die bindende Kraft des Sittengesetzes über. A. R. C. Duncan hat bekanntlich den ethischen Charakter der kantischen »Grundlegung« bestritten und der traditionellen Deutung dieser Schrift seine neue »kritische Interpretation« entgegengestellt. Sie wurde zwar von Paton vehement kritisiert; aber die voranstehende Analyse scheint geeignet, Duncans Auffassungen in einigen wichtigen Punkten zu bestätigen.[3]

Der Begriff eines synthetisch-praktischen Satzes a priori enthält den Schlüssel zu dem Problem einer Grundlegung der Ethik, wie es von Kant gestellt worden ist. In vollkommener Entsprechung zu seinem Vorgehen in der Transzendentalen Deduktion seiner ersten »Kritik« sieht Kant das Problem in einer Beantwortung der Frage, wie ein solcher Satz möglich und warum er notwendig ist. Von der Erfüllung der so gestellten Aufgabe erwartet sich Kant einen Beweis der »Wahrheit« dieses Satzes und eine Bestätigung seiner »Realität«, seiner »objektiven Notwendigkeit« (Ak.-A. IV 408. 449. 419). Durch den Nachweis, »daß dergleichen Imperativ wirklich stattfinde«, möchte Kant beweisen, daß Moralität »kein leerer Begriff«, »kein Hirngespinst« und »keine chimärische Idee ohne Wahrheit« ist und daß es ihr folglich nicht an »Beziehung auf

3 A. R. C. Duncan, Practical Reason and Morality, Edinburgh 1957; H. J. Paton, The Aim and Structure of Kant's Grundlegung, in: Philos. Quart. VIII (1956), 112-130.

irgendein mögliches Objekt« fehlt (Ak.-A. IV 425. 445. 408). Aus Kants Transzendentaler Deduktion der reinen Verstandesbegriffe sind diese Ausdrücke wohlbekannt. Aber man wundert sich, ihnen im Kontext von Überlegungen über die Grundlegung der Ethik zu begegnen. Man hätte von Kant eine grundsätzliche Erklärung darüber erwarten dürfen, ob eine Transzendentale Deduktion in der ethischen Theorie überhaupt förderlich ist oder ob naheliegende Zweifel an der Anwendbarkeit jener Ausdrücke auf Imperative und Normen zerstreut werden können. Leider übergeht Kant aber sogar die Frage, wodurch sein synthetischer Satz ein praktischer Satz wird. Da indes die »Gültigkeit« praktischer Sätze sein eigentliches Problem ist, muß man wohl bezweifeln, daß Kant einen wesentlichen Unterschied zwischen der Gültigkeit theoretischer und praktischer Sätze in Betracht gezogen hat.

Dieser Unterschied scheint aber, hat man ihn erst bemerkt, ganz beträchtlich zu sein. Ein Vergleich von elementaren Seinssätzen mit elementaren Sollenssätzen möge dies deutlich machen.

Unter ›Elementarsatz‹ verstehe ich einen Satz, in dem einem Subjekt oder mehreren Subjekten ein Prädikat zu- oder abgesprochen wird. Nun kann man aber ein Prädikat auf zwei gänzlich verschiedene Weisen zu- oder absprechen. Man kann (1) behaupten, es sei der Fall, daß das Prädikat P dem Subjekt x zukommt oder nicht zukommt. Und man kann (2) entscheiden, es solle der Fall sein, daß das Prädikat P dem Subjekt x zukommt oder nicht zukommt. Was auf diese Weise entweder der Fall ist (nicht der Fall ist) oder der Fall sein soll (nicht der Fall sein soll), möge ›Sachverhalt‹ heißen. Ein Sachverhalt kann durch einen Elementarsatz ausgedrückt werden. Ein Seinssatz enthält demnach ein weiteres logisches Element, kraft dessen wir behaupten, der in Rede stehende Sachverhalt sei »wirklich«, das heißt er sei eine »Tatsache«. Ein Sollenssatz hingegen zeichnet sich durch ein charakteristisches logisches Element aus, durch das ein Sachverhalt als etwas, das der Fall sein soll, hingestellt wird.

Ich gehe davon aus, daß der elementare Seinssatz als die Basis dienen kann, von der aus alle theoretischen Sätze (Urteile) konstruiert werden können, und daß alle praktischen Sätze im Ausgang vom elementaren Sollenssatz gebildet werden können. Wenn diese Annahme richtig ist, das heißt wenn alle theoretischen und praktischen Sätze aus ihren Elementarformen konstruierbar sind, so gelten die fundamentalen Unterschiede zwischen elementaren

Seinssätzen und elementaren Sollenssätzen für alle theoretischen und praktischen Sätze ohne Ausnahme.

Es gibt nun einen fundamentalen Unterschied zwischen elementaren Seinssätzen und elementaren Sollenssätzen im Hinblick auf ihre Gültigkeit. Ein Seinssatz kann gültig genannt werden, wenn er wahr ist, das heißt wenn der Sachverhalt, der in diesem Satz behauptet wird, wirklich (eine Tatsache) ist. Durch einen Sollenssatz hingegen wird nicht behauptet, ein Sachverhalt sei eine Tatsache, sondern erklärt, ein Sachverhalt solle eine Tatsache sein. Wenn ich etwa vor einer Wand stehe und von ihr behaupte, sie sei grün, so wird dieses Urteil wahr oder falsch sein. Aber wenn ich in derselben Situation (z. B. zu einem Maler) sagen würde, die Wand solle grün sein, so ist es sinnlos zu fragen, ob ich die Wahrheit gesprochen habe, es sei denn, dieser Sollenssatz kann als Teil eines Seinssatzes aufgefaßt werden. Zum Beispiel als Teil des Satzes ›x ist der Ansicht, diese Wand solle grün sein‹. Der Satz ›Diese Wand soll grün sein‹ an sich kann weder wahr noch falsch sein.[4]

Um das Problematische an Kants Frage nach der Gültigkeit praktischer Sätze zu verdeutlichen, möchte ich nun dazu übergehen, elementare Imperative aus elementaren Sollenssätzen zu konstruieren. In dem voranstehenden Beispiel erhält man einen Imperativ, wenn der Maler aufgefordert wird, den erwähnten Sachverhalt, der gedacht und mitgeteilt wird als etwas, was der Fall sein soll, zu einer Tatsache zu machen. Wenn alle übrigen Bedingungen gegeben sind, wird er dies (aus welchen Gründen auch immer) tun, falls er seinerseits entscheidet, diese Wand solle grün sein. Der Maler muß sich den Gedanken, der durch den Sollenssatz ›Diese Wand soll grün sein‹ ausgedrückt und mitgeteilt wird und der ein Bestandteil meines an ihn gerichteten Imperativs ist, zu eigen machen. Daß er sich meinen Gedanken zu eigen machen solle, ist ebenfalls ein elementarer Sollenssatz, und auch dieser ist ein Bestandteil meines an den Maler gerichteten Imperativs. Auch dieser kann folglich weder wahr noch falsch sein. Der einzige Unterschied besteht darin, daß in diesem elementaren Sollenssatz eine Person das Subjekt ist, das heißt ein Wesen, das in der Lage ist, von

4 Ein Seinssatz ist wahr, wenn der in ihm ausgedrückte Sachverhalt eine Tatsache ist. Wenn der in einem Sollenssatz ausgedrückte Sachverhalt eine Tatsache ist, so heißt diese Tatsache unter der Bedingung jenes Sollenssatzes gut.

sich aus zu entscheiden, daß etwas der Fall oder nicht der Fall sein soll. Die Forderung, die in dem Imperativ ausgedrückt ist, bedarf in jedem Falle der Zustimmung; damit sie wirksam werden kann, muß sie »anerkannt« werden. Der Akt der Anerkennung (in diesem besonderen Sinne) hat als sein Objekt nicht eine Tatsache oder einen behaupteten Sachverhalt, sondern einen Sachverhalt, der nach der Meinung eines Proponenten der Fall sein soll.

Aus elementaren Imperativen, die sich an ein Individuum richten und elementare Sachverhalte mitteilen, ist es nun möglich, universale Imperative mit einer unbegrenzten Anzahl von Personen als Adressaten zu konstruieren, die universale Sachverhalte mitteilen. Solche universalen Imperative können ›Normen‹ genannt werden. Da sie allein mit den Mitteln der Quantorenlogik aus elementaren Imperativen konstruiert werden können, gilt von Normen abermals, daß sie weder wahr noch falsch sind, sondern ihre Gültigkeit allein durch einen Akt der Anerkennung erhalten. ›Allgemeingültig‹ kann eine Norm genannt werden, die von allen Normadressaten anerkannt wird. Die Allgemeingültigkeit einer Norm hat daher mit der Allgemeingültigkeit theoretischer Sätze, das heißt mit ihrer Wahrheit, wenig gemeinsam. Die einen wie die anderen sind allgemein, und wahre theoretische Sätze sollten allgemein für wahr gehalten werden. Das ist alles.

Nach diesen Vorbereitungen wird leichter zu verstehen sein, was Kant mit seiner Frage nach der »objektiven Gültigkeit« praktischer Sätze meint. Normen, die von den Normadressaten tatsächlich anerkannt werden und so für jeden einzelnen gelten, kann man ›subjektiv gültig‹ nennen. Objektiv gültig sind dann diejenigen Normen, in Beziehung auf welche man den Anspruch zu erheben berechtigt ist, daß jeder Normadressat sie anerkennen sollte. Diese Bedingung ist offenbar immer dann erfüllt, wenn eine Norm aus einer anderen Norm, die tatsächlich von allen Normadressaten dieser Norm anerkannt wird, abgeleitet werden kann. In diesem Fall beruht die objektive Gültigkeit der Norm auf der vorgängigen Anerkennung einer fundamentaleren Norm. Aber es ist natürlich nicht die Gültigkeit von Normen, die auf der Anerkennung bereits etablierter Normen beruht, um die es in Kants Untersuchung geht, sondern vielmehr die objektive Gültigkeit einer Norm, die gerade nicht von der Anerkennung einer übergeordneten Norm abhängt. Es handelt sich hier um die Frage, die L. W. Beck das Problem der äußeren Rechtfertigung normativer Systeme genannt hat.[5] In der Transzendentalen Deduktion der »Grundlegung« geht es folglich um den Nachweis, daß der Kategorische Imperativ ein synthetisch-praktischer Satz ist, dessen Anerkennung als Norm von jedem Normadressaten zu fordern man jederzeit berechtigt ist.

Dies scheint mir der verstehbare Sinn von Kants Frage ›Wie ist ein synthetischer praktischer Satz a priori möglich?‹ zu sein. Kants Frage enthält demnach die Aufgabe, der Grundnorm, von der alle moralische Verpflichtung abzuleiten ist, ein Fundament zu geben oder sie zu rechtfertigen. Daß auch Kant seine Aufgabe in diesem Sinne verstand, wird erst in seinen vorbereitenden Überlegungen zur Transzendentalen Deduktion des Moralprinzips vollends deutlich. Dort erklärt Kant, es komme darauf an: einzusehen, »woher das moralische Gesetz verbinde« (Ak.-A. IV 450).

Freilich, fast alle Äußerungen Kants darüber, wie seine Aufgabe erfüllt werden könne, scheinen mit der soeben vorgetragenen Interpretation unvereinbar zu sein. In Kants Konzeption gibt es, um das mindeste zu sagen, eine Verlagerung des Schwergewichts, die besondere Aufmerksamkeit verdient. Sie bildet den eigentlichen Gegenstand der vorliegenden Analyse. Nach Kants Worten handelt es sich darum, »a priori zu beweisen, daß dergleichen Imperativ wirklich stattfinde, daß es ein praktisches Gesetz gebe, welches schlechterdings und ohne alle Triebfedern für sich gebietet, und daß die Befolgung dieses Gesetzes Pflicht sei« (Ak.-A. IV 425). Seine Absicht ist also von Beginn an, die Existenz eines Gesetzes zu beweisen, das in ihm selbst die Verpflichtung zum Gehorsam enthält. Was er erreichen möchte, ist nicht so sehr die Rechtfertigung des Anspruchs, daß die moralische Grundnorm anerkannt werden sollte, sondern vielmehr der Nachweis einer Tatsache – der Tatsache, daß die Grundnorm unbedingt verpflichtet. Wenn dieser Nachweis geglückt ist, so steht für ihn fest, daß der Kategorische Imperativ »wirklich stattfinde«. Die Frage nach der Möglichkeit eines Kategorischen Imperativs – so sagt Kant an anderer Stelle – »verlangt nicht zu wissen, wie die Vollziehung der Handlung, die der Imperativ gebietet, sondern bloß wie die Nötigung des Willens, die der Imperativ in der Aufgabe ausdrückt,

5 L. W. Beck, Das Faktum der Vernunft, in: Kant-Studien LII (1961), 271-282 (engl.: The Fact of Reason. An Essay on Justification in Ethics, in: Studies in the philosophy of Kant, Indianapolis 1965, 200-214).

gedacht werden könne« (Ak.-A. IV 417). Die Nötigung des Willens, die im Kategorischen Imperativ enthalten ist, kann nach seiner Darstellung in den früheren Stadien seiner Darlegungen nicht als bewiesen gelten; die »Wirklichkeit« dieser Nötigung steht noch nicht fest. Die »Wirklichkeit« des Kategorischen Imperativs ist aber (anders als die Wirklichkeit der Grundsätze des reinen Verstandes) in der Erfahrung nicht gegeben; die Frage nach der Möglichkeit dieses synthetischen Satzes a priori zielt also nicht bloß auf die »Erklärung« der Wirklichkeit des Kategorischen Imperativs. Aber gerade deshalb erblickt Kant seine Aufgabe darin, durch den Nachweis, daß ein synthetisch-praktischer Satz a priori *möglich* ist, die *Wirklichkeit* des Kategorischen Imperativs »festzusetzen« (Ak.-A. IV 419 f.), das heißt doch wohl: die Tatsächlichkeit des Kategorischen Imperativs und der in ihm ausgedrückten Nötigung des Willens zu beweisen.[6]
Die wahre Bedeutung von Kants Interpretation des Kategorischen Imperativs als eines synthetisch-praktischen Satzes a priori wird hier klar. Die Antwort auf die Frage, wie ein solcher Satz möglich ist, läuft für Kant darauf hinaus, daß moralische Verpflichtung wirklich existiert oder daß die Existenz einer moralischen Verpflichtung eine Tatsache ist. Die Aufgabe, der moralischen Grundnorm ein Fundament zu geben oder sie zu rechtfertigen, verwandelt sich so in den Versuch nachzuweisen, daß ein Sachverhalt wirklich existiert, und diese Tatsache zu erklären. Das Problem einer Grundlage der Ethik gilt als eine Frage, die sich im Rahmen einer moralischen Anthropologie stellt und lösen läßt.
Daß das Problem einer Grundlegung der Ethik sich wandelt, ist eine Vermutung, die sich an Kants Auflösung der Frage nach der Möglichkeit eines synthetisch-praktischen Satzes a priori bestätigen läßt. Es kommt Kant darauf an, das Faktum einer moralischen Nötigung des Willens »festzusetzen« und dieses Faktum durch ein anderes Faktum zu erklären, durch die Tatsache nämlich, daß der Mensch zugleich ein Glied der Verstandeswelt und der sinnlichen Welt ist: Der reine, für sich selbst praktische Wille enthält die oberste Bedingung des Willens unter der Bedingung der Sinnlichkeit und erscheint so als eine Nötigung. Aber dieser Gedanke

6 Als erster beging Hobbes den reduktiven Fehlschluß, indem er die moralische Verpflichtung auf eine Nötigung des Willens zurückführte; vgl. dazu meine Einleitung zu F. Tönnies (in diesem Bd. 199-276).

Kants enthält natürlich keine Rechtfertigung der Forderung, daß jedes Vernunftwesen den Kategorischen Imperativ als eine allen gemeinsame Grundnorm anerkennen sollte. Es handelt sich vielmehr um eine Theorie, die erklären soll, warum der Anspruch auf Anerkennung, der mit dieser Grundnorm verbunden ist, den Normadressaten als etwas Nötigendes erscheint.

Immer wieder hatte Kant in der »Grundlegung« davor gewarnt, die Realität des moralischen Prinzips aus einer besonderen Eigenschaft der menschlichen Natur ableiten zu wollen; denn in der praktischen Philosophie handle es sich nicht darum, »Gründe anzunehmen von dem, was geschieht, sondern Gesetze von dem, was geschehen soll« (Ak.-A. IV 408. 427). Durch solche Äußerungen könnte ein Leser und Interpret auf die Vermutung gebracht werden, daß Kant auf dem Grundsatz insistiert, Sollen könne überhaupt nicht von Sein abgeleitet werden. Das Ergebnis der vorliegenden Analyse ist hingegen, daß Kant lediglich vor dem Versuch warnen wollte, moralische Normen von einer besonderen Klasse von Seinssätzen, nämlich von Seinssätzen über die menschliche Natur, abzuleiten. Er verlangte dagegen ausdrücklich, daß das Sittengesetz aus dem allgemeinen Begriff eines Vernunftwesens als solchen deduziert würde (Ak.-A. IV 412. 426). Diese Deduktion – sie möge hier einmal im Gegensatz zu einer transzendentalen Deduktion in der Ethik ›metaphysisch‹ genannt werden – beruht auf dem Grundsatz: »Die vernünftige Natur existiert als Zweck an sich selbst« (Ak.-A. IV 429). Sie stützt sich mithin auf einen Satz der Metaphysik der Natur. Genau entsprechend möchte Kant die moralische Verpflichtung auf die »ungesellige Geselligkeit des Menschen« als eines sinnlichen Verstandeswesens zurückführen (Ak.-A. VIII 20). Was Kant zurückweist, ist demnach eine Begründung der Ethik auf empirische Seinssätze zugunsten einer Begründung auf Seinssätze der rationalistischen Metaphysik. Und darin besteht sein naturalistischer Fehlschluß.

Kants metaethische Bemühungen gehen in die Irre und enden in einer Metaphysik der Sitten, die deutlich ihren Ursprung aus einem säkularisierten christlichen Platonismus erkennen läßt. Diese Metaphysik umgibt ein Hauch von Kritizismus, weil Kant die intelligible Welt der Platoniker in der Sphäre der Dinge an sich ansiedelt. Gleichwohl sind alle Einwände, die man gegen die platonische und platonistische Fehldeutung der Normen und des Guten als etwas Existierendes und irgendwie Seiendes erheben muß, ebenso gegen Kants Metaphysik der Sitten zu richten. Kant hat seine Lehre über die Möglichkeit synthetisch-praktischer Sätze a priori zwar unter den Titel ›Übergang von der Metaphysik der Sitten zur Kritik der reinen praktischen Vernunft‹ gestellt. Gleichwohl muß man feststellen, daß Josef Schmucker die Existenz einer kritischen Ethik bei Kant nicht ohne Grund bestritten hat.[7]

Zwei Jahre nach der »Grundlegung« hat Kant, in seiner zweiten »Kritik«, den Versuch einer metaphysischen Begründung der Ethik in einem wichtigen Punkt aufgegeben. Der synthetische praktische Satz a priori, auf den sich alle seine Bemühungen um eine Grundlegung der Ethik beziehen, gilt jetzt als ein Faktum, das weder begründet noch erklärt werden kann. Was mit dieser These gemeint ist, scheint indes bis heute weithin ungeklärt zu sein. Diese Unsicherheit läßt sich aber meines Erachtens beseitigen, wenn man auf die traditionelle Terminologie, derer sich Kant bedient, genügend achtet.

Eine Tatsache ist ein bestehender Sachverhalt. In dieser Definition ist über die Möglichkeit einer Erklärung, warum etwas als Tatsache gegeben ist, nichts gesagt. Wenn wir etwas als Tatsache bezeichnen, so denken wir es einfach als einen existierenden Sachverhalt, der vielleicht erklärbar, aber jedenfalls nicht erklärt ist. Indem wir etwas eine Tatsache nennen, sagen wir etwas über das Bestehen eines Sachverhalts *und* über die Art und Weise, wie uns dieser Sachverhalt gegeben ist. Solange ein Sachverhalt als Tatsache bezeichnet wird, ist es noch nicht gelungen, ihn in den Kontext einer Erklärung zu stellen; es fehlt ihm noch die Begründung.

Wenn Kant in der »Kritik der praktischen Vernunft« in Abrede stellt, daß der synthetisch-praktische Satz a priori erklärt oder begründet werden kann, so bedeutet dies in traditioneller Terminologie nichts anderes, als daß dieser Satz eine Tatsache darstellt – vorausgesetzt, seine Wahrheit kann erwiesen werden. Nun wird Tatsachenwahrheit gewöhnlich durch direkten oder indirekten Rückgang auf Wahrnehmungen festgesetzt. Aber Kants moralische Verpflichtung, die in einem synthetisch-praktischen Satz a priori ausgedrückt ist, ist gewiß nicht solch eine empirische Tatsa-

7 J. Schmucker, Die Ursprünge der Ethik Kants in seinen vorkritischen Schriften und Reflexionen, Meisenheim/Glan 1961.

che. Eher schon könnte man sie nach der Analogie der unbewiesenen und unbeweisbaren Erkenntnisprinzipien begreifen, die nach der Wissenschaftstheorie des Aristoteles (um Kants eigene Worte zu gebrauchen) »aller Wissenschaft als erste Data zum Grunde gelegt werden müssen« (Ak.-A. v 91) und die gleichsam in einem Akt unmittelbarer geistiger Erfassung (»intuitiv«) wahrgenommen werden. So erscheint es ganz natürlich, wenn Kant seine unbeweisbare Tatsache moralischer Verpflichtung ein »Faktum der Vernunft« nennt (Ak.-A. v 31. 42. 47. 55. 91. 104).

Diese berühmte Formel ist daher ein Äquivalent der These, die Kant in seiner zweiten Kritik vertritt: daß die Tatsache der moralischen Verpflichtung nicht begründet werden kann oder daß eine Transzendentale Deduktion des Moralprinzips unmöglich ist. Dies ist gegenüber Kants Lehren in der »Grundlegung« gewiß ein Fortschritt. Denn mit seinem Verzicht auf eine Transzendentale Deduktion des Moralprinzips gab Kant jede Grundlegung der Ethik im Rückgang auf Seinssätze der rationalistischen Metaphysik auf. Aber unglücklicherweise ließ Kant nicht auch zugleich seine Ansicht fallen, daß eine Grundlegung der Ethik in der Beantwortung der Frage gesucht werden muß, ob moralische Verpflichtung eine Tatsache ist oder nicht. Er fuhr fort, daran zu glauben, daß eine Grundnorm an sich verpflichtend und ihre bindende Kraft eine Tatsache sein kann.

Bis zu welchem Ausmaß Kant auch in seinem größten ethischen Werk den besonderen Charakter praktischer Sätze vernachlässigte, läßt sich an seiner Erklärung, warum eine Transzendentale Deduktion des Prinzips der praktischen Vernunft nicht möglich ist, zeigen. Die Grundsätze des reinen theoretischen Verstandes, so erklärt Kant, sind Bedingungen der Möglichkeit, durch die »Erscheinungen als Gegenstände der Erfahrung *erkannt* werden können«. Das moralische Gesetz hingegen betreffe nicht »das Erkenntnis von der Beschaffenheit der Gegenstände, die der Vernunft irgend wodurch anderwärts gegeben werden mögen«. Aber statt darauf zu bestehen, daß das moralische Gesetz sich auf überhaupt keine Erkenntnis von Gegenständen bezieht, geht Kant dazu über zu betonen, auch das Sittengesetz habe es mit einer Erkenntnis von Gegenständen zu tun; der Unterschied soll lediglich darin bestehen, daß diese Erkenntnis »Grund von der Existenz der Gegenstände selbst werden kann« und daß die Vernunft durch diese Erkenntnis »Kausalität in einem vernünftigen Wesen hat« (Ak.-A. v 46). In der Tat, Kant darf in beiden Hinsichten den wesentlichen Unterschied zwischen theoretischen und praktischen Grundsätzen vernachlässigen und darüber hinwegsehen, daß das moralische Prinzip ein Sollenssatz ist. Aber das ist gerade nicht der Punkt, auf den es ankommt.

Die neue Lehre der zweiten »Kritik« ist wahrscheinlich nicht so sehr eine Folge seines Scheiterns bei seinen Bemühungen um eine Transzendentale Deduktion des Moralprinzips. Sie ist vielmehr eine Konsequenz seiner Überzeugung, daß eine Transzendentale Deduktion überflüssig sein würde. Mit seiner Lehre vom Faktum der Vernunft möchte Kant vor allem betonen, daß die objektive Realität des moralischen Gesetzes »für sich selbst feststeht« (Ak.-A. v 47) und daher nicht erst durch die Beziehung auf ein Drittes (Ak.-A. iv 447) festgesetzt werden muß. Das einzige Problem im ganzen Feld einer Grundlegung der Ethik, das übrig bleibt und das mit der Lehre vom Faktum der Vernunft gelöst werden soll, ist daher, ob moralische Verpflichtung objektiv besteht. Kant sucht diese Frage mit seiner bekannten Berufung auf die »Urteile des gemeinen Verstandes« zu beantworten. Aber es wäre seltsam, wenn Kant nicht bemerkt hätte, daß er auf diese Weise nie zur Formulierung universaler Urteile gelangen konnte und daß, die Universalität seiner Urteile einmal vorausgesetzt, seine ethischen Urteile höchstens subjektive Gültigkeit (im oben definierten Sinne) erhalten konnten, wo es doch um ihre objektive Gültigkeit zu tun war. Wer sich für verpflichtet hält, ist nicht allein aufgrund dieser Überzeugung objektiv (d. h. aus rationalem Grund) verpflichtet.

Ich unterstelle daher, daß es nicht die Erinnerung an den »gemeinen Verstandesgebrauch« war, was Kant zu einer radikalen Änderung seiner Ansichten über die Grundlegung der Ethik veranlaßte. In seiner früheren moralphilosophischen Schrift hatte er die Auffassung vertreten, die »gemeine Menschenvernunft« werde »selbst aus praktischen Gründen angetrieben, aus ihrem Kreise zu gehen und einen Schritt ins Feld einer praktischen Philosophie zu tun« (Ak.-A. iv 405). Wenn Kant zwei Jahre darauf für gewiß hält, daß reine Vernunft »ihre und ihrer Begriffe Realität durch die Tat« beweist (Ak.-A. v 3), so wird er schwerlich hinter jene Einsicht zurückgefallen sein, sondern vielmehr sich auf ein Argument stützen, dessen Bedeutung ihm in der »Grundlegung« noch nicht klar geworden war.

Dieses Argument könnte in Kants Feststellung liegen, daß ein Mensch allein durch eine moralische Entscheidung sein Leben zu opfern imstande ist (Ak.-A. v 30). Kant nimmt an – und man wird ihm darin zustimmen können –, daß jedes menschliche Wesen diese Fähigkeit in sich vorfinden und sein Urteil bestätigen kann. Dies nimmt er als einen Beweis der »Realität« des moralischen Gesetzes und der Freiheit. Vor dem Hintergrund seiner Anthropologie erscheint diese moralische Erfahrung als eine Manifestation der reinen Vernunft in der Sphäre der Sinnlichkeit. Sie ist selbst jene Tat oder Handlung, durch die sich die Vernunft als praktisch erweist. Dieser »Erweis durch die Tat«, im Gegensatz zu jedem Beweis aus Gründen oder aus Beobachtungen, kann ein »Faktum« genannt werden, wenn ›Faktum‹ soviel wie ›Handlung‹ oder ›Tat‹ heißt.[8] Da es die Vernunft ist, die durch diese Handlung ihre Wirklichkeit beweist, kann Kant hier von *dem* »Faktum der Vernunft« reden (Ak.-A. v 31). Da das Faktum der Vernunft in einer moralischen Erfahrung erkannt wird, ist es zugleich – um L. W. Becks Ausdruck zu gebrauchen – ein »Faktum *für* die Vernunft«. Und da schließlich dieses einzige Faktum der reinen Vernunft nicht als ein Sachverhalt zu denken ist, der unabhängig von unserer Erkenntnis existiert, so kann es auch »gleichsam ein Faktum« genannt werden (Ak.-A. v 47. 55. 91. 104).

Wenn man Kants etwas dunkle Bemerkungen über das Faktum der reinen Vernunft im Lichte der Erfahrung der Fähigkeit des Menschen, allein aus moralischen Überzeugungen sein Leben zu opfern, interpretiert, so wird sein Gedanke, daß durch dieses Faktum sich die Vernunft »als ursprünglich gesetzgebend (sic volo, sic jubeo) ankündigt«, verständlich (Ak.-A. v 31). Ebenso wird dann verständlich, wie Kant in der zweiten Auflage der »Kritik der reinen Vernunft« jenes Faktum der Vernunft als eine im Bewußtsein unserer Existenz enthaltene Spontaneität beschreiben konnte, der die Kraft eigen ist, »unsere nur sinnlich durchgängig bestimmbare Existenz doch ... in Beziehung auf eine intelligible (freilich nur gedachte) Welt zu bestimmen« (Ak.-A. III 280).

Zweifel bleiben indes angesichts der Deutung, die Kant der in Rede stehenden moralischen Erfahrung untergelegt hat. Überge-

8 Im Deutschen wird ›factum‹ häufig durch Wendungen mit ›Tat‹ wiedergegeben (›in der Tat‹, ›Tatsache‹); im Englischen sind ›indeed‹ und ›in fact‹ äquivalent.

hen könnte man Kants offenkundige Unfähigkeit, Moralität anders als nach dem Modell einer moralischen Welt und diese wiederum anders als nach dem Modell der Natur zu konzipieren. Aber reicht jene Fähigkeit, an die Kant uns erinnert, aus, die »objektive Realität« des moralischen Gesetzes zu etablieren? Beweist sie die Gültigkeit des moralischen Gesetzes oder wenigstens eines moralischen Gesetzes? Menschen sind bisweilen bereit, ihr Leben für Überzeugungen zu opfern, die gewöhnlich nicht als moralisch gelten, wie der Fanatismus aller Zeiten beweist. Hegel ging daher gewiß nicht fehl, als er im Kampf auf Leben und Tod um Herrschaft oder Knechtschaft einen »Beweis durch die Tat« für das Selbstbewußtsein des Menschen erkannte. Wenn die Fähigkeit des Menschen, sein Leben zu opfern, die Freiheit des Menschen beweist, so beweist sie gewiß nicht die Anerkennung der objektiven Gültigkeit des moralischen Gesetzes. Das Problem einer Grundlegung der Ethik bleibt so ungelöst.

Daß es Kant nicht gelang, der Ethik ein rationales Fundament zu geben, und daß ihm dies nicht einmal gelingen konnte, wird begreiflich, wenn man beachtet, daß er überzeugt war, die »Wahrheit« oder die »Realität« des Sittengesetzes beweisen zu müssen. Daß dies die Frage war, glaubte Kant vermutlich, weil es der einzige Weg zu sein schien, die objektive Gültigkeit eines moralischen Gesetzes zu beweisen. Aus demselben Grunde hatten schon Platon und alle seine Nachfolger in ihrem Bestreben, dem ethischen Relativismus zu entgehen, das Fundament der Ethik in irgendeiner Ordnung der Wirklichkeit gesucht. Auf diese Weise verfehlte Kant ebenso wie Platon den Punkt, von dem das ganze Problem einer Grundlegung der Ethik abhängt, die Frage: Ist das Sittengesetz eine solche Grundnorm, im Hinblick auf welche man fordern darf, daß alle Normadressaten sie, unabhängig von ihrer individuellen Willkür und Interessenlage, als gemeinsame Grundnorm anerkennen sollten?

Die Schwierigkeit dieses Problems hängt offenkundig an der Aufgabe, eine Forderung zu rechtfertigen – die Forderung, alle sollten die Grundnorm anerkennen –, ohne daß es erlaubt wäre, irgendeine vorgängig anerkannte Norm vorauszusetzen. Man kann nicht einmal zugeben, daß die Anerkennung solcher Normen als gesichert angesehen werden darf, deren Anerkennung in jedem Versuch vorausgesetzt ist, zu einer Verständigung über Normen zu gelangen, sobald Personen das Normenproblem ernsthaft untereinander zur Entscheidung zu bringen suchen. Denn die Aufgabe ist hier nicht, eine Norm zu formulieren, deren Gültigkeit vorgängig durch die Anerkennung einiger sichergestellt ist, sondern sich einer Grundnorm zu vergewissern, die von allen anerkannt werden sollte, selbst wenn sie nicht geneigt wären, dies unter allen Umständen zu tun.

Wenn indes eine Grundnorm wie der Kategorische Imperativ die Bedingung erfüllt, daß kein Grund denkbar ist, auf den sich jemand berufen könnte, der nicht geneigt ist, diese Grundnorm anzuerkennen, so müßte die Forderung, daß alle Adressaten diese Norm anerkennen sollten, weil niemand, der sich seiner Entscheidung bewußt geworden ist, umhin könnte, sie anzuerkennen, als berechtigt gelten. Eine Grundnorm, die diese Bedingung erfüllt, darf gewiß ›objektiv gültig‹ genannt werden. Eine objektiv gültige Grundnorm verpflichtet nicht eo ipso, wenn ebenso wahr ist, daß jede Verpflichtung aus einem Akt der Übernahme einer Verantwortlichkeit entspringt. Nun beruhen alle menschlichen Gemeinschaften auf der Tatsache, daß alle Mitglieder einer besonderen menschlichen Gemeinschaft diejenigen Normen, die die Beziehungen zwischen den Mitgliedern dieser besonderen Gemeinschaft regeln, anerkannt haben. Das moralische Gesetz hat nun als diejenige Grundnorm zu gelten, die die Beziehungen von Menschen oder Vernunftwesen überhaupt, unabhängig von ihrer Zugehörigkeit zu irgendeiner tatsächlich bestehenden Gemeinschaft, regeln soll. Das Problem einer universalen Verpflichtung durch das moralische Gesetz läuft also auf die Frage hinaus, ob wir mit Recht annehmen, daß jedes Individuum, das zur Anerkennung des Moralgesetzes aufgerufen wird, »durch die Tat« erklärt hat, es wolle als Mitglied jener Gemeinschaft von Vernunftwesen angesehen werden, deren Grundnorm das Moralgesetz ist. Diese Frage muß ernsthaft geprüft werden. Aber man wird im vorhinein feststellen dürfen, daß ein menschliches Wesen, das nicht bereit ist, die Bedingungen der Möglichkeit einer Gemeinschaft von Vernunftwesen anzuerkennen, keinen Anteil haben kann an fast allen Dingen, die nach unserer Erfahrung das menschliche Leben lebenswert machen.

Jeder Kenner der Moralphilosophie Kants wird leicht erkennen, daß diese Gedanken zur Grundlegung der Ethik in vielen Lehren der kantischen Metaphysik der Moral ihre Entsprechung haben. Aber dort liegen sie begraben unter dem Dekor einer platonistischen Metaphysik, die mehr geeignet ist, ihre Bedeutung zu verdunkeln, als sie klar zu machen. Gleichwohl besteht die Möglichkeit, Kants Lehre vom Sittengesetz von ihren Elementen einer vorkritischen Metaphysik zu befreien und sie von Konfusion mit der Logik theoretischer Sätze frei zu halten. Aber um dies zu leisten, ist mehr erforderlich als eine einfache Anpassung der kantischen Philosophie an neue Formen der Analyse.

Bedürfnis und Norm
Platons Begründung der Ethik

Im ersten, deskriptiven Teil seiner »Philosophischen Anthropologie« hat Wilhelm Kamlah den Grundsatz

Wir Menschen alle sind bedürftig und sind aufeinander angewiesen.

bereitgestellt, aus dem er dann im zweiten, normativen Teil zu der ethischen Grundnorm

Es ist jedermann jederzeit geboten zu beachten, daß seine Mitmenschen bedürftig sind wie er, und demgemäß zu handeln.

glaubt übergehen zu können. Denn wer *eingesehen* habe, daß jener Grundsatz wahr ist, der habe eben damit *anerkannt*, daß jeder andere ebenso bedürftig ist wie er selbst. Die Anerkennung der Wahrheit jenes Grundsatzes impliziere die Anerkennung der Verbindlichkeit der entsprechenden Grundnorm.[1]

Man könnte an diesem Argument erstaunlich finden, daß Kamlah überhaupt den Versuch macht, auf der Grundlage einer deskriptiven Anthropologie präskriptive Sätze zu gewinnen. Der Verdacht, es handle sich dabei um die Herleitung von Normen aus Aussagen, verflüchtigt sich indes sofort, wenn man sich vergegenwärtigt, daß jene »deskriptive« Anthropologie nicht einfach beobachtbare Tatsachen beschreibt, sondern analytisch-rekursiv explizieren will, was in unserem normalen Miteinander-Leben und -Handeln immer schon impliziert ist. Eine solche Explikation stößt natürlich stets auch auf je schon gemeinsam anerkannte Normen, die unser Miteinander-Handeln regeln, und es ist daher durchaus keine *Metabasis eis allo genos*, wenn Kamlah zur Begründung der Ethik auf solche »deskriptiv« aufgewiesene Anerkennung von Normen rekurriert.

Mit Recht mag man hingegen bezweifeln, ob der Rekurs auf Bedürfnisse und eine wechselseitig vermittelte Bedürfnisbefriedigung das normative Fundament der Ethik sicherstellen kann. Die Befriedigung eines Bedürfnisses ist zwar stets irgendwie gerechtfertigt, wenn anders es ein Bedürfnis ist; die spezifisch moralische Frage bezieht sich in der Regel jedoch darauf, unter welchen Be-

1 W. Kamlah, Philosophische Anthropologie. Sprachliche Grundlegung und Ethik, Mannheim 1973, 95.

dingungen die Befriedigung eines Bedürfnisses erlaubt oder verboten ist. Gerade bei »natürlichen« Bedürfnissen, die der Lebenserhaltung des Individuums und der Arterhaltung dienen, steht völlig außer Frage, daß ihre Befriedigung als solche erlaubt ist; moralische und rechtliche Normen haben indes darüber zu entscheiden, ob die Befriedigung eines Bedürfnisses in einer gegebenen Situation erlaubt ist oder nicht. Daß diese Normen die Befriedigung natürlicher Bedürfnisse ermöglichen, ist gewiß eine *conditio sine qua non* ihrer Verbindlichkeit. Eine hinreichende Bedingung moralischer und rechtlicher Verbindlichkeit von Normen läßt sich indes aus der Feststellung menschlicher Bedürfnisse nicht gewinnen, weil Normen gerade die Bedingungen erlaubter Bedürfnisbefriedigung festlegen.[2]

Aber auch der Hinweis darauf, daß unsere spezifisch menschliche Bedürfnisbefriedigung wechselseitig vermittelt ist, vermag der Ethik noch nicht ihr normatives Fundament bereitzustellen. Gerade im gesellschaftlichen »System der Bedürfnisse« (Hegel), in dem Produzenten und Händler auf die Bedürfnisse der Konsumenten zu achten gezwungen sind, dient die wechselseitig vermittelte Bedürfnisbefriedigung je eigenen Interessen der jeweiligen Partner. Im Selbstverständnis der Mitglieder der arbeitsteiligen modernen Gesellschaft spielt eine moralisch motivierte Rücksicht auf ihre wechselseitige Angewiesenheit keine Rolle. Im Interesse ihrer Mitglieder liegt allein, daß das System der wechselseitigen Bedürfnisbefriedigung optimal organisiert sei. Zur Begründung der Ethik langt dieser Rekurs auf die Interessenlage ihrer Mitglieder schon darum nicht aus, weil ethische Normen auch für diejenigen Verbindlichkeit beanspruchen, die zur Befriedigung ihrer Bedürfnisse nicht aufeinander angewiesen sind.

2 O. Schwemmer hat dies richtig gesehen, wenn er der Ethik die Aufgabe stellt, Prinzipien der Konfliktbeseitigung zu formulieren (P. Lorenzen/O. Schwemmer, Konstruktive Ethik und Wissenschaftstheorie, Mannheim 1973, 108; ähnlich auch J. Mittelstraß in: Methodologische Probleme einer normativ-kritischen Gesellschaftstheorie, Frankfurt 1975, 151 ff.). Er scheint jedoch zu übersehen, daß Regeln der Konfliktbeseitigung als solche noch keine moralische Verbindlichkeit besitzen und um des wohlverstandenen Eigenwohls willen bei jedem Interessenausgleich gesucht zu werden pflegen. Zur Begründung der Ethik reicht daher das Interesse an Konfliktbeseitigung nicht aus. Ähnlich Kamlah, Von der Sprache zur Vernunft, Mannheim 1975, 208 Anm.

Der Versuch, eine ethische Grundnorm aus einer Anthropologie zu begründen, die den Menschen als ein bedürftiges und zur Bedürfnisbefriedigung auf andere angewiesenes Lebewesen versteht, hat indes eine – wie Kamlah sehr wohl weiß – lange, auf Platon zurückreichende Vorgeschichte. Schon darum mag es im Rahmen dieser Festschrift als gerechtfertigt erscheinen, Platons Begründung der Ethik in der »Politeia«[3] zu rekonstruieren und kritisch zu erörtern. Vielleicht wird dies dazu verhelfen, auch Kamlahs Begründungsversuch abschließend besser, als es sonst möglich wäre, zu würdigen.

I

Platon hat die Frage nach den Grundlagen der Ethik[4], d.h. die Frage, worauf letztlich die Verbindlichkeit allgemeiner moralischer Normen für Vernunftwesen überhaupt beruhe, in dieser Ausdrücklichkeit weder gestellt noch zu beantworten versucht.

3 Die hier vorgelegten Analysen unterscheiden sich vor allem durch die im Text angegebene Fragestellung von den grundlegenden und einflußreichen Untersuchungen, die Hans Kelsen zuerst 1933 vorgelegt hat (Die platonische Gerechtigkeit, in: H. Kelsen, Aufsätze zur Ideologiekritik, Neuwied 1964, 198-231). Kelsen konzentriert sich auf die Frage, ob es Platon gelungen sei, *materiale* Naturrechtsnormen abzuleiten, und zeigt, daß dies zu verneinen ist. Seine sachlich zutreffenden Darlegungen werden freilich durch eine kaum zurückgehaltene Abneigung gegen Platon beeinträchtigt (vgl. auch: Die platonische Liebe a.a.O. 114-197). K. R. Popper ist ihm leider auch darin gefolgt (Die offene Gesellschaft, 1). Die Fragestellung Kelsens ist von Hans Welzel in einer bereits klassisch gewordenen Abhandlung auf die gesamte Geschichte des Naturrechts angewandt worden (Naturrecht und materiale Gerechtigkeit). In ideologiekritischer Absicht hat E. Topitsch Kelsens Ansatz weiter ausgebaut (z. B. Das Problem des Naturrechts, in: Wiener Zeitschrift für Philos., Psych. u. Pädag. III, 1950, 121-140). – Die sehr verdienstlichen Untersuchungen von R. C. Cross und A. D. Woozley (Plato's Republic. A philosophical commentary, New York 1966) sowie R. Maurer (Platons ›Staat‹ und die Demokratie. Historisch-systematische Überlegungen zur politischen Ethik, Berlin 1970) gehen leider auf Fragen der rationalen Begründung der Ethik und der Naturrechtslehre nicht ein.

4 Das Wort ›Ethik‹ wird in diesem Aufsatz im Sinne Kants für jenes Sy-

Sobald man jedoch explizit formulieren möchte, auf welche Frage Platon eigentlich in den Büchern II-X der »Politeia« seine Antwort zu geben bemüht ist, wird man sagen müssen, es gehe ihm um die Frage nach den Grundlagen der Ethik (sowie um die Frage, *welche* moralischen und rechtlichen Normen allgemein verbindlich sind). Aus seiner Einleitung zum zweiten Buch und aus seinen zahlreichen Rückverweisen auf diese Einleitung in den folgenden Büchern geht dies hinreichend deutlich hervor.
In seiner Darlegung geht Platon bekanntlich von den provozierenden Thesen eines anonym bleibenden sophistischen Gegners aus, die bereits im ersten Buch der »Politeia« von Thrasymachos und im »Gorgias« von Kallikles vorgebracht worden waren.[5] So unbefriedigend diese Thesen über das, was »von Natur aus« gut bzw. schlecht ist, auch sein mögen, so klar lassen sie (auch in Platons hier und da gewiß vergröberndem Referat) das Problem immerhin erkennen, das in einer Grundlegung der Ethik zu lösen

stem moralischer Normen verwendet, dessen universale Verbindlichkeit philosophisch behauptet und verteidigt werden kann. Es ist also synonym mit Kamlahs Ausdruck ›normative Ethik‹ (bzw. ›Moralphilosophie‹). Der normativen Ethik stellt Kamlah bekanntlich eine »eudämonistische Ethik« im Sinne einer »Philosophie als Lebenskunst« gegenüber. Dies entspricht dem Sprachgebrauch und der vorherrschenden Fragestellung in der praktischen Philosophie des Altertums. In diesem Aufsatz soll nun gezeigt werden, daß Platons Eudämonismus zur Begründung einer (normativen) Ethik nicht geeignet ist. Diese These steht weder im Widerspruch zu Kamlahs Auffassung, die (normative) Ethik bedürfe der Ergänzung durch eine »Philosophie des geglückten Lebens«, noch zu seiner hohen Einschätzung des platonischen Beitrags zu einer solchen philosophischen Disziplin. Kamlah scheint indes zu verkennen (vgl. Philos. Anthr. 152), daß Kants Kritik am Eudämonismus sich lediglich auf die Frage bezieht, ob eine eudämonistische Begründung der (normativen) Ethik möglich sei: »Seine Glückseligkeit zu befördern, kann unmittelbar niemals Pflicht, noch weniger ein Prinzip aller Pflicht sein« (KpV Ak.-A. V 93).

5 Die drei platonischen Referate beziehen sich auf dieselbe Lehre und ergänzen einander. Der anonyme Sophist hat vielleicht auf Platons Kritik im ersten Buch der »Politeia« und im »Gorgias« geantwortet und dabei seine Lehre präzisiert. Diese Vermutung würde erklären, warum erst das Referat im zweiten Buch der »Politeia« eine genauere Vorstellung von ihr vermittelt. Mit diesem Referat stimmen Lehren, die Diogenes Laertius der Kyrenäischen Schule zuschreibt, auffällig überein (vgl. D. L. II 43.99).

ist. Gut nicht erst durch menschliche Konvention, sondern aufgrund der natürlichen Lebensbedingungen (und insofern unzweifelhaft gut) ist nach der Lehre des anonymen Sophisten eben das, was wir nach Abschluß eines Gesellschaftsvertrags »Unrecht« nennen; schlecht in demselben Sinne ist das sogenannte Unrechtleiden. Wenn man nämlich bei der Beurteilung unserer Handlungen von allen konventionellen Wertungen absehe, so enthülle sich das sogenannte Unrecht als die erfolgreiche Durchsetzung der eigenen Bestrebungen gegen die Bestrebungen anderer, und dies zu tun sei gerade das natürliche Streben aller Lebewesen. Eben darum sei die Verwirklichung dieses natürlichen Strebens »von Natur aus« gut.

Daß diese These nicht *nur* provokant ist, läßt sich leicht klarmachen. Wenn gut in des Wortes weitester Bedeutung jede Tatsache ist, die so ist, wie sie sein soll, so setzt jede sinnvolle Verwendung des Wortes ›gut‹ einen Gesichtspunkt voraus, im Hinblick auf welchen für ein Lebewesen ein möglicher Sachverhalt erstrebenswert ist. Als einen solchen Gesichtspunkt dürfen wir auf Grund von Introspektion und Extrapolation zunächst bei allen Lebewesen die durch natürliche Triebe und Bedürfnisse bestimmten Zwecke der Selbst- und Arterhaltung annehmen. Sie umfassen das, was wir mit dem anonymen Sophisten das je eigene Wohl (τὸ ἰδίᾳ ἀγαθόν: *Rp.* II 360 c 6-7) eines Lebewesens nennen können.[6] Gut *für es* ist daher, jedenfalls zunächst, sein eigenes Wohl, gleichgültig ob es gegen das natürliche Streben anderer Lebewesen durchgesetzt wird oder nicht. Bis zu diesem Punkt ist die referierte Lehre also durchaus akzeptabel.

Dies bedeutet freilich keineswegs, daß die rücksichtslose Durchsetzung des eigenen Wohls auch *an sich* (d. h. *für uns*, sofern wir darüber reflektieren) notwendig gut ist. Aber um von etwas, das nicht nur für es, sondern an sich gut ist, sinnvoll auch nur reden zu können, müßten wir einen Gesichtspunkt aufweisen können, im Hinblick auf welchen wir zu sagen berechtigt wären, etwas sei in einer anderen als der angegebenen Bedeutung gut. Einen Schritt in dieser Richtung tut Platons anonymer Sophist bereits mit dem Hinweis, daß für die Mehrheit[7] der Menschen die rücksichtslose

6 Denselben Grundbegriff (*bonum sibi*) verwendet auch Hobbes bei seinen vorbereitenden Analysen. Vgl. De Cive I 2 (OL 2, 160).

7 In diesem Punkte weicht Hobbes von der Lehre des anonymen Sophisten entscheidend ab: *Non est quod quis viribus fidens superiorem se*

und ungehemmte Verfolgung des Eigenwohls mehr Nachteile als Vorteile mit sich bringt (358 e 4-5). In der Reflexion über das, was für sie von Natur aus gut bzw. schlecht ist, zeigt sich ihnen daher, daß es im Interesse ihres *wohlverstandenen* Eigenwohls läge, ihre natürlichen Begierden gewaltsam zu hemmen (vgl. 359 c 3. 6) – vorausgesetzt, daß auch die anderen dazu sich bereit finden. Diese Einsicht gilt nun als hinreichende Motivation dafür, miteinander gewisse Normen (νόμοι) zu vereinbaren, die fortan eine neue Verwendung von ›gut‹ und ›schlecht‹ regeln sollen.

Diese Normen stützen sich auf einen Grundsatz, der in Platons Referat in drei verschiedenen Formulierungen auftritt:
(1) Alle sollen weder Unrecht tun noch Unrecht leiden (359 a 2).
(2) Alle sollen den Gleichheitsgrundsatz achten (359 c 6).
(3) Alle sollen sich fremden Eigentums enthalten (360 b 6).
Die erste dieser Formulierungen legt lediglich den Sprachgebrauch fest, indem sie bestimmt, daß fortan jede Handlung, die der nunmehr vereinbarten Grundnorm zuwiderläuft, ›Unrecht‹ heißen soll. Die zweite Formulierung stellt darauf ab, daß nur noch solche Handlungen erlaubt sein sollen, die zugleich jedem anderen Mitglied der Rechtsgemeinschaft erlaubt sind. Die dritte Formulierung endlich spricht jedem die ausschließende Verfügungsgewalt über sein Eigentum zu, indem sie zugleich allen übrigen Mitgliedern der Rechtsgemeinschaft den Eingriff in die Eigentumsrechte eines anderen verbietet. An welche Eigentumsrechte dabei zu denken ist, kann man an vier anschließend erwähnten, speziellen Normen erkennen: Verboten sind Diebstahl, Ehebruch, Tötung und die Befreiung eines Gefesselten (360 b 7-c 2). Die Grundnorm garantiert somit im einzelnen ein Recht auf Leib und Leben, Eigentum an Sachen, die ausschließliche Verfügung über die eigene Frau und u. U. die Befugnis, andere (z. B. einen Sklaven) in Fesseln zu legen.

Damit ist nach der Lehre des anonymen Sophisten eine Verwendung von ›gut‹ und ›schlecht‹ einsichtig gemacht, die nicht mehr an Begierden, Trieben oder Bedürfnissen, sondern an gemeinsam beschlossenen und anerkannten Normen orientiert ist. Fortan ist daher zu unterscheiden zwischen dem, was im Hinblick auf Begierden, Triebe und Bedürfnisse »von Natur aus« (φύσει) gut ist, und dem, was im Hinblick auf gemeinsam anerkannte Normen »durch Setzung« (θέσει) gut ist, u. zw. so, daß stets mit einem

aliis factum esse putet a natura (De Cive I 3, = OL 2, 162), um von hier aus ein System naturrechtlicher Normen auf der Grundlage des wohlverstandenen Eigenwohls sowie die Notwendigkeit eines Staatsvertrags abzuleiten.

Konflikt der beiden Wertgesichtspunkte gerechnet werden muß. So entsteht das Problem der Verbindlichkeit von Normen, d. h. die Frage, ob und warum im Konfliktsfalle das im Hinblick auf Normen Gebotene den Vorrang beanspruchen darf vor dem, was im Hinblick auf das jeweilige Eigenwohl erstrebenswert ist.
Der anonyme Autor dieser Lehre läßt bekanntlich keinen Zweifel daran, daß ein so begründetes Rechtssystem nur bedingt dem wohlverstandenen Eigenwohl dient (vgl. 360 c 6-7) und folglich insoweit nicht als verbindlich angesehen werden kann, als eine hinreichende Motivation fehlt, seine Normen auf Kosten des Eigenwohls zu befolgen. Wer, wie der Lyder Gyges, einen unsichtbarmachenden Ring besäße, würde im Interesse seines wohlverstandenen Eigenwohls handeln, wenn er sich, wie jener, alle Freiheiten zunutze machte, die ihm dieser einzigartige Besitz gewährt. Daran zeigt sich: Wenn das normativ Gebotene nur dadurch gerechtfertigt werden kann, daß es dem Wohle des je einzelnen dient, so fällt im Konfliktsfall jede rationale Entscheidung zugunsten des Eigenwohls aus, solange die schädlichen Folgen einer Normübertretung für den Täter geringer sind als die Vorteile dieser Tat. In einem so begründeten Rechtssystem kommt es daher nicht sowohl darauf an, »gerecht« (d. h. in Übereinstimmung mit den Normen) zu handeln, als vielmehr darauf: sich den Anschein zu geben, man befolge diese Normen auf das genaueste (362 a 2-3). Ihre prätendierte Verbindlichkeit erweist sich ebenso als eine bare Täuschung, wie die Menschen einander und sich selbst täuschen, wenn sie so tun, als hielten sie die Gerechtigkeit als solche (τὸ δίκαιον καθ' αὑτό) für etwas Gutes, während sie in Wahrheit nur fürchten, sogenanntes Unrecht zu erleiden (360 d 5-7). Gerechtigkeit bzw. Normativität (τὸ νόμιμον: 359 a 4) ist mithin (nach eleatischem Sprachgebrauch) nichts »Wirkliches« (ὄν), sondern nur ein »Name« (ὄνομα: vgl. 359 a 3).
Das ist gewiß eine ausgezeichnete, konsequente Argumentation, die entschiedenen Mut zur Rationalität verrät. Ihr zentrales Problem, die Verbindlichkeit von Normen, löst sie freilich auf, indem sie es einfach für nicht existent erklärt. Selbst im Horizont ihrer eigenen Intentionen ist dies jedoch unzureichend. Denn wenn das gesellschaftliche Normensystem seine Wirksamkeit nur der wechselseitigen Täuschung über die wahren Interessen und Absichten ihrer ausschließlich auf ihr Eigenwohl bedachten Mitglieder verdankt und wenn die so definierte Gerechtigkeit primär ein Han-

dikap des Gerechten (οἰκεία βλάβη) und ein Vorteil der anderen (ἀλλότριον ἀγαθόν) ist (343 c 3-5), so gefährdet die »ideologiekritische« Aufklärung des Sophisten die Gesellschaft in ihrem Bestand. Ist seine Lehre erst zur allgemeinen Ansicht geworden, so hat das die Gesellschaft zusammenhaltende Normensystem seine Wirksamkeit verloren, und der versteckte und offene Kampf aller Individuen gegeneinander bricht auch innerhalb der Gesellschaft, wo er durch den Gesellschaftsvertrag gebannt werden sollte, wieder auf.[8] Aber nur solange das gesellschaftliche Normensystem noch intakt ist, kann es sinnvoll erscheinen, einer Minderheit vermeintlicher Herrenmenschen das Recht auf Übertretung der Konventionen eben dieser Gesellschaft zu vindizieren.

Durch die Lehre des anonymen Sophisten ist nicht der Geltungsanspruch dieser oder jener gesellschaftlichen Konvention, sondern die Verbindlichkeit von Normen überhaupt und damit ihre das geordnete Zusammenleben von Menschen ermöglichende Kraft in Frage gestellt.[9] Die bloße Überzeugung, dieser normative Anspruch müsse doch gerechtfertigt sein, oder es sei, wie Platon im »Gorgias« versichert, sogar irgendwie »besser«, Unrecht zu leiden als Unrecht zu tun, hat dagegen, so ehrenwert sie im übrigen auch sein mag, keinerlei Gewicht. Gewiß ist es im Hinblick auf den Geltungsanspruch moralischer Normen verboten, Unrechtes zu tun; gewiß ist es im Hinblick auf unsere Begierden, Triebe und Bedürfnisse etwas Schlechtes, Unrecht zu erleiden; und gewiß ist mit der Verbindlichkeit moralischer Normen gemeint, es sei vorzuziehen, im Konfliktsfalle das »von Natur aus« Schlechte hinzunehmen. Die durch jenen Sophisten unabweisbar aufgeworfene Frage ist jedoch, wie dieser Geltungsanspruch gerechtfertigt und einsichtig gemacht werden kann. Auch wenn man Platons Überzeugung teilt, wird man nicht zugeben können, er habe dies im »Gorgias« (oder gar schon vorher im ersten Buch der »Politeia«, dem sog. »Thrasymachos-Dialog«) wenigstens in den Grundzügen befriedigend darzutun vermocht.[10] Platon selbst

8 Zur Konzeption eines Krieges aller gegen alle im Naturzustand vgl. Platon Legg. I 625 e 6.

9 Ähnlich bereits (vielleicht als unmittelbare Antwort auf die Lehren des anonymen Sophisten) der sog. Anonymus Iamblichi (II 401, 31 f. Diels/Kranz).

10 Platon versucht seine These im »Gorgias« durch einen definitorischen Trick zu beweisen, indem er zunächst die (vollkommen richtige) Ge-

mag dies schließlich eingesehen und eben darum sich entschlossen haben, in seinem großen Dialog über den Staat die Frage nach den Grundlagen der Ethik erneut zu erörtern. Wenn diese Vermutung zutrifft, darf die hier besprochene Einleitung zum zweiten Buch der »Politeia« als Ausdruck seines geschärften Problembewußtseins verstanden werden.

II

Schon im »Gorgias« hatte Platon die Auffassung vertreten, das Gute im Sinne des von moralischen Normen Gebotenen sei etwas Nützliches (ὠφέλιμον), also etwas dem Menschen im Hinblick auf seine spezifisch menschlichen Zwecke Förderliches. Das Nützliche hatte er dort vom Angenehmen (ἡδύ) als dem *vermeintlich* Nützlichen unterschieden. Diese Unterscheidung zwischen dem Nützlichen und dem Angenehmen spielte in Platons Problemanalyse etwa die gleiche Rolle wie die Unterscheidung zwischen dem von Natur aus Guten und dem durch Setzung Guten bei seinem sophistischen Gegner, d. h. also: Während dieser das moralisch Gute auf eine gesellschaftliche Konvention zu reduzieren versuchte, wollte Platon es als etwas dem Menschen im Hinblick auf seine spezifischen Zwecke Förderliches aufweisen. Dies rechtfertigt die vielleicht ein wenig überraschende Feststellung, daß sich Platon mit seinem sophistischen Gegner in einem außerordentlich wichtigen Punkt ganz einig ist: Beide betrachten das »von Natur aus« Gute als den maßgeblichen Gesichtspunkt bei allen Bewertungen und beide schließen aus, daß Vereinbarungen über Normen verbindlich sein können. Sie divergieren vor allem darin, daß Platon das »von Natur aus« Gute als Grundlage für die Bestimmung des moralisch Guten ansieht, während der Sophist die Unableitbarkeit des moralisch Guten aus seinen natürlichen Bedingungen behauptet. Ihre Divergenz bezieht sich mit-

genthese formuliert: Unrecht-Tun sei zwar »schändlicher« als Unrecht-Leiden; aber Unrecht-Leiden sei »schlechter« als Unrecht-Tun. Sodann definiert er das »Schöne« als das, was entweder nützlich oder angenehm ist, und das »Schändliche« als das, was entweder schädlich oder unangenehm ist. Daraus folgert er, auch gemäß dieser Gegenthese sei Unrecht-Tun schlechter als Unrecht-Leiden, da es ja offenbar nicht unangenehmer ist. Vgl. Gorg. 474 d 3 ff.

hin vor allem auf die Deutung dessen, was wir als »menschliche Natur« bezeichnen sollen, also auf ihre anthropologische Grundthese, während sie darin übereinstimmen, daß nur eine Anthropologie als Basis der Ethik in Betracht kommt.
Dieser Vorentscheidung ist Platon auch in der »Politeia« treu geblieben. Während nach der Lehre seines sophistischen Opponenten die Entstehung einer gesellschaftlichen Vereinigung in der Einsicht motiviert ist, daß die hemmungslose Verfolgung eigennütziger Interessen für die Mehrheit höchst unerfreuliche Folgen zeitigt, erklärt Platon nunmehr, der Ursprung einer politischen Gemeinschaft sei allein darin begründet, daß wir Menschen alle nicht autark, wie Gott, sondern bedürftig und zur Befriedigung unserer Bedürfnisse aufeinander angewiesen sind (369 b 5-c 11).[11] Denn die spezifisch menschliche Bedürfnisbefriedigung durch Arbeit führe zur Arbeitsteilung und damit zur Vergesellschaftung (369 d 1-373 d 6). Die Gesellschaft müsse aber durch eine bewaffnete Streitmacht die Bedingungen ihrer Produktion und ihres Warenaustauschs sichern (373 d 7-375 b 8). Zur Vermeidung von Konflikten zwischen der Gesellschaft und dem zu ihrem Schutz bestellten Militär sei schließlich die Einrichtung einer Obrigkeit erforderlich (375 b 9-376 c 6. 412 b 8-414 b 7). Mitglied einer politischen Gemeinschaft zu sein, bedeutet daher nach Platon nicht primär, seine ursprüngliche Selbständigkeit zur Vermeidung größerer Übel aufzugeben und seinen natürlichen Begierden, Trieben und Bedürfnissen Zwang anzutun, sondern vielmehr: durch den Zusammenschluß mit anderen zur Autarkie, soweit dies Menschen möglich ist, und zur Befriedigung seiner spezifisch menschlichen Bedürfnisse zu gelangen.
Insofern hier die Bedürftigkeit zur Natur des Menschen gehört und die politische Gemeinschaft das Ziel ist, auf das hin diese natürliche Bedürftigkeit des Menschen angelegt ist, versteht also

11 Platon stützt sich bei dieser anthropologischen Grundlegung der praktischen Philosophie auf die hochbedeutende Kulturentstehungslehre des Protagoras (vgl. vor allem Platon, Prot. 321 c 5-6. 322 a 8-c 3). Diese ist seiner eigenen Lehre sogar überlegen, insofern sie prinzipiell zwischen Technik und Moral bzw. Politik unterscheidet (vgl. Plat. Prot. 321 d 1. 322 b 7-8) und damit die aristotelische Unterscheidung (Nik. Eth. VI 2, 1139b 1) vorwegnimmt. An diese Kulturentstehungslehre knüpft auch Demokrit an (vgl. 68 B 5, II 134, 35-38. 136, 12-13. 138, 4-8 Diels/Kranz). – Zur Autarkie Gottes vgl. Plat. Rp. III 381 c 2.

schon Platon den Menschen als ζῷον φύσει πολιτικόν. Aristoteles und die Stoa, Augustinus und Thomas von Aquin, Hegel und Marx haben sich, je auf ihre Weise, diesen Ansatz der politischen Philosophie Platons zu eigen gemacht, und eben dies ist jene alte Tradition der praktischen Philosophie, an die Kamlah, wie erwähnt, im Zusammenhang seiner Begründung der Ethik erinnert hat. Zu fragen ist jedoch, ob Platons anthropologischer Ansatz auch ausreicht, den Grund der Verbindlichkeit moralischer und rechtlicher Normen aufzudecken.

Die Argumentationsstrategie, die Platon bei seinem Problemansatz vorgezeichnet ist, läßt dies von vornherein zweifelhaft erscheinen. In der Auseinandersetzung mit seinem Opponenten muß es ihm darum gehen nachzuweisen, daß die Geltung und Anerkennung moralischer und rechtlicher Normen eine notwendige Bedingung menschlicher Bedürfnisbefriedigung ist, und zu zeigen, daß die Befolgung dieser Normen im Interesse des wohlverstandenen Eigenwohls liegt und mithin eine notwendige und hinreichende Bedingung individueller Glückseligkeit (εὐδαιμονία) ist. Nun ist zwar gewiß richtig, daß die Befriedigung spezifisch menschlicher Bedürfnisse in einer arbeitsteiligen Gesellschaft nur befriedigend gelingen kann, wenn eine durchschnittliche Befolgung gewisser Regeln im Verkehr der Individuen miteinander gewährleistet ist. Aber die Funktionsfähigkeit der Gesellschaft wird durch mehr oder minder häufige Unregelmäßigkeiten des Verhaltens nur unerheblich beeinträchtigt. Die Verbindlichkeit von Normen hingegen läßt solche Ausnahmen durchaus nicht zu; denn Normen verpflichten, wie wir seit Kant wissen, unbedingt und nicht nur für den Fall, daß es einem gerade opportun erscheint. Nicht also die Geltung und Anerkennung moralischer und rechtlicher Normen, sondern lediglich die durchschnittliche Befolgung gewisser Verhaltensregeln (die jenen Normen irgendwie entsprechen mögen) ist eine notwendige Bedingung menschlicher Bedürfnisbefriedigung. Aber auch die These, »Tugend« (ἀρετή) führe zur Glückseligkeit, beruht auf einem offenbaren Mißverständnis, nämlich der Verwechslung von Funktionstüchtigkeit und »Tugendhaftigkeit« (d. h. der Anerkennung und regelmäßigen Befolgung moralischer und rechtlicher Normen). Man darf gewiß unterstellen, daß ein gut funktionierendes System wechselseitig vermittelter Bedürfnisbefriedigung der durchschnittlichen Glückserwartung aller beteiligten Individuen entgegenkommt. Aber ein fundamentales Mißverständnis wäre es, diesen Zusammenhang von Funktionstüchtigkeit und Glück als ausreichende Basis zur Begründung der Verbindlichkeit moralischer und rechtlicher Normen anzusehen.

Daß Platon diesem Mißverständnis im ersten Teil seiner Darstellung (*Rp.* II 369 d 1-IV 434 d 1 bzw. V 471 c 3) zum Opfer fällt, verraten die Prinzipien, auf die er sich bei der Konstruktion seines Idealstaats beruft oder die er stillschweigend zugrundelegt. Gemäß seinem oben skizzierten Ansatz geht er bei seiner Konstruktion davon aus, daß wir Menschen alle bedürftig und zur Befriedigung unserer Bedürfnisse aufeinander angewiesen sind. Als gegeben betrachtet er des weiteren alle normalerweise zu erwartenden Bedingungen individueller und kollektiver Lebensbewältigung. Gesucht wird ein im Hinblick auf unsere durchschnittlichen Bedürfnisse und Erwartungen optimales und möglichst stabiles[12] System wechselseitig vermittelter Bedürfnisbefriedigung. Eine Konstruktion, die diesen Bedingungen genügt, gilt ihm als »richtig« (424 e 7) oder »naturgemäß« (428 e 9. 456 c 1). Er unterstellt sodann, daß ein so konstruiertes Gemeinwesen *eo ipso* in höchstem Maße glücklich ist. Nachdem dies alles sichergestellt ist, möchte er schließlich nachweisen, daß diese rational durchorganisierte politische Gemeinschaft vollkommen gerecht ist (420 b 7-9). Die Rationalität seines Staates betrachtet er mithin als hinreichende Bedingung seiner Gerechtigkeit und die Gerechtigkeit als notwendige Bedingung seiner Rationalität.

Diese Argumentation setzt natürlich voraus, daß bei der Konstruktion des Idealstaates Gerechtigkeit kein leitender Gesichtspunkt ist. Denn es handelt sich ja gerade darum, im Gegenzug gegen die Lehre des anonymen Sophisten den Begriff der Gerechtigkeit befriedigend zu rekonstruieren. Eben deshalb darf dieser Begriff nicht schon von vornherein bei der Konstruktion vorausgesetzt werden. Wo immer in Platons Darstellung normative Gesichtspunkte involviert zu sein scheinen, erweist sich bei ge-

12 Platon betont mehrfach, die zu gründende Stadt müsse so sehr wie möglich in sich geeint sein (422 a 8. e 8. 423 b 10. 433 a 5. 443 e 1. 462 b 1-2). Man könnte dies so verstehen, als sei dies eine bei der Konstruktion des Idealstaates zu beachtende moralische Norm. Tatsächlich handelt es sich jedoch nur um eine Regel zur Bestandssicherung der zu gründenden Stadt, also um einen problematisch-hypothetischen (technischen) Imperativ im Sinne Kants.

nauerer Analyse denn auch, daß tatsächlich nur auf Zweckmäßigkeitserwägungen rekurriert wird. So betont er z. B. nachdrücklich, seine Absicht sei nicht, einen Staat zu beschreiben, in dem eine Klasse besonders glücklich sei; vielmehr solle dies nach Möglichkeit der Staat als ganzer sein und so am ehesten ein Modell der Gerechtigkeit abgeben (420 b 5-9). Zur Begründung sagt er jedoch nicht etwa, eine besondere Klasse im Staate zu privilegieren, sei ungerecht, sondern vielmehr: Man müsse dafür sorgen, daß möglichst alle Gruppen im Staate ihre Aufgaben möglichst gut ausführen. Sei dies sichergestellt, könne eine jede getrost am Glück des Ganzen so weit teilhaben, als es die »Natur der Sache« (φύσις) zulasse (421 b 3-c 6). Auch das richtige Maß zwischen Reichtum und Armut bestimmt er daher nicht nach Maßgabe dessen, was recht und billig ist, sondern allein im Hinblick auf das Wohl des Staates (421 d 1-e 6). Selbst seine Darlegungen über die Erziehung der Wächter sind ausschließlich am Staatswohl orientiert.

Diese konsequent durchgehaltene Ausschaltung normativer Gesichtspunkte bei der Konstruktion des Idealstaates (369 d 1-427 c 5) ist die methodisch geforderte Voraussetzung dafür, daß Platon sich anschließend sinnvoll darum bemühen kann, nachzuweisen, daß dieser Staat auch vollkommen gerecht ist (427 c 6-434 d 1). In seinem Argumentationszusammenhang muß dies freilich darauf hinauslaufen, die besonderen Qualifikationen der einzelnen Stände als »Tugenden« und die Funktionsgerechtheit des ganzen Staates als »Gerechtigkeit« auszuweisen. »Gerechtigkeit« bedeutet dann freilich nicht mehr als ordentliches Funktionieren, das überall vorliegt, wo etwas im Rahmen des Ganzen seine spezifische Aufgabe erfüllt. Auch die einzelnen Teile einer gutgehenden Uhr und diese selbst oder die Organe eines gesunden Körpers und dieser selbst wären, so verstanden, »gerecht«[13]. Und dies ist es offenbar, was Platon in der Tat meint: Sein perfekt funktionierender Staat soll nach Möglichkeit ein einheitliches Ganzes sein, wie ein menschliches Individuum eins ist (462 c 7-10. 464 b 1), und

13 Das griechische Wort ›δίκαιος‹ (›gerecht‹) konnte in der Tat so gebraucht werden. Solon (fr. 11 Diehl) z. B. spricht in diesem Sinne von der »Gerechtigkeit« des Meeres; denn es trete nur über die Ufer, wenn es von Stürmen aufgepeitscht wird. Aber er hat dabei die »Gerechtigkeit« des Volks im Sinn, das von Demagogen aufgewiegelt wird. Alles, was sich einer Ordnung fügt, bleibt in diesem Sinne »gerecht«. Dies ist dann natürlich kein moralischer Begriff.

seine »Gerechtigkeit«, analog zur Gesundheit seines organischen Körpers (vgl. 444 c 1-7), als Gesundheit des Volkskörpers gedeutet werden.
Daß dieser Versuch mißlingen muß, steht außer Frage. Wenn dieser ganze Staat rein nach Zweckmäßigkeitserwägungen konstruiert ist, so sind alle seine Gesetze nichts als Ratschläge der Klugheit, denen jeder, wenn er vernünftig ist, nur soweit folgt, als dies im Interesse seines wohlverstandenen Eigenwohls liegt. Moralisch verbindliche Normen sind sie durchaus nicht, da Platon ja keinerlei über den Gesichtspunkt des Eigeninteresses hinausweisende Gründe ihrer Verbindlichkeit namhaft zu machen versucht hatte. Gegen seinen sophistischen Gegner hat er zwar mit Recht geltend gemacht, daß die Entstehung und Erhaltung einer politischen Gemeinschaft nicht nur in der Verhinderung wechselseitiger Bedrohung, sondern auch in der Ermöglichung einer wechselseitig vermittelten Bedürfnisbefriedigung motiviert ist. Aber als Geltungsgrund der Verbindlichkeit moralischer und rechtlicher Normen hat er, ebenso wie jener, lediglich das Interesse jedes Individuums an optimaler Bedürfnisbefriedigung anzugeben gewußt. Hinter der Problemanalyse des anonymen Sophisten bleibt er sogar insoweit zurück, als er nicht einmal gesehen zu haben scheint, daß auch nach seiner Konstruktion eines Idealstaats die Frage noch immer offen ist, wieso denn eigentlich die in seinem Staatsmodell vorgesehenen spezifischen Aufgaben für die Mitglieder der politischen Gemeinschaft verbindliche Pflichten und Rechte sind. Er glaubt zwar wahrscheinlich gemacht zu haben, daß mit moralisch oder rechtlich unerlaubten Handlungen in seinem Idealstaat weniger als sonst zu rechnen ist (442 e 4-443 b 3); die Verbindlichkeit von Normen, die diese Handlungen untersagen, ist ihm indes nicht einmal zum Problem geworden. Im Hinblick auf dieses Problem ist sein eudämonistischer Ansatz nicht weniger unbefriedigend als der hedonistische Ansatz seines sophistischen Opponenten.
Daß Platon auf dem von ihm verfolgten Wege das Problem einer Begründung der Ethik verfehlen muß, zeigt sich womöglich noch klarer, wenn man prüft, wie er anschließend (434 d 2-444 a 9) auch die Gerechtigkeit eines menschlichen Individuums, analog zur Gesundheit eines organischen Körpers als Funktionsgerechtigkeit seiner »Seele« und »Seelenteile« zu interpretieren versucht. Indem er das menschliche Individuum bzw. dessen »Seele« als eine Art

Mikrostaat auffaßt, verzichtet er von vornherein darauf, die Anerkennung und Befolgung von Normen und die moralischen und rechtlichen Beziehungen zwischen Individuen als das Kernproblem der Gerechtigkeit zu erörtern. »Gerecht« ist nach dieser Deutung ein Individuum nicht im Hinblick auf verbindliche Normen und auf seine Mitmenschen, sondern primär in bezug auf sich selbst[14]: wenn nämlich seine »Seele« gesund ist (443 c 9-d 1). Platon unterstellt zwar, wenn auch ohne große Plausibilität, daß solche »Gesundheit der Seele« die beste Garantie gerechten Handelns ist. Aber ein anderes Interesse an der Gerechtigkeit als das des wohlverstandenen Eigenwohls kann er auch hier nicht geltend machen. Nur wenn wir durch ungerechtes Handeln Schaden nehmen an unserer Seele, was wir doch nicht wollen können, müßten wir uns demnach um Gerechtigkeit bemühen. Es ist indes bezeichnend, daß Platon diese Konsequenz hier nicht einmal andeutet. Denn dies würde ihn dazu genötigt haben, Nutzen und Schaden nicht mehr wie bisher im Hinblick auf menschliche Bedürfnisse und deren Befriedigung, sondern im Hinblick auf moralische Integrität zu bestimmen. Dieser Begriff paßt indes nicht mehr in das eudämonistische System, das den ersten Teil seiner Antwort auf die Herausforderung seines sophistischen Opponenten bildet.

So zeigt sich auch hier, daß Platons Versuch, Normativität auf der Basis menschlicher Bedürftigkeit zu begründen, gescheitert ist. Gelingen konnte dies ja ohnehin nur, wenn ihm der Nachweis geglückt wäre, daß die Anerkennung und Befolgung moralischer und rechtlicher Normen einem menschlichen Bedürfnis entspricht, das stärker ist als alle sonstigen Bedürfnisse des Menschen. Nun enthält aber der Begriff der moralischen Verbindlichkeit gerade eine Nötigung, gegen die man sich nicht sinnvoll auf Bedürfnisse berufen kann und die in extremen Fällen, wie Platon selbst am Beispiel des Sokrates schon im »Kriton« dargetan hatte[15], so weit geht, daß nicht einmal die Gefahr oder die Gewißheit des Todes gegen sie geltend gemacht werden kann. Weit

14 Gegen diese irrige Auffassung Platons wenden sich bereits Aristoteles (Nik. Eth. v 11, 1138 b 6; vgl. dazu Dirlmeier in seinem Kommentar, Darmstadt 1956, 438 f.) und Chrysipp (ap. Plut. Stoic. rep. 16).

15 Hier ist auch an Kants berühmtes Beispiel eines Mannes zu erinnern, der unter Androhung der Todesstrafe gegen einen Unschuldigen aussagen soll (KpV Ak.-A. v 30).

entfernt also, aus Bedürfnissen ableitbar zu sein, ist sie vielmehr im Konfliktfall eine höhere Gegeninstanz gegen Bedürfnisse. Selbst wenn ein Bedürfnis im übrigen unabweisbar ist, bleibt ja immer noch zu fragen, ob seine Befriedigung in einer gegebenen Situation erlaubt ist. Diese Entscheidung aber kann sich nicht wieder an Bedürfnissen orientieren.

III

Die voranstehende Kritik bezieht sich auf den ersten Teil der platonischen Untersuchung über die Gerechtigkeit, den »kürzeren Weg« (vgl. 435 d 3. 504 b 2). Daß diese Darstellung notwendig ungenau und inadäquat bleiben müsse, solange die Lehre von der Philosophenherrschaft und damit auch die Ideenlehre bewußt noch ausgeklammert bleiben, betont Platon selbst mehrfach und nachdrücklich (vgl. auch 430 c 3-5. 497 d 4-6). Dies muß man ohne Zweifel als Warnung werten, jenen ersten Teil als eine abschließende und in sich schlüssige Behandlung der Frage nach der Gerechtigkeit zu interpretieren. Um so sorgfältiger wird indes darauf zu achten sein, ob Platon im zweiten Teil seiner Antwort, also auf dem »längeren Wege« (471 c 4-541 b 5), zu einer befriedigenderen Antwort auf die Frage nach der Verbindlichkeit moralischer und rechtlicher Normen gelangt ist.
Daß Platon zur Konstruktion seines Idealstaates außer den bisher besprochenen eudämonistischen noch andere Prinzipien braucht, deutet er zunächst indirekt an, indem er die Nichtphilosophen als unfähig bezeichnet, einen Staat zu gründen und zu erhalten, weil sie in ihrer Seele kein deutliches Modell haben, auf das hinblikkend sie Gesetze geben könnten, die schön, gerecht und gut sind (484 c 6-d 3). Der Philosoph hingegen, so erfahren wir später, schaut auf Geordnetes und Gleichbleibendes, das sich gänzlich vernunftgemäß verhält, und versucht sich diesem soweit wie möglich anzugleichen; als Politiker wird er nach diesem »göttlichen Modell« auch den Staat zu ordnen bestrebt sein (500 c 2-e 4). Damit ist in nicht näher bestimmter Weise »das von Natur aus Gerechte, Schöne und Besonnene« und dergleichen gemeint (501 b 2-3). Daß mit diesem Modell aber auch die Idee des Guten intendiert ist, wird erst gegen Ende dieses zweiten Durchgangs ausgesprochen: Die Erziehung der Philosophen ist vollendet,

wenn sie das selbst erblicken, was allem Licht gewährt, nämlich die Idee des Guten, um sie fortan als Modell zu gebrauchen, nach dem sie ihren Staat, ihre Mitbürger und sich selbst ordnen können (540 a 6-b 1). Nach diesem »im Himmel« aufgestellten Modell ist auch der in der »Politeia« beschriebene Staat eingerichtet (592 a 10-b 3).

Diese mit der Ideenlehre zusammenhängenden Äußerungen scheinen nun in der Tat das bisher fehlende normative Fundament des platonischen Idealstaats bereitstellen und sichern zu sollen. Das Modell in der Seele des Philosophen bzw. im Himmel ist sicher nicht, wie der Idealstaat des ersten Teils, als Resultat einer rationalen Konstruktion aufgrund empirischer Daten, sondern als Objekt einer nichtsinnlichen Anschauung aufzufassen. Die Vermutung, gemeint sei so etwas wie die moralische Idee der Gerechtigkeit, ist daher durchaus nicht unbegründet. Zweifelhaft ist jedoch, ob Platons Konzeption einer Idee der Gerechtigkeit geeignet ist, die immer noch offene Lücke seiner Argumentation zu schließen. Denn die Konstruktion eines Idealstaats nach dieser Idee läuft nach Platons eigener Auffassung offenbar auf dasselbe hinaus, wie eine Staatskonstruktion im Hinblick auf menschliche Bedürfnisse nach Gesichtspunkten der Zweckmäßigkeit und Funktionsgerechtheit. Der Staat des »kürzeren Weges« ist, bis auf eine kaum erwähnenswerte Ausnahme[16], mit dem Staat des »längeren Weges« identisch. Dies legt den Verdacht nahe, daß die Idee der Gerechtigkeit in Platons Konzeption letztlich doch nichts anderes als das Modell eines rational organisierten, optimal funktionierenden Gemeinwesens, mithin durchaus kein Gegenstand einer Erkenntnis *a priori*, sondern ein rationales Konstrukt aufgrund empirischer Daten ist.[17] In diesem Falle kann natürlich auch der Rekurs auf die Ideenlehre über die eudämonistischen Schranken des »kürzeren Weges« nicht hinweghelfen.

16 In der Beschreibung des »kürzeren Weges« sind die Älteren Herrscher der Stadt (412 c 2); an ihre Stelle treten dann natürlich die Philosophen (536 c 8. vgl. 543 d 1 mit dem Kommentar von Adam/Rees ad loc., Cambridge 1965, II 147. 197 f.).

17 Dieser Verdacht verstärkt sich nur noch, wenn man den Spuren nachgeht, die die Entstehung der Ideenlehre in Platons Dialogen hinterlassen hat; Platon verwendet das Wort εἶδος schon früh für ein nach zweckrationalen Gesichtspunkten strukturiertes Strukturmodell (vgl. Gorg. 503 e 4; Krat. 389 b 3; Rp. 596 a 6. b 3).

Die Entscheidung dieser Frage wird dadurch außerordentlich erschwert, daß Platon in seinen Darlegungen über die Ideenlehre jene methodische Strenge weitgehend vermissen läßt, die den ersten Teil seiner Antwort auf die Frage nach den Grundlagen der Ethik ausgezeichnet hatte, und die Relevanz der Lehre von den Ideen überhaupt für die Frage nach der Gerechtigkeit im besonderen nicht eigens erörtert. Nun steht zwar außer Frage, daß in der Konzeption der platonischen Ideenlehre gerade spezifisch ethische Gesichtspunkte eine wichtige Rolle gespielt haben. Die Ideenlehre als System (soweit sie überhaupt jemals zu systematischer Abgeschlossenheit gelangt ist) soll jedoch keine spezifisch ethische Theorie sein. Daher tragen Platons Darlegungen über die Ideenlehre in den Büchern v-vii der »Politeia«, unbeschadet ihrer sonstigen Bedeutsamkeit, zur Beantwortung der Frage nach dem Geltungsgrund moralischer Verbindlichkeit relativ wenig Neues bei. Seine Andeutungen darüber, welche politisch relevanten Einsichten die Ideenschau den zukünftigen Herrschern in seinem Idealstaat eigentlich vermittelt, bleiben denn auch verräterisch vage. Nach Abstrich alles dessen, was ausschließlich zur platonischen Metaphysik und Wissenschaftslehre gehört, bleiben im Grunde nur noch zwei Gesichtspunkte übrig, die hier eigens erörtert werden müssen.
Die Ideen sind erstens etwas Geordnetes (τεταγμένα), das sich stets gleich verhält und frei von Unrecht-Tun und -Leiden ist, voller Ordnung (κόσμος) und Vernunft (λόγος 500 c 2-5). Mit diesen und zahlreichen ähnlichen Charakterisierungen stellt sich Platon in die Tradition eleatischen und vor allem pythagoreischen Denkens, in der Ordnung, Unveränderlichkeit und Vernunft als etwas unbefragbar Wertvolles gelten, das den Schauenden unmittelbar dazu motiviert, sich dem Erschauten nachzubilden. Aber Platon hat sich von der suggestiven Macht dieser Tradition offenbar nie soweit frei machen können, daß er ihre Unzulänglichkeit angesichts der sophistischen und sokratischen Frage nach den Grundlagen der Ethik durchschaut hätte. Er versteht das Modell einer widerspruchsfreien und gleichbleibenden Ordnung der Dinge, kontemplativ-ästhetisch, als etwas Göttliches, ohne zu bemerken, daß ein solches Modell in normativer Hinsicht durchaus neutral bleibt: Auch wenn es vollkommen rational durchkonstruiert ist, wie etwa das Gesellschaftsmodell des »kürzeren Weges«, enthält es doch keinerlei Grund der Verbindlichkeit, sich selbst

diesem Modell anzugleichen, und keinerlei Gewähr dafür, daß jemand, der dies freiwillig zu tun versucht, seine Pflichten und die Rechte anderer gewissenhaft beobachtet. Erst wenn eigens sichergestellt wäre, daß das rationale Modell einer gleichbleibenden Ordnung der politischen Gemeinschaft bzw. der zwischenmenschlichen Beziehungen überhaupt ein Modell der Gerechtigkeit ist, dürfte er diesem Modell universale Verbindlichkeit zusprechen. Da Platon diesen für die Begründung der Ethik entscheidenden Schritt nicht mehr tut, bleibt er bei der unreflektierten Überzeugung stehen, daß jedes Ordnungssystem an sich gerecht und die Störung einer Ordnung an sich schon ungerecht sei.

Die normative Defizienz dieses Versuchs zeigt sich denn auch in aller Deutlichkeit, wo Platon sich um den Nachweis bemüht, die Befähigung zur Ideenschau sei eine Gewähr für die vollendete Tugendhaftigkeit des Philosophen (484 b 3-487 a 1). Weil der Philosoph nach Erkenntnis, also auch nach der Wahrheit strebt, wird er sich, so möchte Platon suggerieren, auch im Umgang mit anderen der Wahrhaftigkeit befleißigen. Weil er seine Kraft vor allem auf die Erkenntnis der Wahrheit verwendet, werden seine körperlichen Begierden nur schwach entwickelt sein und ihn weniger als andere übermannen. Weil er dem Sein als ganzem und dem Ewigen zugewandt ist, wird er den Tod nicht fürchten und ausnehmend tapfer sein. Im Besitz dieser »Tugenden« wird er schließlich eher gerecht und zahm als unumgänglich und wild sein. Aber selbst wenn man zugeben müßte, daß die Ideenschau und das philosophische Erkenntnisstreben alle diese Wirkungen zu zeitigen pflegen, so wäre die Frage noch immer offen, wodurch denn nun Nichtphilosophen ebenso wie Philosophen moralisch gehalten sind, Unwahrhaftigkeit im Umgang miteinander zu vermeiden; wann und warum es moralisch untersagt ist, seinen körperlichen Begierden nachzugeben; unter welchen Bedingungen und wieso selbst die Furcht vor dem Tode oder die Lust am Leben uns in unserem Handeln nicht mehr entscheidend bestimmen sollten; sowie schließlich: ob Gerechtigkeit mit Ausdrücken wie ›Zahmheit‹ und ›Umgänglichkeit‹ überhaupt angemessen umschrieben werden kann. *Daß* dies uns irgendwie bewußt sei, setzt Platon hier wie auch sonst stillschweigend voraus. Unter Berufung auf ein Ideal *vernünftiger* Ordnung allein und ohne Rücksicht auf spezifisch ethische Probleme einer *gerechten* Ordnung zwischenmenschlicher und gesellschaftlicher Verhältnisse sind diese Fragen nicht befriedigend zu beantworten.

Der zweite für eine Begründung der Ethik relevante Aspekt der platonischen Ideenlehre bezieht sich auf die Idee des Guten. Ihr Name legt ja die Vermutung nahe, es handle sich um eine spezifisch moralische Idee. Aber sie ist dies ohne Zweifel im Mittelstück der »Politeia« ebensowenig wie in Platons spätem Vortrag »Über das Gute«. Seitdem Platon im »Phaidon« die Konzeption einer teleologischen Kosmologie vorgetragen und dabei den ursprünglich praktischen Begriff des Guten zu einem naturphilosophischen Grundbegriff ausgeweitet hatte, war seine Funktion im Begründungszusammenhang der Ethik fragwürdig geworden. Nur ganz wenige noch in der »Politeia« weiterwirkende Züge der ursprünglichen Konzeption sind daher für die hier erörterte Fragestellung von Belang: vor allem der Gedanke, das Gute sei das, was jegliche Seele erstrebt und worumwillen sie in all ihrem Tun handelt (505 d 10-e 1), sowie dasjenige, was zu allen gerechten Handlungen und Einrichtungen hinzukommen muß, damit sie brauchbar und nützlich werden (505 a 3-4), mithin dasjenige, was (gerade auch in praktischen Lebenszusammenhängen) allem erst gleichsam Licht gewährt (540 a 8). Dieser zuerst im »Lysis« ausgearbeitete Begriff eines Endzwecks alles unseres Begehrens und Handelns führt indes kaum über den eudämonistischen Ansatz des »kürzeren Weges« hinaus.

Daß wir bei unserer Reflexion darauf, worum es uns in allem unserem Begehren und Handeln letztlich geht, schließlich auf einen Endzweck stoßen, macht uns unser Begehren und Handeln überhaupt erst sinnvoll und verständlich. Es geht uns, so kann man unter Absehen von allen Inhalten bzw. Gegenständen unseres Begehrens und Handelns zunächst sagen, bei allem unseren Tun formal irgendwie um unser Wohl oder um unsere Glückseligkeit oder »um uns selbst« (unsere »Existenz«). Dies nötigt uns dazu, im Hinblick auf diesen Endzweck alle Gegenstände unseres Begehrens und Handelns danach abzuschätzen, welchen Wert sie für uns haben, wie sich auch umgekehrt der Wert, den die Dinge für uns haben, erst im Hinblick auf diesen Endzweck angeben läßt. Schon diese Überlegung macht die aus der »Politeia« zitierten Äußerungen Platons über die Idee des Guten verständlich: Erst durch den Bezug auf das, was jeder letztlich als das Gute ansieht, wird jegliches *für ihn* brauchbar und nützlich. Darüber hinaus ist Platon jedoch der Auffassung, auch inhaltlich erweise sich das, was wir Menschen alle als Endzweck anstreben, nach einer geduldigen und sorgfältigen Analyse schließlich als etwas Gemeinsames, so daß die Möglichkeit bestünde, allen Handlungen, Einrichtungen und Dingen »objektiv« ihre Stelle in einer Hierarchie der Werte und Güter anzuweisen, der alle Menschen nach eingehender Befragung und Belehrung zustimmen könnten und müßten. Der so gedeutete Endzweck wäre dann, gegenüber der Vielfalt der Werte und Güter sowie der Vielfalt dessen, was den Individuen als das Gute erscheint, das Gute *an sich* bzw. *für uns*, die wir zu seiner Erkenntnis gelangt sind. Die tatsächlich vorhandenen, ungeheuren Differenzen unter den Menschen in ihren Auffassungen über Glückseligkeit, Güter und Werte möchte Platon dagegen aus den jeweiligen Graden ihrer Unwissenheit und ihres Irrtums über sich selbst, mithin aus ihrem Selbstmißverständnis erklären.

Aber auch diese in der »Politeia« keineswegs explizit vorgetragene, sondern irgendwie vorausgesetzte teleologische Handlungstheorie (vgl. 504 e 7-8) hält sich weitgehend in dem Rahmen, den der eudämonistische Ansatz des »kürzeren Weges« abgesteckt hatte, insofern sie ja nach wie vor das Streben nach Glückseligkeit und die Bedingungen seiner Verwirklichung zur Basis der Ethik macht. Im Hinblick auf das an sich Gute erweist sich nicht etwa, welche moralische Bedeutung Handlungen, Güter und Werte in Wahrheit haben, sondern vielmehr ihr wahrer Nutzen zur Erlangung der Glückseligkeit. Neu ist vor allem, daß dies jetzt Gegenstand einer unmittelbaren, intuitiven Erkenntnis sein soll und daß diese Erkenntnis den Bedürfnissen und Gütern ihren abgestuften, »objektiven« Wert anzuweisen gestatten soll. Aber selbst angenommen, es gäbe wirklich eine solche Art von Werterkenntnis, so wäre doch immer noch die Frage, ob sie auch geeignet ist, die Frage nach dem Grund der Verbindlichkeit moralischer Normen befriedigend zu beantworten. Denn sie würde uns zwar ermöglichen, den »objektiven« Wert einer Handlung, Einrichtung oder eines Dinges festzustellen, nicht aber: die Verbindlichkeit einer Norm zu begründen. Aufgrund einer derartigen Werterkenntnis könnten wir zwar behaupten, eine Handlungsweise sei weniger wertvoll als eine andere, aber gegen niemanden, der etwa eine moralische Norm eindeutig verletzt hätte, einen moralischen Schuldvorwurf erheben. Wir könnten ihm zwar zeigen, daß er im

Hinblick auf den »im Grunde« von ihm selbst angestrebten Endzweck der Glückseligkeit »objektiv« falsch gehandelt hat; aber da er dies, nach den von Platon angegebenen Voraussetzungen, nur aus Unwissenheit getan hat, gäbe es keinen vernünftigen Grund mehr, ihm seine Handlungsweise vorzuwerfen. Solange wir uns nur auf sein Streben nach Glückseligkeit berufen, könnten wir ihm nicht einmal zeigen, daß er gegenüber einem anderen Pflichten hatte und diese verletzt hat. Genau darum aber geht es, wenn wir von moralischer Verbindlichkeit reden. Wer etwa das Vertrauen eines anderen benutzt, um ihn zu hintergehen, mag sich ja irgendwie sogar selbst schaden; vordringlich zu wissen wäre jedoch, warum er den anderen nicht betrügen durfte, ob ihm selbst der Betrug nun schadet oder nützt. Die Annahme, es gebe eine intuitive, objektive Werterkenntnis, reicht nicht aus, ein solches moralisches Werturteil zu begründen, weil sie ungerechtes Handeln durch einen Wertirrtum erklärt und den Handelnden damit von vornherein als unzurechnungsfähig hinstellt.

Da die Werterkenntnis, auf die sich Platon beruft, intuitiv ist, ist sie im übrigen von einer nicht weiter begründungsfähigen bloßen Wertüberzeugung nicht zu unterscheiden. Dies zeigt sich besonders deutlich im IX. Buch der »Politeia«, wo er mit dem Nachweis, daß der tyrannische Mensch ebenso ungerecht wie unselig ist, die Summe aus allen voraufgegangenen Erörterungen zu ziehen versucht. Obwohl er in seiner rhetorisch ungemein eindrucksvollen Charakterisierung des Tyrannen von moralischen Werturteilen reichlichen Gebrauch macht, gelangt er nirgends über den Ausdruck intuitiver Gewißheit hinaus, daß »Stehlen, Einbrechen, Beutelschneiden, Kleiderabziehen, Tempelraub und Seelenverkäuferei« (575 b 6-7) eben häßliche und schändliche Handlungsweisen sind, die den Menschen einer freiheitlichen Haltung und wahrer Freundschaft unfähig machen (576 a 6). Wie wenig er indes imstande ist, diese moralischen Überzeugungen von bloßen Standesvorurteilen und ästhetischen Geschmacksurteilen zu trennen, zeigt sich alsbald, wenn er im selben Argumentationszusammenhang handwerkliche Tätigkeit ebenfalls als etwas Schändliches ansieht und Sklaven vorbehalten möchte, um die Unterwerfung des Sklaven unter einen Herrn damit zu rechtfertigen, daß die Sklaven wegen der angeblichen Schwäche ihrer Natur sich selbst zu beherrschen unfähig und daher in der Gestalt ihres Herrn dem Göttlichen zu unterwerfen sind (590 c 1-d 6).

Solche Stellen offenbaren verräterisch, daß es Platon offenbar nie in den Sinn gekommen ist, den Gedanken einer wechselseitigen Anerkennung aller Menschen als verantwortlich handelnder Personen, der in der Lehre vom Gesellschaftsvertrag seines sophistischen Opponenten doch immerhin vorbereitet war, ernstzunehmen und zur Grundlegung der Ethik zu benutzen. Daher betrachtet er auch die Realisierung seines Idealstaats immer nur als ein gleichsam technisches Problem, ohne sich je zu fragen, ob nicht die freiwillige Anerkennung der Rechtsnormen seines Idealstaats durch die potentiellen Mitglieder dieser Rechtsgemeinschaft eine notwendige Bedingung ihrer moralischen Verbindlichkeit ist. Da er überzeugt ist, sich bei seiner Konzeption auf eine objektive Werterkenntnis stützen zu können und ohnehin nur Gesetze zur Beförderung der Glückseligkeit aller vorzuschlagen, scheint sich ihm die Frage nach der Zustimmung der Normunterworfenen zu seiner Konzeption von selbst zu erledigen. Noch in seinem Spätdialog »Politikos« wendet er sich daher nachdrücklich gegen die Auffassung, man dürfe eine Verfassung nicht gegen den Willen eines ganzen Volkes ändern, indem er unterstellt, auch ein Arzt müsse schließlich berechtigt sein, einem Kranken selbst unter Anwendung von Gewalt eine Therapie aufzuzwingen (Polit. 296a 8-297b 4).[18] Zwischen Platons kognitivistischer Wertlehre und seiner autoritären Staatsauffassung besteht mithin ein einsehbarer Zusammenhang.

IV

Man muß also mit Bedauern feststellen, daß Platons Versuch einer Begründung der Ethik gescheitert ist. Statt eine Begründung unserer moralischen Überzeugungen zu liefern und diese aufgrund sorgfältiger Analysen von sonstigen, für eine philosophische Ethik irrelevanten Wertüberzeugungen zu scheiden, beruft sich Platon immer dann, wenn er die ethische Dimension seiner Fragestellung überhaupt erreicht, lediglich auf die intuitive Gewißheit

18 Platon hat dies in den »Gesetzen« zwar abgeschwächt: Ein liberaler Arzt schreibt seinen Patienten nicht eher etwas vor, bis er sie irgendwie überreden konnte (Legg. 720d 6-7); vgl. 857d ff. Aber Platon ist dabei geblieben, daß ein Gesetzgeber eine Verfassung sowohl durch Überredung wie mit Gewalt einführen darf (722b 5-6; vgl. 684c).

und angebliche Erkennbarkeit eben dieser Überzeugungen. Wie sehr er sich auch bemüht, die universale Verbindlichkeit moralischer Normen zu verteidigen, indem er ihnen in der Gestalt von Werten die Objektivität wahrer Erkenntnis zuspricht, so verfehlt er sein Beweisziel auf diesem Wege doch nur um so mehr: Gerechtigkeit erscheint ihm wie eine Art Medizin, die der philosophische Staatsmann seinen Untertanen sogar gewaltsam beibringen darf und die ihre heilsame Wirkung auf deren Verhalten auch tun kann, ohne daß die Betroffenen dies von sich aus wollen.[19] Die Begriffe des Willens, der Entscheidung und der Anerkennung haben daher in seinem System keinen Platz.[20] Selbst wenn er von »Seele« spricht und dabei sich auf die moralische Verantwortlichkeit eines Individuums bezieht, meint er eine im Grunde unpersönliche, irgendwie in uns vorhandene unvergängliche Substanz. Daß moralische Verbindlichkeit ihre Grundlage in den Willensentscheidungen von Individuen hat, die einander als Personen anerkennen und ihre Beziehungen durch gemeinsam anerkannte Normen regeln, muß ihm deshalb verschlossen bleiben. Da ihm diese für eine Begründung der Ethik unentbehrlichen Begriffe noch nicht einmal zur Verfügung stehen, bleibt dies für ihn überhaupt etwas Unsagbares.

Nur außerhalb seiner Versuche einer rationalen Begründung der Ethik, in mythischer Rede, konnte es Platon daher gelingen, Einsichten mitzuteilen, die sein durch Sokrates gewecktes Problemverständnis angemessen wiedergeben. So ist es eben höchst bezeichnend, daß er auf die Frage, warum wir moralisch unerlaubte Handlungen selbst dann unterlassen sollen, wenn wir sie wie Gyges ungestraft und unbemerkt tun könnten, erst gegen Ende des x. Buchs der »Politeia« in religiöser Sprache antwortet, nachdem die Darlegung seiner ethischen Theorie abgeschlossen ist (612 a 8 ff.). So wird auch verständlich, warum ihm gerade in den Schlußmythen seiner Dialoge besonders erhellende Darstellungen seiner moralischen Einsichten gelingen. Aber er war offenbar

19 Platon glaubt daher allen Ernstes, daß Strafe als solche den Bestraften gerecht mache (vgl. Gorg. 477 a 5-6; so auch Legg. 854 d 7-e 1).

20 Auf die Bedeutung des Vorsatzes bei der moralischen Beurteilung einer Handlung geht, nach einigen Ansätzen Platons im IX. Buch der »Gesetze«, erst Aristoteles im III. Buch der »Nikomachischen Ethik« ein. Der Begriff der moralischen Pflicht wird erst in der stoischen Ethik ausgebildet.

außerstande, diese Einsichten in einer adäquaten philosophischen Theorie zu formulieren und jene mythischen Vorstellungen in rationale Rede zu transformieren. Zu einem nicht-metaphorischen Begriff der moralischen Integrität gelangte er nirgends. Selbst seine Ideenlehre (und damit auch seine Lehre von der »Erinnerung« als der Erkenntnisquelle unserer sittlichen »Einsicht«) blieb daher noch ein quasi-mythisches Gebilde, das sich in seiner Spätzeit durch rationale Kritik zu zersetzen drohte und im »Phaidros« und »Timaios«, wie gerade Wilhelm Kamlah überzeugend dargetan hat[21], nur in mythischer Gestalt bewahren ließ.

Da in seinen mittleren Dialogen rationale und mythische Rede oft unmerklich ineinander übergehen, konnte es Platon sogar verborgen bleiben, wie sehr sein Versuch einer rationalen Begründung der Ethik und die Darlegung seiner moralischen Einsichten in religiös-mythischer Sprache divergieren. Wenn er etwa gegen Ende des x. Buches der »Politeia« erklärt, dem gerechten Manne werde, im Leben oder nach dem Tode, Armut, Krankheit oder was sonst für ein Übel gehalten wird, zum Guten ausschlagen (613 a 4-7), so hat er den eudämonistischen Ansatz seines rationalen Begründungsversuchs offenbar weit hinter sich gelassen. Denn im Hinblick auf den Endzweck eines glücklichen Lebens sind Armut und Krankheit ja ohne Zweifel nicht nur vermeintliche, sondern wirkliche Übel; aber der nach Gerechtigkeit strebenden und ihren Frieden mit Gott suchenden Seele können diese Übel ganz gewiß zum Heil gereichen, wenn sie gelernt hat, daß es nicht so sehr darauf ankommt, glücklich zu sein, als der Glückseligkeit, nach Kants Worten, würdig zu werden. So mag man auch umgekehrt bezweifeln, ob ein Streben nach Glück erfolgreich sein kann, solange Gerechtigkeit nicht als etwas Erstrebenswertes gilt. Dies alles setzt jedoch eine sorgfältige Unterscheidung zwischen einer eudämonistischen und einer moralischen Wertordnung gerade voraus, während es Platon in der ganzen »Politeia« erklärtermaßen darum zu tun ist, die Übereinstimmung beider Wertordnungen zu erweisen. Dies ist um so bedauerlicher, als er selbst im Schlußmythos des »Gorgias« bereits diese beiden Gesichtspunkte deutlich unterschieden hatte, indem er dem an Glücksgütern orientierten Totengericht unter Kronos das nach moralischen

21 W. Kamlah, Platons Selbstkritik im Sophistes, Zetemata 33, München 1963.

Maßstäben urteilende Totengericht unter Zeus entgegenstellte. Aber auch diese Einsicht vermochte Platon offenbar nicht in einer rationalen Begründung der Ethik zu entfalten.

Dazu wäre indes nicht nur die Preisgabe seines eudämonistischen Ansatzes erforderlich gewesen. Wegen seiner eleatischen Herkunft vermochte sich Platon auch nie von dem Vorurteil zu befreien, nur etwas *Seiendes*, also etwa eine Natur- oder Seinsordnung, komme als verläßliches Fundament der Ethik in Betracht. Mit seinem sophistischen Gegner teilt er daher nicht nur die Annahme, Gerechtigkeit müsse etwas »von Natur aus« Gutes sein, sondern auch die Überzeugung, daß menschliche Konventionen, etwa ein Gesellschaftsvertrag, als Basis der Ethik durchaus nicht tragfähig genug sind. Daher konnte ihm kaum auffallen, daß der Gesellschaftsvertrag in der Theorie des anonymen Sophisten den Gleichheitsgrundsatz und die Eigentumsgarantie, mithin keineswegs nur willkürliche, positiv-rechtliche Normen zum Gegenstand hat. Uns dagegen fällt es im geschichtlichen Rückblick nicht schwer, in diesen Normen die ersten Ansätze eben jenes vernunftrechtlichen Normensystems wiederzuerkennen, das zwei Jahrtausende nach Platon von Thomas Hobbes formuliert worden ist und das auch noch Kants und Fichtes Ethik und Naturrechtslehren zugrunde liegt. So ließ sich Platon auch nicht auf eine Prüfung der Vormeinung seines Gegners ein, der Gleichheitsgrundsatz, als die Fundamentalnorm des Gesellschaftsvertrags, beruhe lediglich auf einer willkürlichen, jederzeit widerruflichen und also unverbindlichen Konvention. Daß durch rechtsetzende Akte Verbindlichkeit *geschaffen* werden könne, daß Geltung also nicht etwas an sich Vorhandenes sein müsse, war für ihn ein unvollziehbarer Gedanke. Zur Begründung der Ethik fehlte ihm daher außer dem Prinzip der Subjektivität auch noch das Prinzip der Spontaneität.

Gerade die Erzählung vom Ring des Gyges hätte ihn indes darauf aufmerksam machen können, eine wie große Rolle bei moralischen Entscheidungen unsere wechselseitige Anerkennung als verantwortliche und zurechnungsfähige Personen spielt. Denn Gyges kann seinen unsichtbarmachenden Ring ja nur zu ungerechten Handlungen verwerten, wenn er zu sein aufhört, als was er unter seinen Mitmenschen gilt: ein verantwortlich und zurechnungsfähig Handelnder. Durch die Aufgabe seiner Persönlichkeit ist er aber auf seine physische Existenz reduziert und müßte sich nun fragen, ob er dies wirklich wollen kann: ein bedingungslos die

Befriedigung seiner Begierden und Bedürfnisse suchendes Triebwesen zu sein, und zwar unter der Bedingung, sich dauernd den Anschein geben zu müssen, er sei jene verantwortlich handelnde Person, für die ihn die anderen halten und der sie vertrauen. Platon hat zwar erkannt, daß der vollkommen ungerechte Mensch vollkommen isoliert von seinen Mitmenschen zu existieren gezwungen sein würde; aber auf die Auslotung der Bedeutung dieses Befundes für die Frage nach dem Grund der Verbindlichkeit moralischer Normen hat er sich nicht mehr eingelassen. Er hat daher auch nicht mehr den Zusammenhang zwischen der Anerkennung moralischer Normen und der wechselseitigen Anerkennung von Personen untersucht und als Bedingung der Möglichkeit unseres Handelns sowie als Geltungsgrund von Verbindlichkeit erkannt.

V

Vergleicht man mit diesem Begründungsversuch Platons die Gedanken, die Wilhelm Kamlah zur Begründung der Ethik vorgetragen hat, so stößt man zunächst zwar auf eine Schicht gemeinsamer Ansätze. Dahinter entdeckt man jedoch bald entscheidende Unterschiede zwischen beiden Autoren.

Kamlah stützt sich bei seiner Argumentation wie Platon auf eine Anthropologie, in der die Bedürftigkeit des einzelnen und sein Angewiesensein auf andere als Grundeinsichten auftreten. Von diesen anthropologischen Thesen möchte er ebenfalls zu einer normativen Ethik fortschreiten. Dagegen wird man gerade im Hinblick auf das platonische Vorbild Kamlahs einwenden müssen, daß Bedürftigkeit und wechselseitiges Aufeinander-Angewiesensein der Menschen nicht als Grund der Verbindlichkeit moralischer Normen taugen, weil sie Naturtatsachen sind, aus denen verbindliche Normen nicht abgeleitet werden können. Über diese Schranke hilft auch Kamlahs existenzphilosophischer Rekurs auf die Einsichtsfähigkeit eines gutwilligen Skeptikers nicht hinweg. Auch andere Lebewesen sind schließlich, wie er selbst hervorhebt, bedürftig und aufeinander angewiesen, ohne daß ihnen daraus eine moralische Verbindlichkeit erwächst. Aber es nützt auch nichts darauf hinzuweisen, daß wir Menschen überdies um unsere Bedürftigkeit wissen; denn dies reicht nur dazu, Ratschläge der Klugheit zu formulieren, wie wir am zweckmäßigsten im Interesse unseres wohlverstandenen Eigenwohls handeln. Dies mag uns sogar nahelegen, wenigstens ein Mindestmaß an Solidarität mit unseren Mitmenschen zu üben; aber solange diese Solidarität nur im Dienste des wohlverstandenen Eigenwohls steht, bleibt sie ein moralisches *Adiaphoron*. Sobald sie indes als moralisch geboten anerkannt wird, betrachten wir einander nicht mehr einfach als bedürftige und aufeinander angewiesene Lebewesen, die um ihre Bedürftigkeit wissen, sondern als einander verantwortliche Personen, die einander beizustehen gesonnen sind. Damit haben wir einander einen Status zuerkannt, der uns nicht schon als Menschen »von Natur aus« zukommt, sondern den wir uns erst aufgrund einer normativen Interpretation unserer menschlichen Lage gegeben haben.

Die normative Interpretation unserer menschlichen Lage kann weder als Akt der Einsicht noch als Ausdruck wohlwollender Triebe in der Naturanlage des Menschen zureichend begriffen werden. Vermutlich ist zwar kein Mensch gänzlich frei von solchen wohlwollenden Trieben, und gewiß darf man viele unserer spontanen Hilfeleistungen auf sie zurückführen. Aber wenn wir dafür halten, daß wir zu gewissen Akten des Beistands, sei es rechtlich oder moralisch, gegenseitig verpflichtet sind, so berufen wir uns nicht auf diese Triebe, sondern auf unsere Anerkennung verbindlicher Normen, die immer schon die gemeinsame Basis unserer wechselseitigen Beziehungen geschaffen hat. Daher kann es denn auch geschehen, daß uns beim Anblick menschlichen Leidens und Elends einsichtig wird, daß wir nicht nur emotional zu Mitleid und Hilfeleistung gestimmt und motiviert sind, sondern daß wir auch moralisch verpflichtet sind zu helfen. Aber dieser Akt der Einsicht macht uns nur klar, daß wir die Verpflichtung zur Solidarität entweder schon immer anerkannt haben oder aber uns entscheiden sollten, wenigstens fortan diese Verpflichtung anzuerkennen, weil wir verstanden haben, was es für uns bedeutet, wenn wir auf diese elementare Gemeinsamkeit menschlichen Lebens verzichten wollten. Der Akt der Einsicht verhilft uns also nur dazu, fortan die Verbindlichkeit von Normen anzuerkennen oder uns (um einen hierher gehörigen Ausdruck Platons zu gebrauchen) daran zu »erinnern«, daß wir eine Norm immer schon als verbindlich anerkannt haben. Die Anerkennung selbst hingegen ist nicht mehr eine Erkenntnis, sondern eine Entscheidung, durch die wir uns eine Forderung zu eigen machen.

Was Kamlahs Begründung der Ethik von Platons Begründungsversuch unterscheidet, ist nun gerade sein Eingehen auf diesen Zusammenhang von Anerkennung und Verbindlichkeit. Daß aus einer anthropologischen These über die Bedürftigkeit des Menschen nicht ein moralisches Gebot der Solidarität *abgeleitet* werden kann, steht für ihn außer Zweifel. Daran zeigt sich, daß er nur auf dem Wege über Hume und Kant hinweg an Platon anknüpfen kann. Die Verbindlichkeit des Gebots der Solidarität erweist sich ihm daher auch nicht in einem theoretischen Akt der Einsicht in unsere menschliche Lage, sondern auf dem »Umweg über den Appell an die Lebenspraxis, in der wir immer schon stehen«:

> Wer nicht irgendwann in seinem Leben schon einmal in einer *konkreten* Situation eingesehen hat, daß er hier die Bedürfnisse anderer zu beachten und handelnd zu berücksichtigen hatte, daß er dies getan oder auch versäumt hat, wer also an dieses Stück seiner eigenen Lebenserfahrung nicht durch appellierende Rede erinnert werden kann, der muß für alles hier Gesagte taub bleiben.

Gleichwohl bleibt er der sokratisch-platonischen Auffassung, »Tugend« sei lehrbar, ähnlich wie sein Erlanger Weggenosse Paul Lorenzen, noch so weit verbunden, daß er jene Entscheidung, durch die wir uns eine moralische Forderung zu eigen machen, nicht von der Einsicht trennen möchte, die ihr vorausgeht. Dies nötigt ihn dazu, auf biblischen Sprachgebrauch zurückzugreifen und denjenigen, der zwar einsieht, was ihm in appellierender Rede mitgeteilt wird, aber dem Appell zu folgen sich nicht entschließt, als »taub« zu bezeichnen. Dabei läßt doch bereits die Verwendung des Wortes ›Appell‹ erkennen, daß hier in auffordernder Rede gesprochen wird.[22] Zwischen Kamlahs moralischer Anschauung

22 An anderer Stelle (a.a.O. 95) unterscheidet Kamlah zwischen »bloßer« Einsicht und »wahrer« Einsicht, um denselben Sachverhalt zu beschreiben: Wer den Satz ›Wir Menschen sind alle bedürftig‹, nur versteht, ohne sich auch die Norm, wir sollten demgemäß handeln, zu eigen zu machen, der hat diesen Satz »bloß« eingesehen; wer sich hingegen auch die Norm zu eigen macht, der hat ihn »wirklich« eingesehen. Es handelt sich jedoch nicht um Unterschiede der Einsicht, sondern verschiedene Stellungnahmen (Entscheidungen) zu derselben Einsicht.
In diesem Zusammenhang kommt Kamlah auch auf den Erlanger Topos ›Ethik der Logik‹ (vgl. den gleichlautenden Aufsatz von K. Lorenz in: Das Problem der Sprache, 98) zurück: Sogar die Gesetze der Logik

und seiner ethischen Theorie verbleibt so, als Erbteil der platonischen Philosophie, immer noch der Nachklang nicht aufgelöster Dissonanz.

müßten an die Aufgeschlossenheit eines Gesprächspartners »appellieren«. Bei diesem Argument wird die Zustimmung, die zur Herstellung eines gemeinsamen Sprachgebrauchs erforderlich ist, mit der Zustimmung zu einer Aufforderung, die in einer gemeinsamen Sprache formuliert ist, verwechselt. Diese Verwechslung hat auch außerhalb des Erlanger Kreises nicht geringe Verwirrungen verursacht, und der Sache selbst, die seit den Tagen des Sokrates immer wieder vergeblich gesuchte rationale Begründung der Ethik zu formulieren, eher geschadet.

Technik und Praxis bei Heidegger und Marx

Wir leben in einem Jahrhundert, das die größten Triumphe menschlicher Technik und die größten von Menschen zu verantwortenden Katastrophen der Geschichte gezeitigt hat, und wir sind nicht frei von Sorgen, daß uns noch in diesem Jahrhundert oder doch wenig später weitaus schrecklichere Katastrophen drohen. Zwischen beidem, technischen Triumphen und geschichtlichen Katastrophen, besteht ein offenkundiger unmittelbarer Zusammenhang. Denn ohne die Entwicklung technischer Mittel zur Anwendung und Ausbreitung von Gewalt, ohne Entwicklung weltweiter Verkehrs- und Handelsbeziehungen, ohne Bereitstellung neuer Formen der umfassenden Organisation und Kontrolle sozialer Beziehungen hätten sich diese geschichtlichen Katastrophen nicht ereignen können. Es besteht aber auch ein zwar mittelbarer, aber weit verhängnisvollerer Zusammenhang zwischen jenen Triumphen der Technik und den geschichtlichen Katastrophen dieses Jahrhunderts. Denn in demselben Maße, wie die großen und mächtigen Nationen in den beiden letzten Jahrhunderten ihre Kraft auf die Entwicklung und Steigerung eines technischen Potentials zur Ausübung von Macht konzentrierten, gaben sie die moralischen und rechtlichen Grundlagen menschlichen Zusammenlebens innerhalb staatlicher Verbände und im Verhältnis der Staaten zueinander preis. Das ungeheure technische Potential der modernen Industrienationen konnte so ohne viel Rücksicht auf moralische und rechtliche Verbindlichkeiten zur Machtentfaltung nach innen und nach außen angewandt werden. Erst so wurde die moderne Technik nicht nur zum Segen, sondern auch zur Bedrohung der Menschheit.

Es wäre merkwürdig, wenn diese weltgeschichtlichen Prozesse und die in ihnen enthaltene Problematik nicht auch in der Philosophie ihren Niederschlag gefunden hätte. Man wird es daher kaum für einen Zufall halten können, daß Größe und Gefährdung des Menschen im technischen Zeitalter in zwei philosophischen Bewegungen dieses Jahrhunderts und bei ihren Archegeten, Marx und Heidegger, zum zentralen Thema geworden sind. Beide,

Marx und Heidegger, bestehen darauf, daß nicht das theoretische Weltverhalten, sondern die produktive Tätigkeit des Menschen an den Anfang der philosophischen Analysen gestellt werden sollte. Durch diesen gemeinsamen Ansatz unterscheiden sich diese beiden philosophischen Bewegungen deutlich von jener dritten philosophischen Strömung, die auf dem Wege über England und Amerika in diesem Jahrhundert zu weltweiter Bedeutung gelangt ist: von der Analytischen Philosophie. Bei allen sonst zwischen Marx und Heidegger vorhandenen Differenzen scheint mir diese gemeinsame Basis wichtig und bemerkenswert zu sein.
Gemeinsam ist diesen beiden Autoren jedoch auch dies, daß sie beide nicht deutlich zwischen produktiver und praktischer Tätigkeit unterscheiden und daher außerstande sind, eine spezifisch praktische Philosophie zu entwickeln. Diese These möchte ich in meinen Darlegungen erläutern und begründen.
1. Auch heute scheint es keinen universalen Konsens darüber zu geben, daß und wie zwischen produktiver und praktischer Tätigkeit unterschieden werden sollte. So definiert Vincenzo Palazzolo in einem programmatischen Essay seiner Zeitschrift »Prassi e Teoria« Praxis als »konkrete, produktive Entfaltung realer Wirkungen, die durch menschliche Tätigkeit ins Dasein gebracht werden«[1]. Denselben Begriff von Praxis hat auch von Wright im Sinn, wenn er definiert: »Handeln heißt, intentional (›willentlich‹) eine *Veränderung* in der Welt (der Natur) *bewirken* oder *verhindern.*«[2]. In beiden Definitionen handelt es sich um die Verwirklichung eines Zwecks durch menschliche Tätigkeit. Beispiele einer solchen zweckverwirklichenden Tätigkeit sind primär: die Bearbeitung des Bodens, das Abrichten von Tieren, das Herstellen von Gegenständen aus anorganischer Materie. Erst sekundär kann man sinnvoll von einer zweckverwirklichenden Tätigkeit sprechen, wenn Menschen das Objekt der Zweckverwirklichung oder von dieser Tätigkeit wesentlich betroffen sind, etwa bei einer chirurgischen Operation, bei Erziehung oder Strafe. Denn bei diesen Tätigkeiten ist der jeweils Betroffene nicht einfach Objekt zweckmäßigen Tuns, sondern ein Wesen, das für sich in Anspruch

1 »Lo svolgimento concreto, produttivo di effetti reali, che l'attività degli uomini pone in essere«, V. Palazzolo, Storicismo e dialettica, in: Prassi e teoria 1977/1, 3.
2 Handlungslogik. Ein Entwurf (1963), jetzt in: G. H. von Wright, Handlung, Norm und Intention, hrsg. von H. Poser, Berlin 1977, 83.

nehmen kann und darf, zu diesen Tätigkeiten seine Zustimmung zu geben oder zu verweigern. Die auf die Verwirklichung eines Zwecks gerichtete Tätigkeit bezieht sich hier also nicht mehr unmittelbar auf einen zu verändernden Sachverhalt, sondern auf die tatsächlich oder präsumptiv erteilte bzw. verweigerte Zustimmung des Betroffenen. Erst vermittelt durch diese Zustimmung bezieht sich das zweckmäßige Tun hier auf den zu verändernden Sachverhalt. Es ist daher angemessen, primäre und sekundäre Zweckverwirklichung zu unterscheiden. Primäre Zweckverwirklichung ist das, was ich »produktive Tätigkeit«, sekundäre Zweckverwirklichung das, was ich »praktische Tätigkeit« oder »Handlung« nennen möchte.

Diese Unterscheidung berührt sich mit dem Unterschied zwischen ποίησις und πρᾶξις, wie ihn Aristoteles definiert hat, fällt aber keineswegs damit zusammen. Denn wenn Aristoteles betont, unser Leben sei nicht Arbeit (ποίησις), sondern πρᾶξις[3], so will er deutlich machen, daß alles zweckgerichtete Tun auf einen Zustand vorausblickt, der nicht wieder Mittel zu einem jenseits seiner liegenden Zweck ist, sondern vielmehr seinen Zweck in ihm selbst hat, so daß wir sagen würden, in diesem Zustand erreicht unsere Lebenstätigkeit ihre Erfüllung. Πρᾶξις bedeutet hier also nicht eigentlich »Handlung«, sondern einen Zustand des Wohlergehens, letztlich Glückseligkeit (εὐδαιμονία), einen Zustand also mehr des höchsten Lebensgenusses als des Handelns.[4] So verstanden ist sie als das Worumwillen alles zweckgerichteten Tuns zu definieren, und dies macht deutlich, daß in der aristotelischen Unterscheidung von ποίησις und πρᾶξις auf den von mir hervorgehobenen Unterschied zwischen Objekten und Betroffenen einer auf Zwecke gerichteten Tätigkeit nicht abgehoben ist.

Im Sinne dieser Unterscheidung können selbstverständlich auch Menschen zu bloßen Objekten menschlicher Tätigkeit gemacht

3 Pol. A 2, 1254a 7.

4 Der aristotelische Begriff der πρᾶξις ist offenbar von Wendungen wie εὖ πράττειν hergeleitet, in denen auch umgangssprachlich die Konnotation des zielgerichteten Tuns, die dem deutschen Wort ›handeln‹ eigentümlich ist, fehlte. Dies macht verständlich, wie der Begriff der εὐδαιμονία zum zentralen Begriff seiner praktischen Philosophie werden konnte. Kants durchdringende Kritik am Eudämonismus in der Ethik beruht auf der Einsicht, daß die Ethik als eine Philosophie des moralisch verantwortlichen Handelns konzipiert werden sollte.

werden, und überall, wo und soweit dies planmäßig geschieht, sprechen wir dann von der Anwendung sozialer Techniken. Einer der unerschrockensten unter denen, die sich von der Ausarbeitung sozialer Techniken eine Lösung der Menschheitsprobleme erhoffen, der amerikanische Behaviorist Skinner, hat sehr wohl begriffen, daß dies bedeutet, den Menschen *a limine* den Anspruch auf Freiheit und Würde zu bestreiten.[5] Eben damit aber hören sie auf, als Betroffene menschlichen Handelns anerkannt zu sein.

2. Das platonisch-aristotelische Deutungsschema menschlicher Tätigkeiten mit seiner Unterscheidung zwischen Zwecken und einem Selbstzweck, der nicht wieder Mittel zu etwas ist, dient auch bei Marx und Heidegger im wesentlichen unverändert als Grundlage ihrer Analysen. Dies ist offenkundig, wenn Marx die Bedeutung der Hegelschen »Phänomenologie des Geistes« vor allem darin erblickt, daß Hegel »das Wesen der *Arbeit* faßt und den gegenständlichen Menschen, wahren, weil wirklichen Menschen, als Resultat seiner *eignen Arbeit* begreift«[6]. Denn hier wird nicht nur »das tätige Verhalten des Menschen« als Verwirklichung von Zwecken gedeutet, sondern auch die Frage nach dem Endzweck aller dieser Tätigkeiten ganz im Sinne des Aristoteles gestellt und beantwortet. Endzweck der Arbeit ist nämlich auch nach Marx nicht etwa die Arbeit selbst, sondern ein Zustand, der als »Tätigkeit und Genuß« beschrieben wird, ein Zustand der Aneignung des menschlichen Wesens durch den Menschen, in dem ihm »sein *natürliches* Dasein sein *menschliches* Dasein und die Natur für ihn zum Menschen geworden« ist (a.a.O. 390f.). Marx deutet diesen Zustand freilich, anders als Aristoteles, geschichtsphilosophisch als das »aufgelöste Räthsel der Geschichte« (a.a.O. 389), aber dies ändert nichts daran, daß die so konzipierte Vollendung der Geschichte als das Worumwillen der geschichtlichen Selbstverwirklichung des Menschen durch Arbeit begriffen ist. »Produktion« ist daher für Marx »Verwirklichung oder Wirklichkeit des Menschen«, und er legt Wert darauf zu betonen: »Religion, Familie, Staat, Recht, Moral, Wissenschaft, Kunst etc. sind nur *besondre*

5 Vgl. B. F. Skinner, Beyond Freedom and Dignity, New York 1971. – Zur Kritik Skinners vgl. L. W. Beck, The actor and the spectator, New Haven 1975 (dt. Akteur und Betrachter, Freiburg/München, 1976).

6 K. Marx, Ökonomisch-philosophische Manuskripte (1844) in MEGA, Erste Abt., Bd. 2, Berlin 1982, 404f.

Weisen der Production und fallen unter ihr allgemeines Gesetz« (a.a.O. 390).

Nicht weniger offenkundig – bis in die Terminologie hinein – ist die Orientierung am aristotelischen Deutungsschema in Heideggers Analytik des Daseins, etwa wenn er die alltägliche Arbeitswelt beschreibt:

> Das Worin des sichverweisenden Verstehens als Woraufhin des Begegnenlassens von Seiendem in der Seinsart der Bewandtnis ist das Phänomen der Welt.[7]

Die Arbeitswelt ist hier begriffen als ein Zusammenhang von Zwecken und Mitteln, die letztlich auf einen Selbstzweck verweisen, der nicht mehr Mittel ist, sondern als Worumwillen alles Verstehen und Verwirklichen von Zwecken ermöglicht. Jedes menschliche Individuum und jede Gruppe oder Epoche muß zwar nach Heidegger eigens entscheiden, worin der Endzweck alles Tuns zu finden ist, »sich« auf das hin zu »entwerfen«, worumwillen Dasein jeweils existiert. Aber jeder Entwurf bleibt nach Heideggers Analysen formal bezogen auf die Möglichkeit, in diesem Endzweck die Verwirklichung der eigenen Existenz zu erlangen. Wenn Heidegger dieses »existenziell eigentliche Ganzseinkönnen des Daseins« als »vorlaufende Entschlossenheit« beschreibt (a.a.O. 305), entfernt er sich natürlich ganz erheblich von jenen Zuständen, die Aristoteles als εὐδαιμονία und Marx als gesellschaftliche Existenz des Menschen beschrieben hatten. Dies hindert jedoch keineswegs, daß auch Aristoteles und Marx der formalen Bestimmung des Endzwecks menschlichen Tuns als »existenziell eigentliches Ganzseinkönnen des Daseins« hätten zustimmen können.

3. Weder Marx noch Heidegger deuten die zwischenmenschlichen Beziehungen, wie es Skinner tut, nach dem Muster einer zweckverwirklichenden Tätigkeit, so daß der Umgang mit anderen Menschen nur als produktive Tätigkeit verstanden wäre. Handeln ist für sie, anders als für von Wright, durchaus nicht die intentionale Bewirkung einer Veränderung in der Welt, sondern vielmehr die Weise, wie Menschen miteinander ihr Leben gestalten.

Marx hat dies sehr eindringlich zu verdeutlichen gesucht, indem er die aristotelisch-stoische Formel vom Menschen als einem *animal sociale* abwandelte und formulierte: »Das Individuum *ist* das

7 M. Heidegger, Sein und Zeit, Tübingen 1963[10], 86.

gesellschaftliche Wesen.«[8] Er möchte damit zum Ausdruck bringen, daß der Mensch nicht einfach als ein Wesen begriffen werden sollte, das die Eigenschaft hat, als Individuum zur Daseinsbewältigung auf andere menschliche Individuen angewiesen zu sein, sondern als ein Lebewesen, das durch seine individuelle Lebenstätigkeit zugleich auch die Lebensbedingungen der Gesellschaft hervorbringt und überhaupt nur im Zusammenhang der gesellschaftlichen Produktion menschlichen Lebens als Individuum existieren kann. Ein Zustand, in dem menschliche Individuen einander lediglich als Mittel zu ihren individuellen Zwecken betrachten und behandeln und in dem Handeln folglich, nach der Definition von Wrights, auf bloße intentionale Weltveränderung reduziert ist, bezeichnet Marx als einen Zustand der Entfremdung des Menschen vom Menschen (a.a.O. 370).

Ebenso unterscheidet auch Heidegger prinzipiell und terminologisch zwischen einer produktiven Tätigkeit als solcher und zwischenmenschlichen Beziehungen:

Die Welt des Daseins gibt demnach Seiendes frei, das nicht nur von Zeug und Dingen überhaupt verschieden ist, sondern gemäß seiner Seinsart *als Dasein* selbst in der Weise des In-der-Welt-seins ›in‹ der Welt ist, in der es zugleich innerweltlich begegnet. Dieses Seiende ist weder vorhanden noch zuhanden, sondern ist *so, wie* das freigebende Dasein selbst – es *ist auch und mit da.*[9]

Während Heidegger das Verhalten zu innerweltlich Seiendem, das nicht von der Seinsart des Menschen ist, als »Besorgen« beschreibt, verwendet er für das Verhalten zu Seiendem von der Seinsart des Menschen (Dasein) den Ausdruck »Mitsein«:

Das Seiende, zu dem sich das Dasein als Mitsein verhält, hat aber nicht die Seinsart des zuhandenen Zeugs, es ist selbst Dasein. Dieses Seiende wird nicht besorgt, sondern steht in der *Fürsorge.*[10]

Unter diesen Voraussetzungen ist es nachgerade selbstverständlich, daß weder Marx noch Heidegger darauf verfallen konnten, zwischenmenschliche Beziehungen auf die Anwendung sozialer Techniken zu reduzieren und die Ausbildung von Technik überhaupt vorbehaltlos als Weg zur Lösung universaler Menschheitsprobleme zu empfehlen. Mit ihrer Deutung menschlicher Tätig-

8 Marx, a.a.O. 391.
9 M. Heidegger, a.a.O. 118.
10 A.a.O. 121.

keit als einer gesellschaftlichen produktiven Tätigkeit waren sie vielmehr in der Lage, einerseits die Entwicklung der Technik im industriellen Zeitalter als Beitrag zur geschichtlichen Selbstverwirklichung des Menschen zu würdigen, andererseits aber auch die Bedrohung menschlicher Selbstverwirklichung durch eben diesen technischen Fortschritt zu erkennen und zu deuten.

4. Diese Bedrohung hat Marx bekanntlich vor allem im Prozeß der Aneignung der gesellschaftlichen Produktionsmittel durch Privatpersonen erblickt und darum von der Aufhebung des Privateigentums an Produktionsmitteln die Herbeiführung eines Zustandes erhofft, in dem die Selbstverwirklichung des Menschen durch Arbeit geglückt und als solche erfahren wäre. Heidegger hingegen deutete, wie man weiß, die Entwicklung der Technik im industriellen Zeitalter als einen Prozeß der fortschreitenden Selbstvergessenheit des Menschen, der sich immer mehr in die Bewältigung einer Welt von Sachen verliert, und erwartete daher eine Wende dieses Prozesses von der Rückbesinnung darauf, worum es in der Technisierung der menschlichen Tätigkeiten letztlich geht, nämlich eben um die geschichtliche Selbstverwirklichung des Menschen. Es ist begreiflich, daß beide Lehren in den fünfziger und sechziger Jahren, als nach den Schrecken des Zweiten Weltkrieges die Segnungen des industriellen Zeitalters überall spürbar wurden, weniger verstanden wurden als am Ende der siebziger Jahre, wo der Glaube an die Möglichkeit eines permanenten technischen Fortschritts wieder wankend geworden ist.

Angesichts aller Gemeinsamkeiten dieser beiden Deutungen, die weit auffallender erscheinen können als alle offenkundigen Unterschiede, ist die Frage durchaus berechtigt, ob nicht Marx wie auch Heidegger im Grunde auf die Bedingungen des industriellen Zeitalters nur jenen Satz angewandt haben, dem zufolge sich unser menschliches Leben nicht in der Arbeit, sondern in dem erfüllt, was Aristoteles πρᾶξις nennt.[11] Eben dieser gemeinsame Begründungszusammenhang ist es aber auch, der zu der Frage berechtigt, ob Marx und Heidegger deutlich zwischen produktiver und prak-

11 Von einer ähnlichen Fragestellung, wie sie hier vorgetragen wurde, ausgehend, ist Rüdiger Bubner in bezug auf Marx z. T. zu etwas anderen Ergebnissen gelangt; vgl. Theorie und Praxis – eine nachhegelsche Abstraktion, Frankfurt 1971; Handlung, Sprache und Vernunft. Grundbegriffe praktischer Philosophie, Frankfurt 1976, 61 ff.

tischer Tätigkeit unterschieden und ob sie überhaupt einen spezifischen Begriff des Handelns entwickelt haben.

5. Daß dies bei Marx durchaus zu bezweifeln ist, lehrt bereits seine These, daß Religion, Familie, Staat, Recht, Moral, Wissenschaft und Kunst nur besondere Weisen der Produktion sind und unter ihr allgemeines Gesetz fallen. Marx will mit diesem Satz sagen, daß die genannten Lebensgebiete allesamt als Weisen menschlicher Selbstverwirklichung zu begreifen sind – und dies ist ein ebenso tiefer wie bedeutender Gedanke – und daß die Selbstverwirklichung des Menschen auf diesen Gebieten dieselbe Struktur von Entäußerung, Entfremdung und Aufhebung der Entfremdung durchlaufen muß wie die gesellschaftliche Produktion von Gütern. Der menschlichen Selbstentfremdung unter den Bedingungen des Privateigentums an Produktionsmitteln entspricht nach dieser Deutung die Selbstentfremdung des Menschen in den Institutionen von Familie und Staat sowie in den Systemen der Lebensdeutung in Religion, Moral und Recht. Die wahre und wirkliche Aneignung des menschlichen Wesens sucht Marx daher in der Aufhebung jener gesellschaftlichen Institutionen und der ihnen zugeordneten Deutungssysteme. Ob dies ein Weg zur geschichtlichen Selbstverwirklichung des Menschen ist, muß man füglich bestreiten.

Doch bevor man sinnvoll an eine Widerlegung dieser Marxschen These gehen kann, ist wohl zu fragen, ob man Marx überhaupt darin zustimmen kann, wenn er die erwähnten Institutionen und Deutungssysteme als »nur besondere Weisen der Production« auffaßt. Institutionen wie Familie und Staat sind doch gewiß nicht in demselben Sinne als Entäußerung des menschlichen Wesens zu deuten, wie dies bei der Veränderung der Welt durch menschliche Arbeit möglich und richtig ist. Diese Institutionen sind schließlich nicht das Ergebnis einer produktiven Gestaltung eines vorgefundenen Materials. Material der Bearbeitung wären in diesem Falle die Menschen selbst, und daher würde die konsequente Durchführung des Marxschen Gedankens dazu nötigen, die Entstehung gesellschaftlicher Institutionen als Bearbeitung des Menschen durch den Menschen zu mißdeuten.

Dies wird noch deutlicher, wenn man sich vergegenwärtigt, was diese gesellschaftlichen Institutionen in Wirklichkeit sind: Systeme von durch die Beteiligten gemeinsam anerkannten Normen. Eine Familie z. B. ist nichts anderes als das System jener das ge-

meinsame Zusammenleben regelnder Normen, die von den jeweiligen Familienmitgliedern gemeinsam anerkannt sind, genauer: das System derjenigen Normen, die ein Familienleben überhaupt ermöglichen, sowie jener Normen, die das Zusammenleben in einer bestimmten Familie jeweils regeln. Ähnliches gilt vom Staat. Ein solches Normensystem ist aber nicht sinnvoll als das Resultat der Bearbeitung eines vorgefundenen Materials zu deuten oder als ein verwirklichter Zweck, sondern es muß vielmehr als ein System von Regeln begriffen werden, nach denen sich bestimmt, wie die in einem Handlungszusammenhang stehenden Personen sich gegeneinander verhalten sollten.
Damit wird vollends deutlich, daß die Marxsche Deutung von Recht und Moral als Weisen menschlicher Produktion unhaltbar ist. Rechtliche oder moralische Normen sind nicht als Zweck oder Mittel zu beschreiben; man kann nicht einmal sagen, daß sie sich unmittelbar auf das Setzen von Zwecken oder auf die Anwendung von Mitteln beziehen. Kein Zweck kann irgendein Mittel heiligen; ob ein Mittel moralisch oder rechtlich erlaubt ist, das bestimmt sich vielmehr letztlich daher, ob für eine Handlung die tatsächliche oder präsumptive Zustimmung der Betroffenen im Rahmen gemeinsam anerkannter Normen in Anspruch genommen werden kann. Dieser Legitimationszusammenhang kann in der Marxschen Deutung von Institutionen und Normensystemen als Weisen der Produktion nicht in den Blick kommen.
Die Folge davon ist, daß Marx im Rahmen seiner Theorie der Entfremdung zu durchaus anarchischen Lösungsversuchen gelangt, die nicht ernstlich als Antwort auf die weltgeschichtlichen Probleme der Menschheit in Betracht kommen können, und daß er überdies auch keineswegs in der Lage ist, auf der Grundlage seiner eigenen Theorie die Verbindlichkeit seines Ideals einer wahrhaft menschlichen Gesellschaft zu begründen. In seiner Lehre von der Abhängigkeit des sogenannten »ideologischen Überbaus« (Recht, Staat, Kunst, Religion und Philosophie, d. h. dessen, was Hegel den objektiven und den absoluten Geist genannt hat) von der »materiellen Basis« der Gesellschaft tritt dies vollkommen deutlich zutage. Denn es wäre ja eben jener »ideologische Überbau«, der seine Deutung der Geschichte und die Verbindlichkeit dessen, was er zum Ziel des geschichtlichen Handelns erklärt, rechtfertigen müßte. Ein ideologischer Überbau über der materiellen Basis der Gesellschaft kann dies aber nicht

leisten, und so bleibt die Marxsche Geschichtskonzeption, letztlich wegen ihres nicht aufgeklärten Unterschieds zwischen produktiver und praktischer Tätigkeit, überhaupt ohne Grundlage.

6. Daß auch Heidegger nicht zu einer Klärung dieses Unterschieds gelangt ist, zeigt sich bereits daran, daß er die zwischenmenschlichen Beziehungen, analog zum »besorgenden« Tun in der Arbeit, als »Fürsorge« und das Sein des Daseins überhaupt als »Sorge« deutet. In diesen Ausdrücken und in den Analysen, die Heidegger in ihnen zusammenfassen möchte, wird deutlich, daß er sich von dem platonisch-aristotelischen Schema der Deutung menschlicher Tätigkeit nach dem Muster der Verwirklichung von Zwecken nicht freizumachen wußte und daher auch nicht zu einem klaren Begriff des Handelns gelangte. Die Fürsorge, von der Heidegger spricht, ist zweckmäßiges Tun in bezug auf und im Interesse eines anderen im weitesten Sinne, d.h. einschließlich ihres Gegenteils und der entsprechenden privativen Modi.[12]

In dieser Deutung bleibt ungeklärt, worauf es eigentlich beruht, daß uns andere im Mitsein anders begegnen als die zu bearbeitenden Gegenstände. Heidegger nimmt es, nicht viel anders als Marx, als gegeben hin, daß wir in unserer Lebenserfahrung diesen Unterschied vorfinden, und er betrachtet diesen Unterschied, ebenso wie Marx, aber anders als z.B. Skinner, als wohlbegründet. Aber auch wenn man versuchen wollte, im Rahmen der Philosophie Martin Heideggers die Frage nach dem Grunde der Unterscheidung von Vorhandenheit und Mitsein zu beantworten, so müßte diese Antwort unbefriedigend bleiben: Im Mitsein verstehen wir, daß wir es mit Seienden zu tun haben, dem es in seinem Sein, eben wie uns selbst, um das eigene Seinkönnen geht. Aber dieses Verstehen, so wird man entgegenhalten müssen, gibt uns doch keinen Grund der Verbindlichkeit, den anderen als Person anzuerkennen und ihm entsprechende Rechte und Pflichten zuzuerkennen. Der Begriff des Mitseins als solcher reicht m.a.W. nicht aus, eine Ethik oder eine Rechts- und Staatslehre zu begründen.

Aus diesen Voraussetzungen wird es begreiflich, warum Heidegger in seiner Konzeption einer »eigentlichen« Existenz nicht über eine »vorlaufende Entschlossenheit« hinausgelangte. Kant hat in der »Kritik der praktischen Vernunft« gezeigt, daß im moralischen Selbstbewußtsein der eigene Tod nicht mehr das entschei-

12 Vgl. M. Heidegger, a.a.O. 122 [Im Text steht »privaten Modi«].

dende Kriterium für unser Tun und Unterlassen sein kann, weil wir uns einer Würde unserer Existenz bewußt geworden sind, die nicht an unser physisches Dasein gebunden ist. Diese Erinnerung an Kant möge ausreichen, um anzudeuten, daß man nicht bei Heideggers Konzeption von Eigentlichkeit wird stehen bleiben können, wenn man seinen Begriff des Mitseins zum Begriff einer wechselseitigen Anerkennung von Personen im Hinblick auf gemeinsam als verbindlich anerkannte moralische und rechtliche Normen erweitert und vertieft hat. Wie weitreichende Folgen dies für die Grundlegung einer politischen Philosophie und einer Geschichtsphilosophie hat, die den Rahmen der Heideggerschen Deutungen sprengt, kann ich hier nicht einmal andeuten.

7. Die Unterscheidung zwischen produktiver und praktischer Tätigkeit mag zunächst abstrakt anmuten, enthält jedoch m. E. den Schlüssel zu einer angemessenen Deutung der geschichtlichen Lage, in der wir uns am Ende des zwanzigsten Jahrhunderts befinden. Wie immer wir über die Zukunft der Menschheit denken mögen und welche Umstände und Zusammenhänge auch immer in Betracht gezogen werden müssen, es wird nicht genügen, der Entwicklung von Technologien und der Akkumulation von Macht zu ihrer Anwendung und Durchsetzung Ziele zu weisen, zu denen Technik und Machtgewinn nur Mittel sein können. Diese Ziele werden nicht zureichend beschrieben sein, wenn ihnen nicht die Konzeption eines moralisch und rechtlich geordneten Zusammenlebens der Menschen zugrunde liegt. Denn nur auf dieser Grundlage wird es möglich sein, die Idee der Freiheit und Würde des Menschen gegen alle Versuche technischer Daseinsbewältigung zu retten.

In diesem Bestreben bleiben die Klärungen, die wir Marx wie auch Heidegger verdanken, stets bedeutend. Wir sollten ihre Bemühungen jedoch m. E. weiterführen, indem wir ihre Analysen durch eine Lehre vom verantwortlichen Handeln vertiefen. Die weltweit sich meldenden Versuche einer Neubegründung der praktischen Philosophie könnten dann dazu beitragen, die Menschheit vor größeren Katastrophen, als sie dieses Jahrhundert schon gezeitigt hat, zu bewahren.

Anhang

Was heißt eigentlich »moralisch«?

Daß der Ausdruck ›Moral‹ in vielfacher Weise gebraucht wird, ist heute jedem klar, der sich ein wenig mit seiner Bedeutung beschäftigt hat. Wer verstünde nicht, daß dieses Wort in den folgenden Ausdrücken und Sätzen Verschiedenes bedeutet:

Le moral de l'armée était excellente.
That gave him a considerable moral support.
La moral cristiana.
Moralische Aufrüstung.
Les sciences morales.

und wer könnte nicht ungefähr ihre Bedeutung angeben? Bei mehr oder weniger festgelegten Sonderbedeutungen ist dies auch nicht weiter überraschend, da sie relativ leicht unterscheidbar sind. Es gibt indes neben bzw. in diesen Sonderbedeutungen noch eine andere Bedeutung von ›Moral‹ bzw. ›moralisch‹, die vor allem gemeint ist, wenn wir diese Ausdrücke gebrauchen. Sie ist uns wohlbekannt und irgendwie leicht verständlich; aber es scheint bis heute nicht recht gelungen zu sein, sie befriedigend zu definieren. Auch dies ist nicht überraschend, da wir es hier mit einem praktischen Terminus zu tun haben, d. h. mit einem Mittel ungefährer Verständigung, dessen sich fast jedermann bedient und bedienen kann, nicht selten freilich auch zu dubiosen Zwecken und mit einer Tendenz zur Verschleierung. Denn wenn der moralische Charakter einer Absicht oder Handlung feststeht, so ist sie jeder möglichen Kritik, so scheint es, entzogen. Jedenfalls müßte eine befriedigende begriffliche Klärung der gesuchten Bedeutung von ›moralisch‹ in der Philosophie möglich sein; aber angesichts der komplizierten Problemlage scheint dieses Ziel oft unerreichbar zu sein. Denn um es zu erreichen, müßte man sich Klarheit über die Prinzipien der Ethik verschafft haben. Aber wer besitzt sie?

Angesichts dieser Situation ist es meine Absicht, die Vieldeutigkeit auch dieses praktischen Terminus und seine geschichtlichen Voraussetzungen auseinanderzulegen und zu erklären (1), sodann zu zeigen, daß es eine Vielzahl ähnlicher, aber außermoralischer Redeweisen gibt, die häufig irrtümlich mit moralischer Rede verwechselt werden (II), und schließlich die Grundzüge einer Ethik aufzuzeigen, die auf einem Begriff von Moral beruht, mit dessen Hilfe der bisher unklare praktische Terminus ›moralisch‹ angemessen gedeutet werden kann (III).

I

Es ist ein naheliegender, aber doch zu überwindender Irrtum: zu glauben, daß die Grundbegriffe, derer wir uns zur alltäglichen Kommunikation oder zur wissenschaftlichen bzw. philosophischen Analyse bedienen, uns immer schon gegeben seien. In Wahrheit müssen sie erst einmal gebildet, immer wieder neu definiert und unseren Erkenntnisinteressen angepaßt sowie von anderen erworben und angeeignet werden. Man kann dies leicht an zahlreichen Grundbegriffen unserer alltäglichen und wissenschaftlichen Sprache dartun.
Ein solcher Grundbegriff ist z. B. der Begriff ›gut‹. Es ist kaum vorstellbar, wie wir in der Lage sein sollten, uns über elementarste Sachverhalte miteinander zu verständigen, wenn er uns nicht zur Verfügung stünde; aber dieser Grundbegriff stand weder von Anfang der Sprachentwicklung an zur freien Verwendung bereit, noch konnte seine Bedeutung denen, die ihn gebrauchten, von Anfang an klar sein. Obgleich dieses Wort und der zugehörige Begriff heute in jeder auch nur einigermaßen entwickelten Sprache geläufig sein dürften, gab es z. B. in den indoeuropäischen Sprachen anfangs noch kein allen gemeinsames Wort mit der identischen Bedeutung ›gut‹. Man kann dies daraus schließen, daß in den verschiedenen indoeuropäischen Sprachen das Wort für ›gut‹ auf verschiedene Wortwurzeln zurückgeht, und diese müssen ursprünglich verschiedene semantische Konnotationen gehabt haben. Dies gilt auch noch für das heutige Chinesisch: In allen Fällen, in denen wir etwas ›gut‹ nennen, können wir das chinesische Wort ›hao‹ verwenden; aber seltsam mutet an, daß ›hao‹ auch gern als Name für Kinder gebraucht wird. Dies wird jedoch verständlich, wenn man das Schriftzeichen für ›hao‹ kennt: Es setzt sich aus den beiden Zeichen für Frau und für Kind zusammen. Man kann daraus schließen, daß ›hao‹ ursprünglich eine bestimmte gute Beschaffenheit bedeutet hat: das Familienglück. Lange vor Konfuzius muß es als der exemplarische Fall von Gut-

sein gegolten haben. Man hat allen Grund zu der Annahme, daß auch die in den indoeuropäischen Sprachen gebräuchlichen Wörter für ›gut‹ (καλόν, bonum, gut) ursprünglich solche wesentlichen semantischen Konnotationen gehabt haben, im Lateinischen etwa die Orientierung am militärischen und staatlichen Bereich des Zusammenlebens.

Eins kann man indes von vornherein unterstellen: Die gesuchte moralische Bedeutung von ›gut‹ wird man weder in diesem frühen Sprachgebrauch noch im späteren alltäglichen Gebrauch dieser Wörter finden. Denn dieser Bedeutung nähert man sich überhaupt erst, wenn ›gut‹ zu einem abstrakten Begriff geworden ist; und die logische Struktur dieses Begriffs muß erst einmal durchschaut sein. Man kann auf sie stoßen, indem man etwa von dem Beispielsatz

(1) x ist ein guter Autofahrer.

ausgeht. Mit diesem Satz bezieht man sich auf einen bestimmten Regelkomplex (R) und auf bestimmte Fertigkeiten (F), den man befolgen bzw. die man beherrschen *soll*. Sprachlich ausgedrückt, ergibt dies etwa den Satz:

(2) Wer Auto fährt, soll R befolgen und F besitzen.

Nun wissen wir aber bereits, daß x ein *guter* Autofahrer ist, d. h. daß er nicht nur einige Verkehrsregeln befolgt, und dies auch nur gelegentlich, und einige zum Autofahren erforderlichen Fertigkeiten beherrscht, sondern dies durchgängig tut. Er genügt also der Bedingung (2), so daß wir schreiben können:

(3) x befolgt R und beherrscht F, wenn er Auto fährt.

So sind wir in der Lage, aus (1) bis (3) aufgrund unserer Analyse den folgenden logischen Zusammenhang herzustellen, der allgemein gilt:

(2) Wer Auto fährt, soll R befolgen und F besitzen.
(3) x befolgt R und beherrscht F, wenn er Auto fährt.

---

(1) x ist ein guter Autofahrer.

Zugegeben, dieser logische Strukturzusammenhang müßte und kann weiter präzisiert werden; aber für das vorliegende Problem ist dies entbehrlich, denn es genügt, auf folgenden Umstand zu achten: In (2) und (3) tritt der Sachverhalt bzw. »Gedanke« (Frege) ›R befolgen und F beherrschen‹ auf, wenn auch in verschiedener Verwendung. In (2) tritt dieser Sachverhalt als etwas auf, das der Fall sein *soll*, in (3) hingegen als etwas, das der Fall *ist*. So ergibt sich: Wenn von einem Sachverhalt S gilt, daß er sowohl der Fall sein *soll* wie auch *ist*, so ist das Vorliegen dieses Sachverhalts *gut*. Bezeichnen wir einen vorliegenden Sachverhalt S als ›Tatsache‹ (T), so dürfen wir formulieren:

(4) Wenn S der Fall sein soll und der Fall ist, so ist die entsprechende Tatsache T etwas Gutes.

Man muß hier jedoch sogleich eine Doppelbedeutung von ›gut‹ feststellen. Im soeben analysierten Beispiel bedeutet ›gut‹ soviel wie ›den normalen Anforderungen *entsprechend*‹. Es gibt jedoch auch noch eine andere Verwendung dieses Wortes im Sinne von ›die normalen Anforderungen *übertreffend*‹. Wenn man Wert darauf legt, die eine oder die andere Bedeutung von ›gut‹ auszudrükken, so wird man sich geeigneter spezifizierender Ausdrücke bedienen. Im vorliegenden Text ist, wie gesagt, von der »normalen« Bedeutung ›gut‹ die Rede. Auf keinen Fall haben wir es bisher jedoch mit der *moralischen* Bedeutung von ›gut‹ zu tun gehabt. Es ist vielmehr vorerst die Richtung zu suchen, in der so etwas wie ein Begriff des moralisch oder sonstwie Guten gefunden und definiert werden kann.

Blickt man auf das bisher besprochene Beispiel zurück, so kommt die gesuchte Differenz in den Blick, wenn man fragt: Ist ein guter Autofahrer gut *tout court* oder gut in einer bestimmten Beziehung? Es liegt auf der Hand, daß die Antwort lauten muß: gut in einer bestimmten Beziehung, nämlich eben als Autofahrer. Wir unterstellen freilich, wenn wir so reden, daß ein guter Autofahrer zugleich auch sonst etwas irgendwie Gutes ist. Ob jemand ein guter oder ein schlechter Autofahrer ist, das ist nicht in jeder anderen Beziehung etwas schlechthin Gleichgültiges. Denn im Blick auf Verkehrssicherheit ist von allen Autofahrern zu fordern, daß sie normal-gute Autofahrer sind. Mit diesem Vorausblick auf Verkehrssicherheit ist die Beziehung angegeben, innerhalb derer wir von so etwas wie guten Autofahrern sinnvoll sprechen können. Daher sei die formale Bedeutung, die der Verkehrssicherheit in diesem Zusammenhang zukommt, der hier benutzte ›Wertgesichtspunkt‹ (bzw. einfach: ›Wert‹) genannt.

Der Begriff des ›Wertgesichtspunkts‹ enthält nun den Ansatz zu einer Unterscheidung zwischen einem guten Autofahrer und einem moralisch-guten Menschen: Verkehrssicherheit und Moral sind zwei verschiedene Werte, und wer herausfinden möchte, was das Spezifische des Moralisch-Guten definiert, der muß lernen, diesen Wert zu definieren. Dazu aber sind wir keineswegs ohne besondere, weitere Vorbereitungen imstande. Denn nachdem die formale Struktur der Frage nach dem Moralisch-Guten durchschaut ist, muß man in der Folge lernen, einen konkreten, dem allgemeinen Verständnis entsprechenden Begriff von Moral zu erwerben und diesen explizit zu definieren. Daß den Philosophen in der Geschichte der Ethik dazu zunächst alle methodischen Voraussetzungen fehlten, zeigt sich besonders deutlich am Scheitern aller in diese Richtung gehenden Bemühungen in der antiken Philosophie. Damit soll nicht behauptet werden, daß die antiken Philosophen sich an einem »falschen« Begriff von Moral orientiert hätten, wohl aber, daß ihr Begriff mehr oder weniger unklar und undeutlich war, daß sie also zwischen moralischen und diesen irgendwie verwandten Problemen nicht genau zu unterscheiden wußten und daher nur einen ganz verschwommenen Begriff von Moral hatten. Zutreffendes vermischt sich daher bei ihnen mit Abwegigem. Was man später als »typisch sophistisch« bezeichnete, ist vielfach als Versuch gemeint gewesen, einen Begriff des Moralischen zu erhalten.
So kommt der Sophist Antiphon zu dem Schluß, daß jemand, der als Zeuge gegen einen anderen vor Gericht auftritt, diesem ein Unrecht zufügt; denn Gerechtigkeit verlange, daß man jemandem, der einem selbst kein Unrecht angetan hat, kein Unrecht zufüge. Den Zeugen der Anklage betrachtet Antiphon daher unmittelbar als Feind des Angeklagten, weil er diesem schadet. Das Unrecht des Belastungszeugen und das des Täters erscheinen ihm daher als gleich groß. Ähnlich beurteilt Antiphon die Handlungen des Richters, weil er nicht etwa den Schaden und den Nutzen der Außenstehenden ausgleicht, sondern denen nützt, die keinen Schaden erlitten haben und den Opfern des Täters nicht mehr helfen kann (87 B 44, 354. 10-355. 32 Diels-Kranz). Roh wie diese Argumentation mit ihrem Mißbrauch der Grundbegriffe uns Heutigen auch erscheinen mag, so hat man doch keinen Grund zu der Annahme, Antiphon sei sich über die Sache selbst im klaren gewesen und habe sie nur frech verschleiern wollen. Man muß

vielmehr unterstellen, daß er selbst noch dabei war, die Sache selbst zu klären. Daß die von ihm intendierte Äquivalenzbehauptung von ›schädlich‹ und ›moralisch schlecht‹ bzw. von ›individuell nützlich‹ und ›moralisch gut‹ abwegig ist, vermag er noch nicht zu erkennen. Er versteht noch nicht, daß eine Handlungsweise gerade dann ›gerecht‹ genannt zu werden verdient, wenn sie dem Handelnden individuell schadet, von den Außenstehenden hingegen in bestimmter Weise gebilligt wird.
Gleichwohl vertritt auch noch Platon diese Äquivalenzthese, freilich in abgewandelter Form. Moralisch-gut ist nach seiner Auffassung, was – aufs Ganze gesehen – auf lange Sicht sowohl dem Handelnden wie auch den von seiner Handlung Betroffenen nützt. Mit dieser Verfeinerung der ursprünglichen Äquivalenzthese schafft sich Platon freilich eine Schwierigkeit, die vorher gar nicht in den Blick kommen konnte: Ihm fällt jetzt die Beweislast zu, Argumente für die These vorzulegen, daß jedermann gehalten ist, bei seinen Entscheidungen den eigenen Vorteil mit dem Vorteil der anderen zu verbinden. Ob die entsprechenden Handlungen dann auch ›moralisch gut‹ genannt zu werden verdienen, ist im übrigen immer noch eine Frage für sich. Diese Beweislast zu tragen ist Platon natürlich außerstande. Aber es genügt nicht, dies einfach festzustellen; man muß sich auch klar machen, daß man angesichts dieses Scheiterns Platon einen klaren Begriff des Moralisch-Guten rundum absprechen muß. *Ne Plato quidem* ...!

Es bleibt noch darauf aufmerksam zu machen, daß auch Aristoteles und die stoischen Philosophen einen entscheidenden Schritt über Platon hinaus nicht zu tun vermochten. Aristoteles verwendet zwar vielfach das Wort ›καλόν‹ in einer Weise, die bei oberflächlicher Betrachtung von Kants streng moralischer Verwendung des Ausdrucks ›sittlich gut‹ kaum zu unterscheiden ist, und so sollten alle diejenigen, die unter dem Eindruck dieser Tatsache Kant und Aristoteles einander soweit wie möglich annähern, Anspruch auf unsere Nachsicht haben. Aber sie müßten gleichwohl einsehen lernen, daß die Bevorzugung des Wortes ›καλόν‹ in die Richtung einer unmittelbaren Zustimmung der Anwensenden zu einer »schönen« Tat und einer reichen Ausstattung des Handelnden mit den Gütern dieser Erde verweist. Das Modell, an dem sich Aristoteles orientiert, ist nicht der aus moralischer Verantwortung

Handelnde, sondern der gefallene Held bzw. der Boxer, der in Olympia einen Siegeskranz errungen hat.

Gegen diese, wie es schien, Veräußerlichung des Begriffs ›gut‹ wenden sich die Philosophen der alten Stoa polemisch, indem sie das Wort ›καλόν‹ nunmehr in rein moralischer Bedeutung zu verwenden suchen. Aber sie bedenken dabei nicht, daß auch ›καλόν‹ weithin in außermoralischer Bedeutung gebraucht wird und daher nicht geeignet ist, als Terminus für das spezifisch *Moralisch*-Gute zu dienen. So kommt es zu den berüchtigten stoischen Paradoxien (»Der Schmerz ist nichts Schlechtes«, »Der Weise ist selbst unter der Folter glücklich«, »Nur der Gute ist gut« usw.). In der mittleren Stoa werden diese Paradoxien zwar weitgehend befriedigend aufgelöst; aber wenn Panaitios und Cicero versuchen, die altstoische Äquivalenzthese von ›(moralisch-)gut‹ und ›nützlich‹ aufzugeben, so fallen sie letztlich doch wieder der Macht der Tradition griechischen Denkens zum Opfer.

Die voranstehenden Hinweise sollten daran erinnern, daß selbst die großen griechischen Philosophen nicht imstande waren, die Frage ›Was heißt eigentlich moralisch?‹ befriedigend zu beantworten. Dies ist nur solange erstaunlich, wie man nicht eingesehen hat, wie kompliziert die logische Struktur dieser Frage ist. Bei näherer Betrachtung stellt sich indes heraus, daß die Antwort ›(Moralisch-)Gut ist das Nützliche‹ bzw. der Begriff ›nützlich‹ der semantischen Struktur von ›gut‹ durchaus Rechnung tragen: Auch ›nützlich‹ ist ein Wertgesichtspunkt, im Blick auf welchen wir etwas ›gut‹ nennen. Falsch ist lediglich die Meinung, diese beiden Wertgesichtspunkte seien identisch. Es soll nun im Folgenden der Versuch gemacht werden, den Wertgesichtspunkt in den Blick zu bringen, an dem wir uns in Wahrheit orientieren, wenn wir etwas ›moralisch-gut‹ nennen. Dieses Vorgehen setzt natürlich voraus, daß wir – zumindest heute – über eine hinreichend starke Basis der Übereinstimmung zur Identifikation und Unterscheidung moralischer Fragen besitzen. Im letzten Teil dieser Darlegungen wird es schließlich darum zu tun sein, die Prinzipien unserer moralischen Werturteile anzugeben und zu rechtfertigen.

II

In angelsächsischen Untersuchungen ethischer Probleme ist es eine kontrovers diskutierte Frage, ob ein Philosoph sich an den moralischen »Urteilen des gemeinen Mannes« (Kant) orientieren dürfe. Diejenigen, welche diese Frage bejahen, werden seit Sidgwick gewöhnlich »Intuitionisten« genannt. Persönlich möchte ich nicht gern zu ihnen gezählt werden, halte es jedoch für gerechtfertigt, ein gewisses Vorverständnis für die folgenden Fallanalysen in Anspruch zu nehmen. Es gibt Leute auf der nördlichen Halbkugel unseres Planeten, die nicht einmal den Orion als Sternbild ausmachen können, oder auf der südlichen Halbkugel nicht einmal den Skorpion erkennen; aber daraus ergibt sich kein Argument gegen diejenigen, die vom Orion bzw. Skorpion sprechen. In diesem sehr eingeschränkten Umfang möchte ich im folgenden einige Fälle bzw. Szenen besprechen, die geeignet sind, den Wertgesichtspunkt in den Blick zu bringen, an dem wir uns orientieren, wenn wir moralisch Werturteile formulieren.

Erste Szene:

Auf dem Nachhauseweg bemerkt x von seinem Auto aus seinen Nachbarn y, den er bisher kaum kannte. Er bietet y an, ihn nach Hause mitzunehmen.

Kommentar: y selbst würde wohl kaum auf den Gedanken kommen, x um das zu bitten, wozu dieser ihn einlädt, nimmt aber, je nach Temperament, freudig oder verlegen an. x hingegen mag eine Reihe von guten Gründen für sein Verhalten haben. Soweit nichts Gegenteiliges erfolgt, wird man seine Handlungsweise als rundum erfreulich beurteilen. Ob dieses positive Werturteil ein *moralisches* Werturteil ist, bleibt offen, solange unbekannt ist, was x motiviert. Sicher ist jedoch, daß y keinerlei Grund hat, von x zu erwarten oder gar zu fordern, daß er ihm die Mitfahrt anbietet oder gestattet.

Zweite Szene:
Einige Zeit später trifft x auf dem Nachhauseweg y abermals an; er fährt jedoch, ohne anzuhalten, weiter.

Kommentar: Jetzt ist y vielleicht enttäuscht; aber er begreift, daß x zahlreiche gute Gründe haben kann, nicht anzuhalten. Falls er nicht nur von x enttäuscht, sondern ihm sogar böse ist, tut er ihm Unrecht, denn er steht zu x noch gar nicht in dem Verhältnis, von ihm etwas fordern, oder ihn gar zur Rede stellen zu dürfen. x ist vielmehr vollkommen berechtigt, selbst darüber zu entscheiden, bis zu welchem Punkt er in seiner Gefälligkeit gegenüber y gehen will. Gefälligkeit ist ohne Zweifel ein Wertgesichtspunkt, an dem sich x bei seinem Verhalten orientieren könnte; aber es ist keineswegs klar, daß Gefälligkeit, Entgegenkommen oder Freundlichkeit *moralische* Wertgesichtspunkte sind. Angenommen, x erwartet von y als Dank für seine Handlungsweise irgendeine Förderung seiner eigenen Interessen, so ist seine Handlungsweise anders zu beurteilen, wie wenn er keine besonderen Hintergedanken hätte. In einer solchen Normalsituation, das heißt solange nichts Gegenteiliges ins Spiel kommt, hat y von x nichts zu fordern, und dieser ist y nichts schuldig. Daran ändert sich auch nichts, falls etwa x erklärt, er komme häufiger um dieselbe Zeit des Wegs und könne y dann eventuell wieder mitnehmen; denn diese Äußerung ist eine bloße, »unverbindliche« Absichtserklärung, die zwar bei y gewisse Verhaltenserwartungen weckt; aber auf die Frage von y, warum x ihn nicht mitgenommen habe, könnte dieser mit Recht antworten, er habe dafür seine Gründe gehabt, über die er niemanden Rechenschaft abzulegen brauche.

Dritte Szene:
In einem kleinen, aber tüchtigen Schachverein ist x Mitglied; er kommt nur selten zu den Übungsabenden. Häufig kündigt er an, er werde erscheinen, kommt dann aber doch nicht.

Kommentar: Seine Schachfreunde sind von x mit Recht enttäuscht, weil sie mehr und mehr erkennen, daß er unzuverlässig ist. Sein Verhalten ist inkohärent, das heißt: Seine Ankündigungen und sein tatsächliches Verhalten – Worte und Taten – stimmen nicht überein. Die anderen Schachfreunde werden es schließlich aufgeben, auf seine Mitwirkung zu hoffen, und sein Verhalten mißbilligen, vielleicht sogar ihn als Vereinsmitglied oder Person ablehnen. Dies ist nicht nur verständlich, sondern die anderen sind in gewissem Sinn sogar berechtigt, ihm Vorwürfe zu machen. Die Frage ist indes, ob sie auch spezifisch *moralische* Vorwürfe gegen ihn erheben dürfen, und diese Frage ist im Blick auf den einer solchen Situation angemessenen Wertgesichtspunkt zu beantworten. Auszuschließen ist zunächst, daß die Mitgliedschaft in

einem kleinen, fast noch informellen Verein deutlich abgegrenzte Rechte und Pflichten begründet. Da man froh ist, in x einen tüchtigen, dringend benötigten Spieler gefunden zu haben, ist man gar nicht in der Lage, Forderungen an ihn zu stellen, die man gegen ihn geltend machen könnte oder dürfte. Die Vorwürfe, die man schließlich gegen ihn erhebt, stehen nicht unter dem Wertgesichtspunkt, das x sich nicht so verhalten durfte wie er sich verhalten hat, sondern unter dem Wertgesichtspunkt, das x unzuverlässig und wenig kooperativ ist. Aber auf diesen Vorwurf könnte x mit Recht die Gegenfrage stellen: »Warum soll ich berechenbar und kooperativ sein?« Wer meint, andere seien überhaupt nicht berechtigt, inkohärent und eigenwillig zu sein, maßt sich das Recht an, anderen den Spielraum willkürlichen Handelns eigenmächtig zu beschränken. Es ist jedoch unerfindlich, woher jemand ein solches Recht erhalten haben sollte. Ohnehin sind Zuverlässigkeit und Berechenbarkeit nur soziale Vorzüge, keine moralischen Tugenden. Die begrenzte Reichweite dieses Wertgesichtspunkts ›Zuverlässigkeit‹ kann man sich klarmachen, wenn man den folgenden Dialog zwischen einem Gangsterboß und seinem Erfüllungsgehilfen ins Auge faßt:
Frage: Is he a good killer?
Antwort: Very good one.

Vierte Szene:
Nach einigen Erfolgen ist aus unserem kleinen Schachverein eine Gemeinschaft geworden, deren Zusammenhalt auf dem gemeinsamen Interesse der Spieler an einem guten Abschneiden bei der Meisterschaft beruht. Obwohl sich jeder, ausdrücklich oder nicht, für die Realisierung dieses Zwecks engagiert hat, erscheint x zu einem Meisterschaftsspiel ohne vorherige Ankündigung nicht.

Kommentar: Die übrigen Schachfreunde sind mit Recht angesichts der von x geweckten und dann nicht eingehaltenen Verhaltenserwartung enttäuscht und berechtigt, ihm bittere Vorwürfe zu machen. Zunächst ist aber unerläßlich, Szene (3) und Szene (4) sorgfältig zu unterscheiden. In Szene (3) haben die Mitglieder des Vereins, jeder für sich, dasselbe Handlungsziel, und x hört auf, es zu verfolgen; in Szene (4) hingegen haben alle ein *gemeinsames Handlungsziel*, und x vereitelt seine Realisierung dadurch, daß er ohne Vorankündigung nicht mehr mitmacht. In dieser neuen Situation sind die übrigen Schachfreunde berechtigt, x nicht nur überhaupt sein Verhalten vorzuwerfen, sondern ihm sogar moralische Vorwürfe zu machen. Denn er hat nicht nur ein stillschweigend eingegangenes Versprechen gebrochen, sondern zugleich auch das gegenseitige Vertrauen, soweit es an ihm lag, zerstört. Nachdem x Mitglied einer Gemeinschaft geworden ist, sind für ihn wie für jeden anderen bestimmte Rechte und Pflichten entstanden, die man auch gegen das Belieben des anderen geltend machen darf. Ohne das Engagement für das gemeinsame Handlungsziel wäre dies sinnwidrig; es würde auf die Annahme hinauslaufen, es könne jemand einen anderen ohne dessen direkte oder indirekte Zustimmung verpflichten. Jemand in die Pflicht nehmen heißt jedoch, seine Freiheit beschränken; wäre irgendwer dazu berechtigt, so wäre der Grundsatz, daß jedes handlungsfähige Wesen über sich selbst frei verfügen darf, solange es nicht einer Einschränkung seiner Handlungsfreiheit zugestimmt hat, verletzt.

Der Wertgesichtspunkt, im Blick auf welchen in Szene (4) Werturteile formuliert werden, ist nicht mehr das Interesse an der Realisierung eines Handlungszwecks. Wird z. B. das Interesse an der Erringung des Meistertitels der einzige Wertgesichtspunkt, auf den sich unser kleiner Schachverein berufen kann, so könnte x, wie schon hervorgehoben wurde, sein Desinteresse an diesem Handlungszweck bekunden, und unsere Geschichte wäre schon zu Ende. Von einer Verpflichtung hingegen kann erst die Rede sein, wenn eine Selbstverpflichtung im Sinne eines Engagements zugrunde liegt. Der hier leitende Wertgesichtspunkt ist der Gedanke, daß wir nicht nur als Wesen, die je eigene Interessen nach Situation und Umständen zu verfolgen haben, miteinander verkehren, sondern zugleich auch als Wesen, die sich, notfalls gegen eigene Interessen, gebunden haben und, falls sie dem zuwider handeln, sich darauf ansprechen lassen [müssen], ob es Ihnen freistand, sich so zu verhalten, wie sie sich verhalten haben. Bedingung ihres Verkehrs miteinander ist, daß sie auf einen solchen Anspruch des anderen antworten, das heißt bereit sind, sich zu verantworten.

Irrelevant ist hingegen in diesem Zusammenhang, ob es starke oder gar zwingende Gründe gibt, sich zu engagieren, oder ob diese Gründe für einige, viele oder gar alle Menschen zwingend sind oder erscheinen. Es muß jedem freigestellt sein, *ob* er sich für irgendetwas bzw. wofür er sich engagiert. Eine Verpflichtung für alle, sich für bestimmte einzelne Zwecke zu engagieren, ist nicht erkennbar. Erst recht kann es eine allgemeine Verpflichtung zur Teilnahme an Diskussions- oder »Argumentationsgemeinschaften« nicht geben. Die Teilnahme an ihnen ist ein Handlungszweck neben anderen ebenso wichtigen oder wichtigeren Handlungszwecken; und der eine taugt dazu mehr als der andere. Richtig ist zwar, daß sich für erlaubte bzw. gebotene Handlungen moralisch ausreichende Rechtfertigungs- bzw. Nötigungsgründe müßten anführen lassen. Aber eine Handlung ist unabhängig davon, ob der Handelnde ausreichende Rechtfertigungs- oder Nötigungsgründe für oder gegen sie beibringen kann, erlaubt, geboten oder unerlaubt. Wäre es anders, so hätten Ethikspezialisten weitaus größere moralische Chancen als andere.

Zwischen einer informellen Gruppe, die sich um die Lösung eines Schachproblems bemüht, und einer realen Argumentationsgemeinschaft, die über theoretische, praktische oder ästhetische Fragen diskutiert, besteht prinzipiell kein Strukturunterschied – es sei denn, daß bei unseren schachspielenden Freunden die Beschreibung der Ausgangslage, des Handlungsziels und der Regeln, die zur Erreichung des Handlungsziels befolgt werden müssen, weitaus präziser als in einer repressionsfreien und dafür ungebundenen Argumentationsgemeinschaft zu gelingen pflegt. In beiden Fällen kann das Diskussionsergebnis, in beschränkter Zeit zustande gekommen, zutreffend, unzulänglich oder falsch sein. Das Interesse Außenstehender an diesem Resultat wird sich nach der Qualifikation der Beteiligten richten. Als Beweismittel zur Klärung und Begründung moralischer Werturteile ist daher die *reale* Argumentationsgemeinschaft ungeeignet.

Man könnte indes daran denken, daß eine *ideale* Argumentationsgemeinschaft, das heißt eine der Anzahl nach prinzipiell unbegrenzte Gruppe, deren Mitglieder mit prinzipiell unbegrenzten Fähigkeiten ausgestattet und in der Lage sind, unbegrenzt lange zu diskutieren, als Modell einer argumentativ abgesicherten Entscheidungsfindung zwischen Handlungsalternativen dienen könnte. Fraglich ist jedoch bereits, ob derartig gefundene Entscheidungen die Beteiligten oder gar die Außenstehenden irgendwie binden. Ihre Beantwortung hängt indes von der Vorfrage ab, ob damit zu rechnen ist, daß die Diskussion in jedem Fall in *begrenzter* Zeit zu einer sicheren Entscheidung führt. Denn da der Handelnde sich innerhalb einer gewissen Frist entscheiden muß, und

da die Situation, in der er handelt, sich beständig ändert, ist eine Vertagung bis in die entfernte Zukunft hinein für ihn wertlos.
Angesichts dieser Schwierigkeiten ist zu bedenken, daß in einer *realen* Argumentationsgemeinschaft drei Ergebnisse möglich sind:

a. Es gelingt, eine These zu beweisen bzw. für einen Vorschlag die Zustimmung aller zu gewinnen.
b. Es gelingt, diese These zu widerlegen bzw. die Zustimmung aller für einen Gegenvorschlag zu erhalten.
c. Die These kann weder bewiesen noch widerlegt werden bzw. es kommt zu keiner Übereinstimmung über irgendeinen Vorschlag.

Nicht viel Menschenkenntnis ist erforderlich, um einzusehen, wie gering die Chancen eines einmütigen Konsenses und damit, ein brauchbares Ergebnis zu erzielen, sind. Wenn das Modell einer *idealen* Argumentationsgemeinschaft bessere, weil brauchbarere Ergebnisse liefern soll, muß man annehmen, daß eine praktische Frage hier *stets* entweder positiv oder negativ entschieden werden kann. Ist dies nicht zu erwarten, wie man gewiß annehmen muß, so führt dieses Modell auch nicht weiter; hält man dagegen daran fest, daß eine positive oder negative Entscheidungsfindung in jedem Fall gewährleistet ist, so muß man erkennen, daß das Modell einer idealen Argumentationsgemeinschaft nichts als ein entbehrliches Beiwerk ist, das nur die Tatsache verschleiert, daß »*idealiter*« die Entscheidung immer schon gefallen ist.
Ohnehin ist zu bedenken, daß zu einer sinnvollen Diskussion ein hohes Maß an Disziplin erforderlich ist und daß Argumente nur zählen, wenn sie sachgerecht sind, das heißt, wenn sie geeignet sind, eine Klärung herbeizuführen oder zu fördern. Dies ist jedoch immer dann der Fall, wenn sich Argumentierende auf eine gründliche Problemanalyse und verläßliche Prinzipien stützen können. Eine solche Problemanalyse und solche Prinzipien sind bisher m. W. von kommunikationstheoretischer Seite nicht beigebracht worden.
Um den Unterschied zwischen den Aufgaben einer Grundlegung der Ethik und denen eines kommunikationstheoretischen Ansatzes noch von einer anderen Seite her zu verdeutlichen, lohnt es sich, schließlich noch die Ausgangslage in den Blick zu nehmen, auf die sich der kommunikationstheoretische Ansatz bezieht. Es gibt allerdings Situationen, in denen man zu beraten hat, welches

Werturteil man über einen vorgelegten Tatbestand fällen, welches Verhalten man vorschreiben oder welchen Zweck man vordringlich realisieren sollte. Die Beratungssituation im Gericht, die Beschlußfassung im Parlament und die Tätigkeit der Regierung sind die bedeutendsten Beispiele für diese Aufgabe. Solche Beratungssituationen sind indes keineswegs für Versuche typisch, die *Prinzipien* moralischer Werturteile zu entdecken. Rawls hat daher ganz mit Recht die Aufgabe einer Beratung über die gerechte Gesetzesfortbildung lediglich durch die Angabe eines Verfahrens zu regeln versucht, das allen eine faire Chance gewährleistet, ihre Interessen wahrzunehmen. Diese wie jede ähnliche Beratungssituation beruht vielmehr auf der Voraussetzung, daß die Prinzipien, nach denen Werturteile gefällt werden sollen, bereits hinreichend bekannt und durchgängig anerkannt sind. Hier gilt: *De principiis non est disputandum*. Daß die sachgerechte Anwendung der Prinzipien auf bestimmte Einzelfälle alsdann eine schwierige Aufgabe ist, die selbst wieder von geeigneten Anwendungsprinzipien geleitet sein sollte, sei hier wenigstens abschließend noch angemerkt. Für den kommunikationstheoretischen Ansatz im Zusammenhang einer Grundlegung der Ethik gilt mithin: Er setzt voraus, was er allererst begründen sollte.
Die bisherigen Analysen haben, so hoffe ich, bereits den Begriff des Moralischen einigermaßen geklärt. Daher dürfte es an der Zeit sein, nun auch den letzten, wichtigsten Schritt zu tun. Die Erläuterung zweier Szenen scheint mir auch hier hilfreich zu sein.

Fünfte Szene:
Autofahrer x erfährt, daß eine Nachbarin y nicht gesund ist. Da er sie auf dem Nachhauseweg schon öfters getroffen hat, bietet er ihr an, sie regelmäßig nach der Arbeit in seinem Auto mitzunehmen.

Kommentar: x handelt moralisch *verdienstlich*. Seine Nachbarin hat keinen Anspruch auf seine Hilfe, so daß sie sich nicht etwa bei x oder bei anderen beklagen dürfte, wenn dieser ihr dieses Angebot nicht gemacht hätte. Umgekehrt würde man es jedoch moralisch bedauerlich finden, wenn x ihr seine Hilfe versagte. Es muß indes x überlassen bleiben, ob bzw. wieweit er seine Hilfsbereitschaft seiner Nachbarin y zuteil werden läßt. Das moralische *Gebot*, Bedürftigen zu helfen, ist eine relativ unbestimmte Norm, aus der sich eine unmittelbare Handlungsanweisung nicht ableiten läßt.

Sechste Szene:
In einem Staat x ist die Auswanderung grundsätzlich nur erlaubt, wenn die Behörden sie vorher genehmigt haben.

Kommentar: Ein solches generelles Auswanderungs*verbot* ist in jedem Falle moralisch *verwerflich*, da es das Recht eines jeden menschlichen Individuums, frei über sich selbst zu verfügen, verletzt. Hier ist gar nicht erst zu fragen, ob Staat x gute Gründe hat, die für ihn schädlichen Folgen einer Aufhebung des Auswanderungsverbots zu fürchten. Auch wenn dies mit Sicherheit zu erwarten ist, steht es ihm nicht zu, den Einwohnern seines Staatsgebiets gegen ihren Willen ihre Freiheit zu nehmen. Er ist mithin, moralisch betrachtet, in einer völlig anderen Situation als der Autofahrer x, der seine Hilfsbereitschaft anderen zuteil werden läßt. Ich behaupte nun, daß weder Absichtserklärungen oder auch Versprechungen noch die Realisierung von Handlungszielen, die jemand für sich oder auch gemeinschaftlich mit anderen betreibt, spezifisch moralische Phänomene sind. Auszugehen ist vielmehr von jenen Rechten und Pflichten, ohne deren Anerkennung moralisch geordnete Beziehungen unter handelnden Individuen überhaupt nicht bestünden, sowie dies etwa beim Auswanderungsverbot der Fall ist. Andere, nicht weniger verwerfliche Beispiele einer Verletzung spezifisch moralischer Normen sind die Folter, der Menschenraub oder die Ermordung Unschuldiger zu irgendeinem Zwecke, der angeblich die Mittel heiligt.
›Moralisch‹ kann man diese oder ähnliche Werturteile nennen, weil ihr Geltungsgrund nicht auf positiv geltendes Recht zurückgeführt werden kann und weil die Normen, auf denen sie beruhen, auch dann verbindlich sind, wenn keine Gewalt vorhanden ist, die für ihre Durchsetzung sorgt. Hier ist m. E. nicht entscheidend, in welcher Gesinnung jemand diese spezifisch moralischen Normen nicht verletzt: Es genügt, daß er sie respektiert. Moralisch verdienstlich ist dieser Respekt ohnehin nicht, da er nur zu normgemäßem Handeln führt. In gesteigertem Sinne sind freilich jene Werturteile ›moralisch‹ zu nennen, die sich auf Hilfsbereitschaft im weitesten Sinne oder deren Versagung beziehen. Erst hier kommt es darauf an, ob eine Handlung der Hilfsbereitschaft auch in moralischer Gesinnung getan wird oder nicht. Da indes die Gesinnung eines anderen, ja sogar die eigene Gesinnung letztlich unerforschlich ist, wird man in der Regel, das heißt, wenn

keine entgegenstehenden Gründe bekannt werden, unterstellen müssen, daß *rebus sic stantibus* hilfsbereite Handlungen moralisch verdienstlich, die Verweigerung von Hilfsbereitschaft moralisch bedauerlich und unterlassene Hilfeleistungen unter Umständen moralisch gerechtfertigt ist. Daß diese spezifisch moralischen Normen unter Umständen auch rechtlich durchsetzbar sind, ist in rein moralischer Beurteilung ein Superadditum, das für sich betrachtet zu besonderen Begründungsproblemen führt.

III

Angenommen, die bisherigen Analysen sind zutreffend, so besteht die Aufgabe einer Begründung der Ethik darin, eine Theorie zu entwickeln, die den moralischen »Urteilen des gemeinen Mannes« und unserem entwickelteren moralischen Verständnis angemessen ist. Da ich die Skizze einer solchen Theorie bereits früher vorgelegt habe, möchte ich mich zum Schluß darauf beschränken, die Bedingungen zu erläutern, denen diese Theorie genügen muß. Dabei wird sich zeigen, daß vor allem zwei Bedingungen erfüllt sein müssen, die, wie es scheint, in keinem bisher bekanntgewordenen Begründungsversuch miteinander vereinbart werden konnten: Diese Theorie darf weder kognitivistisch noch relativistisch sein.

Auf dem Boden des ethischen Relativismus wird unterstellt, daß es universal verbindliche Normen nicht gibt, daß mithin die Verbindlichkeit moralischer Normen jeweils auf Gruppen oder Völker eingeschränkt ist, so daß in anderen Gruppen bzw. bei anderen Völkern unter Umständen als moralisch verdienstlich gilt, was jene Gruppen und Völker als moralisch verwerflich ansehen. Die Anerkennung der jeweils herrschenden Gruppenmoral reduziert sich damit auf einen Akt der Identifikation mit den Mitgliedern der jeweiligen Bezugsgruppe. Es ist aber klar, daß diese Identifizierungsakte sich ebenso in einer Räuberbande oder einem Verbrechersyndikat wie in einem Weltverbesserungsverein finden lassen und mithin nichts über den moralischen Charakter der sogenannten Gruppenmoral aussagen. Von moralischen Normen hingegen sprechen wir, streng genommen, erst dann, wenn durch die Anerkennung der universalen Verbindlichkeit von Normen bereits gesichert ist, daß jene Gruppenmoral moralisch akzeptabel

ist. Der sogenannte ethische Relativismus ist mithin überhaupt keine ethisch haltbare Position.
Andererseits darf eine angemessene Begründung der Ethik nicht kognitivistisch angelegt sein, das heißt, sie darf die universale Verbindlichkeit von moralischen Normen nicht auf das Argument stützen, daß gewisse Grundnormen einfach »wahr« sind und daß ihre Wahrheit einfach eingesehen werden kann. Zunächst ist nämlich an die Definition von ›gut‹ zu erinnern, aus der hervorging, daß zur Begründung eines jeden Werturteils der Rückgang auf Sollenssätze erforderlich ist. Sätze, die ein Sollen ausdrücken, sind indes gar nicht von der Art, daß sie wahr oder falsch sein können. Bekanntlich hat David Hume dies in der Warnung formuliert, daß ›ought‹ nicht von ›is‹ abgeleitet werden kann. Nun scheint aber die kognitivistische Begründung der Ethik der einzige Weg zu sein, einer universal verbindlichen Ethik die geeignete Grundlage zu verschaffen; denn als Alternative bliebe nur eine voluntaristische Begründung übrig, das heißt eine Begründung, die sich letztlich – statt auf eine vermeintliche Einsicht – auf einen Willensakt stützt. Es scheint aber aussichtslos zu sein, auf dieser Grundlage zu einer universal verbindlichen Ethik zu gelangen, da der Wille doch seine Entscheidungen jederzeit zurücknehmen kann. Die Alternative zwischen einer voluntaristischen, aber relativistischen und einer universalistischen, aber kognitivistischen Begründung der Ethik, so muß man wohl schließen, ist für eine Grundlegung der Ethik ebenso unausweichlich wie fatal.
Um diesem Dilemma zu entgehen, ist zunächst erforderlich, daß man sich auf gewisse Grundforderungen besinnt, für die oder gegen die sich jeder, der dazu fähig ist, entscheiden muß. Jeder von uns muß sich dafür oder dagegen entscheiden, ob er gegenüber denjenigen, die dazu ebenfalls bereit sind, für seine Handlungen verantwortlich sein will oder nicht. Wer dazu nicht bereit ist, wird gleichsam wie Gyges bei Herodot und Platon als moralischer Solipsist leben wollen; aber schon Aristoteles wies darauf hin, daß ein solcher moralischer Solipsist unter allen Lebewesen das gefährlichste ist. Wer dazu zwar nicht bereit ist, dies aber verschleiert, befindet sich prinzipiell in derselben Lage auch dann, wenn er selbst dies nicht klar einsieht. Wer hingegen bereit ist, verantwortlich zu handeln, der räumt anderen das Recht ein, von ihm Rechenschaft darüber zu verlangen, ob er zu einer bestimmten Handlungsweise berechtigt war oder nicht. Diese Bereitschaft ist

freilich bedingt: Sie beruht auf der Voraussetzung, daß der andere oder die anderen dieselbe Bereitschaft ihm gegenüber zu erkennen geben. Individuen, die in diesem Sinne im Verkehr miteinander zu verantwortlichem Handeln bereit sind, mögen ›Person‹ heißen. Die Grundforderung, vor die sich jeder von uns gestellt sieht, lautet daher: ›Sei eine Person und anerkenne die anderen als Personen‹.

Dieser Forderung kann man sich natürlich verschließen; aber damit erklärt man sich selbst im Verhältnis zu allen, die sie anerkennen, zum outlaw. Fragt man nun, wer denn derjenige sei, der in dieser Argumentation als ein Fordernder auftritt, so wird man antworten müssen: diejenigen, welche die Grundnorm ›Sei eine Person und anerkenne die anderen als Personen‹ anerkannt haben, und zwar unabhängig davon, wieweit sie sich dieses Zusammenhangs bewußt sind. Als Grundlage findet man mithin Willensakte, nämlich einmal in der Forderung, die Grundnorm anzuerkennen, und zum anderen im Akt der Anerkennung selbst. Daß es sinnlos wäre zu fragen, ob diese Grundnorm »wahr« oder »falsch« ist, dürfte nicht weiter zu begründen sein.

Nicht sinnlos hingegen ist die Frage, was jemanden motivieren könnte, diese Grundnorm anzuerkennen. Als Antwort darauf kommt m. E. allein in Betracht: das Interesse an normativ begründeter Freiheit. Gemeint ist also nicht die Fähigkeit, möglichst alles zu tun, was man will, sondern vielmehr jene Freiheit, die den Bereich unserer ausführbaren Handlungen auf denjenigen Bereich einschränkt, innerhalb dessen es uns erlaubt ist, von unserer Freiheit einen willkürlichen Gebrauch zu machen. Wer zu der Überzeugung gelangt ist, daß nur eine normativ begründete Freiheit dem Anspruch auf Menschenwürde genügt, den wir mit unserer Person verbinden, für den kann es nicht zweifelhaft sein, ob er sich für oder gegen die Anerkennung der moralischen Grundnorm ›Sei eine Person und anerkenne die anderen als Personen‹ entscheidet.

Nachwort

Als Karl-Heinz Ilting am 25. August 1984 nach längerer schwerer Krankheit und dennoch für viele unerwartet starb, waren die Kontroversen, in denen er in der Verteidigung eigener Positionen und in der kritischen Auseinandersetzung mit fremden Ansätzen streitbar Stellung bezogen hatte, keineswegs beigelegt. Im Vorjahr war die Ausgabe der Hegelschen Rechtsphilosophievorlesung von 1817/18 in der Mitschrift von Wannenmann erschienen[1], wenige Wochen vor der Ausgabe derselben Vorlesung durch das Bochumer Hegel-Archiv.[2] Die sehr kritischen Stellungnahmen im Streit um Platons ungeschriebene Lehre lagen zwar bereits länger zurück[3], aber sozusagen auf ihrem Höhepunkt befand sich die langdauernde Auseinandersetzung, in der Ilting mit Leidenschaft die tragenden Grundannahmen der von Apel und Habermas vertretenen Diskursethik in Frage gestellt hatte.
Die Ausgabe der Rechtsphilosophie Wannenmann gehört zu dem umstrittenen und vieldiskutierten Projekt Iltings, alle Berliner Vorlesungen Hegels, nicht nur die über die Philosophie des Rechts, herauszugeben; Ilting hat dieses Vorhaben nicht verwirklichen können. Außer den Vorlesungen über Rechtsphilosophie[4]

1 G. W. F. Hegel: Die Philosophie des Rechts. Die Mitschriften Wannenmann (Heidelberg 1817/18) und Homeyer (Berlin 1818/19). Hrsg., eingeleitet und erläutert von K.-H. Ilting. Stuttgart 1983. Inzwischen ist die italienische Übersetzung erschienen: G. W. F. Hegel: Lezioni di filosofia del diritto secondo il manoscritto di Wannenmann (Heidelberg 1817/18). Con il Commentario di Karl-Heinz Ilting. A cura di Paolo Becchi. Napoli, Istituto Suor Orsola Benincasa, 1993.

2 G. W. F. Hegel: Vorlesungen. Ausgewählte Nachschriften und Manuskripte. Bd. 1: Vorlesungen über Naturrecht und Staatswissenschaft (1817/18). Nachschrift P. Wannenmann. Einl. von Otto Pöggeler. Hrsg. von C. Becker, W. Bonsiepen, A. Gethmann-Siefert, F. Hegemann, W. Jaeschke, Ch. Jamme, H. Ch. Lucas, K. R. Meist, H. Schneider. Hamburg, Meiner, 1983.

3 Rezension von K. Gaiser: Platons ungeschriebene Lehre, in: Gnomon 37 (1965), 131-44; Platons ›Ungeschriebene Lehren‹: Der Vortrag ›Über das Gute‹, in: Phronesis 13 (1968), 1-31.

4 G. W. F. Hegel: Vorlesungen über Rechtsphilosophie, 1818-1831. Hrsg.

ist – in Zusammenarbeit mit dem Istituto Italiano per gli Studi Filosofici in Neapel – nur die Religionsphilosophie[5] sowie in Verbindung mit Manfred Gies die Naturphilosophie von 1819/20[6] erschienen. Die in Kiel aufgefundene Rechtsphilosophievorlesung – wahrscheinlich von 1821/22 und damit die einzige bis jetzt nicht dokumentierte Vorlesung Hegels über die Philosophie des Rechts[7] – hatte ihm noch vorgelegen; allerdings konnte er sich nur noch mit der Einleitung beschäftigen. Fast abgeschlossen war aber bei seinem Tode die Arbeit an der inzwischen von Karl Brehmer und Hoo Nam Seelmann zu Ende geführten Ausgabe eines Lesetextes der Vorlesung über die Philosophie der Weltgeschichte von 1822/23, der – mit einer Einleitung von Ilting – in diesem Jahr erscheinen wird. Trotz der mit dem Hegel-Archiv geführten Auseinandersetzung über die Berechtigung und den Sinn einer eigenen Hegel-Edition sowie über die Richtigkeit der Text-Edition im einzelnen ist Iltings Verdienst um ein angemesseneres Hegel-Verständnis nie bestritten worden. Iltings Ausgabe der Rechtsphilosophie hat es überhaupt erst ermöglicht, das Hegelsche Denken über Probleme des Rechts auch in seiner Entwicklung zu verfolgen: bis dahin standen nur der Text der »Grundlinien« und die zwar aus verschiedenen Semestern stammenden, aber dennoch zu einem einheitlichen Ganzen zusammengefügten »Zusätze« zur Verfügung, die zwischen früheren und späteren Phasen im Denken Hegels nicht zu unterscheiden gestatteten. Man mag die teilweise sehr weitreichenden Schlußfolgerungen, zu denen Ilting auf der Grundlage der neu von ihm herausgegebenen Texte im Hinblick auf Hegels Zurückweichen vor der Restauration sowie

von Karl-Heinz Ilting. 4 Bde., Stuttgart-Bad Cannstatt 1973-1974. Die angekündigten Kommentarbände sind nicht mehr erschienen.

5 G. W. F. Hegel: Vorlesungen zur Religionsphilosophie, Bd. 1: Die Vorlesung von 1821, nach Hegels handschriftlichem Manuskript in Synopse mit der Ausgabe von 1840. Hrsg. von Karl-Heinz Ilting. Napoli 1978 (= Istituto Italiano per gli Studi Filosofici – Hegels Vorlesungen Bd. 1).

6 G. W. F. Hegel: Naturphilosophie, Bd. 1: Die Vorlesung von 1819/20. In Verbindung mit Karl-Heinz Ilting hrsg. von Manfred Gies. Napoli 1982 (= Istituto Italiano per gli Studi Filosofici – Hegels Vorlesungen Bd. 2).

7 Vgl. Hansgeorg Hoppe: Hegels Rechtsphilosophie von 1821/22, in: Berichte über Nachschriften zu Hegels Vorlesungen, eingel. von Wolfgang Bonsiepen. Hegel-Studien 26 (1991), 74-8.

auf seinen Liberalismus gelangt ist[8], unterschiedlich bewerten, unbestreitbar ist, daß erst durch Iltings Editionsarbeit die Auseinandersetzung um den »geheimen« Hegel[9] eine feste Grundlage erhalten hat.

Ilting hat seine eigene Hegel-Interpretation, zu der er im Zusammenhang mit der Editionsarbeit gelangte, allerdings niemals nur als eine rein historisch-philologische verstanden. In der Tat galt sein eigentliches Interesse nicht so sehr der Frage des »Standortwechsels« Hegels nach den Karlsbader Beschlüssen[10] als vielmehr dem Problem der Struktur und der theoretischen Schlüssigkeit des Aufbaus der Hegelschen Rechtsphilosophie. Das zeigen zur Genüge sowohl die langjährige Arbeit an dem geplanten, nicht vollendeten Kommentar zur Rechtsphilosophie Hegels[11] als auch die vielen Aufsätze zu Hegel, die Ilting ebenso wie die vorliegenden Arbeiten kurz vor seinem Tode zur nochmaligen Veröffentlichung zusammengestellt hatte. Für Ilting ist Hegel in systematischer Hinsicht wichtig gewesen: er sieht in Hegels Rechtsphilosophie den Versuch einer Synthese zwischen modernem Naturrecht, das auf das Problem der Durchsetzung und Erhaltung individueller Freiheit abstellt, und der klassischen politischen Tradition, die demgegenüber vom Gedanken des Staats als dem Ganzen der als politische Gemeinschaft verstandenen Gesellschaft ausgeht. Dieser Versuch einer Vermittlung muß nach Ilting trotz seiner Großartigkeit als gescheitert angesehen werden. Hegel ist es nicht gelungen, Sittlichkeit der Antike und Individualis-

8 Daran schließt in seiner Darstellung der Hegelschen Rechtsphilosophie an Paolo Becchi: Le filosofie del diritto di Hegel. Milano, Angeli, 1990.

9 In Anspielung auf den Buchtitel von Jacques D'Hondt: Hegel secret. Recherches sur les sources cachées de la pensée de Hegel. Paris, PUF, 1968, dt. Verborgene Quellen des Hegelschen Denkens. Berlin 1983²; vor allem: Hegel en son temps (Berlin, 1818-1831). Paris, Editons Sociales, 1968, dt. Hegel in seiner Zeit (Berlin 1818-1831). Berlin 1984².

10 Vgl. Zur Genese der Hegelschen Rechtsphilosophie, in: Philosophische Rundschau 30 (1983), 161-209.

11 Der Kommentar sollte die Ausgabe der Hegelschen Vorlesungen über die Rechtsphilosophie abschließen und war als Bd. v und vi der Rechtsphilosophie-Ausgabe (siehe Anm. 4) angekündigt. Der von Ilting nachgelassene Text, der von Paolo Becchi veröffentlicht werden soll, umfaßt 392 maschinenschriftliche Seiten und reicht bis zur Besprechung von § 64 der »Grundlinien«.

mus der Moderne in einer tragfähigen Konzeption zusammenzudenken; im Grunde hat er beides einander nur gegenübergestellt, und im Bereich des Staates hat er dem Substanziellen der Sittlichkeit schließlich eindeutig den Vorrang gegeben. Nach Ilting hat Hegel es nicht vermocht, für die praktische Philosophie eine Grundlegung zu geben und eine normative Ethik zu entwickeln. Seine Rechtsphilosophie kann nicht den Anspruch erheben, eine normative Rechtslehre zu sein; letztlich ist sie nichts anderes als eine »Phänomenologie des Freiheitsbewußtseins«, in der das Geschichtliche auf Kosten des Normativen immer deutlicher in den Vordergrund rückte.[12] Am Ende konnte man in Hegel – sagt Ilting – zu Recht »einen der Väter des historischen Relativismus [sehen], der schließlich dazu geführt hat, daß die praktische Philosophie in Deutschland aufhörte, als ein wichtiger Teil der Philosophie angesehen zu werden – mit allen fürchterlichen Folgen, die dieser Vorgang für die europäische Geschichte gehabt hat«[13]. Das ist ein ziemlich hartes Urteil und macht deutlich, wie Ilting, der nicht zuletzt auch durch seine Arbeiten zur Hegelforschung bekannt wurde, sich im Lauf der Jahre von Hegel immer weiter entfernte. Vielleicht könnte man zusammenfassend sagen, daß ursprünglich Hegel für Ilting eine Synthese zwischen Platon und Hobbes darstellte[14], daß er sich aber schließlich als ein Vorläufer von Marx und Nietzsche erweist, in dem die gegenwärtige praktische Philosophie für ihre systematischen Fragestellungen keinen Anknüpfungspunkt mehr findet.

Es sind also ausgeprägt systematische Interessen, die hinter der

12 Vgl. Rechtsphilosophie als Phänomenologie des Bewußtseins der Freiheit, in: Hegels Philosophie des Rechts. Die Theorie der Rechtsformen und ihre Logik. Hrsg. von D. Henrich und R.-P. Horstmann. Stuttgart 1982, 225-54.

13 Aus dem Vorwort der eben erwähnten (noch unveröffentlichten) Sammlung der Aufsätze über Hegel.

14 »Mehr und mehr wird es dabei klar, daß es sich um eine Auseinandersetzung mit drei Philosophen handelt: mit Platon, Hobbes und Hegel. Um eine Auseinandersetzung mit Platon als Begründer der europäischen Metaphysik überhaupt; mit Hobbes als dem Begründer der praktischen Philosophie der Neuzeit; und mit Hegel als dem Philosophen, der beide Bewegungen zusammenzufassen unternahm und sie zu ihrer bislang höchsten Vollendung führte« (Hobbes und die praktische Philosophie der Neuzeit, in: Philosophisches Jahrbuch 72 (1964-65), 84).

Beschäftigung Iltings mit Hegel ebenso wie mit den anderen großen Denkern der Philosophiegeschichte stehen. Aber freilich sind es auch gerade diese systematischen Interessen, die den Stellungnahmen Iltings zu den Auffassungen anderer gelegentlich eine Schärfe und Bestimmtheit verliehen haben, die über das in historischen Auseinandersetzungen sonst Gewohnte hinausgeht. Das ist für manchen zweifellos sehr irritierend gewesen und macht es verständlich, daß umgekehrt in der Auseinandersetzung mit Ilting und gegen seine sachlichen Motive vehement immer wieder auch auf die historischen und philologischen Gegebenheiten hingewiesen worden ist, die sich einem systematischen Zugriff in der Regel ja nicht umstandslos fügen.
Allerdings scheint es sich damit bei der Auseinandersetzung etwa um Platons ungeschriebene Lehre gerade umgekehrt zu verhalten. Hier ist es Ilting, der gegenüber Versuchen, aus spärlichen und nicht leicht verständlichen Texten weitreichende Schlußfolgerungen zu ziehen, auf der Orientierung allein an den belegbaren historischen Gegebenheiten beharrt. Aber auch dahinter stehen letztlich sachlich-systematische Motive. Gegenüber einem, wenn man so will, eher idealistischen Denken hat Ilting immer wieder gerade die nicht wegzudiskutierenden obstinaten Gegebenheiten dieser Welt zu Geltung zu bringen gesucht und sich auf den Boden der harten, unangenehmen diesseitigen Tatsachen gestellt.
Gerade das gilt auch für seine hier noch einmal im Zusammenhang vorgelegten systematischen Arbeiten zur Grundlegung der praktischen Philosophie. Gegenüber der Orientierung der Frage nach der Begründung moralischer Normen an den Besonderheiten einer idealen Sprechsituation, wie sie sich bei Habermas findet, beharrt Ilting auf dem Eigensinn faktischer Konfliktlösungsnotwendigkeiten, gegenüber einem Intellektualismus, für den nach seiner Meinung die bloße Einsichtgewinnung ein ausreichendes Motiv für richtiges Handeln und für richtige normative Orientierungen darstellt, verweist er auf die Notwendigkeit des Wollens und der Entscheidung, die jeweils zu treffen ist, wenn Normen gültig sein sollen.

Das könnte man zunächst so auffassen, als sei es Ilting gegenüber dem Versuch einer »Rehabilitierung der praktischen Philosophie«, die im Sinne einer normativen Ethik auf die überzeugende

Begründung von Normen abzielt[15], um das Geltendmachen eines dezisionistischen Ansatzes gegangen, um ein Insistieren darauf, daß Normen sich nicht begründen lassen, daß ihre Anerkennung vielmehr letztlich von nichtbegründbaren Entscheidungen abhängt. Nichts wäre falscher als das. Auch Ilting vertritt letztlich einen rationalistischen Ansatz, er ist der Auffassung, daß jene moralischen Grund-Normen, wie sie systematisch zuerst von Kant im Rahmen eines naturrechtlichen Ansatzes formuliert und hergeleitet wurden, zu Recht Gültigkeit beanspruchen und daß sie universal gegenüber jedermann gelten. Aber womit er nicht einverstanden ist, ist die von Kant und nach Iltings Meinung auch von den Erlangern und von Habermas und Apel geteilte Auffassung, daß es Wege einer Begründung dieser Normen gibt, die sozusagen rein im Bereich des Theoretischen verlaufen. Ilting wendet sich gegen die Ansicht, daß allein die theoretische Einsicht in die Richtigkeit von Normen auch bereits ihre praktische Gültigkeit verbürge. Was er demgegenüber herauszustellen sucht, ist, daß die Verbindlichkeit von Normen ebenso wie das normgeforderte Handeln die willentliche Anerkennung der entsprechenden Normen voraussetzt. Es bedarf eines Akts der Einwilligung, nicht nur der Einsichtgewinnung, damit eine Norm Verbindlichkeit haben kann.[16] Immer wieder betont Ilting, daß die Nichtanerkennung einer Norm, die Versagung der Zustimmung zu einer Norm nicht als Ausdruck eines Mangels an Einsichtsfähigkeit gelten kann (28), daß die Verwerflichkeit eines Handelns nicht Absurdität des Handelns bedeutet (155). Freilich handelt es sich bei diesem beiden um Verschiedenes: verwerfliches Handeln gibt es

15 Der Ausdruck »Rehabilitierung« dürfte in diesem Zusammenhang wohl zuerst von Ilting verwendet worden sein: »Die praktische Philosophie hat das Glück nicht gehabt, wie die Metaphysik nach langer Vergessenheit und gänzlicher Verachtung eine Rehabilitierung zu erfahren. [...] Aber die Zeit für eine Erneuerung ihrer Fragestellung scheint gekommen; die Zeichen stehen, wenn nicht alles trügt, günstig wie kaum jemals seit mehr als einem Jahrhundert« (Hobbes und die praktische Philosophie der Neuzeit, 84).

16 In seinem vieldiskutierten frühen Aufsatz über Anerkennung hatte Ilting auf der Grundlage dieser Auffassung eine vertragstheoretische Begründung moralischer Normen versucht; vgl. die ausführliche Auseinandersetzung damit bei R. Bittner: Moralisches Gebot oder Autonomie. Freiburg/München 1983, 78 ff.

auch im Fall der erfolgten Anerkennung der Normen, die das verwerfliche Handeln verbieten. Es ist dies der Fall der akrasia, auf den bereits Aristoteles zur Widerlegung der sokratischen Gleichsetzung von Tugend und richtiger Einsicht hingewiesen hatte[17]; heute wird dieses Problem u. a. unter dem Stichwort »Verantwortungsurteil« diskutiert, angesichts der Tatsache, daß über die Einsicht in die Gültigkeit einer Norm hinaus es einer zusätzlichen Willensentscheidung bedarf, die Befolgung der Norm auch persönlich für sich wichtig zu machen.[18] Aber Ilting geht es um etwas Anderes, um die Herausarbeitung der grundsätzlichen Eigenständigkeit des Handelns, die bereits auf der Ebene der *Prinzipien* des Handelns, und zwar auf dem ihrer Anerkennung als verbindlich für jemanden, vorliegt.
Die Frage, die sich Ilting stellt und die ihm auch von anderen immer wieder gestellt worden ist, ist natürlich, nach welchen Kriterien die Zustimmung zu einer Norm ihrerseits als richtig oder als falsch zu beurteilen ist, und davor noch, ob es überhaupt solche Kriterien gibt. Der in dem frühen Aufsatz über »Anerkennung« erhobene Anspruch Iltings, entgegen einem an der Wahrheitsfähigkeit praktischer Fragen orientierten Ansatz, wie er von Lorenzen und Habermas vertreten worden ist, eine »nicht-intellektualistische Theorie« vorzulegen (17)[19], scheint auf den ersten Blick dafür zu sprechen, daß es nach seiner Meinung

17 Aristoteles NE VII.3, 1147b 15 ff.; VII.2, 1145 b 21 ff.
18 Vgl. Thomas E. Wren: Moralpsychologie und Metaethik: ein Arbeitsbündnis, in: W. Edelstein/G. Nunner-Winkler (Hrsg.): Zur Bestimmung der Moral. Philosophische und Sozialwissenschaftliche Beiträge. Frankfurt/M., Suhrkamp (stw 628), 1986, 40 ff., sowie G. Nunner-Winkler/W. Edelstein: Einleitung, in: W. Edelstein/G. Nunner-Winkler/G. Noam (Hrsg.): Moral und Person. Frankfurt/M., Suhrkamp (stw 1047), 1993, 27.
19 Noch in »Der Geltungsgrund moralischer Normen« wirft er Apel vor, in seinen Bemühungen um eine kommunikationstheoretische Begründung der Ethik einem »intellektualistischen Fehlschluß« erlegen zu sein (138). Mit diesem Vorwurf setzt sich Apel ausführlich in seinem Beitrag für die Gedenkschrift Ilting auseinander; vgl. Karl-Otto Apel: Faktische Anerkennung oder einsehbar notwendige Anerkennung? Beruht der Ansatz der transzendentalpragmatischen Diskursethik auf einem intellektualistischen Fehlschluß?, in: Zur Rekonstruktion der praktischen Philosophie. Gedenkschrift für Karl-Heinz Ilting. Hrsg. von Karl-Otto Apel in Verbindung mit Riccardo Pozzo. Stuttgart 1990.

solche Kriterien nicht gibt; Ilting spricht sogar gelegentlich von der »willkürlichen« Annahme dessen, was jemandem normativ zugemutet ist (23). Tatsächlich jedoch gelten die systematischen Überlegungen Iltings zur praktischen Philosophie schließlich keinem anderen Ziel als dem, *Gründe* anzugeben, die jemanden zur Einsicht bringen, daß er bestimmten Normen seine Zustimmung nicht versagen kann – und nicht versagen darf. Und insofern dies die Aufgabe einer jeden rationalen Ethik-Theorie ist, ist natürlich trotz aller Bemühungen um Abgrenzung gegen einen einseitigen Kognitivismus auch Iltings Theorie der Versuch einer rationalen Begründung von moralischen und rechtlichen Normen.

Aber wenn es sich so verhält, ergibt sich umgekehrt das Problem, wo eigentlich der Unterschied zwischen dem Iltingschen Ansatz und den von ihm immer wieder angegriffenen kognitivistischen und intellektualistischen Positionen liegt. Letztlich, so wird man sagen müssen, allein im Nachdruck, mit dem Ilting die Besonderheit des Praktischen gegenüber dem Theoretischen in den Vordergrund rückt, seine »Irrationalität« insofern, als es im moralischen Handeln nicht allein darauf ankommt, daß wir im Besitze der Wahrheit sind; daß vielmehr über die richtige Einsicht hinaus noch etwas Weiteres hinzukommen muß, damit wir moralisch handeln, der Entschluß nämlich zu handeln, die entsprechende prohairesis.[20]

Aber man muß sich klarmachen, daß es sich dabei letztlich doch um etwas bloß Formales handelt, formal in dem Sinne, daß hier der willentliche Übergang von der Einsicht zu einem bestimmten Handeln, nämlich dem der Einsicht entsprechenden, nicht zu einem beliebigen Handeln gemeint ist: es ist kein Übergang, der gleichsam vergißt, daß praktische Überlegungen allein zum Behuf der Handlungsbestimmung angestellt worden waren.[21] Es wäre

20 Aristoteles NE III.1, 1113 a 10.

21 Allerdings sind Iltings Äußerungen in diesem Punkt nicht eindeutig. So wirft er z. B. Kamlah vor, er habe sich von der sokratisch-platonischen Auffassung, Tugend sei lehrbar, insofern noch nicht lösen können, als »er jene Entscheidung, durch die wir uns eine moralische Forderung zu eigen machen, nicht von der Einsicht trennen möchte, die ihr vorausgeht« (324). Ilting hat deshalb bis zuletzt auch stets als Vertreter eines Voluntarismus gelten können, mit dessen Schwierigkeiten sich ausführlich Apel beschäftigt, a.a.O. 73, 95.

ein Mißverständnis anzunehmen, daß das Volitive im Sinne Iltings sich schließlich auch auf die *inhaltliche* Bestimmtheit des Handelns beziehen sollte. Der Vorwurf der Beliebigkeit und Unverbindlichkeit von Normen, deren Anerkennung auf Willensakten beruhen soll, wäre dann in der Tat nicht abzuwehren. Was als moralische Norm anerkannt zu werden verdient, was »zumutbar« ist, das ergibt sich deshalb auch nach Iltings Auffassung letztlich allein auf der Grundlage einer rationalen Argumentation für die Anerkennungs*würdigkeit* bestimmter Normen. Ilting hat sich von Anfang an gegen das Mißverständnis gewandt, sein Ansatz laufe auf einen Relativismus und Dezisionismus hinaus: immer wieder hat er betont, daß die willentliche Anerkennung bloß eine notwendige, keinesfalls auch eine hinreichende Bedingung für die Verbindlichkeit einer Norm sein kann. Insofern gibt es also gar keinen Unterschied zu den von ihm kritisch diskutierten rationalistischen Positionen. Aber der Rationalismus des Iltingschen Begründungsvorhabens im Hinblick auf moralische Normen zeigt sich so freilich nicht an jener Stelle, an der Ilting selbst das Eigentümliche seiner eigenen Position gesehen hat oder an der er es in der kritischen Auseinandersetzung mit kognitivistischen Ansätzen anfänglich so nachdrücklich herauszustellen bemüht war. Er liegt dort, wo im Gedanken der Zumutbarkeit von Normen als weiterer Voraussetzung ihrer Verbindlichkeit Iltings Überzeugung zum Ausdruck kommt, daß es in der Tat Gründe sind (und daß sie sich auch rational explizieren lassen), die für oder gegen die Anerkennung von Normen sprechen.

Welches sind diese Gründe? Ilting hat sie im Zusammenhang erörtert in der mehrfachen systematischen Darstellung seiner Position in den programmatischen Aufsätzen »Wahrheit und Verbindlichkeit« (89-102), »Der Geltungsgrund moralischer Normen« (140 ff., 159 ff.), »Verantwortung« (189 ff.) sowie in dem frühen Kant-Kongreß-Beitrag »Der naturalistische Fehlschluß bei Kant«, der ja nicht unwesentlich dazu beigetragen hat, die Aufmerksamkeit auf Iltings systematische Arbeiten zur praktischen Philosophie zu lenken.

Ilting arbeitet als den Grundsinn moralischer und rechtlicher Normen heraus, daß sie die Entstehung und Aufrechterhaltung normativ geordneter Verhältnisse unter verantwortlich handelnden Subjekten ermöglichen (vgl. 174, weiter 163, 129, 135).

»Verbindlich sind moralische Normen darum, weil sie die Grundlagen – und nicht mehr als dies – eines normativ geordneten menschlichen Zusammenlebens darstellen«, heißt es im Beitrag für die Apel-Festschrift; verbindlich sind sie, weil nur über ihre Anerkennung wir unsererseits die Anerkennung als Mitglieder der menschlichen Gemeinschaft erwerben (174). Darin ist impliziert, daß die Weigerung, moralische Normen anzuerkennen, im Grunde auf die Weigerung hinausläuft, sich selbst als Person anzuerkennen (190).[22] Und das bedeutet umgekehrt – so darf man hinzufügen, auch wenn Ilting selbst es so nicht sagt –, daß die Anerkennung moralischer Normen letztlich nur das Vorliegen von Persönlichkeitsstrukturen zum Ausdruck bringt, in die wesentlich einerseits die Anerkennung anderer als Personen und – unter dieser Voraussetzung – andererseits auch das Bewußtsein eigener Handlungsfähigkeit und Verantwortungsübernahmebereitschaft eingebaut ist. Die moralische Grundnorm, andere als Personen anzuerkennen, erweist sich nach Ilting deshalb zu Recht als Bedingung der Möglichkeit von sozialer Erfahrung, nämlich der Erfahrung sozialer Tatsachen (im Unterschied zu Naturtatsachen), die im Blick auf die Zuschreibung von Handlungsfolgen an Akteure entscheidend durch das Bestehen und die Anerkennung von normativen Zusammenhängen bestimmt sind (183 ff.).

Es ist, wird man sagen müssen, letztlich dieser Zusammenhang von moralischen Grundnormen und einer bestimmten Struktur von Gesellschaft und zugehörigen Persönlichkeitsstrukturen, der es Ilting ermöglicht, einzelne höherstufige moralische Normen zu rechtfertigen, wie die, daß Verträge und allgemein Versprechen zu halten sind oder daß fremdes Eigentum zu respektieren ist. Dabei hängt die Herleitung wesentlich von der in der Persönlichkeitsstruktur enthaltenen Symmetriebeziehung ab, die dem entspricht, was traditionellerweise im Universalisierungsgrundsatz zum Ausdruck gebracht werden soll: zum Begriff von moralischen Pflichten und Rechten gehört ja, daß sie für den einzelnen nur in dem Maße bestehen können, wie sie von ihm auch allen anderen zugestanden werden: das ist der wohlverstandene Sinn des Kantischen kategorischen Imperativs, dessen

22 Vgl. auch Bedürfnis und Norm 321 f.

Prinzip nach Ilting die Grundlage aller Verbindlichkeit von Normen bildet.

Das damit in seinen Grundzügen skizzierte Begründungsprogramm liegt bei Ilting bereits früh vollständig ausgebildet vor. Schon in »Geltung und Konsens« wird die Grundnorm

(1) Sei eine Person und behandle andere als Personen!

als Grundlage für die Rechtfertigung z. B. des Gebots, empfangene Darlehen zurückzugeben (64), in Anspruch genommen, und diese Grundnorm steht fortan an der Spitze des von Ilting vorgeschlagenen Systems der Grundnormen einer rationalen Ethik. Zu diesen gehören weiterhin die Grundnorm

(2) Handle nach Regeln, die jeder andere als Norm anerkennen könnte!

sowie die Norm

(3) Trage zur Verwirklichung einer Lage bei, in der jeder nach verbindlichen Normen handeln könnte!

und schließlich

(4) Einige dich mit anderen auf die gemeinsame Anerkennung von Normen, die für jeden Betroffenen zumutbar sind!

Freilich: diese Grundnormen stehen bei Ilting nicht auf eigenen Füßen; sie können ihrerseits Gültigkeit nur insoweit beanspruchen, wie sie bestimmten metanormativen Bedingungen entsprechen. Zu diesen Bedingungen (»Metanormen«) gehören die Prinzipien der Anerkennung (»Rational verbindlich sind nur solche Normen, die ein Normadressat selbst anerkannt hat«, 91), der allgemeinen Zumutbarkeit (»Rational verbindlich sind nur solche Normen, die allgemein zumutbar sind«, 92; das ist eigentlich der Universalisierungs- oder Gleichbehandlungsgrundsatz) sowie ein Anwendungsgrundsatz (»Rational verbindliche Normen verpflichten nur, soweit die Anwendung jeweils zumutbar ist«, 93). Das ist insgesamt ein Vorschlag, der sich – was moralische Grundprinzipien angeht – nicht auffällig von dem unterscheidet, wofür auch sonst in rationalen Ethik-Ansätzen, insbesondere in den sich selbst als »kognitivistisch« verstehenden, argumentiert wird. Insbesondere das allgemeine Zumutbarkeitsprinzip und der Anwendungsgrundsatz, die Ilting in seinem Beitrag zur Apel-Festschrift noch ergänzt und differenziert (166 ff.), finden sich ja auch sonst, etwa bei Lorenzen und, was den Anwendbarkeitsgrundsatz an-

geht, natürlich bei Apel und Habermas.[23] Die Frage stellt sich also: Was ist das Eigentümliche des Iltingschen Ansatzes?
Sicher hat es mit dem Anerkennungsgrundsatz zu tun, wenn vielleicht auch noch auf andere Weise als nur so, wie es für Ilting wichtig gewesen ist.
Für Ilting ist es der Anerkennungs-Grundsatz, der uns zwingt, davon auszugehen, daß die Anerkennung der Grundnorm »Sei eine Person und respektiere jeden als Person, der dazu bereit ist!« (97) auf eine freie Entscheidung des einzelnen zurückgeht. Die Anerkennung dieser Grundnorm, heißt es in »Wahrheit und Verbindlichkeit«, muß »als freie Entscheidung bereits vorausgesetzt werden [...], damit eine Handlung einer Person überhaupt moralisch zugerechnet werden kann. [...] In dieser Entscheidung wählen wir die Alternative zu einem Zustand, der in letzter Konsequenz auf gegenseitige Vernichtung hinausläuft.« (ebd.).
Das mag in dieser Form vielleicht allzu pointiert gesagt sein. Denn nicht weniger als durch die freie Zustimmung ist das, was wir normativ für richtig halten, ja auch durch das bestimmt, was faktisch gilt und was wir im Zuge der Ich-Entwicklung erst allmählich – und auch nur teilweise – als vernünftig und nur insoweit dann auch als von uns gewollt erfahren lernen. Aber dessenungeachtet kommt im Prinzip der Anerkennung schließlich doch etwas ganz Richtiges zum Ausdruck. Ilting will unter dem Gesichtspunkt der Anerkennung auf das Besondere von moralisch-praktischen Entscheidungssituationen gegenüber anderen Interaktionskontexten hinweisen, und er hat zweifellos recht, wenn er behauptet, daß bei der Frage nach der Gültigkeit von moralischen (und rechtlichen) Normen jedenfalls nicht von Situationen ausgegangen werden kann, in denen Probleme eines Ausgleichs handfester Interessen im Verhältnis von immer auch egoistischen Subjekten überhaupt nicht zur Debatte stehen. Das ist z. B. in der Freundschaft der Fall, aber natürlich auch im wissenschaftlich-argumentativen Diskurs oder im handlungsentlasteten beratenden

23 Natürlich sind die Ausdrücke »Anerkennung« und »Zumutbarkeit« sozusagen gängige Münze im Kontext praktischer Argumentation, dennoch ist es vielleicht nicht unangebracht darauf hinzuweisen, daß z. B. in der Auseinandersetzung mit Apel Ilting derjenige ist, der zuerst von »Anerkennung« und »Zumutbarkeit« gesprochen hat; vgl. dazu Apel, a.a.O. 67 und Diskurs und Verantwortung, Frankfurt/M. 1988, 124.

Gespräch. Hier haben wir es zwar in der Tat mit einem normativ geregelten Handeln zu tun – alles Sprechen und Argumentieren ist zweifellos normativ gebunden –, und wenn man mit Ilting generell daran festhalten wollte, daß moralische Normen die Bedingungen der Möglichkeit jeder normativ geregelten Interaktion bilden, müßte man insoweit deshalb auch den Ansatz der Diskurs-Ethik gutheißen. Aber wenn wir uns im Diskurs auch gegenseitig als Subjekte anerkennen, die in kognitiver Einstellung Gründe für oder gegen eigene oder von anderen vertretene Behauptungsansprüche vorbringen, so ist das für die Begründung moralischer Normen eben in der Tat nicht ausreichend. Moralische Normen operieren in einem Bereich, in dem wir uns zwar auch als rationale Wesen begegnen, in dem wir aber nicht weniger uns als bedürftig und verletzlich erfahren. Als solche bedürftigen und verletzlichen Lebewesen erheben wir aufgrund unserer Rationalität die Forderung, daß der Ausgleich von strittigen Ansprüchen und Interessen im menschlichen Miteinander vernünftig zu regeln sei. Das aber bedeutet, daß unsere Beziehungen zu anderen wesentlich über die gegenseitige Gewährung und Verweigerung der Anerkennung von Ansprüchen verlaufen, daß sie also im Innersten normativ bestimmt sind. Ilting selbst hat von der Gesellschaft als einem »Universum vielfach geschichteter Normensysteme« gesprochen, »die unsere soziale Welt [...] mitkonstituieren« (195). Aber eben nicht *alle* normativen Bereiche – weder der der Sprache für sich noch der der Höflichkeit, über den Ilting ausführlich gehandelt hat – sind moralisch geordnet: unter moralischen Forderungen steht allein jener Bereich, innerhalb dessen die Notwendigkeit zur Lösung von nicht bloß kognitiven, auch nicht bloß technisch-instrumentellen[24], sondern von *praktischen* Interessenkonflikten besteht. Nur hier sind alle Beteiligten gezwungen, in gewissem Umfang auf die Befriedigung eigener Bedürfnisse zu verzichten, d.h. Freiheiten aufzugeben, und dazu muß man bereit sein, dazu muß man sich grundsätzlich durchgerungen haben. D.h. hier ist eine praktische Einstellung gefordert, die einer starken *motivationalen* Verankerung bedarf, die also auf die – wie Ilting sagt – »Anerkennung«, auf das akzeptierende und billigende Einverständnis mit einem spezifischen Konfliktlö-

24 Ilting unterscheidet zwischen produktivem und praktischem Handeln; vgl. Marx und Heidegger 327 ff.

sungsmuster und die Bereitschaft zu seiner Anwendung angewiesen ist, ohne welches Einverständnis moralische Normen für uns etwas Fremdes, Äußerliches und Konventionelles bleiben müßten. Daraus folgt, daß in gewisser Weise das Prinzip der Anerkennung mit der Grundnorm »Sei eine Person und erkenne andere als Personen an!« gleichbedeutend ist; es sagt, daß man sich dafür entschieden haben muß, einen ›moral point of view‹ einzunehmen und in Übereinstimmung damit auch unter Inkaufnahme persönlicher Nachteile zu handeln. Im Prinzip der Anerkennung kommt aber deutlicher als in dieser Grundnorm die motivationale, willentliche Seite dieser Entscheidung zum Ausdruck, die Tatsache, daß Persönlichkeitswerdung und Persönlichkeitserhaltung einer Anstrengung bedürfen und daß beides in seinem Gelingen vom Scheitern beständig bedroht ist.

Ilting ist zu seinen systematischen Einsichten auf zwei Wegen gelangt, einerseits auf dem der kritischen Auseinandersetzung mit zeitgenössischen Ansätzen und andererseits in der Analyse der Positionen der großen Denker wie Platon, Hobbes, Kant und Hegel. In den von Ilting für den vorliegenden Band ausgewählten historischen Arbeiten geht es vor allem um das Problem von Sein und Sollen (Kant) und von Macht und Recht (Hobbes). Ilting hat auch hier auf ungemein klare Weise deutlich gemacht, welchen Kriterien die Begründung von Normen genügen muß: für die Begründung des kategorischen Imperativs reicht der Rekurs auf – seien es auch metaphysische – Gegebenheiten in keiner Weise aus, ebensowenig wie es gelingen kann, allein im Ausgang von Fragen der Systemstabilisierung einer Gesellschaft die Begründung von normativen Rechtsverhältnissen zu erreichen. Ilting hat letzteres ausführlich in seiner Einleitung zum Hobbes-Buch von Tönnies herausgearbeitet. Gegenüber der naturrechtlichen Deutung von Hobbes durch Tönnies hat er gezeigt, daß Hobbes das naturrechtliche Denken vielmehr gerade aufhebt, aber darin dennoch als Begründer der praktischen Philosophie der Neuzeit gelten kann, als derjenige, der den entscheidenden Bruch mit der klassischen politischen Tradition vollzogen hat. Für Ilting war deshalb Hobbes gleichsam der »Prüfstein einer jeden Rechts- und Staatsphilosophie«[25], sein System der Normenbegründung eine Art Para-

25 So Ilting im Vorwort zu Naturrecht und Sittlichkeit. Begriffsgeschichtliche Studien. Stuttgart 1983, 7.

digma der praktischen Philosophie überhaupt. Wichtig für Ilting war dabei die Tatsache, daß Hobbes die Person als Inhaber von Rechten auffaßt, die nur mit der freiwilligen Zustimmung der Betroffenen eingeschränkt werden dürfen. Hier liegt der Ausgangspunkt für Iltings – wie sie gelegentlich genannt worden ist – »voluntaristische« Hobbes-Interpretation[26], und natürlich ist genau dieses auch der Punkt, an dem sich Ilting darüber klar wurde, daß für die Gültigkeit von Normen und normativen Ansprüchen die Anerkennung qua Einwilligung der Betroffenen erforderlich ist. Aber hier wird auch deutlich, daß das Anerkennungsprinzip eigentlich im Schnittpunkt zweier unterschiedlicher Fragestellungen steht. Einerseits geht es um die Alternative von Autonomie und Heteronomie von Ansprüchen: Anerkennung bedeutet hier die Aufnahme eines vielleicht zunächst Fremden in den eigenen Willen, die Einschränkung von gegen mich vorgebrachten Ansprüchen auf diejenigen, die ich selbst wollen kann: das ist der Grundgedanke aller neuzeitlichen Rechts- und Moraltheorie. Andererseits haben wir die Alternative von Theorie und Praxis, Einsicht und Handeln: gegenüber der kognitiven Einsichtgewinnung bedeutet Anerkennung hier nur eine Willensentscheidung; in diesem Sinne könnten auch heteronome, d. h. konventionelle Normen anerkannt werden. Die Kontroversen um Iltings Anerkennungsprinzip dürften mit dieser Mehrdeutigkeit zusammenhängen.

Der Nachdruck der Iltingschen Hobbes-Interpretation liegt auf dem Nachweis, daß bei Hobbes der normative Charakter des Naturrechts verlorengeht (238 f.). Hobbes ist geneigt, als Fundament des Rechts Machtverhältnisse anzusehen. Es sind Furcht vor Strafe bzw. die Gehorsamserzwingungschance, die letztlich die Grundlage von Recht und Verpflichtung ausmachen (246). Nach Hobbes läßt sich zwischen Macht und Recht keine Trennung vornehmen: Verträge, die nicht die Garantie innerstaatlicher Sanktionen besitzen, können danach nicht als gültig angesehen werden (262 f.). Nach Ilting liegt dem die Überzeugung zugrunde, »daß von einem Recht nur die Rede sein kann, wo die Macht vorhanden ist, einen Anspruch durchzusetzen, und daß die Fähigkeit, einem Anspruch Geltung zu verschaffen, bereits ein Recht begründet« (ebd.). Der verhängnisvolle Fehler des Hobbes ist es deshalb, »aus der Abwesenheit einer [...] Erzwingungschance auf das Fehlen

26 Vgl. Apel, a.a.O. 83, vgl. 87.

von Rechten und Pflichten geschlossen zu haben« (273). Dennoch besteht die große Bedeutung des Hobbes eben darin, daß in seiner Theorie das Recht in seiner Beziehung zur Macht thematisiert ist, auch wenn Hobbes zur falschen Gleichsetzung beider gelangt. Immerhin ist ihm insofern zuzustimmen, als in der Tat Recht zwar niemals lediglich eine Funktion der Macht ist, aber es umgekehrt geltendes Recht auch niemals ohne Macht gibt (275). Das ist ein Thema, das auch heute intensiv diskutiert wird, z. B. unter dem Gesichtspunkt der Frage, ob Faktizität und Geltung nicht doch enger zusammenzudenken sind, als es auf dem Boden eines vernunftrechtlichen Denkens zulässig erscheint.

Was Kant angeht, so versucht Ilting zu zeigen, daß dieser den wesentlichen Unterschied zwischen theoretischen und praktischen Sätzen nicht hinreichend deutlich gesehen habe. Kants Ziel in der »Grundlegung zur Metaphysik der Sitten« war der Nachweis, daß der kategorische Imperativ von jedem Normadressaten anzuerkennen sei (279 f.), tatsächlich jedoch habe er nur gezeigt, daß die Existenz einer moralischen Verpflichtung eine Tatsache sei (287). Kant gehe also zur Begründung von Normen auf (metaphysische) Seinssätze zurück; darin liege sein naturalistischer Fehlschluß. Gegenüber dieser Lösung bringt die »Kritik der praktischen Vernunft« dann einen Fortschritt insofern, als Kant hier das Moralgesetz als ein Faktum hinnehme, d. h. er sich darüber klar werde, daß auf dem von ihm eingeschlagenen Weg eine transzendentale Deduktion des Moralprinzips nicht möglich ist (290).

Auch für die Analyse und Kritik des Kantischen Ansatzes ist wiederum der Anerkennungsgedanke leitend, der ganz im Zentrum von Iltings Denken über Probleme der praktischen Philosophie steht. Dieser Gedanke hat im Laufe der Zeit zweifellos eine Weiterentwicklung erfahren, insbesondere hat er inhaltliche Momente eines an der Anerkennung von Personen orientierten naturrechtlichen Denkens in sich aufgenommen. Aber dennoch bleibt der Anerkennungsgedanke in seiner ursprünglichen Intention für Iltings Denken bestimmend und grundlegend. Er ist es, der die eigentümliche Position bezeichnet, die Ilting in der gegenwärtig geführten Diskussion der praktischen Philosophie einnimmt, und in seiner Betonung besteht auch die besondere Leistung der Iltingschen Moralphilosophie. Im Anerkennungsgedanken kommt nachdrücklich und berechtigterweise das eigentlich Praktische unseres normorientierten Handelns im Rahmen einer rationalistischen Bemühung um die Bestimmung des Guten und Richtigen zu Sprache. Gerade die immer noch andauernde Auseinandersetzung mit den damit zusammenhängenden Problemen zeigt so aber die Aktualität nicht nur der Fragestellung Iltings und der von ihm gegebenen Antworten, sondern in eins damit auch die große Bedeutung, die dem Iltingschen Denken insgesamt für die Klärung von wesentlichen Grundfragen der praktischen Philosophie der Gegenwart zukommt.

Paolo Becchi und Hansgeorg Hoppe

Zum Text

Der Text geht in der hier vorliegenden Form im wesentlichen auf Karl-Heinz Ilting selber zurück. Nur in den folgenden Fällen haben wir Veränderungen vorgenommen: Ilting hatte in die von ihm vorbereitete Sammlung den Aufsatz über Kant vorläufig in der englischen Fassung der Erstveröffentlichung sowie den Aufsatz über Marx und Heidegger in der italienischen Version aufgenommen. Er selbst hatte aber gewollt, daß alle Beiträge auf deutsch erscheinen sollten. Dementsprechend ist für den Kant-Aufsatz auf die deutsche Druckfassung der Veröffentlichung von 1972, für den Marx-Heidegger-Aufsatz auf das Iltingsche Manuskript zurückgegriffen worden.
Ein besonderes Problem bildete der Aufsatz über »Verantwortung«, ein im September 1983 an der Universität Erlangen gehaltener Vortrag, der zur Zeit der Vorbereitung der Sammlung durch Ilting noch nicht erschienen war und deshalb von ihm im Typoskript hinzugefügt war. Der Vergleich zwischen Manuskript und Druckfassung zeigt, daß der postum veröffentlichte Text geringfügig vom Manuskript abweicht: in den Fällen, in denen nicht nur rein stilistische Änderungen vorliegen, haben wir der maschinenschriftlichen Fassung Iltings den Vorrang gegeben. Da es sich um ganz minimale Unterschiede handelt, ist auf solche Abweichungen nicht eigens hingewiesen worden. Die Fußnoten dieses Aufsatzes, die in der von Ilting vorbereiteten Fassung ganz fehlten (da es sich um einen Vortrag handelt, standen die Stellenhinweise durchgängig im Text in Klammern), stammen – aufs Allernotwendigste beschränkt – von den Herausgebern.

Insgesamt haben wir nur formale Änderungen vorgenommen, die ausschließlich die Vereinheitlichung der Zitierweise, den Ausschluß von Kapitälchen und die Normalisierung der Verwendung des Kursivdrucks betreffen. Einige lückenhafte Zitate wurden ergänzt und verbessert und einige offensichtliche Druckfehler beseitigt. Wo nur geringfügige Änderungen erfolgten, hielten wir einen Hinweis darauf für entbehrlich. Sonst sind Hinzufügungen und Ergänzungen der Herausgeber durch eckige Klammern [ ] gekennzeichnet.

Nach längerer Unschlüssigkeit haben wir uns schließlich darauf geeinigt, im Anhang aus dem Manuskript einen Text hinzuzufügen, der erst nach dem Tode Iltings und dazu nur auf spanisch erschienen ist (¿Que significa propiamente »moral«?). Dieser Text unterscheidet sich deutlich von den übrigen im systematischen Teil dieser Sammlung veröffentlichten Aufsätzen. Die Argumentation ist um vieles einfacher, in den beiden ersten Teilen zudem recht weitläufig, wohingegen der dritte Teil, in dem Ilting die wichtigsten Punkte seines systematischen Ansatzes insgesamt noch einmal zusammenfaßt, von auffälliger Gedrängtheit und konstatierender Kürze ist. Trotzdem haben wir uns zur nochmaligen Veröffentlichung im Rahmen der vorliegenden Sammlung entschlossen, zum einen, weil der Text sonst deutschsprachigen Lesern unbekannt bleiben würde, zum anderen, weil wir denken, daß der Text denjenigen, die nicht mit den Einzelheiten der oft nicht leicht zu verfolgenden Diskussion vertraut sind, einen guten Zugang zum Denken Iltings bietet.

P. B. und H. H.

Nachweise

Anerkennung. Zur Rechtfertigung praktischer Sätze, in: Probleme der Ethik. Zur Diskussion gestellt. Hrsg. von G.-G. Grau. Freiburg i. Br./München 1972. Unser Text folgt dem Wiederabdruck in: Rehabilitierung der praktischen Philosophie. Hrsg. von M. Riedel. Freiburg i. Br. 1974, Bd. 2, 353-368

Geltung als Konsens, in: Neue Hefte für Philosophie, 10 (1976), 20-50

Wahrheit und Verbindlichkeit, in: Konstruktionen versus Positionen. Hrsg. von K. Lorenz. Berlin/New York 1979, Bd. 2, 115-45

Sittlichkeit und Höflichkeit. Oder: Von der Würde der Persönlichkeit und der Verletzlichkeit des *amour-propre*, in: Aspekte der Kultursoziologie (Festschrift für Mohammed Rassem). Hrsg. von J. Stagl. Frankfurt/M. 1982, 99-121

Der Geltungsgrund moralischer Normen, in: Kommunikation und Reflexion (Festschrift für Karl-Otto Apel). Hrsg. von W. Kuhlmann und D. Böhler. Frankfurt/M. 1982, 612-48

Verantwortung. Eine transzendentalphilosophische Grundlegung, in: Giornale di Metafisica, Nuova Serie VIII (1986), 21-42

Der verrufene und umstrittene Autor, in: F. Tönnies: Thomas Hobbes. Leben und Lehre. Faksimile. Neudruck der 3., verm. Aufl., Stuttgart 1925. Eingeleitet und hrsg. von Karl-Heinz Ilting. Stuttgart-Bad Cannstadt 1971, 9*-90*

Der naturalistische Fehlschluß bei Kant (zuerst auf englisch unter dem Titel: The Naturalistic Fallacy in Kant, in: L. W. Beck (ed.): Proceedings of the Third International Kant Congress. Dordrecht 1972, 105-20), in: Rehabilitierung der praktischen Philosophie. Hrsg. von M. Riedel, Freiburg i. Br. 1972, Bd. 1, 113-30

Bedürfnis und Norm. Platons Begründung der Ethik, in: Vernünftiges Denken. Studien zur praktischen Philosophie und Wissenschaftstheorie. Hrsg. von J. Mittelstraß und M. Riedel. Berlin/New York 1978, 420-46

Technik und Praxis bei Heidegger und Marx (auf italienisch, unter dem Titel: Tecnica e prassi in Heidegger e Marx), in: Metaphorein 2 (1979), 100-8

Was heißt eigentlich »moralisch«? (auf spanisch, unter dem Titel: ¿Que significa propiamente »moral«?), in: Cuadernos de Etica 1 (1986), 47-65